# 05 | Investigación Proyectual
## TEORÍAS PROYECTIVAS
Textos y Proyectos de Reflexión en Arquitectura

Investigación Proyectual
Teorías Proyectivas / Textos y Proyectos de Reflexión en Arquitectura. - 1a ed . - Ciudad autónoma de Buenos Aires : Diseño, 2022.
562 p. ; 21 x 15 cm.
ISBN: 978-1-64360-602-6
1. Arquitectura . 2. Investigación. I. Título.
CDD 720.1

---

Maestría en Investigación Proyectual del Centro POIESIS
Director: Jorge Sarquis
Codirector: Santiago Miret
Coordinación: María Laura Álvarez

Serie Tesis
Director de la colección: Santiago Miret

Editor: Arq. Guillermo Raúl Kliczkowski
Diseño gráfico: DG Cecilia Ricci

Hecho el depósito que marca la ley 11.723

La reproducción total o parcial de este libro, en cualquier forma que sea, idéntica o modificada, no autorizada por los editores, viola derechos reservados; cualquier utilización debe ser previamente solicitada.

© 2022 Diseño Editorial
ISBN: 978-1-64360-602-6
ISBN EBOOK: 978-1-64360-603-3

Marzo de 2022

# 05 | Investigación Proyectual
## TEORÍAS PROYECTIVAS
Textos y Proyectos de Reflexión en Arquictura

Fernando Aliata
Peter Eisenman
Antoine Picon
Jesse Reiser
Nanako Umemoto
Roberto Bogani
Santiago Miret
Michael Young
Kutan Ayata
Federico Garrido

Compilación y Edición
Santiago Miret y Maximiliano Schianchi

diseño

# Índice

**Introducción**    7
Maximiliano Schianchi

**Parte 1 - Historia**

Historia del Proyecto    21
Fernando Aliata

**Parte 2 - Teoría**

Lateness    239
Peter Eisenman

Arquitectura y la Política de la Materialidad    249
Antoine Picon

Gabinete de Curiosidades    261
Jesse Reiser y Nanako Umemoto

Intraestructuras    299
Roberto Bogani

## Parte 3 - Dibujo

Diagrama como Comportamiento     365
Santiago Miret

Dibujos, Objetos, Edificios     399
Michael Young y Kutan Ayata

Clasicismo Sintético     433
Federico Garrido

## Parte 4 - Proyecto

Habitar Singular Plural     457
Maximiliano Schianchi

SuperMall     495
Federico Menichetti

Continente, Contentedor, Contenido     519
María Teresa Arteaga Botero

Promenade Colectiva     537
Federico Berardi

## Epílogo     557
María Laura Álvarez

# Introducción

Maximiliano Schianchi

Teorías Proyectivas opera en la intersección entre los términos *teoría* y *proyecto*. De esta manera, se propone la construcción de ese vínculo desde la perspectiva de textos de varios autores. El libro está organizado en cuatro partes. El orden y contenido de cada una de las secciones no presenta un correlato cronológico sino lógico, vinculado internamente en forma temática.

## I

La primera parte, Historia, se focaliza en el curso brindado por el profesor Fernando Aliata en el marco de la Maestría en Investigación Proyectual.

El seminario Historia del proyecto. Estrategias Proyectuales del Clasicismo a la Modernidad se desarrolla a lo largo de 4 clases en las que Aliata realiza un recorrido histórico sobre los diferentes procedimientos proyectuales que se fueron produciendo en la arquitectura de Occidente, desde el Renacimiento hasta el presente.

La clase 1 expone diferentes estrategias proyectuales a partir de la noción de *paradigma* propuesta por el filósofo Thomas Kuhn. Aliata identifica en el siglo XV un primer quiebre en el transcurso de la historia de la Arquitectura. Es en ese momento cuando la disciplina origina el *proyecto*, el cual es un modo específico de operar que reemplaza al método fragmentario que existía hasta entonces. Junto con el desarrollo del proyecto surge la idea de restitución del lenguaje clásico, de la denominada Edad de Oro de la Antigüedad, y es a través de la *taxis* que el arquitecto pone en relación las diferentes partes con el todo y el todo con las partes. En este contexto aparecen dos figuras fundamentales: Filippo Brunelleschi y Leon Battista Alberti. Brunelleschi no sólo es quien constituye el gen del arquitecto como lo conocemos en la actualidad sino que, además, es quien perfecciona la *perspectiva* como método de dibujo. Alberti, por su parte, escribe un libro fundamental para la teoría de la época y de los siglos posteriores: *De re aedificatoria*. Respecto a las estrategias proyectuales del Renacimiento, Aliata las resume en *restitución tipológica* (como en el caso de Palladio) y *yuxtaposición* (por ejemplo, en Bramante). Si bien estas estrategias se extenderán durante todo el siglo XVI, el clásico seguirá evolucionando como sistema más allá en el tiempo.

Aliata dedica, también, un pormenorizado estudio a Francia. Detalla que lo que surge allí hacia el siglo XVII, a partir de la introducción del nuevo lenguaje por parte del italiano Sebastiano Serlio, es la *composición* como nueva estrategia para el desarrollo de proyectos. En Francia la Arquitectura es caracterizada por su carácter urbano y monumental. No obstante, lo más novedoso en Francia no es la difusión del estilo barroco, sino el fuerte vínculo entre Arquitectura y Estado. Esta asociación trae como consecuencia el desarrollo de un saber académico a partir de la fundación de la Academia de Arquitectura, quien será la encargada tanto de la habilitación de escuelas particulares como de la organización de concursos de Arquitectura. En este sentido, la aparición de Claude Perrault y su proyecto ganador del concurso para la fachada oriental del Museo del Louvre resulta una primera manifestación de lo que luego será el *neoclasicismo*.

En este momento Aliata introduce una figura fundamental en el desarrollo de la arquitectura francesa en particular, y de la historia de la Arquitectura en general: Jacques François Blondel. Entre muchos aportes realizados por Blondel destacan, principalmente, los relativos a la enseñanza y a la teoría, a partir de la publicación de libros y de nociones como *programa* y *carácter*. Serán dos alumnos de Blondel, Étienne-Louis Boullée y Claude-Nicolas Ledoux, quienes serán fundamentales para el desarrollo de la arquitectura del siglo XVIII, aplicando en sus proyectos los conceptos de *autonomía* y *gigantismo*.

La clase 2 se centra en el lugar que ocupa Francia entre 1750 y 1850 como factótum de nuevas teorías proyectuales. Parte de esto resulta evidente en la Enciclopedia de Diderot y d'Alembert, la cual dará comienzo a lo que se conoce como *enciclopedismo* (o la democratización del conocimiento). En esta época se modifica, entonces, la enseñanza de la Arquitectura. El desarrollo de la disciplina debe atender ahora a la sociedad emergente y, al mismo tiempo, a la construcción de los edificios para las nuevas instituciones del Estado. En este contexto emerge la figura de Jean-Nicolas-Louis-Durand (alumno, a su vez, de Boullée), quien logra sintetizar toda la tradición acumulada en un original método de proyecto basado en el análisis comparativo de arquitecturas desde el punto de vista tipológico. Lo que construye Durand es una metodología abstracta de composición, por fuera de la yuxtaposición de elementos. En uno de sus libros despliega este mismo sistema de proyecto en múltiples programas diferentes, evidenciando de esta manera la versatilidad del mismo. De este modo, con la invención de nuevos tipos, puede hacer frente a los programas inéditos que están surgiendo en ese momento.

El siguiente capítulo en la historia de las estrategias proyectuales corresponde a la ineludible *École des Beaux-Arts*. En esta época, conocida como Edad de la Restauración, comienza a perderse la idea de una arquitectura neoclásica y universal que desestime las arquitecturas regionales y surgen nuevamente las arquitecturas propias de cada región. Por otro lado, respecto a la enseñanza, las academias habían sido disueltas a fines del siglo XVIII, lo que resulta en la creación de una escuela de bellas artes que incorpora varias disciplinas, entre ellas, la Arquitectura. En este momento aparece la idea de partido (*parti*) como definición de un primer esquema que contiene las potencialidades de desarrollo del edificio. Una vez elegido el *parti*, surge la composición para organizar los elementos.

Aliata reflexiona sobre como los cinco conceptos principales (*tipo, modelo, carácter, partido, composición*) construyen a lo largo de los siglos una teoría del proyecto, más allá de los estilos); la cual llega, incluso, hasta la Arquitectura Moderna.

La clase 3 hace foco en la Arquitectura del denominado Movimiento Moderno y en la arquitectura contemporánea. Aliata, no obstante, comienza este periplo por las figuras de dos de los teóricos más importantes del siglo XIX: Eugène-Emmanuel Viollet-le-Duc y Gottfried Semper. El primero, al valorar la importancia de la estructura por sobre cualquier otro aspecto de un edificio; el segundo, al proponer el origen no mítico sino antropológico de la Arquitectura. Al mismo tiempo, destaca la aparición a principios del siglo XX del nexo -en términos proyectuales- entre ambos siglos: Auguste Perret. A partir del desarrollo del hormigón armado, Perret será determinante para el progreso de la Arquitectura Moderna. Más aún, en su estudio trabaja durante más de un año el mismo Le Corbusier.

En este contexto surge, a partir de Louis Sullivan, la teoría del Funcionalismo y el apotegma "la forma sigue a la función". Sin embargo, señala Aliata (siguiendo a Rowe), los arquitectos modernos no logran desprenderse por completo de la tradición clásica. Y, en definitiva, no llega a haber un código común para el Movimiento Moderno (excepto por el Higienismo) sino experiencias arquitectónicas personales. En línea con Corona Martínez, Aliata observa que, si bien la Arquitectura Moderna es revolucionaria en muchos aspectos, no lo es respecto a la metodología de enseñanza, la cual sigue esencialmente sin modificaciones. Lo que comienza a suceder hacia mediados del siglo XX es la crítica a la Arquitectura Moderna respecto a la falta de carácter.

A partir de 1950 surge como alternativa al Funcionalismo la denominada Arquitectura de Sistemas. Esta estrategia proyectual se rige, sobre todo, por la idea de *flexibilidad*. Afirma Aliata que esto produce un cambio importante ya que, a partir de ahora, el arquitecto no es quien *diseña* el detalle sino quien *organiza* la relación entre elementos. En esta etapa cabe destacar la relevancia de oficinas de Arquitectura como Team X, Archigram o Alison & Peter Smithson.

La clase 4 destaca la multiplicidad de estrategias proyectuales contemporáneas. Comienza en la década de 1970 con el Posmodernismo y el regreso del proyecto tipológico. Es en esta época, asegura Aliata, que el foco hay que ponerlo sobre Italia e Inglaterra. Es decir, en autores como Aldo Rossi, Manfredo Tafuri, Bruno Zevi, Reyner Banham. Comienza, entonces, una fuerte crítica a la Arquitectura Moderna. En Argentina, ese cambio en el modo de proyectar tendrá su réplica en la experiencia pedagógica de La Escuelita.

Según Aliata, lo que se produce entre fines del siglo XX y principios del siglo XXI es la aparición de una multiplicidad de paradigmas. Como regla general, el surgimiento (luego del *partido* y de la *tipología*) del *proceso*. Al respecto, dos ingleses son muy influyentes en este período. Por un lado, el teórico Reyner Banham, quien desde sus textos aboga por una arquitectura *a-formal* y *a-tipológica*. Por otro lado, el arquitecto Cedric Price, quien va a proponer desde sus proyectos una arquitectura netamente de sistemas.

Simultáneamente, en Estados Unidos surge el grupo Five Architects, conformado por Peter Eisenman, Richard Meier, John Hejduk, Michael Graves y Charles Gwathmey. De todos sus integrantes, quien tendrá una carrera más destacable en los términos que nos ocupan será Peter Eisenman. Trabajando fundamentalmente con la forma, Eisenman genera en sus proyectos operaciones de transformación; documentando, explicitando, transparentando el proceso. Lo valioso, además, es que de igual manera escribe textos que son esenciales todavía hoy.

Hacia el final, Aliata reflexiona en torno a la aceleración de la contemporaneidad a partir de dos arquitectos: Rem Koolhaas y Bernard Tschumi. Lo que vincula a ambos, para Aliata, es el desencanto respecto a la idea de que la arquitectura tenga el poder (o el deber) de ser catalizadora de cambios sociales. Actualmente, no sólo se han modificado las estrategias proyectuales sino también el rol del arquitecto, poniendo en crisis aquella idea del profesional que conoce y controla en forma total el proyecto y la obra.

En definitiva, lo que propone Aliata es una manera diferente de leer la Historia de la Arquitectura, reflexionando sobre el hacer Arquitectura; es decir, sobre el acto de hacer proyecto.

# II

La segunda parte, Teoría, vincula a partir de este tópico a cinco autores: Peter Eisenman, Antoine Picon, Jesse Reiser, Nanako Umemoto, y Roberto Bogani.

Peter Eisenman desarrolla un recorrido por toda su carrera, desde su viaje iniciático con Colin Rowe en Europa hasta su última producción, que ocupará el núcleo de la presentación: *Lateness*, el libro escrito en conjunto con Elisa Iturbe.

Para los autores, la noción de *lateness* está relacionada directamente con la alteración del tiempo en relación a los objetos físicos. Eisenman afirma que la posibilidad de un proyecto crítico no se encuentra hoy en la novedad en sí misma, sino en la idea de *lo tardío*, concepto que desarrolla profusamente a lo largo de su presentación y que toma de Theodor Adorno. Así, la idea de *lateness* se propone como una forma de criticidad más allá de la invención de nuevas formas; una resistencia a la expresión personal y subjetiva. Repensando la relación entre forma y tiempo, lo nuevo se subsume a lo tardío en relación a lo convencional en Arquitectura. Esta concepción del tiempo es diferente a la dialéctica del siglo XX en Arquitectura, basada en el rechazo a lo anterior. Eisenman sostiene que actualmente podríamos estar habitando lo que él denomina la época posdigital y, de alguna manera, su libro podría funcionar como un ataque indirecto a lo digital en Arquitectura. De hecho, afirma que lo digital efectúa un retorno a la idealización del presente, de igual manera como sucedía con el Movimiento Moderno.

Hacia el final, Eisenman afirma que, en los edificios, lo relevante surge a partir de la "*alteración de la convención*". De este modo, lo que *lateness* propone no es la alteración sobre las convenciones mismas sino sobre las relaciones entre las mismas convenciones. Lo tardío aparece en ocasión del desplazamiento de la convención a partir de una nueva relación entre las partes de una obra de Arquitectura.

Antoine Picon presenta un texto, a partir de su libro *La matérialité de l'architecture*, en el cual construye la relación entre arquitectura, materialidad y política en el contexto contemporáneo. Afirma que es tiempo de que la Arquitectura, como disciplina, no necesariamente dé respuesta, pero sí que elabore otras preguntas. Estas preguntas deberían poder regresar a dos dimensiones fundamentales: por un lado, a las experiencias sensibles más tangibles sobre lo material y, por otro lado, al ornamento. Respecto a la tríada materia-material-materialidad, observa que el último de los términos implica, en principio, una relación entre nosotros y el material y, luego, esa materialidad es netamente epocal. Según Picon, la Arquitectura construye el mundo material exterior al tiempo que nos construye como individuos a partir de nuestra relación con él.

Picon sostiene que la Arquitectura provoca sensaciones, efectos y afectos, y es a partir de la construcción de posibilidades de situaciones que puede desplegar todo su potencial político. Más aún, afirma que el ornamento, siendo simbólico, también es político. Además, es dinámico, vinculado a una época; dando lugar a lo que Picon denomina *decor*. Finalmente, insiste en que lo mejor que puede lograr la Arquitectura es sugerir posibilidades, ampliar el campo sin necesariamente responder a todos los interrogantes. Al organizar materialmente nuestra relación con el entorno físico, la Arquitectura tiene la posibilidad de ser profundamente política.

Jesse Reiser, socio fundador junto a Nanako Umemoto de RUR Architecture DPC, realiza un exhaustivo recorrido de la oficina desde su formación hasta la actualidad, describiendo cada una de las fases que fue atravesando el estudio en más de 30 años de carrera. Reiser comienza destacando la importancia que tuvieron los concursos de Arquitectura en la década de 1990 para quienes recién se estaban iniciando en la profesión. Durante la conferencia describe y detalla de manera muy precisa las particulares vicisitudes que debió enfrentar la oficina en tres de sus últimas obras. En este punto, es valioso destacar como Reiser puede oscilar desde un discurso estrictamente académico, a partir de su amplia experiencia como profesor, a un discurso más llano, relacionado exclusivamente con la materialización de un edificio o, incluso, lo determinante que puede resultar en un proyecto el contexto geográfico inmediato.

Quizás uno de los puntos más interesantes del discurso de Reiser, respecto a la práctica de RUR Architecture, sea el hecho de pensar en el desarrollo de *series* de proyectos, más allá de cada uno de los encargos individuales, enmarcándolos así en un proyecto general que vincula a todos a lo largo del tiempo.

En su artículo, Roberto Bogani construye exhaustivamente la noción de *infraestructuras* como "*sistemas que intervienen en la construcción del proyecto arquitectónico; fabrican relaciones entre elementos y componentes, generan emergentes espontáneos y producen singularidad.*" Al respecto, es valiosa la actualización que realiza Bogani del concepto de *sistema*, entendiendo a éste (en el caso de los sistemas materiales) como una organización compleja de elementos diversos con la capacidad de transformar sus relaciones internas. Esta idea de la trasformación es especialmente relevante ya que entiende al sistema como una entidad dinámica. Al mismo tiempo, desarrolla la noción de *autonomía* como el potencial de singularización que posee un proyecto.

Bogani rechaza la idea de que un sistema debe permanecer en equilibrio para mantener su consistencia, y diferencia los sistemas cerrados de los sistemas abiertos, a partir de que estos últimos modifican su estructura al recibir información del entorno. En definitiva, lo pertinente es la distinción que debe realizarse en los sistemas abiertos al momento de operar en disciplinas estrictamente "materiales", como la Arquitectura o el Urbanismo. Sin más, cualquier sistema puede ser pensado en torno a variaciones.

Bogani desarrolla pacientemente diversas nociones en torno a sociólogos como Talcott Parsons y Niklas Luhmann. A lo largo del texto se despliega una serie de autores que han trabajado activamente con teorías de sistemas. Se presentan conceptos de Gregory Bateson (el *contexto*), de Spenser Brown (la información a partir de la *diferencia*), Humberto

Maturana (la *autopoiesis*), Norbert Wiener (el *sistema no lineal* a partir de los estímulos del exterior), Magoroh Maruyama (la *morfostasis* y la *morfogénesis*) y Gilles Deleuze (el *diagrama* como herramienta operatoria y transformadora). En suma, según Bogani, a un proyecto lo definen las operaciones que logran que el sistema se produzca y reproduzca.

Puesto a definir con mayor precisión una intraestructura lo hace en términos de *"relaciones internas que determinan las estructuras de un proyecto en funcionamiento"*. Es decir, un sistema definido por las relaciones y naturaleza de sus componentes; lo cual pone en relieve las propiedades emergentes resultantes de la relación entre elementos por sobre las propiedades específicas de cada uno de ellos. Por último, pensando en la organización como el problema fundamental en el proyecto, Bogani enfatiza que la noción de infraestructuras constituye un *"aporte específico a los modos proyectuales existentes"* bajo la forma de *sistema* y bajo la operatoria de la *acción*.

# III

La tercera parte, Dibujo, reúne en torno a este tema a cuatro autores: Santiago Miret, Michael Young, Kutan Ayata y Federico Garrido.

El artículo de Santiago Miret desarrolla la idea de *diagrama* a partir de la noción general de *abstracción*. Esto permite generar naturalmente un vínculo entre el pasado y el presente de la disciplina. Define al diagrama, en principio, como comportamiento organizativo. O, más precisamente, como organización con comportamiento en potencia: *"el diagrama es el soporte material de un sistema de relaciones entre elementos"* que producen sentido y coherencia interna. De alguna manera el diagrama posee, al mismo tiempo, independencia y vínculo con el objeto real. No obstante no debemos olvidar que, entre lo más concreto y lo más abstracto, la construcción de diagramas es fundamentalmente geométrica.

Miret sostiene que, definitivamente, Peter Eisenman resulta el autor principal en torno al tema. Ya sea desde su práctica o desde su teoría, Eisenman afirma que el diagrama puede funcionar como un medio por el cual la Arquitectura no esté obligada a significar, ni interiormente ni exteriormente. Al mismo tiempo, con precisión Miret referencia a Anthony Vidler y su trabajo con tres pensadores y sus ideas fundamentales: Charles Peirce y el *signo*, Michel Foucault y el *panóptico*, y Gilles Deleuze y la *máquina abstracta*. Tampoco olvida a Sanford Kwinter, quien entiende al diagrama como una "serie de procesos de información" y no como un "objeto".

Lo interesante en el texto de Miret es la concepción que construye del diagrama no hacia el pasado, como representación de lo existente, sino hacia el futuro, creativa y proyectivamente.

Young & Ayata, la oficina dirigida por Michael Young y Kutan Ayata, produce indistintamente proyectos de dibujos, de objetos y de edificios. La conversación que se transcribe profundiza en estos tres ámbitos en igual medida. En ella declaran su gusto por los dibujos de Miralles, lo cual acaba siendo sumamente relevante en una práctica como la actual donde las representaciones son producidas, en su gran mayoría, por medios digitales. En este sentido, Young y Ayata reflexionan sobre la enseñanza que puede ofrecernos la historia del dibujo en Arquitectura que pueda ser pertinente en el contexto actual. Del mismo modo declaran con entusiasmo su interés por disciplinas como la pintura, la fotografía, el cine o el grabado, y cómo éstas nutren sus proyectos.

Una de las ideas más estimulantes que presentan es la de *fantasma*, el cual surge a partir de la manipulación y transformación de precedentes; no como algo congelado que cierra sino, por el contrario, como una posibilidad de apertura, de nuevas potencialidades. En esta línea de pensamiento desarrollan también la noción de *extrañamiento*. Es decir, la descontextualización mediante el uso de herramientas digitales, y la producción y aparición (a partir de la transformación de antecedentes) de resultados inesperados. Del mismo modo, Young y Ayata se interesan por el ornamento y la decoración, reflexionando sobre qué significa, en la actualidad, dibujar. Entendiendo, también, que la técnica no es un medio sino un fin.

Hacia el final de la conversación presentan uno de sus últimos proyectos, donde se explayan sobre su concepción de la Arquitectura como el resultado de un esfuerzo conjunto de múltiples medios involucrados.

El texto de Federico Garrido despliega, a partir de una investigación propia, los últimos avances respecto del uso de inteligencia artificial y de modelos de *machine learning* en Arquitectura. Lo relevante es que lo hace no sólo desde proyecto sino, también, desde la historia de la disciplina. Garrido afirma que las herramientas digitales surgidas en las últimas décadas pueden ser útiles tanto para producir arquitectura como para revisar la historia de la disciplina a partir de una relectura de proyectos históricos.

Detallando con mucha precisión cada una de las diferentes fases de la metodología propuesta, la investigación entrena un modelo de *machine learning* para poder replicar a otras aplicaciones las capacidades aprendidas. Más aún, con este aprendizaje aprendido, el modelo podría predecir información arquitectónica. La investigación, en concreto, pretende la digitalización de casos históricos de la Arquitectura atendiendo la idea de familias o series de proyectos. Dando pie a una continuación, el artículo no omite el hacerse preguntas respecto a la pertinencia de los resultados obtenidos.

# IV

La cuarta parte, Proyecto, presenta proyectos de tesis en curso desarrollados por maestrandos en el marco de la Maestría en Investigación Proyectual: Habitar Singular Plural, de quien escribe; SuperMall, de Federico Menichetti; Continente, Contenedor, Contenido, de María Teresa Arteaga Botero; y Promenade Colectiva, de Federico Berardi.

Los proyectos que aquí se muestran (como todos los realizados en la maestría) son relevantes en cuanto *teoría* y *proyecto* no son ideas abstractas que se encuentran disociadas sino, por el contrario, ambas nociones se van construyendo progresivamente. Conforme avanza la construcción de la tesis, la teoría y el proyecto se irán informando en forma recíproca, consolidándose mutuamente, al tiempo que dotando de coherencia interna a la investigación proyectual.

## V

Finalmente, el libro concluye con un epílogo escrito por María Laura Álvarez, coordinadora general del Centro POIESIS desde el año 2010 y coordinadora de la Maestría en Investigación Proyectual desde su inicio. En el texto Álvarez da cuenta de los diferentes períodos que ha atravesado la maestría hasta consolidarse en el cuerpo académico que es en la actualidad. Con la experiencia que brinda el hecho de haber participado durante más de 20 años, la autora detalla que lo que ha caracterizado al espacio desde un comienzo es el auspiciar la formación desde la investigación, dando lugar al intercambio y al debate, fundamentalmente a partir de la epistemología de la Investigación Proyectual desarrollada por Jorge Sarquis.

Alvarez ahonda en la importancia tanto de los talleres de Investigación Proyectual como de la participación de profesores externos al Centro POIESIS ya que, como bien señala, la Maestría en Investigación Proyectual es aquella que tiene como principio y fin al Proyecto.

# Parte 1

# Historia

# Historia del proyecto. Estrategias Proyectuales del Clasicismo a la Modernidad

Fernando Aliata

El texto que se presenta a continuación corresponde a la desgrabación del Seminario Historia del proyecto. Estrategias Proyectuales del Clasicismo a la Modernidad que Fernando Aliata dictó los días 6, 13, 20 y 27 de noviembre de 2020 en la maestría de Investigación Proyectual del Centro Poiesis FADU UBA. En la revisión realizada por el autor se ha decidido mantener en lo posible el tono coloquial y se ha resuelto no colocar notas, más allá de aquellas referidas a textos citados explícitamente, a los efectos de no desvirtuar el género ensayístico y el tono didáctico del curso. Las fuentes utilizadas para la elaboración de las clases son las que figuran en la bibliografía.

El autor agradece a los arquitectos Eduardo Gentile, Fernando Gandolfi, Ana Otavianelli y Francisco Vilchez por permitirle publicar sus fotografías y particularmente a Eduardo Gentile quien leyó este texto e hizo importantes sugerencias que fueron incorporadas a la versión final.

## Restitución y Yuxtaposición

**Paradigmas**

Este curso busca analizar someramente lo que podríamos denominar como la historia del proyecto en la arquitectura de Occidente, desde el Renacimiento hasta la actualidad. La idea es tratar de señalar, entre otras cosas, cómo han proyectado los arquitectos a lo largo del tiempo; qué métodos usaron, bajo qué protocolos; cómo se aprenden y se enseñan los conocimientos en esta disciplina, cuáles son sus límites; qué relación existe entre los modos de proyectar y los insumos que se utilizan. Lo vamos a ver históricamente, pero no intentaremos acercarnos al modelo de una historia de la arquitectura por estilos o por movimientos, sino que nos vamos a centrar en el lugar dónde se producen cambios y transformaciones en los modos de operar, y también vamos a indagar acerca de cuál es el imaginario, el equipamiento mental y las estrategias que en las diferentes etapas utilizan los arquitectos. Todo esto dentro de los límites de un formato de cuatro clases teóricas, por lo que necesariamente tendremos que dejar muchos conceptos de lado o en algunos casos tratarlos someramente.

Para acercarme un poco a este encuadre general, voy a empezar desde la historia de las ideas y desde una noción que fue presentada por Thomas Kuhn hace más de 60 años en un libro que se llama "*La estructura de las revoluciones científicas*". Un libro que fundamentalmente trata sobre la formación de "epistemes" o "paradigmas", que serían algo así como los fundamentos que ofrece la ciencia durante un período de tiempo determinado. Kuhn plantea que a lo largo de un ciclo dado existen una serie de ideas que son compartidas por una comunidad científica, o sea que son protocolos específicos, directorios de investigación, nociones, axiomas, en la cual todos se ponen de acuerdo y eso es lo que moviliza dentro de una etapa histórica precisa una etapa histórica el desarrollo de una ciencia. Muchas veces cuando ese paradigma no tiene respuesta a ciertos fenómenos que se van desarrollando a partir de nuevas investigaciones, cambia. El ejemplo más fácil, que todos conocemos, es la mudanza del paradigma teocéntrico al heliocéntrico, que sucede durante el período que llamamos comúnmente Renacimiento. Se trata del pasaje de la idea de que la Tierra es el centro del universo a la idea de que el Sol ocupa dicho centro y que la Tierra gira alrededor de él. Es decir, transitamos de la teoría Ptolemaica a la Copernicana. Si previamente había un acuerdo generalizado en que la Tierra era el centro del universo porque de alguna manera es lo que la simple observación empírica nos determina, los descubrimientos de Copérnico y Galileo y luego la "mecánica celeste" desarrollada por Kepler y Newton van a constituir una nueva episteme que tuvo enormes repercusiones en todos los campos.

Aún fuera de la ciencia, en el campo del arte o la arquitectura, podemos encontrar a lo largo del tiempo muchos paradigmas que se construyen, se desarrollan, tienen una duración en el tiempo. Paradigmas donde hay un acuerdo de ideas, principios, métodos, y luego por algún motivo o por una serie de motivos estos paradigmas entran en crisis. Lo interesante y lo que me lleva a estas reflexiones es intentar aplicar esta idea del paradigma a las formas de proyectar. Lo que dice originalmente Kuhn, y lo que dicen también en nuestro campo autores como García Germán, es que a veces existen epistemes que conviven, que están solapados entre sí. Uno podría decir que hoy en la arquitectura, hay varios paradigmas válidos. Hay arquitecturas digitales, arquitecturas vinculadas con la ecología, con ciertas formas de arte, o con cierto conjunto de principios como el llamado Minimalismo, que conviven entre fines del siglo XX y principios del XXI como paradigmas diferenciados. Hay otros momentos, en cambio, en los cuales los paradigmas son absolutamente homogéneos, como la larga época del clasicismo, donde casi no aparecen fisuras, ni se comparten espacios con otros paradigmas.

A partir de este enfoque las lecturas que fui haciendo me llevaron a construir, a manera de ensayo, un esquema de paradigmas o de modos de proyecto que los voy a llamar de esta forma: *restitución, yuxtaposición, composición cerrada* o *composición abierta, función, tipo, sistema, proceso, diagrama y analogía*. No son los únicos, ni tampoco su nominación es una creación personal, pero son los que me interesaron y de alguna manera pude profundizar hasta este momento. Seguramente podríamos contabilizar muchos más, pero a los efectos de la duración del curso y de mis propias limitaciones nos detendremos aquí. Todos ellos conforman el universo que vamos a enfrentar en este recorrido. Una narración que entiendo puede resultar una forma distinta de leer la historia, que conecte más directamente a esta disciplina con las preocupaciones de ustedes, con la reflexión sobre el "hacer arquitectura".

Partiendo entonces de esta taxonomía a priori, utilizo como introducción conceptual, algunas ideas desarrolladas originalmente por Alfonso Corona Martínez, quien hizo una de las primeras reflexiones en la Argentina sobre el tema del proyecto, sobre las paradojas que contiene el acto de proyectar. En realidad, nos dice Corona Martínez, el diseño es la invención de un objeto por medio de otro que lo precede en el tiempo y esto es, precisamente, el proyecto. En el proyecto la obra, el objetivo final, se va materializando en la medida que vamos dibujando, vamos sacando de la cabeza las ideas y las vamos llevando al papel. En efecto, pasamos de un primer objeto *proyecto* a un segundo objeto que llamamos *obra*. Además, el diseñador inventa el objeto en el acto mismo de proyectarlo, o sea, dibuja un objeto inexistente cada vez con mayor precisión. Es un proceso en transformación permanente que se va perfeccionando en el papel o en la computadora, hasta llegar de alguna manera a poder ser comunicable a los que tienen que materializarlo. En la medida que logro aclarar mis ideas y las puedo representar en su verdadera forma y magnitud, con todas las indicaciones técnicas que van a servir a su construcción, finalizo una etapa. Pero el proyecto va a terminar sólo cuando concluya la obra, ya que muchas veces la obra nos plantea nuevos desafíos a los que debemos responder. Además (es lo curioso del proceso de diseño), a medida que vamos haciendo el dibujo o el boceto, las mismas representaciones que se van materializando inciden sobre la mente de quien las trazó y generan o alimentan nuevas ideas. Esta es una de las características particulares del proyecto, aunque es común con otros procesos creativos.

**Discontinuidad**

Este mecanismo que intentamos someramente explicar se va a ir desarrollando en el tiempo, en la medida en que también el lenguaje de representación se vaya perfeccionando. Y esto está directamente relacionado con una constante división del trabajo intelectual que va a llevar a la aparición de la figura del arquitecto en términos modernos, tal como la conocemos hoy. Podemos decir que hay un quiebre, hay un primer paradigma que se establece alrededor del año 1450, cuando la arquitectura encuentra un lenguaje escrito, que es el proyecto, un fenómeno que sucede prácticamente al mismo tiempo en la música, ya que en ese momento también se definió el lenguaje musical y se empezó a escribir la música en partitura. Este es el período en el cual se construye un código homogéneo para la arquitectura. Pero, para entender esta verdadera revolución tenemos que ir un poquito más atrás y ver como se ideaba y se construía un edificio antes del siglo XV.

Sabemos que durante el período medieval muchos de los oficios y de las profesiones de la cultura romana desaparecen. Las invasiones, la inseguridad, la destrucción del mundo urbano, hace que los saberes se fragmenten. En el campo estricto de la construcción no quiere decir que durante esa etapa histórica no hubiese maestros que estaban de alguna forma en la conducción de obras y que edificaban espacios artísticamente. Pero el saber se concentraba en los gremios. Había grupos que conocían una determinada cantidad de técnicas que muchas veces se mantenían en secreto, y había maestros de cada una de esas técnicas que compartían el espacio en la obra, en la construcción. La calidad técnica y artística dependía de la capacidad de transmisión de las ideas entre el conductor y los grupos de operarios que disponía. Estos maestros circulaban por toda Europa y no podemos decir que no hubiese arquitectura, el término no desaparece del lenguaje en el imperio Carolingio, por ejemplo, pero existía otra manera de practicarla. Al mismo tiempo, encontramos testimonios que prueban qué tipo de saber tenían estos maestros, como el famoso cuaderno de Villard de Honnecourt, un experto que recorrió los obradores de las catedrales europeas y fue tomando apuntes y diseñando lo que veía, así como otros testimonios como la existencia de tumbas de maestros de las grandes catedrales y algunos dibujos que representan obras como el plano del Monasterio de Saint Gall hecho en pergamino alrededor del año 820.

La idea del viaje formativo va a ser muy común a lo largo de la historia de la arquitectura y vamos a ver que continúa en los siglos subsiguientes; de hecho, los grandes maestros iban adquiriendo conocimiento de este modo. Circulaban de obrador en obrador, trabajaban en las realizaciones más importantes y solicitaban permiso para hacer dibujos del proyecto y de sus detalles ornamentales. De esta manera se formaban, y esto nos demuestra que no había escuelas, simplemente se sumaban al gremio como aprendices e iban ascendiendo de categoría. Las fuentes nos señalan también que el saber teórico general, que conectaba a la arquitectura con otras ciencias humanas, se iba perdiendo. En la baja Edad Media, sin embargo, encontramos arquitectos capaces de coordinar el desarrollo de la obra, pero no son teóricos, sino artesanos especializados que pueden organizar los trabajos basándose fundamentalmente en la geometría y el uso de maquetas o modelos, pero que han perdido contacto con una teoría más amplia.

Como resultado de este modo de aprendizaje y de entendimiento de la disciplina, encontramos una forma de operar que podríamos denominar como paradigma fragmentario. Hay un ejemplo muy claro de esto en la Plaza de San Marco en Venecia que me sirve como ejemplo. Entre la Catedral y el Palacio Ducal vemos una pequeña torre que se corresponde con los restos del antiguo palacio que se demolió para construir luego el famoso edificio gótico. Este sector es bastante diferente al resto, y nos muestra la forma de operar de los gremios medievales. Allí vemos una especie de decoración geométrica hecha con diferentes mármoles de colores, que los venecianos traían en sus viajes. Restos de muchas antiguas ciudades romanas que se habían convertido en ruinas, sobre todo en Asia Menor. A este conjunto heterogéneo se le suma una de las obras expoliadas del Palacio Imperial de Constantinopla durante la Cuarta Cruzada: los Cuatro Tetrarcas. Un grupo escultórico que conmemoraba una época en la que el Imperio Bizantino estaba dividido en cuatro sub regiones, comandadas por cada uno de estos semi-emperadores. Esta estatua, hecha en pórfido, les gustó a los venecianos, la trajeron en sus naves y la colocaron en una de las esquinas de esta torre. Lo que resulta de todo esto es una especie de *patchwork,* es decir, no hay ningún control homogéneo y general de la obra. Todo es producto de la casualidad, de haber encontrado esa estatua, de hallar también diversos mármoles y combinarlos allí a lo largo del tiempo. Esta idea de discontinuidad que vemos en este ejemplo está en la base de buena parte de la arquitectura medieval. Manfredo Tafuri contaba que cuando el prior de un convento quería hacer una nueva iglesia, una basílica de tres naves, por ejemplo,

Antigua torre del Palacio Ducal, Venecia. Fotografías de Fernando Aliata.

primero convocaba a un gremio que hacía las fundaciones con su propio sistema de medidas y luego de terminar su parte estos se iban. Entonces venían otros, del gremio de los *muratori,* que con otras técnicas y sistemas de medición construían paredes en ladrillo o en piedra. Finalmente llegaba un nuevo grupo, que eran carpinteros, con un distinto sistema de medición y techaban. Es decir, había una vaga idea previa de lo que iba a ser el edificio, se podía llegar a hacer una maqueta, pero todo lo iban a ir definiendo los gremios en el momento de la construcción. Este ejercicio de superposición de las actividades de las diferentes maestranzas que tenían sus coordinadores, sus directores, era finalmente, una especie de creación colectiva y compartida. Esta manera de operar progresivamente fue yendo desde la absoluta heterogeneidad hacia un cierto control integral. Si volvemos otra vez sobre el Palacio Ducal vemos que en lo general aparece cierta homogeneidad, pero si observamos la obra en detalle, encontramos, por ejemplo, que los capiteles son todos distintos. Es decir, el resultado material de la obra no está en manos de una sola persona sino de varias. Cada artesano picapedrero hace su capitel, incluso muchas veces lo firma, y siempre es diferente uno del otro. Esta tradición de romper y mezclar, es algo que le va a gustar mucho a Ruskin, a los románticos del siglo XIX, pero que, precisamente durante la edad del Humanismo que se inicia en Florencia a principios del siglo XV, no era algo apreciable; de hecho, los italianos hablaban, en referencia a estas arquitecturas, como arquitecturas de los bárbaros, por ejemplo, al referirse al Gótico.

En San Zeno, una iglesia de los inicios del siglo XII situada en Verona, vemos como en realidad esta cultura, hoy diríamos -con la salvedad del caso- del *patchwork* y de la mezcla era algo bastante común en la Edad Media. En este ejemplo, para hacer el pórtico de ingreso de la fachada principal del templo, se usa una columna antigua que seguramente se retiró de alguna ruina romana. La columna, curiosamente, se apoya en un león que le sirve de improvisada base. El artista en vez de poner los leones por delante del pórtico acompañando una escalinata, los utiliza como pedestal y sobre la columna, como base de sostén del arco, se ubica un grotesco atlante. Una figura humana que ya ha perdido la técnica depurada, la "gracia" de la escultura clásica. Hay una especie de noción básica

Detalle de los capiteles de las Columnas de la galería externa del Palacio Ducal, Venecia.
Fotografías de Fernando Aliata.

de la arquitectura antigua, pero se distorsiona y se trabaja de una manera, diría, absolutamente caprichosa a los ojos de lo que podría ser la tradición greco-romana. Los elementos son tomados de ruinas del período clásico y cuando se trata de elementos nuevos muchas veces son copiados de manera bastante primitiva del original antiguo. En síntesis, se han abandonado las técnicas y la especialización profesional que existían durante el imperio romano y lo que emerge es este producto un poco ambiguo de superposición de actividades de diferentes maestranzas, de diversos grupos que conforman el taller de obra, que traen sus propias técnicas, sus propias formas de medir, sus propias ideas acerca de cómo construir. Todo eso se conjuga y el resultado es siempre un resultado abierto y por consiguiente fragmentario. De todos modos, como sabemos, el cambio con la etapa que se inicia en el siglo XV no es tan brusco. A fines de la Edad Media en la arquitectura gótica ya podemos ver la aparición de un saber más desarrollado en términos de matemática y de geometría que comienza a quebrar la discontinuidad.

**Clasicidad**

Obviamente frente a este modo de operar, como contraposición, aparece la idea de lo *clásico*. Nos encontramos frente a la operación que realizan humanistas y artistas, a partir del siglo XV, para restituir la "edad de oro" de la Antigüedad que debía renacer como un impulso de renovación a la luz de los profundos cambios sociales y políticos forjados a fin de la etapa medieval. ¿Qué es lo clásico? John Summerson, quien hace muchos años escribió un libro que se llama *"El lenguaje clásico de la arquitectura"*, nos dice allí que podríamos asimilar el clasicismo a un lenguaje. El clasicismo sería para este autor el latín de la arquitectura. Summerson afirma además que, en definitiva, lo que comenzó a hacerse a partir del siglo XV en adelante fue adaptar las formas de la Antigüedad a las necesidades de ese momento que eran otras. El lenguaje arquitectónico entonces, se constituyó como un código que no necesitaba ser original, ya que su función principal era mantener una sintaxis reconocible en todos los edificios. Podemos hacer al respecto una analogía con la tragedia griega: los

Detalles del portal de acceso a la iglesia de San Zeno, Verona. Fotografías de Fernando Aliata.

espectadores sabían previamente la naturaleza del argumento ya que la mayoría de las obras se inspiraban en episodios mitológicos conocidos; la cuestión es el cómo se llegaba a ese desenlace, cómo se desarrollaba, cómo transcurrían los episodios. En el caso de la arquitectura también conocemos los elementos que son los órdenes, sus posibles combinaciones y cuáles son las tipologías que pueden utilizarse; el problema es cómo el diseñador lo hace. ¿Lo hace bien? ¿Lo hace mal? ¿Respeta las reglas? ¿Innova sobre las reglas? En definitiva, no es la originalidad el valor desde el cual los clásicos plantean la arquitectura, sino que la originalidad está en el cómo materializamos algo desde un código preestablecido que va a tener un resultado bastante previsible.

Pero, ¿Cuál era la idea de arquitectura para los antiguos? Es una idea muy diferente a la que podemos tener hoy si partimos de las definiciones más tradicionales como, por ejemplo, la de William Morris: algo así como "la arquitectura es el conjunto de modificaciones y alteraciones producidas en la superficie de la tierra para satisfacer cualquier necesidad humana, exceptuando el desierto". Para los griegos eso no era arquitectura. Para ellos había arquitectura y había construcción y eran dos cosas muy distintas. La arquitectura era un arte sacro. Veamos la etimología original del término. Arquitectura, es una palabra compuesta por dos términos *arché* (o *arjé*) y *tektonikos*. *Arché* significa orden, principio, regla, origen, y *tektonikos* significa carpintero, constructor, hacedor; es decir, es el que reconstruye o restituye el orden. Para los antiguos griegos, la naturaleza tal como la vemos es desorden. Si lo miramos desde la perspectiva del platonismo hay una naturaleza verdadera, una naturaleza otra que está en el mundo de las ideas que representa un orden que se materializa en la geometría y en la matemática. Lo que percibimos normalmente es en realidad el reflejo deformado de esa naturaleza ideal que está más allá. Un concepto que inmediatamente relacionamos con la imagen de la caverna de Platón. Una alegoría que intenta convencernos de que nuestro mundo material es sólo el conjunto de las sombras proyectadas sobre el fondo de la caverna, ya que la verdadera realidad está fuera de nosotros. Lo que hace el arquitecto es restituir este orden perdido, este orden que no vemos, que está más allá de la realidad, construyendo arquitectura.

La arquitectura es entonces una copia de esa realidad verdadera y es en definitiva un arte sacro porque vuelve a la verdadera naturaleza, que es la naturaleza matemática y geométrica y la trae nuevamente ante nuestros ojos. La demostración material más evidente de todo esto es el templo, que es la representación más clara de la idea de arquitectura en los griegos. De allí que la arquitectura se constituya, desde esta concepción, como una disciplina sacra cuya función es reconstituir, en nuestra naturaleza imperfecta, la naturaleza ideal, el origen perdido, o sea el *arché*. Esta acción se realiza en el arte o la arquitectura mediante la *mímesis*. Suele traducirse *mímesis* por imitación, pero no es literalmente imitación para los griegos, sino un modo de actuar con las reglas de la naturaleza, buscando recrear una naturaleza primigenia que está en la dimensión de las ideas. La obra de arquitectura se transforma entonces en un mundo dentro del mundo, está opuesta a la naturaleza real, es otra naturaleza. Por eso es que el templo desplegado en el paisaje es una abstracción que de alguna manera juega con el entorno, pero no se asimila con la naturaleza real. Esa es una característica del clasicismo. Lo que vamos a ver en el futuro, con la aparición del Organicismo, es la noción de empatía entre la naturaleza real y arquitectura; algo que en este momento no existe.

¿Cómo reconstruye el arquitecto o el artista esa naturaleza perfecta ideal conformada por las figuras geométricas elementales que constituirían la "verdadera" naturaleza? A partir de la *taxis*. Un principio que podemos definir como la medida que corresponde a las distintas partes de la obra en relación con las proporciones del conjunto. O sea, constituye el sistema geométrico de grillas y trazados reguladores que permite colocar armónica y matemáticamente estos sólidos en el espacio. Columnas, muros, aberturas, todos los elementos que mediante esta matriz geométrica estarían absolutamente modulados dentro de un sistema de partes codificadas y reconocibles. La búsqueda de la perfección no es sólo patrimonio de la arquitectura, también la encontramos en otras artes. Cuando los griegos hacían estatuas algunas veces no copiaban una persona en particular, sino que utilizaban el torso de uno, los brazos de otro, las piernas de otro, porque buscaban la perfección, querían reconstruir el modelo ideal, la esencia de las cosas o sea la copia que era diferente a querer representar lo que vemos que sería sólo un simulacro. En efecto, Platón consideraba que el arte, si se hacía sólo observando aquello que vemos era una copia de tercera categoría. Ya que, si el objeto perfecto está en el mundo ideal, el objeto real es lo que se refleja distorsionado en la caverna y la representación que realiza el artista copiando ese reflejo es un objeto de ínfimo valor porque es sólo un simulacro. La acción del artista genuino es una voluntad de acercamiento a la verdad, surge de la necesidad de correr el velo que no nos permite vislumbrar la forma real del mundo. Esta idea del valor del arte va a ser ampliada por los neoplatónicos al decir que, por medio del arte, es posible acercarse a lo ideal ya que el arte no copia el objeto real, sino que intenta aproximarse al orden perdido, a ese orden que está más allá y de ese modo es que podemos elevarnos hacia la perfección. Pero en la arquitectura, que no copia directamente a la naturaleza, sino que se constituye a partir de elementos codificados, la geometría y la matemática cumplen el rol de construir un mundo perfecto dentro del mundo, y proyectar se transforma en una operación de materialización del cosmos ideal que está más allá de nuestro entendimiento cotidiano.

Partiendo de estas ideas podemos decir que el Renacimiento, en definitiva, es un proyecto de restituir la "edad de oro" que las elites emergentes identifican con la Antigüedad, y la restitución de ese mundo perdido se hace desde muchos planos, mediante el arte, la literatura, los estudios humanísticos, que vuelven a comprender ese período insigne y lo traen a la realidad. La arquitectura en este programa cultural es central, pero el problema que se van a encontrar los arquitectos y los humanistas que se dedican a nuestra disciplina es que tienen un verdadero rompecabezas a resolver. Por un lado, tienen el libro de Vitruvio, que era el único tratado que había sobrevivido a la Antigüedad, que redescubre el humanista Poggio Bracciolini en 1415 y que todavía se podía consultar y leer. Era un tratado que había sido copiado muchas veces y, por lo tanto, los textos se habían ido distorsionando y era complicado encontrar cual era la versión más parecida al original. Al mismo tiempo, algunas partes se volvían difíciles de comprender ya que se habían perdido las ilustraciones a las cuales Vitruvio era refiere. Más allá de esta fuente escrita estaban las

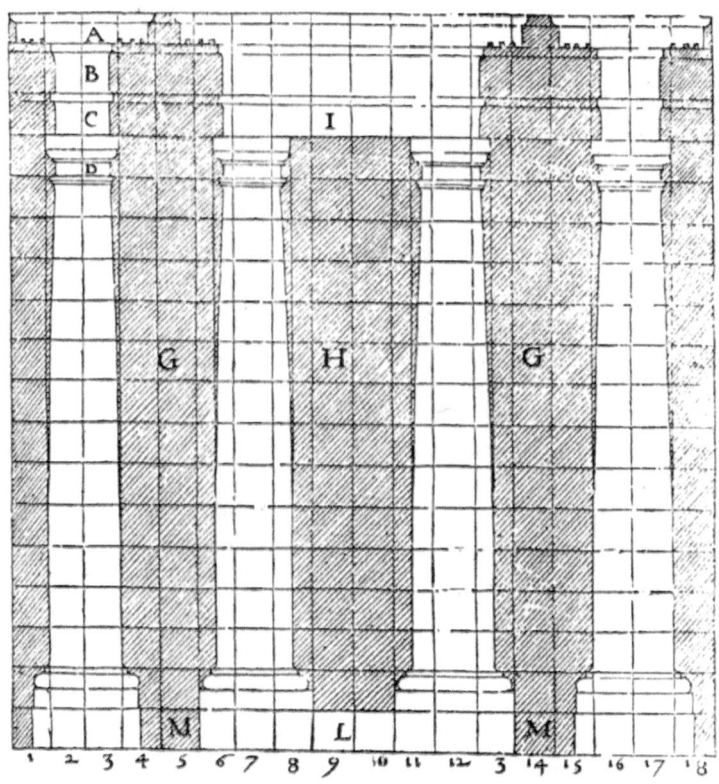

Taxis. Extraída de Idea dell'architettura, de Vincenzo Scamozzi, 1615

ruinas, fundamentalmente en Roma o en otras ciudades de Italia, que también aumentaban el desconcierto, ya que el tratado de Vitruvio es del siglo I y lo que la realidad les mostraba a los hombres del Renacimiento eran edificios del siglo II, III y IV que tenían sistemas constructivos y formas que no existían en el tratado de Vitruvio, ya que son una creación histórica posterior y que complican aún más la comprensión de la obra. También están algunos otros textos como el de Plinio el viejo, una especie de inventario artístico o los escritos de su sobrino Plinio el joven sobre las villas antiguas. A ello podemos agregar las inscripciones; por ejemplo, la famosa *Forma Urbis*, que era una especie de planta de Roma que se encontró rota en pedazos, pero que permitía una posible reconstrucción de la ciudad en el siglo II d. C., y también quedaban inscripciones en lápidas y muros. Es decir, todo tipo de testimonios, así como monedas y medallas, que podían hacer alusión a la arquitectura, fuentes que se incorporaban a esta especie de vocabulario, de léxico, de nociones culturales que permitían recomponer este clasicismo perdido.

La comprensión definitiva del lenguaje clásico, partiendo de estas dificultades, va a demorar mucho tiempo. Podemos decir que durante el período que va del tratado de Alberti al de Scamozzi entre los siglos XV y XVII se logra codificar el clasicismo. Lleva muchos años, mucha confusión y muchos debates, y finalmente se logra dominar la lengua. Pero, ¿cómo empieza esto? Empieza con Filippo Brunelleschi.

**Restitución y Yuxtaposición**

Brunelleschi es un personaje que se había iniciado como orfebre dentro de la estructura gremial florentina. Después se interesa por las artes mecánicas (por lo que podemos llamar ahora *proto ingeniería*) y la arquitectura. Hace varios viajes a Roma, analiza y dibuja las ruinas antiguas. Posteriormente, participa de un evento importante en la segunda década del siglo XV: el concurso destinado a resolver la construcción de la cúpula de Santa María del Fiore. Una obra que había sido momentáneamente suspendida. Era muy difícil de realizar porque no había cimbras, o sea no había encofrados de madera que pudieran servir de base a la estructura de piedra que debía cubrir los 42 m de luz para la cual la cúpula había sido pensada. Brunelleschi que ha visto el Panteón en Roma, que ha estudiado a los antiguos cree tener la solución. Su propuesta, que tiene muchas objeciones de parte de los expertos es finalmente aprobada, pero las autoridades de la catedral para asegurar cierto control de su operar, colocan a Filippo a cargo de los trabajos conjuntamente con Lorenzo Ghiberti, que era otro de los grandes artistas florentinos de la época. La obra comienza entonces con cierta tensión entre ambos que luego se resuelve a favor de Brunelleschi.

Tiempo después Brunelleschi se pelea con los gremios que quieren imponer su propia forma de ver la obra y en determinado momento los echa a todos y contrata un grupo de albañiles de Lombardía. Estos artesanos empiezan a trabajar, pero de otra manera, no con la independencia que tenía el grupo florentino sino bajo las órdenes de Filippo y, cuando los otros operarios ven que la obra sigue su marcha y que el Capítulo de la catedral le ha dado la razón a Brunelleschi, vuelven; pero ya vuelven como operarios. Esto es muy importante porque, diría (esto lo han dicho varios autores), marca el momento en el cual aparece la figura del *arquitecto*. Alguien que puede tener el conocimiento y la capacidad de invención para solucionar una obra por fuera de las maestranzas, por fuera del gremio de los picapedreros, del gremio de los carpinteros que construyen las techumbres, etc. En realidad, Brunelleschi crea la figura del arquitecto tal como la entendemos hasta hoy, o como la entendíamos, al menos, durante el siglo XX. Y, por otro lado, instituye la idea de proyecto. Proyectar en italiano viene de *gettare avanti* es decir, "sacar afuera", "tirar las ideas". Significa también que una persona puede imaginar por sí sola, la totalidad de la obra, por fuera de la estructura colectiva de los gremios.

No sólo Filippo Brunelleschi es el inventor del arquitecto tal cual lo conocemos hoy, sino que también concibe un método que es el perfeccionamiento de la perspectiva a un punto, que le permite colocar en un mismo espacio los distintos elementos y prefigurar con bastante exactitud el resultado de esa conjunción. El dibujo nos puede indicar en detalle mediante este artificio cómo va a ser el edificio y, si sabemos cómo va a ser desde el principio, es que poseemos todo el conocimiento necesario para realizarlo. No solo aparece la idea del proyecto como creación individual del arquitecto, el arquitecto como el hacedor de esa nueva concepción, sino que también está el método que es la perspectiva que permite verificar, sobre todo, la *morfología*, que será un elemento fundamental para la arquitectura que se desarrolle del Renacimiento en adelante.

Veamos los hechos. Brunelleschi resuelve la cubierta de Santa María del Fiore con un sistema muy ingenioso de doble cúpula aligerada hecha con ladrillos. Hace además toda una serie de invenciones, desde las máquinas que deben portar los pesos a la cúpula, los andamios para los operarios, hasta el tipo de ladrillo para hacer una especie de trama en espina de pez que permite ir construyendo la cúpula en el espacio, sin la necesidad de cimbra. Todo un conjunto de iniciativas que nos dan cuenta de que el saber se ha especializado. No es que hay alguien que sabe mucho de techos, alguien que sabe mucho de paredes y alguien que sabe mucho de fundaciones, sino que hay una persona (el arquitecto) que lo reúne todo en sí. La cúpula se hace en vida de Brunelleschi, pero nunca se terminó de modo completo, la decoración del tambor no está aún finalizada, aunque Brunelleschi llega a proyectar la linterna antes de su muerte. Era muy común que los arquitectos no terminaran de ver sus obras concluidas, ya que la construcción del edificio duraba muchísimo tiempo.

Pero si en la cúpula todavía podemos leer un modelo formal emparentado de algún modo con el Gótico, en otros proyectos aparece con claridad la idea de volver al código de los antiguos, aunque Brunelleschi no es un lector sofisticado de la gramática del sistema clásico ya que usa solamente dos órdenes. Un ejemplo claro de todo esto es el *Ospedale degli Innocenti*, allí vemos fundamentalmente el cumplimiento de la noción de homogeneidad: todos los capiteles son iguales, las dimensiones entre columnas son iguales y la decoración esta armónicamente conjugada con la arquitectura. Hay un sistema de taxis, de proporciones, muy claro en la organización de los módulos. Todo eso hace que vayamos de un universo que era anteriormente fragmentario a un universo de orden, que está regido por una sola mente, que es la mente del arquitecto.

Cúpula de la Iglesia de Santa Maria del Fiore, Florencia, Filippo Brunelleschi.
Fotografía de Fczarnowski, Creative Commons.

Podemos decir que esta idea moderna del arquitecto, la va a perfeccionar otro señor, que también es florentino, pero un poco más joven que Brunelleschi: Leon Battista Alberti. Alberti, en realidad, lo que va a hacer es utilizar el dibujo como mediación entre la idea y la obra. ¿Por qué? Porque Alberti no era un arquitecto de obra, no era un arquitecto formado en la técnica. Era un humanista funcionario del Papa que entre otros muchos intereses se había aficionado a la arquitectura, había leído el Vitruvio, conocía muy bien las ruinas antiguas y se decide a hacer arquitectura. Piensa la arquitectura y la dibuja, le otorga un valor central a las proyecciones ortogonales mediante las cuales representa sus proyectos y le manda sus diseños en largas cartas a los maestros que tienen que construir sus edificios; se produce así una mediación entre el proyecto y la práctica. Él no está en el *cantiere*, en la obra, sino que la puede visitar o puede mandar los dibujos para que se construya según lo que él había ideado y que el lenguaje gráfico puede representar. Esto, de alguna manera, es una forma más de hacernos ver como la construcción se especializa, como aparece esta competencia profesional y como, en realidad, los problemas formales van tomando mayor importancia. Se necesita para ello alguien que maneje a la perfección este nuevo instrumento que es la lengua clásica. En ese sentido, es que toma un relieve fundamental la figura de Alberti. Además, diría, es el que nos presenta con más claridad lo que yo llamaría el primer paradigma proyectual que vamos a revisar que es la idea de yuxtaposición.

En efecto, tenemos dos formas de operar en el Renacimiento, aunque podrían pensarse otras. Una podría ser la *restitución tipológica*. Tomo un edificio de la Antigüedad literalmente y lo vuelvo a materializar en el siglo XV. Esto es bastante difícil porque todos son conscientes de que la sociedad ha cambiado y que no existen los mismos programas que en la Antigüedad, hay que adaptar las formas antiguas a nuevos programas; por ejemplo, el templo de planta circular como iglesia cristiana. La segunda sería la de *yuxtaposición* de tipos antiguos en un mismo edificio. Una modalidad que también podemos encontrar en la Antigüedad, por ejemplo, en el Panteón de Agripa que combina un peristilo templario con una planta central.

Veamos un ejemplo del Renacimiento. Segismundo Malatesta, tirano de Rimini, le encarga a Alberti la culminación de una basílica que debía cumplir no solamente la función de iglesia, sino de monumento fúnebre donde debía ser enterrado él, su mujer y todo el séquito de su corte. Malatesta había iniciado su construcción en una variante tardía de lo que podemos denominar como Gótico italiano. ¿Qué es lo que hace Alberti? Tiene que transformarlo en un edificio clásico, y para eso emplea elementos tipológicos de la Antigüedad. Utiliza partes de diversos orígenes y las yuxtapone en la obra. El interior ya está hecho, lo que diseña entonces es el exterior. Recurre para el frente al modelo del arco de triunfo de los antiguos, al menos para resolver el primer nivel, que tenía un ritmo A-B-A que se corresponde con la tipología de tres naves de la basílica, como analizó muy bien Wittkower en su momento. Para la fachada lateral, coloca una estructura que podemos asimilar al acueducto, que resulta conveniente para caracterizar este sector que tiene que contener los sarcófagos de los miembros de la corte. Entonces lo que hace Alberti es yuxtaponer, combinar dos tipos existentes, para lograr una basílica cristiana resignificada como evocación de la Antigüedad. De todos modos, la yuxtaposición provoca cierta desarmonía entre ambas fachadas que está lejos de resolverse y que muestra ya en los inicios las dificultades que presenta este proceso de nueva racionalización del sistema clásico que inicia Alberti.

Un ejemplo similar es el Palazzo Rucellai. Los palacios no se ornamentaban en ese momento en Florencia, pero a él se le ocurre que lo podía hacer y decide colocar tres órdenes superpuestos: toscano, jónico y corintio. No tiene mejor idea que tomarlos del Coliseo. En el Anfiteatro Flavio está claro el principio de aplicar la decoración que conforma la arquitectura al muro. Alberti sostiene que, en realidad, los órdenes son decoraciones, tal como lo entendían en sus grandes obras los romanos. También que la estructura real es el muro y que hay que usar pilastras o columnas adosadas a las paredes portantes para lograr una dimensión homogénea de la obra. De ese modo, mediante la decoración, podría transformarse el edificio en un artefacto cultural. Esta es la diferencia fundamental con el tejido edilicio de las ciudades que era mera "construcción" y que no formaba parte de los intereses de la disciplina. Arquitectura era aquello que poseía una dimensión cualitativa, que evocaba el *arché*. Alberti decide yuxtaponer la fachada del coliseo a un palacio medieval y de esa manera transformarlo en arquitectura. Lo mismo pasa en Santa María Novella. Alberti tiene que adaptar una estructura existente que ya tenía elementos del Románico Toscano y colocar sobre esta una fachada templaria y de ese modo resolver el problema del ritmo de las naves A-B-A. Allí utiliza una especie de volutas agigantadas, que son invenciones realizadas en base a elementos decorativos antiguos que hace Alberti y que permiten cubrir las dos naves laterales.

Lo que vemos es que hay un proceso de asimilación y de invención sobre el lenguaje antiguo. No es una copia directa, sino que está mediado por las necesidades. Los modos de apropiación del sistema clásico evolucionan con el tiempo. Pensemos que desde 1420 cuando Brunelleschi comienza a realizar la cúpula de Santa María del Fiore, hasta 1502-1503 cuando Bramante hace el templete de San Pietro in Montorio, donde ya está utilizando, con muchísimo rigor en este caso, el orden dórico con el friso, los triglifos y las metopas, hay un cambio importante. Entre ambos proyectos median más de 80 años y la obra de Bramante nos demuestra la evolución de la lengua clásica hacia una perfección en su conocimiento y su uso.

Pero no es este un proceso unidireccional, en el medio hay resistencias, mezclas, contaminaciones. Veamos un ejemplo: la iglesia Santa Maria dei Miracoli, en Venecia, que construyen dos arquitectos llamados Tullio y Pietro Lombardo, una obra que mezcla la superposición de órdenes con la idea decorativa veneciana de los mármoles de colores que habíamos visto en la fachada de la torre del viejo Palazzo Ducal, algo que nadie hubiera hecho en Toscana durante el mismo período. Aquí aparecen toda una serie de invenciones que se entremezclan con tradiciones que son características del ambiente véneto del '400 donde la sensibilidad visual parece ganarle la batalla a la racionalidad albertiana. Por ejemplo, para acentuar un poco la profundidad, los Lombardo no ubican la ventana en el medio de los paños, sino que en algunos casos la colocan desplazada; diseñan lo

Fachada principal de la iglesia de San Francesco, Rímini, Leon Battista Alberti.
Fotografía de SchiDD, Creative Commons.

que parece un capitel jónico, pero le colocan al mismo tiempo una textura de escama de pez; también utilizan en las lesenas acanaladuras que no corresponden al orden. Parecen jugar con un lenguaje que no conocen del todo y sienten que pueden intervenir en él, modificarlo, alterarlo. Lo mismo sucede en el interior, donde se agrega un detalle más. Si observamos el conjunto vamos a ver que, si bien la obra de albañilería y revestimiento la hacen los Lombardo, el techo se hace en el arsenal de Venecia, donde la Serenísima República construía sus barcos. Es un techo de madera, pero tiene un sistema de medidas distintas al que utilizaron los arquitectos, de allí que no hay una correspondencia directa. El arco cae en el medio del paño de revestimiento de mármol generando una distorsión en la *taxis*: no hay correspondencia y esto denota que los Lombardo no tienen el control absoluto del proyecto. Todavía hay una mezcla, hay una mixtura, entre la tendencia que está desapareciendo y esta tendencia hacia el rigor y la homogeneidad que aparece en el siglo XV.

Lo mismo pasa con otra de las obras de los mismos autores como el *Ospedale San Giovanni e Paolo*, donde se utilizan elementos novedosos como el uso de la perspectiva en la decoración; una perspectiva colocada en la fachada que falsamente intenta genera profundidad en el plano. Pero eso, en realidad, no es algo que se corresponda con la revisión de la Antigüedad o el respeto de las fuentes antiguas, sino que es pura invención más asimilable al tardogótico, que al rigor del nuevo lenguaje. Si bien hay órdenes de arquitectura, estos órdenes están profusamente ornamentados. Los estilemas utilizados son correctos, pero son usados de una manera que cualquier tratadista los denunciaría como una herejía.

Las obras venecianas analizadas nos presentan un problema constante a lo largo del siglo XV. Si este es el lenguaje nuevo, ¿cómo se transmite?, ¿cómo se enseña y cómo se aprende la arquitectura? En principio hay una diferencia con la formación medieval. Alberti haciéndose eco de Vitruvio nos dice en *De re edificatoria* que un arquitecto no es un carpintero o ebanista, sino un estudioso "de las ciencias más nobles y exactas". Sin embargo, a mediados del siglo XV no hay academias, no hay escuelas. La arquitectura se aprende desde otros oficios como el de pintor o

Detalles de la fachada de la Iglesia de Santa Maria dei Miracoli, Venecia, Pietro y Tullio Lombardo. Fotografías de Fernando Aliata.

escultor al mismo tiempo que se establece un contacto con humanistas estudiosos de la Antigüedad. Y esto se realiza poco a poco por fuera de la estructura gremial que estaba pautada y organizada regularmente. Es un largo proceso de trabajar al lado de otros artistas, estar en la obra, estar en la "botega" del maestro. En ese momento no había revistas, obviamente, había libros, pero eran muy pocos y muy caros, y sólo algunos afortunados tenían los primeros tratados que aparecen entre el siglo XV y el XVI, el de Alberti o el de Serlio, por ejemplo. También el papel era muy escaso en ese momento, por lo tanto, había que administrarlo con mucha propiedad. Al mismo tiempo en Italia no existía una figura de maestro de obras del rey como en Francia y el aprender el oficio desde la pintura o la escultura parecía el camino correcto como lo fue para Rafael, Miguel Ángel o Giulio Romano. Son pocos los arquitectos como Palladio o Giuliano de Sangallo que aprenden el oficio específico sin haber pasado antes por otras artes.

En un curioso cuaderno de aprendizaje que ha llegado hasta nosotros (la mayoría desaparecieron) que hoy se encuentra en la Morgan Library de New York, podemos ver como se transmitía y se asimilaba la arquitectura; se trata de un cuaderno de un aprendiz de arquitecto, Domenico Antonio Dechiarelis llamado también Menicantonio, probable miembro de una familia de artesanos del círculo de Bramante que como parte de su aprendizaje dibujó, entre 1516 y 1519, algunos de los proyectos más importantes de la época. Entre ellos el de Bramante y el de Rafael para San Pedro. Este último se conocía sólo por el tratado de Serlio ya que los diseños originales se habían perdido. Lo que nos muestra este documento es que lo que hace en principio el aprendiz es ir entendiendo las relaciones de proporción y las dimensiones y las formas de las piezas del vocabulario clásico. Traza los perfiles de la base y el capitel de una columna y al mismo tiempo, dibuja todas las ruinas antiguas que encuentra en su camino a través de Roma. El objetivo es poder poseer un vocabulario formal y tipológico con el cual desempeñarse. Esta es la forma práctica de aprender (lo mismo que hacía Villard dos siglos antes), ir recorriendo y, al mismo tiempo acercándose a la *botega* de un arquitecto, golpear la puerta y decir:

"Soy aprendiz, ¿no me deja copiar sus dibujos?". De esa manera se han conservado los proyectos que citamos que no se hicieron realmente, pero que gracias a esta práctica están documentados. Esta idea, por ejemplo, de hacer el perfil de un capitel o de dibujar la voluta jónica para ver cómo está constituida, este análisis de los sistemas ornamentales, era fundamental. Pero también había que hacer ejercicios de restitución de los edificios antiguos, algo que también hizo Menicantonio. Porque además los restos de edificios clásicos del pasado tenían una particularidad que es propia de la retórica y que se denomina sinécdoque, y que consiste en que una parte puede poseer atributos de todo un conjunto o sea que una parte nos podía dar cuenta del todo. Por ejemplo, el arquitecto o aprendiz tomaba el tambor de una columna, veía la acanaladura que tenía y con eso podía saber si se trataba de un orden dórico, jónico, o corintio. Observaba entonces que modulación tenía, que separación teóricamente poseían las columnas, y con esos elementos podía construir de nuevo esa fachada. Obviamente dibujaban todo, medían todo, iban recreando el edificio paso a paso. A veces copiaban el dibujo que había hecho otro y, en este caso, nuestro alumno le pidió a Rafael que le permitiera copiar el proyecto que estaba haciendo para San Pedro. Se trata del proyecto posterior al de Bramante y nos muestra también la técnica de dibujo de Rafael, porque él es el primero que plantea que hay que hacer el conjunto de proyecciones ortogonales, planta, corte y vista, en una misma escala. Eso ya determina una forma de documentación de la arquitectura que va a ser cada vez más común. No solamente se adopta un lenguaje y se toma una posición de dominio de la obra (la figura del arquitecto), sino que se va generando una forma de representación de una arquitectura que es compleja, para la cual hay que tener competencia profesional y saber manejar los diferentes estilemas a la perfección.

Pero había que saber dibujar con claridad el nuevo lenguaje porque, además, los arquitectos tenían que educar a los artesanos en el manejo del moderno código. ¿Cómo se documentaba el proyecto para comunicarlo a quienes debían construirlo? Muchas veces los dibujos se hacían en pergamino, o en papel, pero también se hacían grandes dibujos escala 1 en

1 que se llevaban a la obra; se colocaban en una pared y de ahí tomaba las medidas el picapedrero que estaba haciendo el capitel, o la cornisa, o lo que fuera. Esos dibujos se destruían rápidamente por el uso y de ellos sólo han quedado simplemente referencias. El otro elemento para comunicar el proyecto eran las maquetas, que ya venían de la Antigüedad y de la Edad Media, pero que aparecen con mucha fuerza en ese período. Algunas se han conservado, como la de *Santa Maria del Fiore* o la del proyecto de Giuliano de Sangallo para San Pedro. Las maquetas eran obras realmente muy bien estructuradas, que se podían desarmar y que permitían a los legos comprender como iba a ser el edificio; pero también a los artesanos, para ir tomando las decisiones de la construcción, pero siempre bajo el dominio del arquitecto que en estos tiempos primigenios no necesariamente tenía todo decidido al comenzar el proyecto y debía convencer de la validez de sus ideas a los artesanos, más proclives a entender el proyecto en una maqueta que en un conjunto de planos.

El modo de proyectar, entre la restitución y la yuxtaposición, continúa durante el siglo XVI. De allí que encontremos ejercicios de restitución de edificios antiguos en los tratados como el de Serlio o el de Palladio. Palladio en algunos casos utiliza estas restituciones de las casas griegas o romanas, las *insulae*, para proyectar muchos de sus palacios en Vicenza. Son restituciones incompletas ya que hay lagunas, como por ejemplo las fachadas, que el arquitecto debe recrear frente a la falta de indicios precisos.

Un ejercicio claro de yuxtaposición es el primer proyecto de Bramante para la nueva Basílica di San Pietro. La idea inicial de Bramante (él lo dice) es colocar el Panteón sobre el *Templus Pacis*, que es la *Basilica Maxentii et Constantini*. En definitiva, montar un edificio de planta central sobre una gran basílica. O sea, yuxtaponer dos de los grandes ejemplos arquetípicos de la antigüedad romana para hacer que este edificio sea más magnífico que sus predecesores. Al mismo tiempo, no encuentra inconvenientes en demoler la antigua basílica constantiniana porque lo que se quiere restaurar, como afirma Murray, es la magnificencia de la Antigüedad no sus vetustos edificios.

Baldasarre Peruzzi es uno de los que continúa el proyecto de San Pedro, entre otros tantos arquitectos, porque Bramante muere al poco tiempo de haberlo formulado. Se transforma así en una obra colectiva en una larga etapa de realización que va a durar más de 200 años. De allí que el diseño de Peruzzi tenga muchas transformaciones, pero persiste la idea bramantesca: el panteón por arriba, y la basílica como soporte que está en la base de todas las propuestas posteriores. El proyecto del "nuevo clasicismo" como vemos no es restituir siempre de manera directa el ejemplo de la Antigüedad, sino yuxtaponer e innovar en función de las necesidades de ese tiempo. Vemos la basílica con las grandes pilastras que sostienen la bóveda casetonada, que es típica también de la estructura termal, y el panteón allá arriba, colocado como el triunfo de la racionalidad humanista que iba a reconducir hacia esta nueva "edad de oro" definitivamente recuperada. Algo que se ve muy bien en el famoso fresco de Rafael Sanzio en las Estancias Vaticanas, que retoma el proyecto de Bramante y lo usa de escenario para "La escuela de Atenas", donde aparecen Platón, Aristóteles y muchos de los personajes del mundo artístico de esos años tan importantes en Roma, retratados en el cuadro.

La yuxtaposición nos permite este tipo de conjunción donde todo se va complejizando, a diferencia de los primeros proyectos de la arquitectura toscana del siglo anterior donde, si bien había clasicismo, ese clasicismo era muy depurado, muy rígido. La famosa perspectiva en despiece de San Pedro realizada por Peruzzi, nos muestra como el dibujo nos permite proyectar y estudiar lo que va a ser la gran renovación de Bramante y que precisa muy bien Colin Rowe: la idea de que ya no nos encontramos frente a una fachada interior rígida, sino que ésta va siendo modulada y se va articulando en función de las yuxtaposiciones que se van realizando. Los pies derechos ya no tienen una forma angular, sino que poseen varias caras con una o más hornacinas, contienen en tensión la conjunción de varias lesenas, pilastras o semicolumnas lo que les otorga un dinamismo desconocido hasta entonces.

Lo que hallamos también en el ejemplo de San Pedro, si observamos los proyectos posteriores al de Bramante como los de Rafael, Sangallo o Miguel Ángel, es una gran variación experimental en la construcción de la nueva lengua. Es que la primera mitad del siglo XVI se caracteriza por una dinámica creativa relacionada muy directamente con todas las ruinas que se descubren en esos años o son registradas por primera vez por los arquitectos. Fuentes que se incorporan al saber disciplinar y que hacen que el lenguaje necesariamente se enriquezca. Ya no estamos delante de las vacilaciones iniciales de Brunelleschi, sino que aparecen nuevas evidencias que los arquitectos del siglo XV no habían registrado. Por ejemplo, la *Domus Aurea* de Nerón, que se empieza a excavar en las primeras décadas del siglo XVI. Allí emerge todo un trabajo decorativo de yesería y pintura que va a ser registrado y utilizado fundamentalmente por Rafael y su *botega*. Principalmente en el proyecto de Villa Madama, donde se plantea todo un programa decorativo para organizar un interior polícromo y lujoso muy diferente a la austeridad bramantesca. Así mismo, en este caso, si bien se intenta restituir las características de una villa antigua con esta especie de atrio circular, se le adosa también un teatro griego. Ahí podemos hablar de yuxtaposición porque, en general, el teatro no estaba unido a la villa, pero Rafael lo incorpora y allí tenemos una cita a otra de las obras que comenzaron a estudiarse con atención durante el siglo XVI: la villa Adriana con todos sus juegos formales y tipológicos. Sin la corta pero prolífica carrera de Rafael como arquitecto, es imposible entender la figura de Giulio Romano, su discípulo, que va a seguir la línea bramantesca enriquecida por la exasperación cromática y ornamental de su maestro. Giulio Romano es quien comienza, a partir del conocimiento exhaustivo y preciso de los elementos, a jugar con el lenguaje. La complejidad de ritmos de las lesenas de las fachadas exteriores del Palacio Te en Mantua o el uso particular de las semicolumnas de orden dórico del *cortile* de esta villa suburbana son ejemplos emblemáticos de esta tendencia. Allí el arquitecto juega con la idea de que el triglifo de la cornisa se va a caer, que casi está en el aire, mostrándonos que el edificio por poco está desarmándose, o semeja una ruina. Esta capacidad de exasperar el lenguaje que no deja de estar correctamente referenciado a la Antigüedad, es el ejemplo citado por tantos autores para evidenciar la complejidad que va adquiriendo el clasicismo renascimental. Un uso

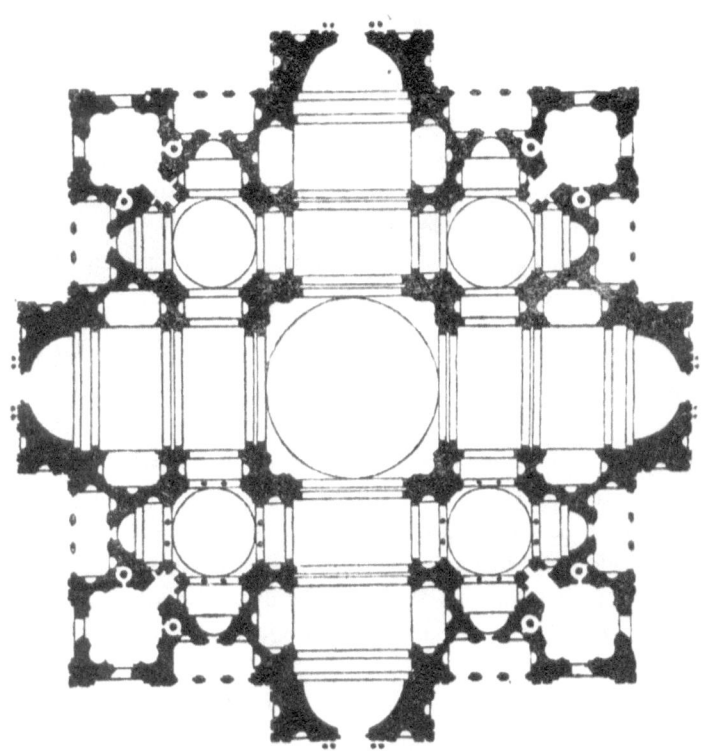

Basílica de San Pedro, Roma, planta, proyecto de Donato Bramante.

de los estilemas que algunos han interpretado como dramático y otros como un simple juego cortesano. Creo que desde esta perspectiva podemos verlo como un juego retórico, y tal vez podamos encontrar aquí un indicio de lo que luego será el Barroco. Pero fundamentalmente, dese la estrategia proyectual lo que encontramos es esta posibilidad de modificar el lenguaje dentro de sus propias reglas, pero generando cierta alteridad. Un ejercicio de erudición de alguien que juega porque conoce perfectamente la lengua, entonces puede disfrutar de hablar esa lengua con cierta complejidad que un público cortesano y erudito puede entender. Se trata de un desafío que luego encontramos en la literatura barroca: alterar las oraciones, pasar el predicado adelante y el sujeto atrás, introducir metáforas, citas que hagan difícil el entendimiento para el profano. En esa dificultad de entender reside el placer.

Así como en Giulio Romano hallamos esta especie de exasperación de la lengua (que algunos han llamado *manierismo*), una cierta exaltación de la yuxtaposición llega en ese momento de la mano de Andrea Palladio; un arquitecto que se mantiene perfectamente dentro de los códigos de la edad dorada del Renacimiento, pero que articula sus proyectos como una mecánica de partes superpuestas. Lo que va a hacer en casi todas sus villas es colocar, yuxtaponer, una fachada templaria a la tipología compacta de morada rural. Por ejemplo, en la villa Malcontenta vemos una estructura templaria, colocada sobre un volumen cúbico que podríamos leer también como la yuxtaposición de dos bloques que reproducen el ritmo característico de los palacios venecianos, siendo el bloque central el que contiene el pórtico templario en la fachada principal y un frontis abierto horadado por una ventana termal en la fachada posterior. Se trata de elementos que se yuxtaponen en el proyecto, pero que tienen orígenes diversos.

La idea de superposición también la vemos en *Il Redentore*, así como en el resto de las iglesias que el arquitecto realizó en Venecia. En este caso en particular aborda, como bien lo notó en su momento Wittkover, el mismo problema que tenía Alberti: la existencia de un ritmo basilical a-b-a. Para resolverlo yuxtapone diversos frontis. Uno en relación con la nave mayor, otro con las naves secundarias, otro en relación con la techumbre y de ese modo organiza armónicamente el conjunto de una manera menos artificiosa que Alberti. Recordemos que en Santa María Novella el arquitecto toscano debe apelar a las volutas agigantadas para salvar las diferencias entre las techumbres de las naves. El manejo de las distintas superposiciones que plantea Palladio complejiza, pero a la vez resuelve muy elegantemente el problema de los ritmos diferentes de la planta y esto es algo que otorga nuevas libertades al modo de proyectar clásico.

Palladio escribe un tratado *I Quatro Libri dell'Arrchitettura* que es muy simple (a diferencia del de Alberti, que es muy complicado) con dibujos claros, con textos que son explicaciones concretas de sus obras. Es un libro que va a servir a la difusión esta idea de la yuxtaposición, así como la "organización por partes" como observa Antón Capitel, alcanzará un éxito sorprendente en lugares más bien remotos en relación a Italia, como Inglaterra, que adopta el lenguaje palladiano y lo desarrolla, de modo bastante independiente. En efecto, en muchos aspectos se transforma radicalmente, e incluso los arquitectos ingleses no recogen las plantas palladianas literalmente, sino que las adecuan a un clima diverso y nos demuestran que el nuevo lenguaje es un método flexible que puede adaptarse a diversos contenidos. No hay aquí una correspondencia, entre la planta, el alzado y las proporciones; todo está ajustado a las necesidades. La idea de *cortile* de los palacios urbanos del arquitecto véneto desaparece y lo que emerge es la noción de un gran hall que reemplaza al patio y determina una planta más compacta. Comienza a surgir también algo que caracterizará a la arquitectura británica del siglo XVIII, y es una cierta asimetría en la organización del interior de las plantas, la aparición de los *corredores* y con ello la posibilidad de que no todos los ambientes estén organizados a partir de un *enfilade,* sino que surjan pasillos que permitan la circulación independiente sin entrar en las habitaciones.

Si retornamos por un momento a Italia, si queremos hablar de modos de proyecto, lo que vamos a observar durante el Barroco es una forma un poco distinta a la que todavía podía utilizar Giulio Romano quien, de algún modo, respetaba los elementos del lenguaje y los iba alterando con rigor arqueológico. Emerge Miguel Ángel y en su obra el proceso de diseño se transforma en algo traumático. Es un proceso infinito, una acción incesante que continúa durante el desarrollo de la obra. En general, no encontramos dibujos definitivos en Miguel Ángel, el suyo es un trabajo de prueba y error. Se sabe que muchas veces replanteaba sus ideas en obra y hacía derribar cosas que ya estaban hechas para volverlas a construir de otro modo. Era un proceso, como todo en Miguel Ángel, absolutamente relacionado con sus propias vivencias y emociones. En ese sentido, uno puede decir que es una excepción, y que de algún modo es prácticamente un artista moderno porque su obra está impregnada de su propia individualidad, y a partir de allí va alterando las reglas del sistema. No se compromete, como el resto, a respetar esta "edad de oro" de la Antigüedad, sino que hace sus propias invenciones dentro de la lengua. De ahí que podamos tomar el modo de proyecto de Migue Ángel como un anticipo del período barroco y ver toda esta etapa cómo una exasperación de esta tradición antigua. Si por un lado Gian Lorenzo Bernini representa un intento desde nuevos términos de volver al arte de proyectar desde los tipos, Francesco Borromini avanza hacia la experimentación, hacia la empiria más absoluta, hacia la búsqueda de alternativas a partir de la geometría. En sus manos el barroco incorpora una mayor libertad en el trabajo formal, en la invención, hasta llegar a esta especie de herejía que es hacer un frontis curvo, juntar el frontis con el casetonado, hacer ejercicios dramáticos de iluminación de la obra; algo que puede sintetizarse en *San Carlino alle Quatro Fontane*. Su trabajo es en definitiva una exasperación de esta tradición, aunque admitamos que el modo de proyectar barroco es mucho más complejo y que solamente estamos aludiendo a una parte del mismo.

**Arquitectura y Estado**

Esta segunda parte de la clase vamos a dedicarla a Francia. Y me parece que es importante hablar de Francia porque ahí se gesta una nueva forma de proyectar que lentamente va a modificar este primer paradigma de la yuxtaposición y restitución hacia a lo que se va a denominar luego com-

Detalle de la fachada del cortile del Palacio Te, Mantua, Giulio Romano. Fotografía de Fernando Aliata.

posición. Entonces es necesario ir hacia el inicio de la relación de esta cultura con el clasicismo. Una cultura que, obviamente, recibe durante el siglo XVI una fuerte influencia italiana.

Serlio es uno de los tratadistas y arquitectos italianos que es llamado a Francia, y que lleva el nuevo lenguaje a la moda que, lentamente, se va a ir imponiendo en la corte de Francisco I. Pero la acción de Serlio va a producir edificios híbridos como el castillo de Ancy-le-Franc donde uno puede leer la coexistencia entre la tradición francesa y la estructura decorativa italiana, pero con un techo en pendiente, adaptado a otro tipo de clima, y con un grado mayor de austeridad, algo que Francia va a conservar a lo largo de toda su historia. Lo que todos sabemos es que no va a haber luego de una primera etapa "manierista" un desarrollo del Barroco propiamente dicho en el ámbito francés, y si bien existió el Rococó (como estilo de interiores), el Barroco a la manera italiana no se arraigó allí. Lo que si encontramos es una influencia en el campo de la arquitectura a partir de la tratadística, que comienza con Serlio pero que luego se desarrolla con autores franceses como Jacques Androuet Du Cerceau y Philibert de l'Orme, que encuentra amplia receptividad en un campo bastante particular. En efecto, en Francia, debido a la organización del Estado que empieza a ser cada vez más fuerte, la figura del arquitecto y su formación teórica se construye como un renglón bien importante. Un episodio que marca el futuro de la profesión es la organización por entonces de la *"Administration des Bâtiments du Roi"*, una estructura burocrática que acompaña el desarrollo de la disciplina ya desde los primeros años del siglo XVI.

La política de centralización y organización de la arquitectura y su relación con el Estado tiene un punto de inflexión importante durante el reinado de Luis XIV. En determinado momento, más allá de la contemporánea construcción de Versalles como residencia real, el gobierno se preocupa por definir y completar la fachada oriental del Louvre (el palacio real de París que comenzó a ser capital definitiva de Francia a partir de 1519) y se lo invita a Bernini, que es el arquitecto del Papa, para que vaya allí y haga un proyecto para culminar de manera grandiosa un conjunto que había sido construido a lo largo del tiempo. Había que cerrarlo, había que construir esta fachada, pero el final de este episodio no es feliz. Hay intrigas palaciegas, choques de intereses y a muchos franceses no les gusta el proyecto de Bernini; no les gusta esta profusión barroca, no les gusta la forma en que esta armada la planta. De allí que deciden pagar sus honorarios, lo despiden con honores (con gran enojo de Bernini, que se tiene que volver a Roma) y deciden que el proyecto deben hacerlo arquitectos franceses. Ahí es donde aparece una figura central en todo este proceso que es Claude Perrault quien conjuntamente con Louis Le Vau y Charles Le Brun proyectan la que es hoy la fachada oriental del Louvre. Con ello se definen algunas características de lo que luego va a ser la arquitectura francesa y, sobre todo, algunos de los principios en los que va a abrevar el Neoclasicismo. La idea del pabellón templario central la desarrollan abundantemente los arquitectos franceses y la combinan con pabellones esquineros, algo que había usado previamente Palladio. Estas piezas ofician de elementos articuladores, hasta conformar estos amplios edificios de patios que serán luego el modelo de todos los palacios públicos de las grandes ciudades. Lo interesante de todo esto es que además ya se empieza a demostrar y determinar el gusto francés por ciertos principios de la arquitectura griega (más que por los de la romana), como son el uso del arquitrabe horizontal y las columnas exentas, incluso las dobles columnas y la casi desaparición completa del arco. Con lo cual, hay una aspiración a volver a esta tipología original del templo griego que estaba en el origen de la arquitectura. Otra cuestión que aparece con mucha fuerza es la monumentalidad de la arquitectura francesa, el carácter urbano que se expresa perfectamente en este edificio.

Claude Perrault era hermano de Charles Perrault, el famoso autor de las fábulas infantiles que todos conocemos; era médico, anatomista, científico y arquitecto. Hizo además algunos proyectos como el austero Observatorio de París; también concibió reconstrucciones de basílicas antiguas donde precisamente aparece con mucha claridad esta idea de la columnata separada del muro. A diferencia de los modelos italianos, las basílicas aparecen sin pies derechos, con columnas exentas, que es una corriente de gusto que se irá extendiendo rápidamente en Francia. A partir de esta inclinación hacia la arquitectura, se le encarga la traducción del libro de Vitruvio y Perrault (ya estamos en la época de Descartes y del inicio del racionalismo científico) al examinarlo decide que el tratado, en realidad, es muy confuso. Lo vuelve a reescribir y reubica las partes para hacerlo más comprensible. Se comienza a dar cuenta, precisamente, que en todas las fuentes antiguas hay mucha arbitrariedad y que el legado de Roma no puede racionalizarse. Lo que empieza a pensar entonces (y lo describe con claridad en sus escritos) es que existen dos tipos de belleza: la belleza positiva y la belleza arbitraria. La belleza positiva sería aquella que está en la grandeza, en la riqueza material y la magnificencia, que son realmente cualidades perfectamente objetivas. La belleza arbitraria sería la que está organizada por la autoridad en base a la experiencia. Esto nos remite a un fenómeno que se va a producir en Francia en esos años, con mucha fuerza, como ya anticipamos, que es la construcción de un saber estatal, un saber académico. Es el momento, además, en el cual los franceses empiezan a interesarse por hacer su propia versión de la Antigüedad. Constituida en 1671 la Academia de Arquitectura, envía a Antoine Desgodetz a Roma y allí este personaje vuelve a medir todos los monumentos que estaban ya en la tratadística italiana y lo hace con muchísimo más rigor. Además, estamos en una época en la cual los procedimientos de impresión de textos están mucho más desarrollados y, por lo tanto, las láminas de Desgodetz son más precisas que las de Palladio. Lo que empiezan a descubrir los franceses a partir de estos análisis más rigurosos es, precisamente, la discordancia en las medidas de los monumentos; por ejemplo, que el orden corintio tiene x módulos en tal monumento, pero tiene menos en otro, y que posee tal tipo de decoración, diferente a la que aconsejaban Vitruvio o Vignola. Allí lo que aparece, más allá de la revisión de la Antigüedad y la exaltación de la racionalidad en la arquitectura, es la potenciación de la noción de belleza arbitraria. Aquella belleza que reside en las relaciones proporcionales, la forma y la estructura y que debe ser organizada en base a la autoridad de la experiencia para que no existan confusiones. La autoridad tiene que decir que el orden corintio debe tener tantos módulos, el jónico tantos otros y que, por consenso, se decide que de ese modo el orden es bello, y cualquier

Fachada oriental del palacio del Louvre, París. Claude Perrault, Louis Le Vau y Charles Le Brun. Fotografía de Eduardo Gentile.

otra forma en que se dibuje el orden está mal, porque se ha acordado, se ha decidido que así sea.

También hay otra cosa que es muy particular en los franceses: la persistencia del modelo gótico. Si bien en teoría es rechazado, si bien se lo considera como parte de una arquitectura superada, -se sigue haciendo en Francia arquitectura gótica hasta las primeras décadas del siglo XVIII-. hay una intención en los tratadistas franceses de retomar elementos de la goticidad en cuanto a los atributos racionales que posee. Las columnas exentas, la fuerte iluminación de los espacios, la racionalidad constructiva, son valores que los franceses no quieren perder. La idea, el experimento que va a encontrar consenso a partir de fines del siglo XVII, es hacer arquitectura clásica como se hacía arquitectura en el período Gótico. Por lo tanto, -dicen los teóricos- nos vamos a diferenciar de los italianos, no vamos a tener nada superfluo, no vamos a hacer decoración de más que pueda confundir la clara expresión del edificio; vamos a usar la columna y no el muro como el elemento central de la arquitectura. Empiezan a producirse entonces edificios como la capilla real de Versalles (de Jules Hardouin Mansard) que tiene una gran influencia de las teorías de Perrault y del desarrollo teórico que la disciplina en su conjunto va adquiriendo en Francia. Vemos con claridad como este resultado es muy diferentes a los modelos italianos. No existen pies derechos en la planta superior y hay un amor por la columnata y por la racionalidad constructiva, que intenta conjugar lo que primero Robin Middleton y luego Kennet Frampton han denominado el greco-gótico: la arquitectura de los griegos con la racionalidad del goticismo.

Todos estos fenómenos tienen un sentido preciso si los relacionamos con un factor fundamental que se desarrolla precisamente en esos años, que es la política de centralización, que despliega Luis XIV cuando construye la estructura del Estado absoluto. Una estrategia que se conjuga con la matriz de la política cultural que es instrumentada por Colbert, su primer ministro. Podríamos decir que allí surge la idea de organizar las diferentes academias que tienen como principio ser la matriz constitutiva de las distintas disciplinas mayores, que se separan de las artes menores y tienen una jerarquía superior. Aparecen la Academia de Ciencias; la Academia de Medicina; la Academia de Pintura y Escultura, en 1648; la de Roma, en 1666, que tiene que nuclear a los artistas franceses que van a Roma a ponerse en contacto con la edad de oro de la Antigüedad; y, en 1671, la Academia de Arquitectura. Ahora bien, ¿qué función cumplen estas academias? La Academia es un lugar (funcionará durante mucho tiempo en el palacio del Louvre) donde se reúnen regularmente los sabios, los notables, los referentes de cada disciplina y deciden sobre diversos tópicos que tienen que ver en este caso con la arquitectura. Por ejemplo: ¿cuántos módulos tiene que tener el orden dórico? Los académicos deciden que tiene que ser tantos. ¿Cómo hay que cortar la piedra para hacer un puente? Deciden que debe cortarse de tal manera y no de otra, y el que no lo hace de ese modo puede ser amonestado o expulsado del orden profesional. Deciden además como se tienen que formar los arquitectos y (esto es muy importante) qué hay que hacer para ser arquitecto. Entonces la Academia resuelve autorizar una serie de escuelas particulares y realizar concursos que se vuelven consagratorios, sobre todo el que va a ser llamado el *"Grand Prix de Rome"*. Este era un concurso organizado por la academia, que se hacía todos los años, y el premio era permanecer 5 años a Roma como becario. En la ciudad eterna el novel arquitecto debía relevar los edificios antiguos, hacer restituciones de sus ruinas y mandar los originales a la academia, para formar parte del archivo de la institución. Todo aquello que forma parte de la llamada "edad de oro" es retomado, es redibujado con absoluta precisión y va luego a ser parte de la común fuente de inspiración de los arquitectos franceses. Pero no de cualquier modo, sino a partir de una mediación que tiene que ver con esta forma de organización profesional, y con los acuerdos de someter las fuentes romanas a esta belleza arbitraria necesaria para hacer arquitectura. Porque, evidentemente, Perrault y también el resto de los académicos, se dan cuenta que no pueden aceptar -esto es muy racional, muy francés- toda la sumatoria caótica de envíos que viene de Italia, tienen que hacer una propia depuración de los elementos de la arquitectura que se van a utilizar. La Academia entonces va a ser la piedra fundante de toda una tradición que se desarrolla en Francia durante prácticamente dos siglos. Organiza los concursos, permite la enseñanza en *ateliers* que son autorizados y manejados por miembros de la Academia. En ese contexto, si un arquitecto es académico tiene una silla para ir a sentarse a esas reuniones y, cuando muere algún académico de nota, se nombra a otro recomendado por los miembros. No estaría de más recordar aquí que las academias son generalmente instituciones cerradas y dogmáticas que tienden a conservar el *statu quo*. También la Academia dicta cursos teóricos que son seguidos por estos aprendices de arquitecto. Por lo tanto, por primera vez la disciplina se institucionaliza y lo hace en un ambiente proclive a la organización burocrática propia de un Estado centralizado. En Italia sigue habiendo academias, pero son más bien academias literarias, artísticas, que funcionan en relación a ciertas cortes como la Academia de San Luca, la más famosa. Fundada en 1593 en Roma, adquirirá un prestigio internacional creciente y un importante rol durante el siglo XVIII. En Inglaterra, el aprendizaje es, en cambio, bastante empírico, pero en Francia se organiza la disciplina de la arquitectura con mucha fuerza y los arquitectos formados en la Academia van a ser parte del aparato del Estado. También encontramos un desarrollo de la tratadística que intenta avanzar sobre esta inicial impronta racionalista de Perrault, como se observa en los trabajos de Michel de Fremín y Gerauld de Cordemoy, quienes avanzan sobre temas que tienen que ver con la idea de la pureza arquitectónica y en la definición de los alcances de la idea de belleza arbitraria.

Toda esta larga presentación acerca del desarrollo de la arquitectura en Francia como disciplina y sus características, nos sirven fundamentalmente para introducir un personaje que es central porque, en principio, es quien va a modificar la teoría y la enseñanza de la arquitectura con mucha fuerza, se trata de Jacques François Blondel. Como académico funda en 1743 una escuela de arquitectura que se transforma en el mejor *atelier*, donde aprenden muchos de los que luego serán los grandes arquitectos del siglo XVIII en Francia, como Pierre Patte, Ettiene Louis Boullée y Charles Nicolas Louis Ledoux. Publica además una serie de libros que son fundamentales en la historia de la arquitectura clásica y se van a seguir utilizando por más de doscientos años. El primero llamado *De la distribution des maisons de plaisance et de la décoration en général* dedicado al estudio de la arquitectura doméstica. Posteriormente edita un compendio de sus lecciones el *Cours d'architecture ou traité de la décoration, distribution et constructions des bâtiments* donde brega por la continuidad de esta pureza formal que hablábamos frente a los excesos del Rococó. Los aportes más interesantes de Blondel están en la base de la reformulación de los modos de proyectar que se producen durante el siglo XVIII en Francia. El primero de ellos es la idea de jerarquizar la arquitectura doméstica. Estudia en particular este fenómeno, sobre todo la distribución de las plantas y la necesidad de adaptarlas a las transformaciones en el modo de habitar propio de la sociedad de su tiempo. Aparece un especial cuidado en climatizar los diferentes ambientes mediante la profusión de estufas, un mayor empeño en el diseño de la decoración del interior, e incluso una particular atención en organizar los servicios y los lugares necesarios para la servidumbre. Lo que muestran sus dibujos es la estructura material de una forma de vida más compleja que tiene que ver con el desarrollo de la sociedad, mucho más sofisticada en el siglo XVIII que la de Italia en el siglo XVI-XVII. Un tipo de arquitectura que empieza a trabajar mucho sobre la fachada interior, ya que comienza a tener en cuenta con más detalle el diseño de los diferentes ambientes y la conjunción de arquitectura, pintura y escultura. Algo que se manifiesta en la utilización de la *boiserie,* de los gobelinos, elementos que son característicos de la singularidad de la arquitectura francesa. Blondel es un maestro de todo eso, pero al mismo tiempo, empieza a incorporar esta idea (que había nacido en Inglaterra) del corredor. En la planta, el corredor sirve para aislar los espacios, para evitar la *enfilade.* O sea, la sucesión de habitaciones cuyas puertas simétricas organizaban una dirección de la circulación que las atravesaba, por lo que cualquier persona que ingresara a una casa recorría necesariamente varias de las habitaciones para llegar a donde debía ir. En ese sentido se decía que el único lugar donde tenía privacidad Luis XIV en Versalles era el baldaquino de su cama, porque permanentemente estaba circulando gente por el dormitorio del monarca. La *enfilade* era un recurso muy apreciado desde el punto de vista espacial por la perspectiva que generaba y Blondel lo estimaba como tal, pero esto suponía la ausencia de privacidad. Sabemos hoy que la conciencia individual, la privacidad, empieza a desarrollarse durante el siglo XVIII y es un fenómeno social que va más allá de la arquitectura. Se refleja precisamente en la transformación de la planta y la aparición del pasillo, del corredor, que va a ser también un elemento que a la larga se constituya como un recurso central para organizar los edificios.

La otra cuestión que es interesante destacar es la idea de distribución y disposición, aunque debemos considerar que su significado cambia a lo largo de la historia. Atengámonos a la definición de Léonce Reynaud de mediados del siglo XIX que me parece la más clara. Veamos su aplicación. La arquitectura francesa se va a distinguir durante todo el siglo XVIII por la disposición, por el acomodamiento de las partes de manera elegante, salvando los contratiempos de los terrenos poligonales con el recurso de fingir ejes y simetrías. Los franceses se van a hacer famosos por esto, por poder ordenar una planta en un terreno poligonal, por generar ejes desplazados que permitan organizar habitaciones con figuras regulares en los lugares donde hay plena irregularidad, y retirar a las márgenes todo lo que son las estructuras de servicio, para dar una imagen de jerarquía y de solemnidad al edificio. Además, estas eran las limitaciones reales que encontraba el ejercicio de la profesión ya que, salvo que un arquitecto hiciera una villa en el campo, el resto de los edificios se realizaban dentro de la ciudad, y en ciudades que tenían una trama medieval que era muy abigarrada e irregular. Por lo tanto, había que saber organizar una planta dando una idea de homogeneidad y regularidad (aunque esa homogeneidad no existiese).

Lo interesante es que la noción de disposición está unida al concepto de distribución. Siguiendo a Reynaud, la disposición es aquello que nos permite organizar grupos de volúmenes según un orden geométrico que debe tender a la regularidad y la simetría, atributos que van a hacer bello un edificio. Una vez que tenemos esos espacios diseñados la distribución es lo que nos permite seleccionar que destino van a tener las partes que hemos dispuesto (un comedor, un dormitorio, etc.) en función de las dimen-

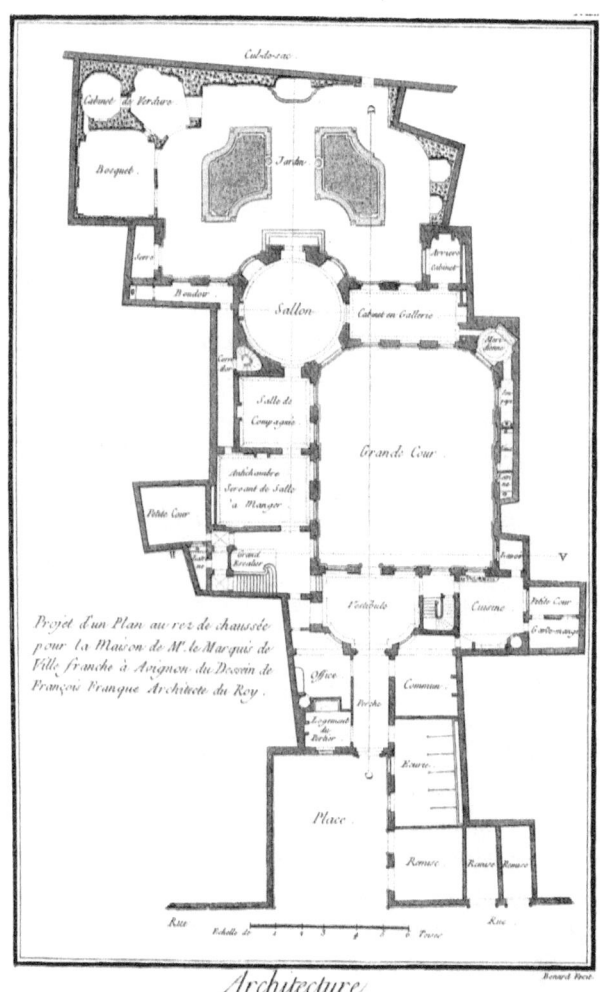

Maison abbatiale del abad de Prémontés, Villers Cotteréts, planta baja, François Franque. Reproducido en el tomo Iv del Cours d´architecture de Jaques-François Blondel.

siones y el orden adoptado. Pero lo importante es la homogeneidad y la regularidad que se puede generar dentro de la irregularidad. En realidad, este problema ya lo encontramos en el Renacimiento, en el proyecto de casa que Rafael plantea para sí mismo y que no llega a construir y, principalmente, en el *Palazzo Massimo delle Colonne*, de Peruzzi. Allí hallamos un brillante ensayo de esta idea de qué hacer con un terreno irregular, construir una fachada de falsa simetría (porque en realidad la fachada es más grande que el terreno), hacer un eje central, pero desplazado, y absorber las superficies irregulares del lote con escaleras y con nichos. Esta cualidad que los franceses ven en Peruzzi, lo trasladan a su arquitectura, y generan estos realmente impresionantes trabajos de planta, que hacen sobre todo en los hoteles particulares del siglo XVIII. Al mismo tiempo, la disposición nos permite graduar la decoración de cada una de las habitaciones según su uso y esto también va a generar una nueva imagen de una arquitectura muy diferente, por ejemplo, a las villas de Palladio donde el programa de la decoración interior es general y no particularizado.

También debemos destacar en Blondel la idea de autonomía de la arquitectura. El concepto de que podemos realizar proyectos que no estén condicionados por su inmediata construcción, por los requerimientos de un cliente determinado. Blondel propone a sus alumnos proyectar en su escuela edificios que no necesariamente responden a la realidad (o tienen que ser construidos), y encuentra un valor teórico en esos proyectos, un aporte al conocimiento. La arquitectura es como la pintura y la escultura, tiene esa autonomía; y en el dibujo ya tiene un valor de por sí, no necesariamente tiene que ser construida. Podemos considerar también una innovación importante de Blondel que es la aparición de la idea de programa como un componente central en el proceso de proyecto; el programa que viene escrito, el programa que se especifica en forma mucho más consciente porque, además, la sociedad está cambiando y exige una sofisticación de las costumbres impensada en el siglo anterior. Exige que los programas sean formulados de manera mucho más específica y con eso surge otra cuestión central para el desarrollo de las estrategias proyectuales del clasicismo: la idea de carácter.

¿Qué es el carácter en arquitectura? Que un edificio se parezca a lo que es, que una prisión se parezca a una prisión, que un palacio se parezca a un palacio, que una iglesia se parezca a una iglesia. Quatremère de Quincy, que a fines del siglo XVIII emerge como uno de los grandes teóricos de la arquitectura francesa, va a decir que eso es lo más difícil de realizar por un arquitecto: que el edificio se parezca a lo que deba ser, que el proyectista utilice de manera consciente los elementos de la arquitectura para que, inequívocamente, el edificio se asemeje a lo que es, que no cometa errores en ese sentido. Que si alguien va a proyectar una cárcel no le puede adosar un orden corintio; a lo sumo, le puede colocar un dórico sin base para dar la idea de robustez y pesantez. En este caso, debe persuadir a los observadores de que se trata de un lugar inexpugnable. Y la cárcel se debe caracterizar no sólo con el ornamento, sino con los materiales y la morfología. Obviamente utilizará un almohadillado rústico que denote la sillería de grandes bloques de piedra en los muros y una planta que nos recuerde a una fortaleza o castillo como modo de persuasión inequívoca del poder que la sostiene. O sea que el arquitecto tiene el lenguaje a disposición, pero la manera de usar ese lenguaje en relación al proyecto va a permitir una buena o una mala caracterización. Y esto es posible porque el clasicismo es un lenguaje cerrado, un código que todos pueden reconocer.

En definitiva, Blondel es muy importante porque con la idea de programa, de autonomía, de carácter, forma a una serie de arquitectos que luego serán los que desarrollen las estrategias de la llamada arquitectura neoclásica, fundamentalmente en Francia, aunque luego estos principios tendrán influencia internacional.

**Arqueología y Otredad**

Si por un lado podemos observar una transformación en los modos de proyectar arquitectura, también históricamente se produce un cambio que va, de alguna manera, a poner en crisis las nociones anteriores de arquitectura. Porque a partir del siglo XVIII, Europa se expande; la cultura europea explora lugares que eran mal conocidos, como el caso de Grecia, que por entonces estaba bajo dominio turco. Luego de 1750, a partir de sendas expediciones se comienza a conocer en forma directa la arquitectura griega, un insumo que alimenta con más fuerza a las ideas de lo greco-gótico en Francia. Pero también se van a conocer otras culturas, como por ejemplo Egipto, la India, China o las Civilizaciones Precolombinas. Y este nuevo conocimiento va a promover un debate muy fuerte acerca de estas arquitecturas y la primacía del clasicismo sobre todo el resto. Un principio que había que demostrar, de allí que durante el siglo XVIII aparezcan numerosos tratados, disertaciones, ensayos (sobre todo ya en edad neoclásica) que elaboran una doctrina, una teoría, que intenta explicar porque el clasicismo que deviene de la cabaña primitiva es mucho mejor que las otras arquitecturas (como la egipcia, que teóricamente tiene origen en la caverna). Un razonamiento teórico que visto desde nuestro tiempo constituye un gran disparate, pero que sirve momentáneamente para exaltar el valor de la arquitectura clásica en un momento en que esa podía ser puesta en tela de juicio su primacía, en función de la aparición de otras arquitecturas.

En ese contexto emerge la figura de Gianbattista Piranesi, quien defiende la primacía de la arquitectura romana sobre la griega, en lucha permanente con los académicos franceses, que restaban importancia a Roma e invocaban a Grecia clásica como el lugar primigenio de nacimiento de la verdadera arquitectura. Esos años, estamos hablando de 1750 en adelante, se caracterizan por la aparición de una creciente fiebre arqueológica y, podemos decir, que los arquitectos son los primeros arqueólogos que excavan y miden las nuevas ruinas. Por ejemplo, los templos de Paestum, que están a 70 km de Nápoles pero que nunca habían sido observados como una obra notable. Con esta idea de descubrir el origen de la arquitectura, y de una arquitectura más racional, es que toma un lugar esencial el dórico arcaico, el dórico sin base y la arquitectura griega primigenia como el origen, la panacea que refuerza la creencia en una edad dorada. Por eso el Neoclasicismo se va a caracterizar, fundamentalmente, por el uso de ese orden como motivo central. Toda esta fiebre de excavaciones y mediciones genera también una serie de tratados, de libros de imágenes donde estas ruinas son restituidas, reorganizadas, presentadas. Tanto aquellas que se encuentran en el sur de Italia como en Turquía, Grecia, e incluso comienzan a aparecer imágenes y libros sobre otras arquitecturas. Aunque estas últimas sean colocadas en un nivel menor, comienzan a ser tenidas en cuenta en un proceso que ya no se detendrá. También a mediados de siglo encontramos un personaje que es central en esos años: Johann Joachim Winckelmann. Es un experto, un erudito reconocido como padre de la historia del arte. Nacido en Alemania y originalmente protestante, se convierte al catolicismo para transformarse luego en el bibliotecario, en el anticuario del Papa. Por lo tanto, tiene acceso a todas las colecciones del Vaticano. La observación de ese enorme legado le permite establecer una periodización y de ese modo caracterizar las diferentes épocas del mundo antiguo. A partir de su trabajo no se puede hablar más de una Antigüedad clásica única y perfecta, ya que son identificables épocas de esplendor y épocas de decadencia. Winckelmann de alguna manera construye una idea que se mantiene en el tiempo: las épocas de esplendor coinciden con el siglo de Pericles, o con el ciclo de la República Romana. Ambas se erigen, no casualmente en el período previo a la Revolución Francesa, como las idealizadas edades democráticas del mundo antiguo. De allí que encontremos en este personaje al padre del Neoclasicismo, el concepto de un retorno a la pureza primigenia. Esta construcción historiográfica va a servir para el debate que se acrecienta, precisamente, cuando se publica, en 1758, *Les Ruines Des Plus Beaux Monuments De La Grèce* de Julien-David Le Roy seguido en 1762 por *The Antiquities of Athens* de Stuart y Revett. Ambos son relevamientos de las ruinas de la ciudad griega. En ellos por primera vez son medidos y redibujados en modo exacto el Partenón, el Erecteión, los grandes monumentos de la Acrópolis. A esta verdadera revolución que provoca la publicidad de las antigüedades de Atenas debemos sumarle el descubrimiento de Pompeya. Un hallazgo casi casual que es central porque es el momento en el cual, no solamente se descubren ruinas antiguas, sino que se revela el mobiliario, la pintura mural, los objetos de uso cotidiano. Surge así una moda pompeyana que va a influir muy fuertemente en los años siguientes en la decoración interior, en el diseño del mobiliario, en la pintura. El problema que comienza a plantearse entonces es que las fuentes de la Antigüedad se amplían, se hacen cada vez más diversas, más difíciles de controlar. No basta ya con una belleza arbitraria que se genere por consenso como pensaba Perrault, hay muchas cosas dando vueltas y va a empezar a surgir la polémica acerca de la manera en que se usaban estas fuentes, de qué modo se incorporaban, si era lícito integrar fuentes de otras arquitecturas para algún tipo de edificio o si se debían mantener los lineamientos del clasicismo.

Al mismo tiempo y debido a cuestiones colindantes con la disciplina tales como la mayor especialización del trabajo intelectual y el florecimiento de la economía y la cultura durante el siglo XVIII hay, como ya anticipamos, una enorme proliferación de publicaciones. Ya no es necesario -como pasaba en 1516 con ese proto-estudiante de arquitectura ir de estudio en estudio dibujando los proyectos de los otros arquitectos, o midiendo las ruinas y haciendo dibujos en el cuadernito, sino que tenemos a disposición una enorme bibliografía que expande el conocimiento y la cantidad de estilemas, de elementos que se pueden utilizar. Esto coincide con un momento muy particular que, precisamente, tiene que ver con la Revolución Francesa. El Neoclasicismo, aunque se inicia antes como tendencia artística, es la arquitectura que acompaña el gran cambio que significa la Revolución. Se construye una antinomia entre la luz de la razón y las sombras del Barroco que es identificado con el Antiguo Régimen decadente. La arquitectura toma los estilemas más puros de la racionalidad clásica (léase la estatuaria y la arquitectura del siglo de Pericles) y se construye este concepto de nuevo clasicismo. Un lenguaje serio, puro, racional, que se amalgama perfectamente con el momento de la crisis institucional y la idea de heroísmo y de sacrificio luctuoso que caracteriza la sociedad europea de entonces.

Simultáneamente, hay un fenómeno que podemos llamar proto romántico. Por primera vez esa Antigüedad que aparecía -para el Renacimiento-, como una edad de oro a reconstruir, emerge como un tiempo al cual ya no podemos volver, del cual solo mantenemos los fragmentos y no hemos podido o no hemos sabido recrear. Lo que aparece muy fuertemente entonces es un sentimiento nostálgico (y eso es puramente romántico). Sentimiento que podemos ver en la magnífica perspectiva "Banco de Inglaterra como ruina", de Joseph Gandy. Un excelente dibujante de arquitectura y pintor que trabajaba con John Soane, el famoso arquitecto inglés de ese período encargado de las construcciones del Banco de Inglaterra. En este cuadro fechado en 1830 la obra de Soane se presenta como ruina. Un gesto que parece querer demostrarnos que no hay una posible reconstrucción de la "edad de oro" sino que, aun lo que estamos haciendo ahora, alguna vez será una ruina. Es decir, toda civilización finalmente va a desaparecer, vamos a cumplir un ciclo. Es un sentimiento puramente romántico que aparece con mucha fuerza en ese momento y que podemos encontrar en otras manifestaciones pictóricas y arquitectónicas.

**Experimentalismo y Autonomía**

Ahora bien, volvamos al tema de la enseñanza, a los modos de hacer arquitectura. Tenemos, por un lado, estas innovaciones en el modo de proyectar que hace Blondel y, por otro lado, esta reconsideración de la Antigüedad que tiene mucha fuerza y que va a permitir una mayor libertad en el proyecto de arquitectura. Libertad que empieza con un fenómeno que es la idea de gigantismo, algo que Blondel va a promover entre sus alumnos.

La manifestación internacional de este cambio comienza en los concursos que promueve la *Accademia di San Luca*. Ésta era la academia papal, de la cual ya dimos referencia y que organizaba concursos donde participaban muchísimos de los franceses, ingleses, alemanes, españoles que iban a Roma, a mediados del siglo XVIII, a embeberse y tener contacto con la Antigüedad. Lo que se llamaba el *"Grand Tour"*, era el viaje iniciático que hacían muchos nobles europeos que habían finalizado sus estudios, así como futuros funcionarios y obviamente los arquitectos. En el caso de los franceses muchos de los participantes eran aquellos que ganaban la beca de Roma instituida por la Academia para ir a Italia y tener contacto directo con esta Antigüedad, como ya anticipamos. La *Accademia di San Luca* era el lugar donde esta "internacional" de la arquitectura se congregaba y competía participando en los concursos. Marie-Joseph Peyre es un arquitecto francés, alumno de Blondel, *grand-prix de Rome*, quien se presenta, en 1765, en uno de los concursos con el proyecto de una Academia. Es un planteo muy singular que Emil Kaufmann, que era un historiador de la "Escuela de Viena" (que podemos criticar por muchas cosas, pero tenía un gran ojo para ver arquitectura), nos muestra como el tipo de ejercicios que están transformando la manera de proyectar. En efecto, lo que aparece en esta planta es una especie de proto-composición. ¿Qué es lo que vemos aquí? La arquitectura se empieza a organizar en figuras regulares de habitaciones que se montan a partir de ejes y que, en la colisión de esos pabellones, cuando las líneas se juntan, se generan estos espacios que los franceses van a denominar *poché*. Es el negativo de la planta, el relleno en tinta que es lo que permite articular el encuentro de las diferentes direcciones y que, muchas veces, es utilizado para albergar los espacios de servicio (los depósitos, las escaleras, etc.), que empiezan a ser cada vez más necesarios en la planta de arquitectura, porque las costumbres, los modos de vida, como anticipamos, se complejizan. El antecedente de esto viene de Francia, como también el gigantismo de este tipo de propuestas totalmente inconstruibles que practicaban los estudiantes y que podemos relacionar también con los grabados de reconstrucciones fantásticas de la antigua Roma de Piranesi que eran la sensación entre los diversos viajeros que acudían a Roma.

En este contexto, si este gusto por la autonomía proyectual, el gigantismo y la complejidad empieza a hacer carne entre los arquitectos, aparecen dos alumnos de Blondel, Boullée y Ledoux, que con sus experiencias autónomas de arquitectura (muchos de los proyectos que ellos elaboran quedan en el papel, son ideas inconstruibles) van a renovar profundamente los modos de proyectar. Étienne-Louis Boullée es un profesional más bien teórico. Es un académico, un profesor que construye poco, que se dedica a la enseñanza. Es un arquitecto que, como había pertenecido al Antiguo Régimen, en el momento que se produce la Revolución Fran-

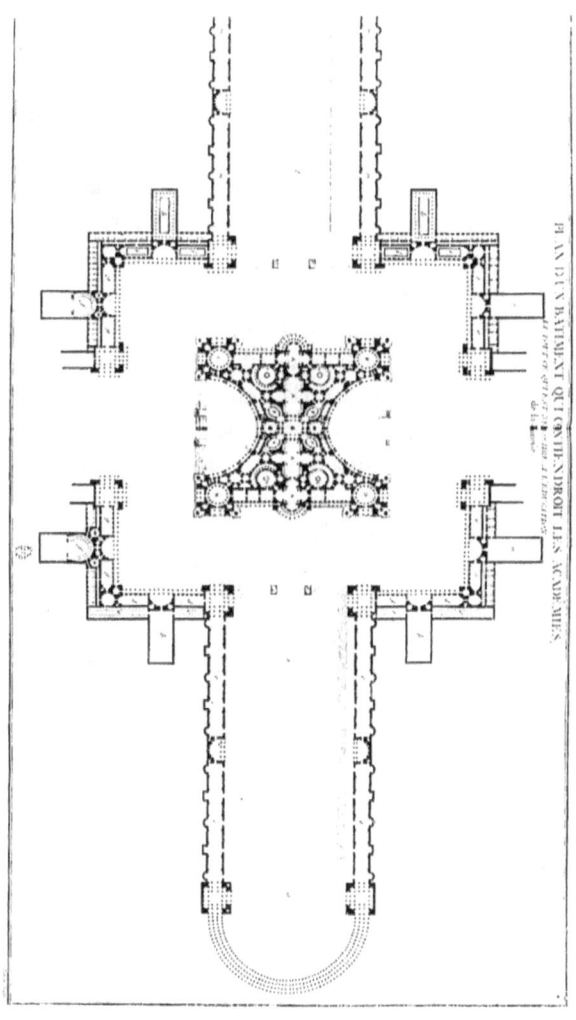

Planta del proyecto de una academia, Marie-Joseph Peyre. Oeuvres d'architecture de Marie-Joseph Peyre, Paris, 1795.

cesa, se tiene que retirar y se dedica a escribir un tratado y a retomar una serie de nociones autónomas que había tenido anteriormente y que las transforma en proyectos especulativos o visionarios. Boullée decía que era un artista que hacía arquitectura con el pincel. Por supuesto, la mayoría de sus proyectos tenían esta condición de autonomía artística y eran inconstruibles. Estaban pensados desde esta idea casi romántica de nostalgia por la Antigüedad perdida, y utilizaban el recurso del gigantismo que nos remite a la aparición de una categoría que va a cabalgar sobre toda la arquitectura del momento que es el concepto de lo sublime. Teníamos como categoría central de la arquitectura del Renacimiento la idea de lo bello. Este concepto nos habla de una correspondencia entre las partes, de homogeneidad y de correlato entre la arquitectura y el cuerpo humano, y una medida, un tipo de proporción que era identificada con "la gracia". Como opuesto a esta condición de armonía está la noción de lo sublime (que había existido también como categoría estética durante la Antigüedad) y que podemos definir como la representación de lo inconmensurable, aquello que tiene la dimensión de Dios, de la divinidad, con la cual nuestra escala humana no concuerda. Una imagen que nos produce algo que va del miedo a la admiración, pero que es también una sensación estética. Estar a la vera de un precipicio, ver montañas gigantescas, observar el mar embravecido, son experiencias sublimes; nos conectan con esta dimensión de lo divino, con esta escala inhumana en la cual somos insignificantes.

Esto es lo que desarrolla Boullée quien, por otra parte, no se desentiende de la idea de yuxtaposición de la tradición clásica. Trabaja con las superficies lisas casi sin ornamento, hace arquitecturas invernales o arquitecturas veraniegas, según el uso de la luz, y lo reduce todo al trabajo con las grandes masas. Las referencias a la clasicidad están, pero los elementos arquitectónicos propios del lenguaje aparecen minimizados frente a la grandiosidad del conjunto. Hay ejercicios de yuxtaposición volumétrica, pero lo importante no son los órdenes para caracterizar sino, precisamente, el trabajo con las masas, con las sombras. La sombra y la luz, como afirma Jean Starobinski, son absolutas y no admiten intermedios. La obscuridad asume aquí un nuevo significado como oposición a la luz solar.

Además, aparece la idea en Boullée (y también va a aparecer en Ledoux) del arquitecto como demiurgo, aquel que hace el programa, que describe cómo es la obra y cómo tiene que usarse, que se antepone y pauta los modos en que debe comportarse el usuario. Un axioma que va a retomar también la arquitectura moderna (se sabe que Le Corbusier admiraba los proyectos de Boullée y de Ledoux), este concepto de que el arquitecto es un factor que cambia la sociedad, la transforma a partir de la arquitectura. Al mismo tiempo, sus proyectos eran técnicamente imposibles; era un tipo de arquitectura que solamente se podría hacer con hormigón armado que, como sabemos, todavía no había sido inventado. Esto era autonomía ya que a Boullée no le importaba si esto podía ser construido, simplemente quería expresar la posibilidad de desarrollar esta idea. Uno de los proyectos más famosos es, la *"Bibliothéque du Roi"*, que parte, no casualmente, de un esquema de yuxtaposición. Se inspira en el edificio termal con una bóveda de cañón corrido que apoya en una serie de columnas. Esto era inconstruible, hubiera colapsado a partir de los empujes de la bóveda sobre el arquitrabe. A él no le importa demasiado y conjuga la forma termal con la forma del anfiteatro, y construye un anfiteatro de los libros. Es una de las experiencias más interesantes de la enseñanza de Blondel, la idea de reformular el programa: ¿qué es una biblioteca? La biblioteca son los libros, se responde Boullée. Hasta ese momento las bibliotecas se construían dentro de los palacios, se adaptaban para ello algunos sectores o apartamentos, se colocaban libros, y había que poner escaleras o entrepisos para poder llegar a la parte más alta de las estanterías. No había control, era muy probable que se robaran los libros, no había una dimensión clara de la cantidad. Boullée quiere hacer aquí a los libros protagonistas. Los libros forman un anfiteatro, que se coloca dentro de una planta termal y surge, por conjunción, este edificio cuya famosa perspectiva -no casualmente- nos muestra un espacio grandioso donde aparecen una serie de filósofos vestidos a la manera antigua que están discutiendo y recorriendo las estanterías. Se me ocurre, como comentario al margen, que todas estas personas hablando harían imposible el control acústico del edificio. Pero la cita es intencional, está inspirada en "La escuela de Atenas", de Rafael, y lo que está atrás de la cita es el proyecto de Bramante que ya analizamos como edificio constituido desde la yuxtaposición tipológica.

La noción de la yuxtaposición continúa en Boullée, pero no tiene que ser tan absolutamente correspondiente con la Antigüedad romana, sino que empieza a conjugar otros factores. Prueba de ello, es el otro gran proyecto del arquitecto que es el "Cenotafio de Newton". Él decide en esta obra hacer un homenaje a Newton, proyectar una gran esfera que contendría su sepulcro. Aparece la idea de la "Tumba de Adriano", con las hileras de cipreses escalonados, que es una evocación de la Antigüedad. En ese momento también estaba en boga el sensismo o sensualismo, una teoría estética que afirmaba la preminencia de los sentidos para lograr el acceso al conocimiento. De allí que la arquitectura pudiese transformarse en una máquina de generar sensaciones, y esto es profundamente moderno. Si observamos el corte vemos que el visitante entraba en el complejo a plena luz del día, se metía en un túnel profundamente obscuro iluminado sólo con una antorcha, subía una escalinata y se encontraba con el féretro, la tumba de Newton bajo un ilusorio cielo estrellado, que estaba conformado por una serie de perforaciones que hechas en la esfera. Llevado por el recorrido el paseante en muy poco tiempo absorbía una serie de sensaciones encontradas y emergía en un espacio sublime, en contacto con el universo cuya mecánica Newton nos había enseñado. Un edificio también totalmente inconstruible, una maquina ilusoria que simulaba en pleno día la noche. Este recorrido, este cambio de sensaciones, es producto de estas posibilidades de autonomía de la arquitectura que, más allá de las reales contingencias técnicas, puede jugar libremente a partir de la imaginación del arquitecto-artista. Y si el recuerdo de la Antigüedad todavía está en la base del proyecto, no es necesariamente lo más importante.

El otro personaje realmente interesante, como anticipamos, es Claude-Nicolas Ledoux, quien hace el mismo recorrido. Pero, a diferencia de Boullée que es un arquitecto más retraído, más abocado a la teoría de la enseñanza, Ledoux tiene muchos clientes, tiene mucho éxito. Es un arquitecto tan exitoso en la época del Antiguo Régimen que, en un mo-

Arriba, Corte del proyecto de Cenotafio para Isaac Newton, París, 1784, Étienne-Louis Boullée. Gallica, Bibliotheque Nationale Francaise.
Abajo, Proyecto para la Biblioteca Real, París, 1785, Étienne-Louis Boullée. Gallica, Bibliotheque Nationale Francaise.

mento dado, casi lo llevan a la guillotina durante la Revolución. Ledoux se inspira mucho en el trabajo de Palladio, en la idea de yuxtaposición. Lo que más nos interesa señalar aquí es alguno de los proyectos más importantes, como la llamada "Salina de Chaux". Ledoux, obviamente, tenía todos los antecedentes para ser guillotinado porque había sido arquitecto de la *Ferme* Générale del Antiguo Régimen, la oficina recaudadora de impuestos del Rey. En función de esa carga como arquitecto fue contratado para hacer la Salina Real, que era un emprendimiento que debía hacerse en los Alpes Marítimos franceses, donde había aguas con mucha salinidad. Él hace un primer proyecto que, evoca el modelo tradicional del Louvre: el pabellón central, los pabellones esquineros, el desarrollo, el concepto del patio. Pero ese proyecto no lo convence y genera uno nuevo, y es ahí donde Kaufmann nos dice que Ledoux está creando de alguna manera el *pavilion system* porque (y esto va a ser muy importante para la historia de la arquitectura) ya no vemos los pabellones aglutinados, concatenados a la manera barroca, sino que aparecen los pabellones separados que permiten una forma de organización totalmente diferente de la planta y que va a tener sus desarrollos a posteriori. Algo que Antón Capitel denomina "arquitectura compuesta por partes" y que ya observamos al hablar de Palladio. Lo interesante es que Ledoux en el momento que queda cesante, que no puede trabajar más, que se salva de la guillotina, se encierra también a escribir su tratado, y transforma a la "Salina de Chaux" en una especie de ciudad ideal donde trata (y esto es muy importante) de desarrollar tipologías nuevas para diferentes requerimientos que no existían antiguamente y que empiezan a manifestarse y lo hace con absoluta autonomía. Otra de las cuestiones que aparece muy fuertemente en Ledoux es la noción del carácter. Una de las partes que sí se construyó de la "Salina de Chaux" es la casa del director. Seguramente el arquitecto pensó al respecto: esto es una fábrica, por lo tanto, voy a ponerle un buñado bastante rústico, y voy a utilizar un orden dórico (en el cual los tambores son uno cuadrado y uno redondo) para dar mayor imagen de rusticidad, de allí que quien llegue hasta aquí se dará cuenta de que esto es un edificio industrial, que no es cualquier otra cosa. Eso es aplicación de la idea de carácter a la manera en que proponía Blondel.

Barriere de la Villette, París, 1785-88, Claude-Nicolas Ledoux. Fotografía de Eduardo Gentile.

Si volvemos al conjunto de la "ciudad ideal" lo que vemos, precisamente, es que prima en cada uno de los objetos que la componen la noción de autonomía. Por ejemplo, el juego abierto con la forma le permite a Ledoux crear la casa del jardinero a partir de una esfera o la casa del magistrado de las aguas a partir de una cascada. Una decisión consciente de priorizar por sobre todo la caracterización por lo cual esta arquitectura será llamada despectivamente en los años posteriores como "parlante". La función no es lo importante aquí, debe adaptarse (recordemos la idea de disposición de Blondel) a la forma preconcebida.

Ledoux al ser arquitecto de la oficina de impuestos va a proyectar las famosas barreras de París, estos lugares donde estaban los inspectores quienes, cuando iban entrando las mercaderías a la ciudad, le aplicaban tasas. Por eso muchas de ellas fueron quemadas en el momento de la Revolución (como se quemó también la cárcel de la Bastilla), pero algunas perduran y muestran esta concepción de experimentalismo. Por ejemplo, en la *barriere de la Villette,* vemos una planta cúbica a la que superpone una inmensa planta circular que colisiona con ella La estructura curva emerge como un tambor aligerado por una columnata de aberturas serlianas, mientras que, a la estructura cúbica, que sólo tiene un nivel, se le adosan a cada uno de los lados pórticos octástilos de orden dórico. Un juego formal que no tiene ningún antecedente histórico. Otro ejemplo de esas características, es la sede de la *Ferme* Générale que es una especie de invención, de herejía. Ledoux parte de la idea autónoma de combinar un sistema de pabellones lineales donde desaparece el concepto de graduación y de centralización, y crea un edificio que puede repetir su esquema al infinito, que carece de jerarquías. Es decir, combinaciones que no se ven ni en las experiencias recientes de matriz francesa ni anteriormente, que son producto de esta idea de la autonomía de la arquitectura, que otorga una plena libertad de acción. Esta es una experiencia que reaparecerá precisamente en el método proyectual de Durand y en el lenguaje de la *École des beaux-arts,* cuando el respeto por las tipologías de la Antigüedad sea puesto definitivamente en crisis a la búsqueda de un repertorio más amplio.

# Composición

**Ilustración**

Como vimos en la clase anterior es en Francia en donde se construye un modo distinto de hacer arquitectura. Durante la segunda mitad del siglo XVIII y la primera mitad del siglo XIX París, sobre todo, se transforma en el laboratorio que genera nuevas teorías proyectuales que tendrán una influencia global. De allí la importancia de dedicarle enteramente esta clase.

Empezaremos analizando el contexto, fundamentalmente por la gran transformación que se produce antes de la Revolución Francesa en el terreno del saber. La característica central que encontramos, y que coincide con la formación de un nuevo paradigma que Foucault denominaría luego "Episteme Clásico", es el cambio en la organización del conocimiento. Un sistema cultural que hasta ese momento estaba basado en la teología y en la filosofía, se fragmenta y fluye hacia la construcción de una serie de disciplinas científicas autónomas en las cuales ya no hay lugar para elaborar certezas sólo en base a semejanzas. También la Iglesia o el poder del aparato real, pierden importancia frente a la aparición de ciencias que se dividen de un cuerpo general, que son independientes, que tienen sus propios axiomas y principios, y que inauguran una ruptura que está en el origen de la cultura contemporánea. Un desarrollo que también está unido a la ampliación de la sociedad civil y a la creación de una esfera pública en todo Europa, pero fundamentalmente en Francia e Inglaterra.

La Enciclopedia de Diderot y d'Alembert es la manifestación concreta y directa de la transformación del saber, de la apertura hacia la libertad de conocimiento. Se trata de una vasta obra de más de 50 volúmenes, publicada entre 1751 y 1772, que intenta compilar toda la cultura humana y es la punta de lanza de un movimiento más general llamado Enciclopedismo. Una corriente intelectual que promueve que el saber deje de pertenecer a estratos cerrados de la sociedad y pueda ser accesible a un público más vasto. Lo que debía generar, piensan los contemporáneos, una capacidad de discernimiento que, no va a depender tanto de los gremios, de las corporaciones, del poder religioso, sino de nosotros mismos como opinaba Kant. En ese contexto, y es lo que particularmente nos interesa a nosotros, surge la pregunta de si la arquitectura puede incorporarse a esta nueva forma de saber y que esto le permita ser una ciencia racional. Nuestra disciplina como sabemos, tenía principios que venían de la Antigüedad y la pregunta que inquietaba a los teóricos a mediados del siglo XVIII, era si a partir de esos principios realmente la arquitectura podía racionalizarse y consolidarse como un saber autónomo y científico.

Marc Antoine Laugier es un personaje muy importante en la tratadística francesa que sigue la tradición racionalista inaugurada por Perrault e intenta reconstruir o repensar lo que ya para muchos era el ideal greco-gótico. Como ya anticipamos en la clase anterior, los franceses se sentían obligados a hacer las cuentas con una arquitectura medieval que podía no gustar, pero que tenía un principio de organización tectónica que parecía admirable desde el punto de vista racional. Y, por otro lado, estaba la arquitectura de los antiguos, la arquitectura clásica, donde esta racionalidad aparentemente había ido involucionando con el tiempo. Pero si se comenzaba a observar la historia y los diferentes períodos, según nos muestra Winckelmann, esa racionalidad se volvía a reconstruir en la imagen del templo griego. Lo que los romanos y luego los italianos habían hecho con el agregado de la bóveda, la cúpula y el arco, había distorsionado la utilización de los órdenes de la arquitectura. La concepción romana estaba mal, había que volver a los griegos. Existía en principio una unidad tectónica – decorativa sólo presente en dos estilos; el gótico y el dórico. Por eso es que, a partir de los descubrimientos arqueológicos que comentábamos anteriormente, se vuelve a pensar en esta idea de la arquitectura griega. Aquella donde aparecía el orden dórico sin base, como el origen de la arquitectura, como el principio al que habría que retornar para que la disciplina se transforme en ciencia racional en paralelo al desarrollo del mundo científico.

En el famoso dibujo de la portada del tratado que Laugier publica en 1755 aparece la musa de la arquitectura señalando a la naturaleza, ya que la misma naturaleza, en este caso los árboles, nos están mostrando los principios

Imagen de la cabaña primitiva. Portada de la segunda edición del Essai sur l'architecture, París 1755, de Marc-Antoine Laugier.

básicos de la arquitectura: la columna exenta, el arquitrabe y el frontis. Esto conformaría el tipo original puro de la arquitectura: la cabaña primitiva que había sido señalada ya por Vitruvio como el cobijo inicial del hombre. Algo similar a lo que en zoología denominaríamos el protozoo del cual emergen las estructuras posteriores, o la planta primordial (*Urpflantze*) que para el inicio del reino vegetal imaginaba Goethe. Por otra parte, si volvemos a la imagen vemos que la musa de la arquitectura, además de mostrarnos la verdad que surge del bosque, se apoya sobre las ruinas. Esto quiere decir que hay una circularidad. Observando las ruinas de la Antigüedad a los pies de la musa, nos damos cuenta que éstas son el resultado de lo que previamente los antiguos habían comprendido, ya que ellos pudieron correr el velo que cubría a las verdades de la naturaleza. Por lo tanto, debíamos seguirlos, reconstruyendo correctamente ese montón de ruinas para acercarnos al conocimiento que ellos poseían.

¿Cuáles son los resultados de las ideas de Laugier aplicadas a la producción de arquitectura? Veamos un ejemplo. A mediados del siglo XVIII Luis XV tiene una grave enfermedad, y piensa que va a morir, por lo que promete a Dios en sus ruegos que si puede recuperar la salud va a construir una iglesia tan importante como San Pedro en Roma o Saint Paul en Londres. Justamente, el encargo cae en el nuevo superintendente de obras reales que es Jacques-Germain Soufflot. Un arquitecto que estaba embebido de las ideas de Laugier sobre la racionalidad y la pureza tectónica. Proyecta entonces la iglesia de Santa Genoveva que actualmente es el Panteón de París, una obra que es muy interesante analizar porque muestra este otro lado, además del tema arqueológico y la cuestión de la autonomía de la arquitectura que también están presentes.

Soufflot hace este trabajo con muchísima meticulosidad, estudiando muy particularmente las formas de organización, las proporciones, la posibilidad de generar una estructura más ligera. Algo que podemos calibrar comparando el proyecto de Soufflot con nuestra conocida San Pedro. Santa Genoveva es una planta de columnas exentas, donde prácticamente no existen esos pies robustos de las iglesias italianas, sino que la estructura que llega al piso lo hace de un modo muy diáfano. Es un proyecto bien neoclá-

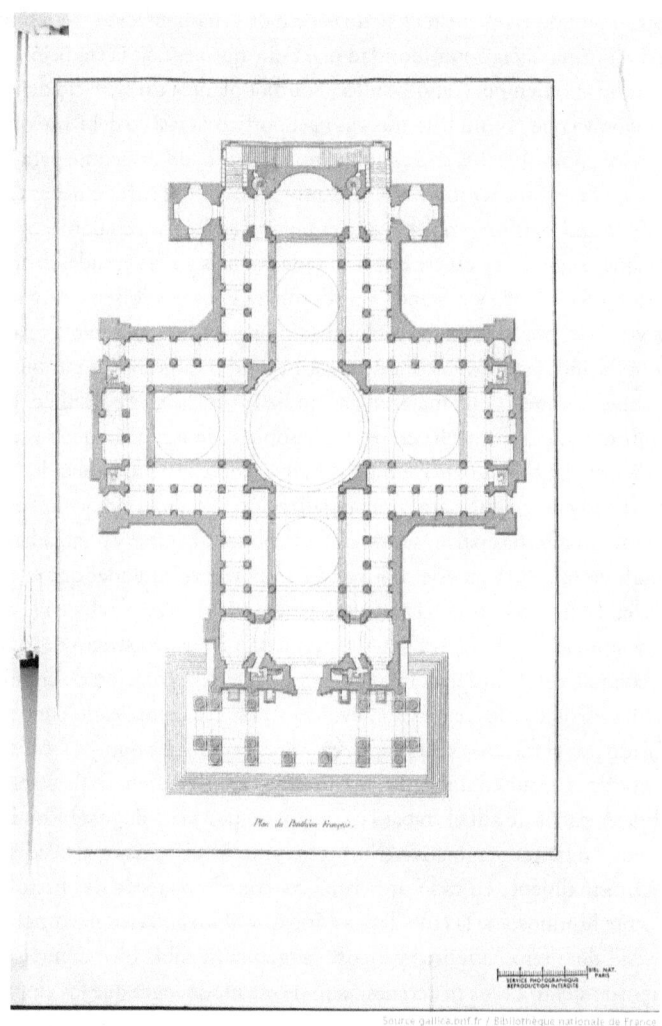

Planta de la Iglesia de Santa Genoveva, Panteón de París, Jaques-Germain Soufflot.
Jean-Baptiste Rondelet, Mémoire historique sur le dôme du Panthéon français.

sico en el sentido en el que no hay un exceso de ornamentación, pero sí una idea de transparencia y luminosidad que tiene que ver con la tradición gótica. Al mismo tiempo, como Boullée, Soufflot plantea un ejercicio de yuxtaposición ya que por un lado incorpora el pórtico octástilo del Panteón de Roma, así como el proyecto de cúpula, no realizado, de Bramante para San Pedro. Dado el carácter innovativo del proyecto, Suffolt sufre muchas críticas, y tiene además un problema que es una pesadilla para cualquier arquitecto, que es que el rey quiere que la cúpula sea más y más grande, debe ser superior a San Pedro y a Saint Paul. Entonces el proyecto se va cargando cada vez más, por lo tanto, las columnas y las paredes empiezan a rajarse. Esta imposibilidad de la piedra de resistir grandes esfuerzos es también lo que hubiera impedido la materialización de los edificios de Boullée. Una estructura tan grande hecha en piedra, y sobre todo teniendo que sostener una enorme cúpula, se vuelve muy difícil tectónicamente hablando, aun teniendo en cuenta que para su materialización se habían agregado barras de hierro en algunas partes sensibles de la obra, tal como ya había hecho Perrault en la columnata del Louvre. Es importante entender que es una época en la cual no existía el cálculo estructural, todo se basaba en la empiria y aunque Soufflot haya practicado un seguimiento estricto de lo que los matemáticos de la época imaginaban para la construcción de cúpulas, las fallas estructurales se hicieron evidentes. En ese complicado contexto, agobiado por el fracaso de su propuesta y la enorme tarea que implicaba ser director de la arquitectura de París, Soufflot muere en plena realización de la obra. A partir de allí el trabajo es retomado por Jean-Baptiste Rondelet quien de un modo pragmático elimina las grandes ventanas que el edificio tenía originalmente en todo su perímetro, con el objeto de reconstruir el ambiente luminoso de las catedrales góticas, y al mismo tiempo, amplía la cantidad de hierro en muros y arcos, ya que nadie sabía bien cómo era el comportamiento de los materiales, pero de ese modo logra que los empujes horizontales del enorme domo no derrumben el edificio. Este episodio nos muestra las ideas de austeridad, racionalidad, de retorno a la simpleza de los griegos que está en la base de las transformaciones que se van a producir en las primeras décadas del siglo XIX, pero al mismo tiempo el edificio pone en evidencia las limitaciones de la construcción en piedra.

## Arquitectura y Revolución

Más allá de los desafíos que plantea el campo de la técnica y la evolución de las técnicas proyectuales, el estallido de la Revolución, en el terreno que nos concierne, plantea una transformación, una modificación de la enseñanza de la disciplina. Algo que surge de la mano de un personaje que tiene que ver más con la pintura que con la arquitectura, este personaje es un joven pintor llamado David. Un intérprete de los cambios revolucionarios quien además de ser un artista exitoso es un militante político que está junto a los jacobinos y que participa de las medidas más radicales: la instalación de la República, el enjuiciamiento y la decapitación del rey y la reina y que luego culmina siendo el pintor del emperador Napoleón. Representa el espíritu voluble de la generación revolucionaria. Pero me interesa analizar aquí uno de sus cuadros; "Lictores Llevando a Bruto sus Dos Hijos Muertos" que exhibe en el salón de 1789. Se trata de la representación de una historia de la época de la Roma republicana que nos habla de Bruto, un dignatario romano, quien se entera que sus hijos estaban conspirando para restituir la monarquía y decide condenarlos a muerte. El cuadro muestra precisamente el momento en el cual los lictores traen los cuerpos de sus hijos a su casa y mientras su esposa y sus hijas lloran amargamente, él está cavilando pensando en que ha hecho este sacrificio en honor a la patria. El patriotismo estoico se somete a la prueba de los lazos familiares. La columna dórica, símbolo de la virilidad, divide la escena; las mujeres lloran con desesperación, Bruto reprime sus sentimientos paternales. Su imagen es la idea que instalará el Neoclasicismo, un arte serio, sacro, luminoso, masculino, es decir, todo lo contrario, a la ambigüedad barroca que podría estar representado en el llanto femenino. En definitiva, el Neoclasicismo y toda esta arquitectura representa una negación del barroco que era considerado críticamente como el espíritu del libertinaje, el engaño, el claroscuro, la debilidad. De allí incluso, la palabra Iluminismo aplicada al arte. Iluminar la oscuridad del Barroco y sacar a la luz la razón para instalar un mundo nuevo.

En estos años convulsionados no sólo la enseñanza entra en crisis sino también la construcción que se paraliza durante esta etapa de agitación política que sacude a Francia. Sin embargo, muchos son los proyectos que se proponen, pero luego no se realizan; sueños como los de Boullée y Ledoux que quedan en el papel. Lo que más se construye son precisamente escenografías urbanas que decoran las fiestas revolucionarias como promesas de un futuro venturoso y que son edificadas, en modo efímero, en cartón -piedra, tela y madera. O también grandes proyectos de transformación urbana como el Foro Bonaparte en Milán, un proyecto de Giovanni Antolini cuya intención era hacer una gran ágora, un gran espacio revolucionario donde el público se iba a reunir para celebrar los grandes actos del nuevo régimen. Es casi la representación idealizada en el espacio arquitectónico de la nueva "esfera pública" revolucionaria, pero obviamente nada de esto se realiza.

Es interesante verificar cómo opera esta noción de restaurar la Antigüedad de manera radical. Tanto es así que, de los pocos edificios que se logran construir, se destaca la iglesia de La Madeleine que es, esencialmente, un templo octástilo. No existe aquí la modalidad de la yuxtaposición que veíamos en Palladio o en Bramante. En este caso la radicalidad de la Revolución lleva a que se enmascare una basílica con un templo clásico en un verdadero ejercicio de restitución del tipo antiguo. En tiempos de Napoleón ya no es el modelo del dórico sin base el ideal, sino el del orden corintio que es el orden romano por antonomasia y que representa la máxima posibilidad decorativa. Para la finalización de la obra que venía realizándose desde mediados del siglo XVIII, se efectúa un concurso que es ganado por otro arquitecto, pero Napoleón Bonaparte desoye las recomendaciones de la Academia y decide elegir el segundo premio de Pierre -Alexandre Vignon por su radical idea de transformar la basílica en un templo antiguo. Lo mismo sucede con la remodelación para construir el Palacio de la Cámara de Diputados cuyo pórtico dodecástilo en orden corintio, no casualmente, se parece mucho a la fachada de la Catedral de Buenos Aires.

Lo que pervive al inicio del siglo es entonces esta búsqueda de la racionalidad constructiva, la pureza, el gigantismo, el sueño de una arquitectura para una sociedad nueva que debe construir el lenguaje del Estado y sus instituciones. Aquí aparecen dos personajes fundamentales que son

Charles Percier y Pierre François Léonard Fontaine, que se transforman en los arquitectos de Napoleón. Son alumnos de la Academia y, de hecho, Percier gana el *Grand Prix* para ir como becario a Roma y ambos se instalan allí, y hacen una serie de relevamientos que serán muy importantes para el futuro. Ellos son los que vuelven a instalar más adelante, en Francia, el gusto por la arquitectura italiana del Renacimiento, fundando lo que luego será el Neorrenacimiento como corriente estilística.

Por otra parte, Percier y Fontaine hacen una serie de publicaciones con grabados de los dibujos que habían desarrollado en Roma y al mismo tiempo conforman luego un estudio de arquitectura muy importante para el desarrollo de la disciplina en Francia, que ya plantea una división del trabajo que encontraremos luego en otros grupos de arquitectos: Fontaine será el especialista de la conducción de la obra y Percier asumirá el rol de proyectista principal. Al mismo tiempo, será el formador de muchos arquitectos importantes en su *atelier* que luego tendrán destacada participación en la primera mitad del siglo XIX inculcándoles el gusto por la simetría y la pureza formal. Además, ambos se erigen como los grandes decoradores de las ceremonias públicas de Napoleón e inauguran un modelo neoclásico de decoración de interiores, denominado luego Estilo Imperio, que retoma en parte la iconografía pompeyana y la traduce en muebles y ornamentaciones lujosas.

**Durand y la Composición**

Hemos visto como los franceses tienen, por un lado, la preocupación por la racionalización tanto constructiva como teórica, a lo que se suma un interés creciente por, lo que podríamos llamar, el relevamiento de la arquitectura y la comparación entre los diferentes ejemplos. Más allá de Giorgio Vasari que hace las biografías de los grandes arquitectos del Renacimiento italiano y las publica en 1550, los franceses son los iniciadores de lo que podríamos llamar una historia de la arquitectura comparada, entre las diferentes etapas y civilizaciones. Es importante considerar que ya Winckelmann había fijado, de algún modo, la etapabilidad de la Antigüedad como vimos, pero ahora observamos la introducción de otras arquitecturas, de otras culturas en el universo histórico. Consideremos que Napoleón en esos años, hace la gran expedición científico - militar a Egipto, y se publican rápidamente los resultados. A esto debemos ligar que los jesuitas y algunos viajeros habían comenzado a traer de la India y China conocimiento sobre otras arquitecturas ya desde mediados del siglo XVII. Todo eso representa un bagaje nuevo que era necesario organizar en función de una teoría de la arquitectura. También franceses e ingleses contaban, desde mediados del siglo XVIII, con expediciones oficiales a los sitios arqueológicos suplantando, de algún modo, a los italianos y con un grado de exactitud notable de sus dibujos que se ve ampliado por las innovaciones en los métodos de grabado y el abaratamiento general de las publicaciones.

En ese momento empiezan a aparecer representaciones que, casi como si se tratase de láminas de botánica o zoología, organizan y clasifican las diferentes arquitecturas. Siempre a la misma escala se muestran plantas, vistas y cortes de edificios comparados tratando de establecer familias tipológicas. El sentido último es determinar una especie de clasificación morfológica como cualquier otra taxonomía científica. Julien-David Le Roy, académico que había relevado previamente las ruinas de Atenas, publica un libro sobre las arquitecturas religiosas en la cual aparece esta sugestiva secuencia: templos egipcios, que tienen una serie de patios u otros grupos de edificios que van constituyendo familias tipológicas, de lo más simple a lo más complejo. Le Roy se transforma en un especialista en historia de la arquitectura y en un gran difusor de la moda griega y como sucesor de Blondel, formador de toda una generación de arquitectos franceses. Entre ellos Jaques Nicholas Louis Durand, alumno también de Boullée que termina de clasificar y ordenar el sistema de la teoría de la arquitectura en Francia y genera un método de proyecto a partir de toda la tradición acumulada durante el siglo XVIII. Se trata de un arquitecto que tiene la mala suerte de emerger justo en el momento de la Revolución y, si bien es talentoso y gana algunos concursos, ninguno de esos proyectos se va a construir. Finalmente logra ingresar en una de las creaciones más importantes de la Revolución que es la Escuela Politécnica.

A Durand se lo nombra como profesor en esta nueva entidad encargada de la formación de un cuerpo de profesionales que podríamos denominar como una especie de ingenieros arquitectos y que, de algún modo, tienen que ver con las ideas del propio Napoleón. Napoleón era oficial de artillería y tenía relación con la ingeniería. Admiraba a los ingenieros, pero tenía mucha desconfianza de los arquitectos, decía que los arquitectos habían arruinado a muchos soberanos con los enormes costos de sus obras. Durand se ubica en esta nueva escuela para formar los profesionales que deben construir edificios de Estado con bajo presupuesto y cierta racionalidad constructiva. Él y Gaspard Monge son los grandes profesores de la *École Polytechnique* en el campo del proyecto. Monge inventa la geometría descriptiva y perfecciona el método de proyecciones logrando sistematizar la representación tridimensional sobre una superficie bidimensional. Un método que es posible de ser aplicado a todas las ramas del diseño y se transforma en una herramienta fundamental en la Escuela. Durand sintetiza con su teoría la posibilidad de aplicar un método de proyecto que de alguna manera ya venía desarrollándose anteriormente en la cultura académica.

La *École Polytechnique* por otra parte, está basada en los principios de los Ideólogos, un grupo de filósofos continuadores de la Ilustración que, de algún modo, auguraban la posibilidad de que la ciencia y la técnica se pongan al servicio de las necesidades de interés general y tengan una especie de desarrollo práctico que sirva para elevar las condiciones de vida del pueblo. De allí va a surgir toda una vanguardia tecnocrática en Francia a lo largo del siglo XIX y muchos intelectuales sansimonianos y positivistas. Es precisamente en ese contexto que podemos entender con claridad la propuesta que vamos a analizar a continuación.

Durand inicialmente llevará adelante esta idea del estudio comparativo de las diferentes arquitecturas desde el punto de vista tipológico que había iniciado su maestro Le Roy. En principio edita un tratado, llamado en la jerga de los arquitectos del siglo XIX el *Grand Durand*, que es un libro de gran formato, que intentan compilar en paralelo los edificios de todo género, antiguos y modernos. El volumen está basado además de los estudios de Le Roy en una idea de Boullée. Recordemos que en un momento Boullée había considerado hacer una especie de relación entre arquitectura, sentimientos y carácter a partir de la estética sensualista de Condillac. Pero para Boullée imitar no era sólo reproducir formas, sino estudiar el efecto que la naturaleza produce sobre el hombre. Para experimentar sobre esto lo emplea a su alumno Durand quien empieza a trabajar en una obra que intenta comparar diferentes tipos de arquitecturas y sensaciones. Algo que no termina desarrollándose, seguramente debido a la dificultad de la empresa y queda en el borrador de una lámina inconclusa. Durand traslada, luego, ese principio de ejercicio comparativo en paralelo a este gran libro ya como profesor de la *École Polytechnique*, donde dibuja en una misma escala, seguramente ayudado por los estudiantes, los edificios considerados más significativos. El objetivo es entender, desde lo más simple a lo más complejo, la evolución de cada uno de los tipos. Aparecen edificios famosos, como el Pantheon o San Pedro, pero también restituciones de ruinas fruto de los trabajos de relevamiento desarrollados en la época. Resulta en un gran compendio de todas las formas arquitectónicas que existen, incluso aquellas de la etapa gótica o los templos egipcios.

Unos años después, publica *Précis des leçons d'architecture* que es la compilación de sus lecciones en la *École Polytechnique*. Allí Durand describe su método de proyecto. Su razonamiento es radicalmente pragmático. Discute la noción de que los órdenes sean un derivado de las proporciones del cuerpo humano, como decía Vitruvio, y también pone en cuestión el principio de la cabaña primitiva. Plantea que hay que basarse en verdades objetivas, en una especie de belleza consensuada, una belleza arbitraria tal como lo concebía Perrault. En la primera lámina del tratado, presenta el método de las proyecciones, anunciando que se basará en ese sistema. Es un tipo de dibujo sencillo, sin sombras, de planta, corte y vista que sigue los preceptos de Monge y rara vez encontramos esquemas perspectivados en su obra. En los fundamentos de la primera parte del tratado ataca precisamente a esto que Napoleón odiaba, el gasto enorme que implica la realización de obras de arquitectura. Durand dice, además, que la arquitectura tiene que ser sencilla, tiene que utilizar los órdenes y la decoración en su mínima expresión para evitar grandes costos. Por lo tanto, los órdenes, como decía Perrault, son para él una convención, de allí que determina una modulación arbitraria para cada orden sin polemizar sobre la preminencia de algún modelo antiguo sobre otro. A partir de estas premisas fija con claridad sus principios teóricos: "la arquitectura es el arte de componer y realizar todos los edificios públicos y privados". También aclara que siendo la más cara de las artes se debe priorizar la economía que se transforma, conjuntamente con la utilidad, en elemento de preocupación fundamental. Esto de por sí define una estética: un edificio será más bello cuanto menos costoso, más simple, más correspondiente a su uso y más regular sea. De algún modo la tríada vitruviana se altera: no hay una correspondencia directa entre comodidad, solidez y belleza, sino que la comodidad + solidez es lo que determina finalmente la belleza.

El arte de combinar es ampliamente demostrado por Durand en el tratado. Luego de esta introducción teórica va desplegando lo que él llama los diferentes elementos de la arquitectura en sendas láminas: órdenes, arcadas/ pórticos, puertas y ventanas, muros, techumbres que en conjunto conforman las partes: porches, escaleras, vestíbulos, salas, patios. Todos estos elementos y partes se combinan mediante lo que él llama modo de componer en conjunto.

Previamente se debe conocer el programa al cual Durand, del mismo modo que Blondel, asigna una importancia prioritaria. Se trata de una serie de enunciados que expresan los principios y las leyes a las cuales deberá atenerse el proyecto. Principios estos que nacen de la economía, del ordenamiento civil, de la higiene, de la medicina, etc. El programa es responsable de la composición del edificio; es lo que permite escoger cuales deben ser las partes a combinar, empezando por plantear las que son las más genuinas opciones proyectuales. Allí debe decidirse, de acuerdo al uso que está destinado el edificio, si todas las partes que lo componen deben estar reunidas o separadas y si en consecuencia deben ofrecer en planta una sola masa o varias, y si esas masas deben ser macizas o ahuecadas en patios, etc.

Una vez que el programa está determinado, lo que el arquitecto debe hacer es tomar partido, tener un *partí*. Aquí aparece esta palabra, que en Francia ya era de uso común en la jerga arquitectónica, e implica un esquema que sintetice el programa y, al mismo tiempo, tenga una idea o principio estructurador. Una vez determinado el *partí* es necesario trazar una serie de ejes mayores, luego se trazan los ejes menores, siempre sobre papel milimetrado. Esta técnica que venia del mundo textil, se había empezado a popularizar en esos años, y permitía obtener rápidamente una modulación ordenadora. Teniendo un propósito inicial relativo a la estructura formal del edificio, y por lo tanto una cierta visión del conjunto, lo que debía hacerse a continuación era seleccionar los fragmentos que se iban a utilizar tomados de las láminas precedentes de "elementos" y "partes" por lo tanto, examinar cuales son las habitaciones principales y las subordinadas etc. Ver después que aventanamientos se van a utilizar, que tipo de cubiertas, que tipo de decoración, etc. Todos estos pensamientos deben tomar forma en un croquis que apoyado en la cuadrícula y con la ayuda de un sistema de ejes, generará aquella primera idea gráfica que se convierte luego en plano.

Los ejes son para Durand los responsables del gobierno de un proyecto y según su dirección se establecerán las relaciones entre las partes. Las posiciones de las diversas áreas, el trazado de los muros y la situación de las columnas, son las decisiones que definen el proceso de agregación que está implícito en este método. Por lo tanto, aquí ya no estamos frente a un fenómeno de yuxtaposición de tipologías sino de la utilización de elementos que han sido despojados de toda carga simbólica, o al menos de buena parte de ella, para servir a un *ars combinatoria* abstracta que de ahora en más será denominada composición.

En la lámina 21 de su tratado bajo el nombre "caminos que hay que seguir", Durand nos ofrece una demostración de su método utilizando un edificio bien conocido: la academia de arte con la cual Percier ganó el *grand prix* en 1786. Una vez que se conoce el programa, en este caso un instituto con 12 aulas y un espacio de exposición de uso común, el arquitecto elige un *partí* compacto y da una trascendencia fundamental a la sala de exposición que se transforma en el *lei motiv* de la composición,

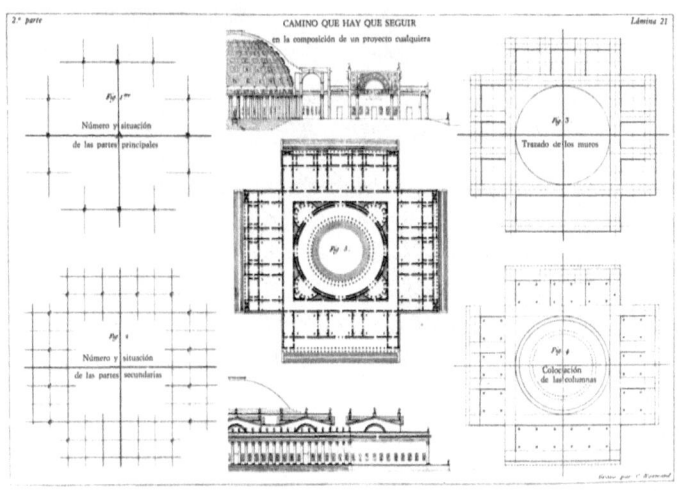

Lámina 21 del tratado de Jean-Nicolas-Louis Durand "Précis des leçons d'architecture données à l'École polytechnique", París, 1805.

por lo que el resto de las partes se subordina a dicha sala. El *partí* en el sistema clásico no es sólo una planta, el volumen está implícito en la decisión. De allí que, una vez dimensionado el artefacto mediante el uso de ejes de simetría sobre papel cuadriculado, el arquitecto elige entre las partes un domo que evoca el Panteón de Agripa en el centro y luego, para las aulas perimetrales, utiliza las llamadas salas pompeyanas, que tienen cuatro columnas exentas que permiten generar una iluminación cenital. Finalmente, para ornamentar la fachada y destacar la importancia del edificio, coloca una gran columnata de orden corintio. Es decir, se traen partes de varios lugares y de diverso origen y se construye una composición que permite que el sistema sea más flexible, más dispuesto a aceptar la diversidad de situaciones que plantean los nuevos programas.

Lo que propone Durand, entonces, es un método de proyecto. El resto del tratado es la verificación del método utilizado en múltiples programas, muchos de ellos muy novedosos, para desarrollar diferentes edificios que servirán de modelo a los estudiantes. Estos edificios son escuelas, prisiones, comisarías, bibliotecas, hospitales, todo lo que tiene que ver con la conformación de edificios públicos que es el gran desafío que tiene Durand y los arquitectos de la época: cómo construir arquitecturas que, después de la organización del Estado moderno, después del código napoleónico, van a caracterizar un nuevo espacio público. En efecto, hay un número importante de funciones que la Administración empieza a organizar y comienzan a ser públicas, dejan de ser privadas, y para eso es necesario, entonces, realizar una enorme cantidad de edificios. Edificios de comercio, servicios, bibliotecas, juzgados de paz, escuelas, etc.

Durand en definitiva construye un sistema, una gramática que permite con mucha flexibilidad hacer todo tipo de edificios y que además facilita casi mecánicamente la materialización de un proyecto. Es decir, aunque un arquitecto no sea demasiado brillante, pueda hacer un edificio más o menos exitoso y económico en base a estos principios que tienen como norte la regularidad, la simplicidad que se obtiene a partir de la utilización de los sólidos básicos, tal como hubiera preferido Boullée, pero el tono dramático y a la vez romántico del maestro ha desaparecido. El clasicismo romántico es reemplazado por una arquitectura regular, pública, económica, muy acorde con los postulados de *les ideologues* y las necesidades del Estado post- napoleónico.

La tercera parte del tratado de Durand, es verdaderamente revolucionaria, utiliza allí el sistema como un juego de construcciones. Desarrolla conjuntos de edificios sin un programa determinado. Un sistema, una arquitectura de partes que puede contener múltiples actividades. Con esto nos demuestra que es posible, así, alejarse de los modelos y tipos de la Antigüedad. En definitiva, Durand no es estrictamente tipológico, utiliza en sus composiciones varios tipos, pero puede crear tipos nuevos que no tienen ninguna relación con el pasado. Se da cuenta muy lucidamente que se necesitan estas estrategias proyectuales para hacer frente a estos nuevos programas que están surgiendo y que no tienen referencia en la Antigüedad.

**Tipo y Carácter**

En paralelo a la innovación que produce la *École Polytechnique* podemos observar una figura que es muy reaccionaria a todo esto y que será muy importante para poder definir lo que es el final de la teoría neoclásica, se trata de Antoine-Chrysostome Quatremère de Quincy. De una generación anterior a Durand, había comenzado su carrera queriendo ser escultor, pero finalmente terminó siendo crítico e historiador. En los últimos años de su larga vida fue nombrado secretario perpetuo de la Academia de Bellas Artes. Contrario a toda innovación, y al Romanticismo, fue al mismo tiempo el gran codificador de los desarrollos del sistema clásico.

Quatremère fue revolucionario moderado, luego se transformó en conservador. Se peleó con Napoleón por el expolio de monumentos de las naciones que Francia invadió y tuvo que exiliarse en Alemania. Allí fue donde conoció a los filósofos que estaban cerca de Goethe y el contacto con los ilustrados alemanes le sirvió para comenzar a desarrollar la idea del tipo con mucha más exactitud que Laugier.

Por supuesto, era un reconocido erudito de la Antigüedad e hizo varias reconstrucciones muy admiradas, justamente por su precisión arqueológica. Fue invitado a escribir sobre arquitectura en la *Encyclopédie méthodique*, un emprendimiento posterior al de Diderot y D'alambert y allí desarrolló todo un conjunto de argumentos que luego formaron parte de su *Dictionnaire historique d'architecture*, publicado en 1832. En el contexto de las voces teóricas de la obra, el concepto de tipo aparece formando parte del campo de las ideas centrales de la teoría de la arquitectura. El tipo sería para Quatremère la noción absoluta de una forma; (planta claustral, central, etc). Y cuando un tipo se dibuja deja de ser tipo y pasa a ser un modelo, y el modelo puede ser copiado. Pero lo que hay que considerar es la esencia, la idea casi platónica de lo que es el tipo. Si bien puede generar múltiples representaciones, se trata de un concepto inicial que rige todo el desarrollo posterior. Como la cabaña primitiva que, como vimos al referirnos a Laugier, es una idea que poco a poco va a llevar al desarrollo del templo. Esta es una creación propia de la estética del siglo XVIII ya que los ejemplos que los arquitectos tomaban para yuxtaponer o recrear en los siglos anteriores pueden asimilarse mejor a la noción de modelo. Este principio como veremos en una próxima clase, va a ser revisitado por arquitectos y críticos del siglo XX como Giulio Carlo Argán, Saverio Muratori y Aldo Rossi, y va a servir como base al renacimiento de la tipología como estrategia proyectual que fue central en la generación de ciertas arquitecturas de las décadas de 1960 y 1970.

El carácter, en cambio, aparece en el momento de la materialización del tipo. Implica, como afirmamos en la clase anterior, que un edificio se parezca a lo que es; que una prisión se parezca a una prisión, que un palacio se parezca a un palacio, que una iglesia se parezca a una iglesia. El arquitecto tiene el lenguaje a disposición, pero la manera de usar ese lenguaje en relación al proyecto va a permitir una buena o una mala caracterización.

Quatremère amplía los conceptos desarrollados por Blondel, que ya vimos, y nos dice al respecto, que hay tres formas de caracterización. La primera es precisamente con la morfología, o sea, con la planta y el alzado. Por ejemplo, si el teatro antiguo es semicircular, esa forma semicircular debe aparecer en la morfología del teatro actual. Si el arquitecto es encargado de diseñar un municipio, debe dotarlo de una torre con un reloj. La segunda forma de caracterización, más tradicional pero más precisa, se logra por el tipo de ornamentación. Si es un proyecto de una iglesia catedral, debe usar corintio, si es una capilla, puede usar un jónico o un toscano, si es una cárcel o una fábrica, el dórico sin base se impone. Pero además hay otros elementos dentro de este rubro como el color, las texturas, la estatuaria y signos alegóricos que sirven para acentuar el mensaje. La tercera forma de caracterización tiene que ver con los materiales que son utilizados. Una catedral puede ser revestida, por ejemplo, de placas de mármol, pero una casa no, eso sería una herejía. Como vemos, Quatremère no se basa solamente en los órdenes para caracterizar, sino que incorpora cuestiones tipológicas, así como problemas de orden sensorial, asimilando las ideas estéticas en boga a fines del siglo XVIII.

En su defensa acérrima de los principios básicos del clasicismo, Quatremère va a apoyar la realización de edificios donde aún permanece nuestro conocido principio de la yuxtaposición de una manera más bien brutal, como es el caso del proyecto de Louis-Sylvestre Gasse y su Elysée, un Cementerio Público diseñado en 1799. Se trata de utilizar los elementos originarios casi sin mediación, a diferencia de la delicadeza con la que los manejaba, por ejemplo, Palladio. Gasse superpone la cúpula del panteón, con una pirámide egipcia y coloca en el acceso a la pirámide la fachada del partenón. Es una yuxtaposición radical que lleva hacia una pureza original de los tipos que abandona toda sutileza. Lo mismo sucede con otros ejemplos como el templo de Posagno en Italia que el escultor Antonio Cánova, amigo de Quatremère, encarga a Gianantonio Selva y que termina siendo una brutal conjunción entre la tipología del panteón y el partenón.

Un ejemplo muy claro que marca el quiebre y la crisis de la concepción tradicional de la arquitectura clásica y que pude estudiar en profundidad, es un edificio de infraestructura construido en Padua: el matadero municipal. El proyecto fue realizado por el arquitecto veneciano Giuseppe Jappelli, ligado al círculo de Cánova, quien en su concepción sigue los preceptos de la yuxtaposición de tipos antiguos. Utiliza la planta circular ya que se basa en una idea corriente en esos años que relacionaba a los mataderos romanos con plantas circulares, como lugar sagrado del sacrificio de los animales. A ello le adosa un pórtico octástilo con un orden dórico sin base para evidenciar el carácter rústico que debía poseer un edificio de servicios. Realizado entre 1819 y 1821 el edificio es inaugurado, pero no sirve a su propósito. El olor es nauseabundo invade todo el sitio, los animales escapan fácilmente de esta estructura templaria, los carniceros se quejan de la imposibilidad de limpiar los desechos y realizar cómodamente su oficio. En definitiva, la autoridad de los antiguos no garantiza el uso moderno del nuevo matadero. Pero el contraste es todavía más notorio si lo comparamos con lo que por entonces sucedía en París, donde los edificios de los nuevos mataderos eran construidos según los postulados de Durand por alumnos de la *École Poytechnique* o la *École de Ponts et Chausés*. No se apela, como en el caso anterior, a ningún modelo de la Antigüedad. El programa es desarrollado por los técnicos con el auxilio de los matarifes. El resultado es una arquitectura de partes repetitivas dentro de un recinto con grandes plazas para resolver la cuestión higiénica, promover el control y la sistematización de las actividades. Su estructura, como afirma Georges Teyssot, refiriéndose a este tipo de edificios, existe solamente en virtud de la oposición que se crea entre dos cualidades o características de la utilización del espacio: el abierto y el cerrado, el cubierto y el descubierto, el agua navegable y la tierra firme recorrible, el espacio de trabajo y el espacio de la circulación, el espacio público y aquel reservado a la administración. Esto es absolutamente contrario a la idea de tipo como marca que señala el origen divino o natural de la arquitectura. Lo que hace el ingeniero de *Ponts* Louis Bruyere, encargado de los trabajos cuyos proyectos seguramente aprobaría Durand, es comenzar desde cero. La regularidad resultante es el contrario de un espacio simbólico. La regla en el Humanismo tiende a organizar la forma de acuerdo a leyes naturales, la regularidad a principios del siglo XIX organiza la discontinuidad: es una teoría y una práctica de la ruptura. Pero mucho deberá recorrerse para que éstas nuevas teorías que nos acercan en cierto modo al Funcionalismo, logren imponerse.

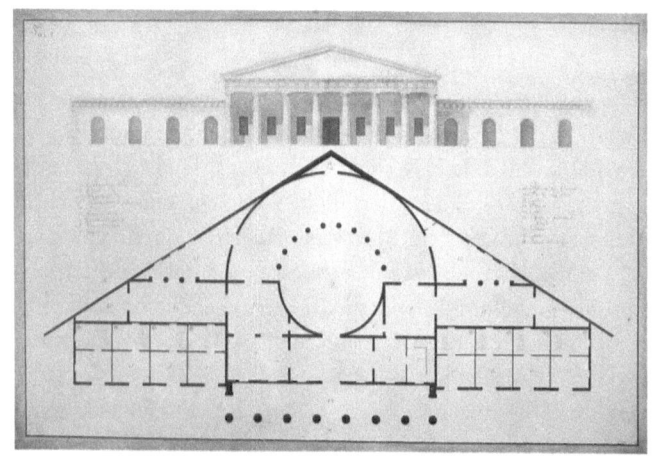

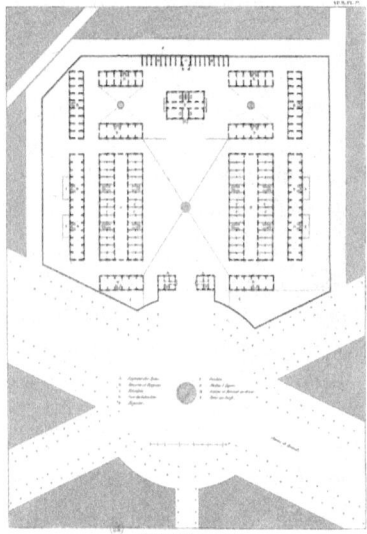

Matadero de Padua, planta y vista, Giuseppe Jappelli, 1819; 19b Matadero de Granelle Paris, planta, Louis Bruyere. Scuola Pietro Selvatico, Padova; Louis Bruyere, Études relatives à l'art des constructions, Pl. 38.

## La École des beaux-arts

El capítulo siguiente en la transformación de los modos de proyectar está dominado por la *École des beaux-arts* en un contexto político que ha sido llamado la Edad de la Restauración. O sea, la restauración del régimen monárquico luego de la derrota de Napoleón cuando vuelven los Borbones al trono de Francia. El término Restauración, sin embargo, es bastante engañoso, porque estamos frente a la restauración de una monarquía que acepta algunos de los cambios que ha producido la Revolución y hay un compromiso entre lo viejo y lo nuevo. La idea que empieza a aparecer por entonces, muy importante para los cambios que se van a dar en el arte y en la arquitectura, es que no hay recetas universales como habían sostenido los ilustrados, y que todo tiene que ser adaptado a las circunstancias históricas en un cierto momento y en una sociedad dada. En efecto, se va a romper ese paradigma, propio de la Revolución, de que era posible crear una sociedad racional, más justa y lo que entiende esta nueva generación, la llamada generación romántica, es que hay que adaptar las transformaciones a las situaciones particulares de cada cultura. Pensemos que es el momento en el que surge el nacionalismo: uno de los grandes fenómenos políticos del siglo XIX. Si trasladamos esto a la arquitectura vemos como comienzan a aparecer fisuras en esta idea del internacionalismo neoclásico, en contraposición con arquitecturas locales y el surgimiento del Neogótico que precisamente es la recuperación de una lengua nacional, al menos en Francia y en los países del norte de Europa.

En 1816, Luis XVIII que es el monarca que viene a reimponer la dinastía borbónica, decide construir una capilla para que allí sean llevados los cuerpos de Luis XVI y María Antonieta. Fontaine hace una iglesia, la Capilla Expiatoria, aún muy neoclásica, muy severa, de orden dórico. Pero alrededor coloca una serie de criptas, donde deben ser sepultados los guardias suizos que murieron protegiendo a los reyes durante la Revolución construidos mediante un diseño que incorpora estilemas medievales. Es decir, por primera vez aparece la posibilidad de mezcla de estilos, y esto es una señal tenue todavía que nos revela que ciertas arquitecturas, que por entonces estaban reservadas a los pabellones de jardín como puro exotismo, ingresan finalmente en la ciudad.

En este contexto tenemos que colocar la historia institucional de la enseñanza de la arquitectura durante el traumático período que va de la revolución a la Restauración. Veamos. Las Academias habían sido disueltas por la Convención Nacional en 1793 y el *factótum* de esta acción había sido nuestro amigo David quien proponía crear una *Commune des Arts* que tuvo corta duración. De todos modos, la Escuela de Arquitectura de la Academia no fue suspendida y continuó con altibajos durante todo el proceso revolucionario, gracias a la amistad que unía a su más importante profesor, David Le Roy, con el jacobino David. Se formó entonces el Instituto de Francia, la gran creación que aún perdura con el objetivo de generar un diálogo entre todas las ciencias y, recién en 1807, se fundó una escuela Imperial especializada en nuestra disciplina. El sistema era similar al de la Academia. Cursos teóricos, concursos y enseñanza en los *ateliers* de los arquitectos por fuera de la Escuela. La Academia va a resurgir con la Restauración, y la novedad es que se decide crear una escuela para las Bellas Artes que fue fundada en 1816. Una escuela que debía reunir la pintura, la escultura, la arquitectura y el grabado con el objetivo de crear un perfil profesional que debía formar artistas. Arquitectos capaces de hacer grandes edificios públicos, monumentos, palacios y residencias con alto valor artístico, algo bien distinto a los arquitectos politécnicos dedicados a edificios de infraestructura y equipamiento, que comenzaban a construirse de manera sostenida en Francia.

La *École* tuvo un largo e intenso desarrollo en el siglo XIX y continuó con altibajos hasta el mayo francés, en 1968. Van Zanten nos habla de 3 períodos de la enseñanza de la arquitectura en Francia que incluyen centralmente a la institución:

- Desde 1671 a la Revolución Francesa, cuando se crea la Academia de Arquitectura y la enseñanza se desarrolla mayormente en escuelas privadas (Blondel, Le Roy, Boullée).

- La etapa de apogeo que va desde 1816, año de la fundación de la *École*, hasta 1860. Una época de afianzamiento del modelo de enseñanza y de consolidación de la institución (es la época de Percier, Labrouste y Garnier).

- La etapa de prestigio internacional de la *École* y universalización de su enseñanza con la creación de filiales en todo el mundo, de 1860 a 1920, antes del surgimiento de la Arquitectura Moderna.

En efecto, en esta etapa final se constituirá el gran modelo de educación de las artes en Europa y el mundo. Esto quiere decir que llegarán a París muchos estudiantes de otros países a cursar y también que su patrón se reproducirá en terceros países, sedes donde acudirán sus docentes y enseñarán con el método beaux-arts. Esto sucedió en Buenos Aires, en Río de Janeiro y en muchas universidades norteamericanas, donde se adoptó el modelo. Aquí particularmente tenemos los casos de René Karman y René Villeminot, que fueron ex alumnos de la *École* contratados para ser profesores en la Escuela de Arquitectura de la Facultad de Ciencias Exactas de Buenos Aires.

Pero no sólo es interesante la periodización de la institución, sino también el sitio donde se instala la escuela. En principio se destina para el nuevo establecimiento un predio vacante, el antiguo convento de los Petits- Augustines, que había sido desconsagrado en la época de la Revolución, como tantos otros bienes de la Iglesia. Previamente, en ese lugar prácticamente abandonado, Alexandre Lenoir había construido un Museo de las Antigüedades Francesas. Se trata de un ejercicio temprano de preservación, ya que allí se reunieron fragmentos de muchos edificios, en un momento en el cual había una especie de fiebre iconoclasta revolucionaria.

A ese convento de le Petits- Augustines, al decretarse la creación de la Escuela, se le suma un pabellón nuevo que es diseñado por François Debrét, un arquitecto formado en el ambiente de la Academia. El resultado es un edificio muy correcto, con un patio central, rodeado de un conjunto de aulas talleres y salas de clases teóricas. Cuando Debrét deja la construcción del edificio, es reemplazado por Félix Duban que era Grand Prix de Roma y fue uno de los primeros grandes restauradores de monumentos. No es casual que, con su experiencia para intervenir en entornos heredados, decida cualificar el sitio construyendo una secuencia de espacios de ingreso, generando una especie de exedra virtual, en donde reúne una serie de fragmentos seleccionados entre los que habían quedado del museo de Lenoir para decorar y armar ese sector. Esta acción le otorga al conjunto y al sitio un carácter decididamente ecléctico. A todo esto, se unirán los calcos de antigüedades traídos desde el Louvre y dispuestos en el patio central para que los estudiantes tengan elementos que copiar en sus ejercicios. El edificio, entonces, es una especie de gran muestrario de la experiencia arquitectónica a lo largo de los siglos y nos anticipa el carácter romántico e historicista que irá adquiriendo la escuela.

Con la construcción del edificio comienza también la etapa de crecimiento, consolidación y jerarquización de la institución. Pero, ¿cómo era realmente el proceso de enseñanza? En principio, para ingresar a la *École des Beaux-Arts* había que tener un buen nivel preparatorio que debía adquirirse previamente. Era necesario saber dibujar. Se requería un examen de ingreso que consistía, entre otras cosas, en que los aspirantes dibujen un orden de arquitectura, o realicen un pequeño proyecto, algo que no era fácil. Esta prueba daba cuenta del grado de conocimiento y el ingresante era clasificado como alumno de primera o segunda clase. Una vez inscripto realizaba una parte de la enseñanza en las aulas de la *École*. En ellas se dictaban cursos de historia, de estática, de construcción, de dibujo, que eran cursos teóricos. Pero la enseñanza específica de taller se cumplimentaba en los llamados *ateliers* que, de algún modo, retoman la manera de enseñanza de las escuelas privadas del siglo XVIII. Un grupo de alumnos se asociaban y recurrían a un arquitecto importante para que los guiara en su formación. Lograda la conformidad del futuro profesor, alquilaban una sala y allí colocaban tableros y se reunían para trabajar, tanto los más jóvenes como los experimentados, todos juntos como sucede en los talleres verticales de hoy, que como vemos no son nada novedosos. Allí el maestro, el patrón de *atelier*, iba dos o tres veces por semana haciendo una recorrida por los tableros y corrigiendo los proyectos. Este sistema se desarrollaba por fuera de la escuela, y era financiado por los alumnos. Estos patrones de atelier generalmente eran arquitectos consagrados que habían recibido el Grand Prix de Roma, y tenían o un cargo importante en el Estado o en un atelier profesional. Generalmente, los más jóvenes aprendían de los alumnos mayores porque todos compartían el espacio y comenzaban su aprendizaje ayudando a los más experimentados en sus entregas.

El sistema de enseñanza se regía por concursos que alimentaban la competitividad de los estudiantes. Concursos que organizaba la *École*, pero también la Academia, otras instituciones o particulares. Los concursos implicaban desafíos de diversas escalas. Los temas de la competición podían ser: una fuente, una escalinata, un pequeño hotel, un edificio público, un hospital, etc. El concurso mayor, que era el *Grand Prix*, lo organizaban los miembros de la Academia y era el que todos aspiraban a ganar. En estos casos siempre se trataba de un edificio de grandes dimensiones y significación; un palacio real, una aduana, una academia de artes, un tribunal, etc. Si un alumno ganaba el *Grand Prix* el premio era una beca para residir 4 años en Roma en la sede de la Academia Francesa. El objetivo de su estadía era conocer directamente los tesoros de la Antigüedad y hacer la consabida reconstrucción de edificios antiguos. Las láminas resultantes de su trabajo tenían que ser enviadas a la *École* para ser aprobadas por los profesores y de allí en más pasaban a ser parte del archivo de antigüedades que la Academia poseía. Esto como vimos no era nuevo, formaba parte de la tradición de la institución.

El problema de todo esto era que si tomamos como parámetro la máxima aspiración que era ganar el *Grand Prix*, sólo se graduaba un alumno por año. Había una edad de ingreso que eran los 15 años y una edad máxima que eran los 30. Quienes llegaban a los 30 tenían que retirarse de la aspiración a ganar el *Grand Prix*, pero podía llevarse como antecedente un primer o segundo premio en uno u otro concurso. Esto constituía su bagaje para iniciar una carrera que ya no sería tan exitosa pues,

Explanada de acceso a la *École des Beaux-Arts*. Fotografía de Eduardo Gentile.

al no haber ganado el *Grand Prix*, eso los posicionaba como arquitectos de segundo orden. De allí que podían encontrarse estudiantes crónicos que estaban quince años intentando ganar el *Grand Prix*. Se generaba un ambiente de trabajo muy competitivo, un modo de vida muy particular con su bohemia y una jerga teórica que utilizaban tanto alumnos como profesores.

La modalidad del concurso comenzaba con un encierro. Por ejemplo, se daba un tema y el alumno se quedaba allí trabajando varios días para desarrollarlo. Una vez que llegaba la noche y no se podía trabajar (recordemos que no había luz eléctrica), se firmaban las hojas concluidas que quedaban en la sede de la escuela y los concursantes volvían al otro día. Terminado el encierro, los docentes aprobaban el *parti* del alumno, éste se llevaba sus papeles a su *atelier* y allí, hasta que se cumpliese un plazo determinado que vencía el concurso, el aspirante trabajaba con el resto de los estudiantes más jóvenes que lo ayudaban, para hacer las láminas que se iban a entregar en el momento de cierre. Generalmente eran láminas muy grandes, acuareladas, con unos dibujos fantásticos que siguen causando nuestra admiración hoy en día. Es importante señalar que una vez aprobado el *parti*, el alumno no podía cambiarlo, sólo desarrollarlo, algo que será criticado en la segunda mitad del siglo.

Lo interesante, además, era que la escuela fomentaba una mentalidad de arquitecto-artista. O sea que, reivindicaba la intuición, el valor de la idea inicial, la transmisión oral de la teoría y el trabajo en taller. Asimismo, el hecho de no tener un currículo muy organizado y depender de los concursos que premiaban fundamentalmente el talento individual, hacía que la arquitectura no estuviera organizada como una profesión con un estatuto bien determinado. En ese contexto fijar las relaciones con los comitentes y los honorarios profesionales se transformaron en un constante problema. Este último punto, creo, es algo que los arquitectos contemporáneos hemos heredado. Esta idea de que el arquitecto es en definitiva un artista, define una dificultad de base que es histórica en la constitución de la disciplina.

¿Qué era lo que admiraban los arquitectos y los estudiantes de esa primera época de la escuela? Precisamente lo que no abundaba. Algo que era difícil de encontrar en ciudades abigarradas como París: edificios con cierto carácter austero, neoclásico, con una fuerte impronta regular. Uno de ellos era la Escuela de Cirugía, proyectada por Jacques Gondouin a mediados del siglo XVIII, que tenía una muy linda columnata jónica y un anfiteatro hecho a la manera antigua, a la manera griega, para el desarrollo de las clases prácticas. A lo que debemos sumar también nuestro ya conocido Panteón de Sufflot con sus aspiraciones a la pureza tectónica y a la monumentalidad. De allí que podamos entender el gusto generalizado en la primera etapa de la escuela tendiente a proyectar edificios hiper-regulares, majestuosos, gigantescos, que era justamente lo que no existía. A nosotros nos pueden parecer hoy algo monótonos, pero en ese momento representaban la posibilidad de salirse de ese enjambre orgánico que eran las ciudades medievales europeas.

Lo interesante al analizar el trabajo de alumnos y profesores son las conclusiones que extrae David Van Zanten. Al examinar las evaluaciones y juicios de los jurados de los concursos son varios los términos teóricos y de la jerga compartida que nos describe este historiador, y que determinarán algunas invariantes de este modo de proyectar. Veamos las más importantes. Algunas ya conocidas para nosotros. En principio la idea de **tipo** definida como impronta, como concepto formal preestablecido que puede usarse para componer un edificio. Un tipo es una noción abstracta que define una forma: "claustro", "pabellón" y que puede, como ya observamos anteriormente, usarse en forma pura o combinada en la organización de la planta y la alzada. El otro concepto central que ya analizamos es la de **carácter**. Se trata de los signos que nos posibilitan leer la naturaleza del edificio y su jerarquía. La decoración, el tipo de planta y los materiales nos permiten percibir de qué edificio estamos hablando dentro de un código preestablecido. O sea, existen normas, referencias históricas que determinan el carácter. También aparece en el vocabulario la idea de **partido**. *Parti: prendre parti* o tomar partido es, en léxico de la *École des Beaux-Arts,* definir un esquema inicial que contenga *in nuce*, todas las posibilidades de desarrollo posterior del edificio. De alguna manera, el *parti* propone un orden inicial, un orden jerárquico, que determina la importancia de una parte sobre otra. Desde allí el arquitecto compone en derredor de esa parte jerárquica el resto de las piezas de una manera equilibrada, utilizando las circulaciones como elementos articuladores.

Al respecto Georges Gromort escribió en su tratado un párrafo que es sumamente esclarecedor:

"En la génesis del plan, la elección del *parti* es de gran importancia -especialmente al comienzo- antes de lo que yo le llamaría la *composición* pura. Esta última es principalmente un tema de ajuste de los elementos, mientras que el *parti* juega el rol de la inspiración en la composición musical y se aplica principalmente a la disposición y a la importancia relativa de los elementos..., el rol de la *composición pura* es reunir, implementar los factores dispersos y hacer efectiva la unión en un todo. Es el agente principal de conexión. Creará, con el fin de unir una de las partes -con las habitaciones, la biblioteca, el auditorio- una trama de vestíbulos, escaleras, patios abiertos o cerrados o corredores, a los cuales designaremos con la palabra *circulaciones*. La mayor o menor flexibilidad en la articulación de esta red, de esta trama es lo que determina en gran parte el aspecto del edificio."[1]

Luego, y siguiendo las palabras de Gromort, aparece la idea de **composición**: se trata del mecanismo que nos permite organizar las partes que estructuran el *parti* escogido. Composición está unido a disponer, distribuir. A la idea de composición también está intensamente ligado el concepto de *point*: se trata del núcleo o "punto" que debe ser el centro de la composición y que necesariamente va a definir la organización jerárquica del edificio. Pero esto no termina de delimitar las cualidades de la obra, aparece, más tarde, el concepto de *marche:* marcha o recorrido

---

[1] Gromort, Georges (1942) *Essai sur la théorie de l'architecture*, Cours professé à l'École nationale supérieure des Beaux-arts de 1937 à 1940, París, V. Freal p. 144-145.

que permite llegar a las diferentes partes del edificio con facilidad, mediante la sucesión de espacios variados. Los alumnos y profesores dirán que, lo que hay que encontrar a lo largo del recorrido, de la *marche*, son los *tableau*, término que en francés equivale a las escenas pintadas en un lienzo; escenas que nos presentan espacios diversos, con alturas y decoraciones distintas que nos generas sensaciones múltiples. Por lo tanto, cuanto más se desarrolle esta idea, más rico e interesante es el edificio. Estos espacios se tornarán más variados a medida que transcurra el siglo y la arquitectura se aleje del ideal neoclásico. Y este concepto podría asimilarse perfectamente a lo que Le Corbusier va a denominar luego *promenade architecturale*. Pero cada uno de los espacios asumirá una forma determinada, cada ambiente tendrá las características de un pabellón diferenciado del espacio anterior y eso generará un complejo *poché*, o sea el relleno en tinta de las secciones en planta del edificio que asumen amplias superficies, como vimos anteriormente.

Asimismo, para ayudar a ese recorrido cambiante aparece la cualidad de *transparaitre:* (*transparentarse*), que tiene la estructura edilicia para mostrar con claridad el orden jerárquico en que está organizada su volumetría. Allí encontramos un concepto acuñado también en la *École* que nos dice que, un buen edificio es aquel que se puede recorrer y al mismo tiempo comprender. El usuario tiene que poder saber, al entrar, a dónde dirigirse; el edificio mismo tiene que mostrar dónde están los espacios jerárquicos, los subordinados, etc. Si yo entro en un teatro y no sé cómo llegar a la sala, ese teatro está mal diseñado. Un buen edificio no necesita carteles para que el usuario lo atraviese, nos dice Paul Cret.

Lo que nos demuestra esta serie de términos es que van construyendo una teoría del proyecto que nace de la clasicidad, incorpora la tradición de la enseñanza de Blondel, la sistematización de Durand (aunque los alumnos de la *École* nieguen su influencia), pero que deja de estar ligada a un estilo, para transformarse en una técnica de proyectar. Y al respecto podríamos reflexionar largamente cuánto de esta técnica fue casi inconscientemente asimilada por la Arquitectura Moderna y pervive aún en muchas escuelas y facultades de arquitectura en el siglo XXI.

Tenemos que tener en cuenta que esta teoría no se construye de un día para otro y que, muchos de los conceptos a los que hicimos referencia son más preponderantes en una u otra época. Si analizamos los diferentes *grand prix*, año a año, vemos cómo en principio el cuadrado, en coincidencia con la recomendación de Durand, se transforma en la figura central de organización. Cruces y superposiciones de rectángulos y cuadrados organizan las composiciones. De todos modos, hay una evolución desde el *grand prix* de Percier, a los de Clemence, Duban y Labruste y finalmente a Baltard para cerrar este período. Todos ellos tienen majestuosidad y simplicidad, pero mucho derroche de espacio y cierta monotonía facilitada por la ausencia de datos particulares del sitio en que el proyecto debe inscribirse, una costumbre que será criticada a fin del siglo XIX. De la representación de los *rendu* de la *École* desaparece la perspectiva y solo se toman en consideración las plantas, cortes y vistas ya que, piensan los profesores de la institución, nos permiten ver los cuerpos en escala y no mediante un artificio engañoso.

Lo que observamos si seguimos analizando los proyectos premiados es que de una modalidad más bien rígida se pasa a una arquitectura cada vez más articulada. Esto tiene que ver con la aparición de una postura de ruptura en algunos de los estudiantes jóvenes más talentosos, y se produce principalmente en la medida en que se va avanzando en los descubrimientos arqueológicos. Los alumnos de la *École*, los pensionados en Roma y también los arqueólogos, descubren que la mayoría de los edificios clásicos griegos estaban pintados con fuertes colores. Así, aparece la idea de policromía. Con asombro se revela que el Partenón no tenía un acabado de mármol blanco, sino que estaba pintado con colores fuertes, con lo cual el concepto Winckelmianno de la armonía y el justo medio del arte griego se derrumba. Por lo tanto, si se quiere ser rigurosamente arqueológico, hay que volver a la policromía. Así es como aparecen una serie de interpretaciones basadas en evidencias. Jacques Ignace Hittorff remarca la existencia de vivos colores en los templos griegos de Sicilia y el becario en Roma, Henry Labrouste, provoca cierto escándalo en las autoridades, con sus envíos que muestran la policromía de los templos de Paestum. Este descubrimiento tendrá repercusiones en la enseñanza, en

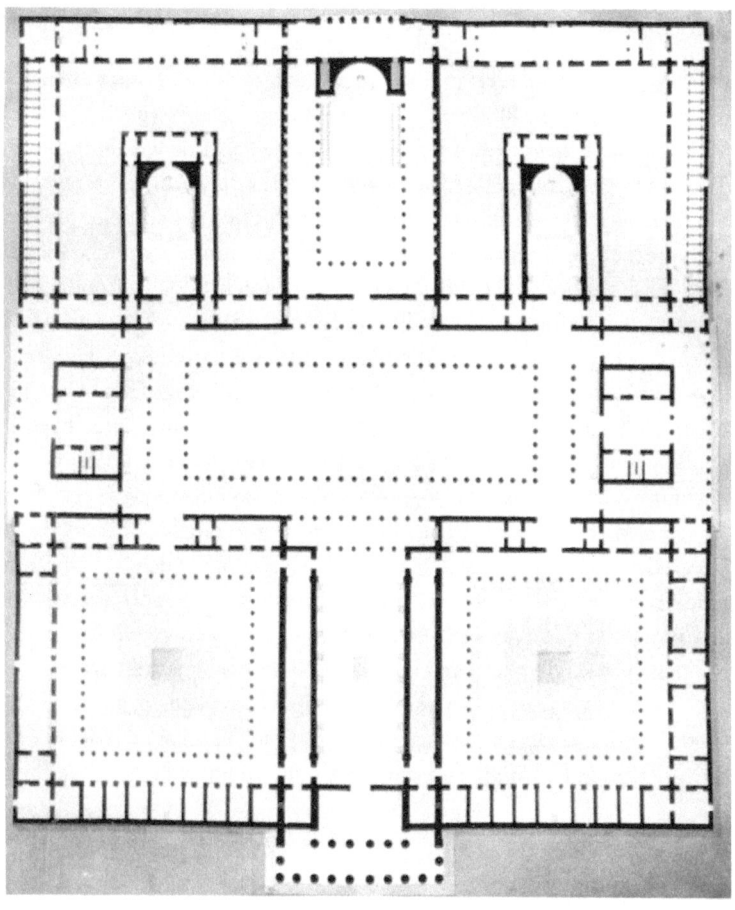

Tribunal de Cassation, planta, Grand Prix 1824. Henri Labrouste. Document E.N.S.B.A, Paris.

los arquitectos formados en la *École* durante las décadas de 1830 y 1840, dominadas por un romanticismo que empieza a observar con creciente interés la arquitectura Bizantina y Paleocristiana.

En 1852 Léon Vaudoyer, uno de los arquitectos de esta nueva generación y *grand prix* de Roma, proyecta y comienza a construir la Catedral de Marsella. Allí podemos verificar la versatilidad de toda esta teoría construida en la *École*. La idea de *parti*, la idea de *point*, de *marche*, están presentes y en definitiva sirven para estructurar el edificio, pero ya no importa que su aspecto sea clásico. Aparece entonces con claridad el tema del Eclecticismo. El edificio conjuga elementos de la arquitectura bizantina, la arquitectura romana, el Románico del mediterráneo y el Gótico, para indicar la particularidad regional. El arquitecto tiene aquí la posibilidad de optar para otorgarle un carácter singular al edificio. Utiliza todas las técnicas de proyecto que brinda la teoría, pero hace el alzado y la sección de acuerdo a la conveniencia y para ello utiliza herramientas históricas mucho más desarrollada por entonces, que le permiten optar por diversos modelos y combinarlos. Por lo tanto, podemos ver la desaparición de la idea que tenía todavía Quatremère, de un clasicismo rígido con un vocabulario que teóricamente debía responder a cualquier programa. Lo que demuestra este edificio y otros tantos ejemplos es que la lengua clásica no puede dar cuenta de todos los temas, en un mundo que se diversifica, que busca ampliar los significados que la arquitectura puede brindar. En efecto, los programas son cada vez más complejos, y la preminencia de la Antigüedad por sobre todo, ya no puede ser sostenida.

Henry Labrouste es un típico ejemplo de este modelo de formación y tal vez es el arquitecto *beaux-arts* más importante de la primera mitad del siglo. Ingresa en la *École* en 1819 y tiene como maestros a Hippolyte Lebas, Jean-Baptiste Rondelet y Victor Baltard. Este último es uno de los primeros en utilizar materiales modernos de manera creativa e incluirlos en sus proyectos. Alumno talentoso, excelente dibujante, gana el *grand prix* y eso le permite usufructuar la beca de los cuatro años en Roma. Desde la sede de la Academia en esa ciudad, los arquitectos debían enviar relevamientos, pero también ideas, "fórmulas" pragmáticas

Catedral de Santa María la Mayor Marsella, 1845-93, Leon Vaudoyer.
Fotografía Charliemoon, Creativa Commons.

para desarrollar luego en Francia. El pasado era por entonces una cantera de signos que se había vuelto inquietante y Labrouste en su cuarta entrega como becario remite una reconstrucción de Paestum donde, como ya anticipamos, incluye la policromía. Pero va más allá y realiza un análisis histórico del pueblo que vivió en ese sitio e intenta demostrar que uno de los templos no era tal, sino que era un edificio público. La interpretación de Labrouste es una forma de destruir el ideal al historiar y relativizar el modelo antiguo, una clara actitud romántica.

De regreso en Francia funda su propio atelier, aunque sus relaciones con la Academia no son buenas. En esos años hace un proyecto para el concurso de la tumba de Napoleón, pero también uno para la cárcel de Alessandria donde retoma y reelabora el modelo panóptico. Este proyecto no es casual, ya que hay una relación entre Labrouste y el ambiente filantrópico francés de esa época. En efecto, tiene una afinidad con los sansimonianos, quienes preconizaban la existencia de dos épocas de oro en el arte: la dórica y la gótica. El deber del siglo XIX era crear una tercera época y Labrouste se propone ser artífice de esta transformación.

A mediados de la década de 1840 recibe uno de sus encargos más importantes, la Biblioteca de Santa Genoveva. Lo significativo aquí es que del mismo modo que Vaudoyer, el arquitecto replantea el programa y propone una nueva solución. La misma incluye en parte las recomendaciones que la naciente ciencia de la bibliotecología está esbozando en esos años: catalogación, seguridad, vigilancia, eliminación de estanterías altas que requieren escaleras y, sobre todo, la aparición de una planta ideal de biblioteca que separa el depósito de libros de la sala de lectura. Esta idea es la que estructura el proyecto de Labrouste, distinta a la propuesta de organizar la secuencia de espacios en un solo nivel como Boullée. Por lo tanto, la sala se jerarquiza como el elemento central del planteo que en su estructura material y decorativa evidencia el interés del arquitecto en generar un ámbito de encuentro intelectual, ya que imagina que puede ser un punto de reunión del progresismo intelectual de la época. El interior está entonces organizado con una doble bóveda de cañón que nos recuerda al refectorio de Saint Martins des Champs, un espacio medieval que hace alusión a una comunidad de

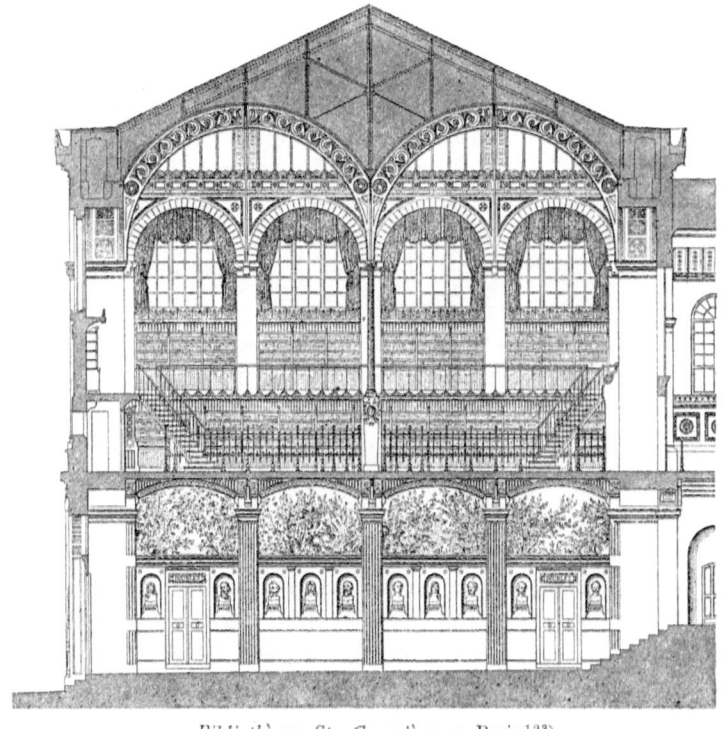

Bibliothèque Ste.-Geneviève zu Paris [123]).

Bibliothèque de Sainte-Geneviève, corte, 1838-50, Henri Labrouste.
Wikimedia Commons.

hermanos. Debemos tener en cuenta la simpatía de Labrouste con las ideas de Fourier; y el intento de conformar un "gabinete de lectura" público que acerque a los estudiantes hacia la disciplina y la formación intelectual. De allí que la ventilación y la iluminación sean en este caso tratadas meticulosamente para posibilitar la estadía en la biblioteca durante el día y la noche, con el objetivo de transformarla en una acogedora sala de estudio para los universitarios del Barrio Latino. Un refugio donde el uso del hierro favorece también la transparencia y la luz necesaria para la lectura. La sala entonces se transforma en el *point* del proyecto y la decoración nos lleva a evidenciar muy bien las características del *partí* adoptado. Consciente de la particularidad de este edificio, y desde el punto de vista de la caracterización, el arquitecto utiliza una serie amplia de citaciones que se despliegan en la fachada y que nos demuestran que un eclecticismo erudito y contenido es posible, sin llegar a generar demasiados contrastes y estridencias. El ritmo de los arcos reproduce los laterales del Templo Malatestiano de Alberti y también hay un recuerdo de la biblioteca Marciana de Sansovino, de la biblioteca del Trinity College de Wren y del Banco Mediceo en Milán de Michelozzo; estos dos últimos notorios por explorar la idea de una planta baja cerrada y un *piano nobile* de grandes ventanales. Pero no se trata de una citación mimética: por primera vez en este tema el exterior parece reflejar meticulosamente lo que sucede en el interior. A la textura desnuda y las pequeñas ventanas con arcos de medio punto de la planta baja, le sucede un sistema de aventanamientos en la planta alta que distinguen la gran sala de lectura de las pequeñas salas para estudiosos. Estas últimas, situadas rítmicamente en la parte inferior, están enmarcadas por la estantería continua de la sala e iluminadas por un pequeño tragaluz que aparece por encima de la cornisa de la planta baja. Finalmente, unos recuadros en bajo relieve que contienen inscripciones con los nombres de los principales autores que atesora la biblioteca, se coloca en los antepechos de las ventanas como refinamiento final de un ejercicio de caracterización que termina por informarnos detalladamente acerca de la singularidad del edificio.

Posteriormente Labrouste diseña la Biblioteca Nacional que ya había sido iniciada por Visconti. Retoma el proyecto y lo reorganiza, compatibilizando lo hecho con lo proyectado como sabían hacer los arquitectos

Bibliothèque de Sainte-Geneviève, 1838-50, Henri Labrouste. Fotografía By Pol - Own work, CC BY-SA 3.0, https://commons.wikimedia.org/w/index.php?curid=130120.

de su generación. El *point* fundamental es la sala de lectura, planteada a partir de su capacidad de citación histórica y de ensamblaje de partes diversas, ya que podemos asimilar la techumbre a las arquitecturas musulmanas que estaban explorando en su avance colonial los franceses en ese momento. Esta novedosa imagen de repetición de bóvedas también podría resultar una evocación de los toldos de los edificios romanos y nos muestra esta idea de anclaje de un elemento liviano al suelo. Algo que le otorga a todo el conjunto esta sensación de ligereza que nos descubre las cualidades que el hierro podía incorporar a la arquitectura. Muchos historiadores han interpretado que Labrouste tenía el alma dividida, porque cuando hace los depósitos los proyecta en lenguaje prácticamente ingenieril, con la estructura desnuda de hierro, y cuando hace la parte de la sala de lectura la provee de toda una carga decorativa. Pero esto no es necesariamente así. Lo que sucedía era que los arquitectos pensaban en la jerarquía de los espacios y de allí que algunos debían tener decoración y otros no. Y eso dependía de la importancia de cada uno, según el principio de caracterización. Es difícil pensar que Labrouste encontrara un valor estético en los depósitos como sí lo encontraron más de medio siglo después los historiadores del Movimiento Moderno.

Lo interesante es que en ambos proyectos el arquitecto utiliza una estructura de hierro. Esto es importante porque muchas veces los historiadores de la arquitectura nos dicen que los arquitectos Beaux Arts eran reacios a las técnicas modernas y a las transformaciones. Vemos que, en este caso no es así. Labrouste trata de encontrar una decoración posible para el hierro, otorgándole mucha más transparencia y la posibilidad de iluminación de la sala, a la vez que intenta definir el carácter que estos espacios deben tener.

Por otra parte, en ambos edificios, Labrouste marca el límite de llegada de las posibilidades de construcción de un nuevo estilo desde el clasicismo. Existe un implícito eclecticismo, pero subsumido en la necesidad de integridad y pureza del racionalismo. Un equilibrio que no se mantendrá en el futuro de la arquitectura beaux-arts.

## Una Nueva Etapa

A partir de 1860 aproximadamente, se producen una serie de cambios en la estructura de la *École*. Comienzan a aparecer proyectos en los cuales también se usan elementos eclécticos. Se puede constatar una mezcla de tipos históricos absolutamente diversos que recogen las influencias de la generación romántica. Pero para encontrar un verdadero giro, una transformación real en el sistema de enseñanza, es necesario llegar -nos dice Van Zanten- al proyecto ganador del *grand prix* de 1866 de Jean-Louis Pascal. El concurso es en un terreno irregular en esquina con ángulos que no son a 90 grados y con un programa en el cual se mezclan muchas actividades. No se trata de las doce aulas de la Escuela de Arte de Percier que no casualmente generaban un artefacto simétrico, sino que es un banco, la casa del banquero y las casas de sus dos hijos, uno casado y otro soltero. Por lo tanto, un programa bastante complejo en un terreno difícil. Aquí aparece con mucha claridad la idea de la disposición que analizamos anteriormente.

Lo que hace Pascal es una compleja resolución que le permite, en parte, presentar como simétrico lo que no es. La novedad es la regularidad que alcanza usando ángulos de 30° y 60° y curvas. Modifica el tradicional partido de intersección de rectángulos por la intersección de óvalos que articulan las masas resultantes de las diversas direcciones. El proyecto señala además las ventajas urbanísticas del sistema *beaux- arts* para adaptarse a las nuevas condiciones derivadas de las transformaciones de Hausmann. El *grand prix* de 1866 demuestra, por otra parte, la culminación de los esfuerzos por cambiar los métodos académicos realizado por la generación de los románticos: Duban, Labrouste y Viollet-le-Duc. Se produce, bajo la influencia de todos ellos, un cambio en la importancia que deben adquirir los programas.

Si analizamos más detenidamente el proyecto vemos que Pascal, toma la esquina como acceso, genera un gran patio y a un lado coloca el banco, en una especie de ábside que le sirve para contener la dirección diagonal del edificio de la derecha, y del otro en forma simétrica coloca otro ábside donde ubica las caballerizas de toda la familia. Un recurso que sirve también para contener la dirección oblicua del edificio de la izquierda. Aquí verificamos con claridad las ideas de distribución y disposición enunciadas por Blondel, ya que el problema pasa por articular formas que luego pueden recibir diversas funciones. Al mismo tiempo, con una serie de patios, rótulas y vestíbulos, organiza armónicamente todos los espacios del proyecto. Eso le permite construir en la vista una imagen donde el problema de la falta de simetría parece desaparecer. En el corte podemos ver cómo se desarrollan los diferentes *tableau*. Es interesante observar otro proyecto que no ganó, el de Benard. Ya que, así como Pascal con mucha maestría pudo utilizar los elementos que le brinda la geometría y el uso del *poché*, para evitar encuentros desagradables o malas resoluciones de locales, su rival, atado a una geometría más elemental, no pudo hacerlo.

Pero si hay un proyecto que va a caracterizar de manera absoluta esta etapa de la *École* es la Ópera de París, producto de un concurso que se realiza en plena época de Napoleón III y que gana Charles Garnier. Garnier es un *grand prix*, de la generación siguiente a la de Labrouste. Él se da cuenta lo que Napoleón III quería: un edificio para la ópera que fuera decididamente ostentoso, que sirviera a los intereses de autorepresentación de esta burguesía enriquecida del Segundo Imperio. Los teatros de ópera históricamente tenían la estructura en herradura y el acceso bastante cercano a la sala. Garnier cambia la configuración y sitúa el *point* del proyecto en un gran *foyer* con una escalinata monumental. Con su gesto parece interpretar los intereses de la alta sociedad del Segundo Imperio, utilizar este *foyer* suntuoso con su gran escalera como un gran espacio de autorepresentación. Este es un proyecto que, además, cumple con todas las ideas que ya comentamos y genera una especie de nuevo barroquismo. Han pasado muchos años, se ha reafirmado la policromía, los órdenes forman parte de la textura del edificio, ya no son el elemento que organiza la fachada. Lo que se genera aquí entonces es un estilo muy personal que la libertad ecléctica permite. Cuando la emperatriz Eugenia de Montijo que era aficionada a la arquitectura y presenta también un proyecto al concurso, le pregunta a Garnier de qué estilo es su edificio, el arquitecto le responde con cierta ironía oportunista: "estilo Napoleón III".

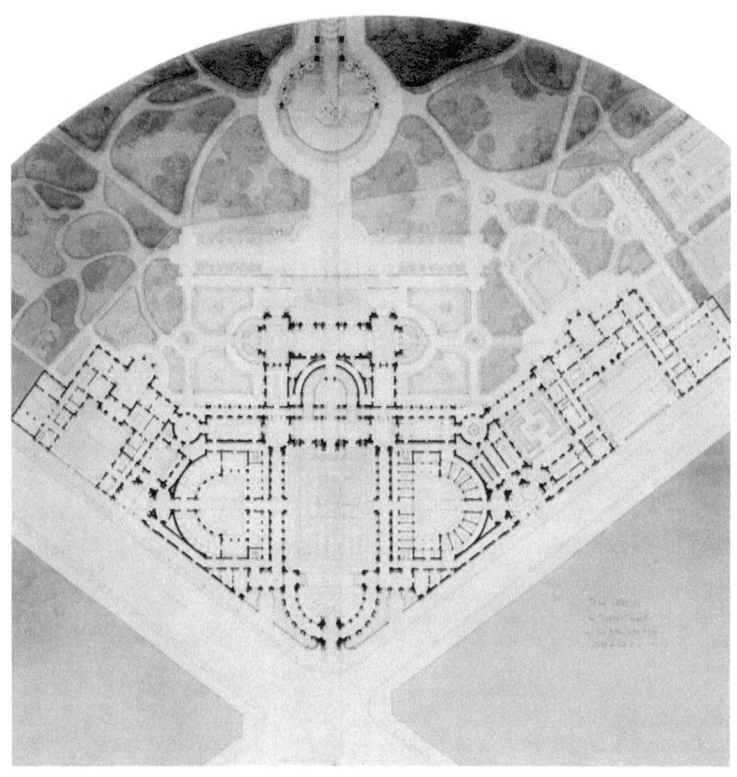

Un Hôtel à Paris pour riche banquier, planta, grand prix 1866, Jean-Louis Pascal.
Document E.N.S.B.A, Paris.

La ópera es una obra pensada y organizada desde esta idea de la jerarquización y transparencia de los espacios. Desde el exterior pueden leerse los elementos que componen el edificio: acceso, foyer, sala, escenario, sector de la maquinaria escénica. Una morfología que también intenta responder al entorno urbano, de allí que Garnier modifique las fachadas de los edificios que rodean la plaza de la ópera para hacer resaltar el objeto constituido como un gran pabellón en el jardín urbano, en el fondo de la avenida de la Ópera. El manejo del *pavillon system* de la tradición *beaux-arts* le permite articular un organismo muy complejo -consideremos que hay óperas en las cuales, por ejemplo, deben introducirse caballos en escena- y responder con claridad a una estructura que reproduce una estratificación social bien definida. Cada sector tiene la decoración acorde a su necesidad de representación y para ello se hacen miles de planos y se convoca a trabajar, acompañando al arquitecto, a los mejores alumnos de la *École*. Y si comparamos la obra de Garnier con el proyecto que para el mismo concurso realiza Viollet- le-Duc, que como veremos es un gran teórico y padre del Neogótico en Francia, las diferencias son notorias. La fachada lateral de la presentación de Viollet nos muestra un conjunto de edificios que parecen hechos por diferentes personas, en distintas épocas, sin articulación, sin un orden jerárquico claro. Es que Viollet-le-Duc que tenía otras grandes virtudes, no era un exalumno de la *École*.

Lo interesante es que, a partir de este proyecto tan importante, triunfa este estilo que podríamos llamar celebratorio y grandilocuente atribuido a Garnier. Un estilo que se va a prolongar en los concursos de los alumnos de la *École* en las décadas siguientes. El modo garneriano se destaca durante la época de la Tercera República, entre 1880 y 1890, y va a ser el estilo predominante. Un estilo, jovial, alegre que va a teñir estas arquitecturas. La labor del arquitecto, parece abandonar toda preocupación estructural y se concentra en la decoración y la apariencia de los distintos *tableau* que constituyen la secuencia de cada obra. Un *pavillon system* pensado para articular series de espacio diferentes. Concatenar las partes a partir del uso de distintas ambientaciones, que va a ser muy característico del Eclecticismo. Un salón de baile tendrá reminiscencias al salón de los espejos de Versalles, un salón dormitorio será más tranquilo

Nouvel Opéra de Paris, planta, 1861-75. Charles Garnier. Garnier, Charles Le Nouvel Opéra (1876–1880), folio I, plates 3–4.

y severo, un salón de música deberá decorarse con los atributos de este arte, etc. Algo que puede verse aún hoy con mucha claridad en algunas de las grandes residencias del fin de siglo porteño.

La última etapa de la *École des Beaux-Arts* es el momento en el que el Eclecticismo se hace más notorio. Los trabajos ya no poseen la sutiliza de Labrouste o Vaudoyer. Como por ejemplo este caso de hospital en los Alpes de Julien Guadet que obtiene el grand *Prix* de 1864. Y que, si bien posee una estructura pabellonal adaptada a las necesidades higienistas en boga, tiene una iglesia románica como centro de la composición. Aquí el Eclecticismo ya es aceptado como una conjunción de partes que pueden responder a solicitaciones diversas. De esa forma el proyecto *beaux-arts* puede satisfacer múltiples demandas de programas y actividades que nacen al calor de la transformación de la sociedad industrial y que eran impensadas un siglo atrás. Lo importante es proyectar correctamente el artefacto y los ropajes pueden ser diversos según las necesidades de caracterización. De esa manera el clasicismo se disuelve en un saber erudito que incorpora toda la historia de la arquitectura, permanentemente alimentada por la incorporación de modelos regionales o periféricos en un proceso de internacionalización creciente. Se puede utilizar un patio del Renacimiento combinado con una torre medieval, etc. Y precisamente Guadet se transforma con su tratado en el último gran codificador del sistema que admite ya todas las sugerencias y fuentes que una cultura global podía poseer antes de la Primera Guerra Mundial.

Al mismo tiempo esta etapa final, como anticipamos, es el momento del éxito internacional de la arquitectura francesa. Son muchos los arquitectos argentinos, brasileños, norteamericanos (estos últimos eran la mayor parte de los alumnos extranjeros) que cursan en la *École* y otros institutos europeos y luego regresan a sus países. La profusión de la *École* y el método de proyectar francés como modelo exitoso se ve en las grandes exposiciones internacionales, sobre todo en la de 1900 en París y también en la Exposición Colombina de Chicago. Frente al pragmatismo total del medio norteamericano, la *École* ofrece un conjunto de normas y principios que facilitan la construcción de la disciplina y la figura del arquitecto. Es que estas son las arquitecturas que justamente triunfan en estos países en crecimiento con ciudades que necesitan una arquitectura a escala metropolitana. Así el modelo se expande y se desarrolla enormemente y va a tener consecuencias en países como Estados Unidos y la Argentina donde la figura del arquitecto se moldea a partir de los principios que hemos intentado sintetizar.

## Función, Analogía, Sistema

### Heterodoxia

Este segundo ciclo de 2 clases nos va a introducir en el mundo de la arquitectura moderna y contemporánea. Pero antes de abordarla, debemos sumergirnos en su arqueología. Y comenzamos por Eugène-Emmanuel Viollet- le-Duc, un arquitecto que a pesar de su fracaso en el concurso de la ópera que analizamos en la clase anterior, fue muy importante como teórico durante la segunda mitad del siglo XIX. Sus libros tuvieron una amplia circulación y fueron traducidos a muchos idiomas, incluso al español. Heredero de la tradición greco-gótica y al mismo tiempo conectado con el medievalismo romántico, también pertenece al ambiente del positivismo que era la corriente filosófica dominante a mediados de siglo. Lo que cree fundamentalmente Viollet- le-Duc es que la buena arquitectura está organizada desde una base moral y esa base tiene que ver con la racionalización del proceso proyectual y el uso adecuado de la ornamentación. Viollet se inicia como arquitecto marcando sus diferencias con la *École des Beaux-Arts*, ya que no cursa allí, sino que es un autodidacta que trabaja inicialmente con el escritor Prosper Mérimée, quien estaba a cargo durante la Restauración, -no debemos olvidar que estamos en plena edad del Romanticismo- de la revisión de toda la arquitectura medieval francesa. O sea, el momento en el cual emerge la particularidad de lo regional en el arte y la literatura. En compañía del escritor Viollet recorre toda Francia y se dedica a dibujar, medir y entender cada una de las particularidades regionales de la arquitectura de ese pasado pre-clásico. Mas tarde redacta el *Dictionnaire de l'architecture française du XIe au XVIe siècle en* donde muestra su erudición y conocimiento de cada uno de los estilos y las variables regionales.

Viollet concuerda con los sansimonianos y nos dice que hay dos grandes épocas del arte occidental. La primera es el momento de la creación del dórico, cuando los griegos pasan de la construcción en madera a la construcción en piedra. La segunda es el período del Gótico. Una corriente que emerge en la Edad Media en el rico ambiente de las ciudades libres que son el medio donde se crea este revolucionario estilo. Detrás de eso hay, por supuesto, una visión nacionalista, pero lo que le interesa fundamentalmente a Viollet es corroborar cómo el Gótico es una síntesis final de un sistema constructivo. Un modelo que se ha ido desarrollando desde el período Románico y que es en definitiva el punto de llegada lógico de la experimentación de la construcción en piedra. Es decir, se llega a una expresión de máxima racionalidad constructiva con el ahorro de material y a la posibilidad de alivianar radicalmente la estructura. Y lo que aparece en Viollet-le-Duc además y es central para lo que vamos a ver más adelante, es la idea de la división entre estructura y cerramiento. Aquello que en el Renacimiento se había perdido cuando Alberti decía que las columnas se adosaban al muro y eran fundamentalmente decoración que le otorgaba un plus (arquitectura) a la construcción. En el gótico es bien claro; está bien diferenciado lo estructural del cerramiento que es otra cosa. Esta división es lo que lo hace entender que el edificio es fundamentalmente la estructura. Para Viollet es el fundamento, la osatura que nos permite observar con toda lógica cómo llegan las cargas al suelo. Una arquitectura que expresa con claridad ese concepto es ética, es moralmente aceptable, mientras que aquellos edificios confusos, que ocultan su estructura, que se cargan de una decoración falsa que no está íntimamente ligada a la naturaleza del material que las compone, son ilusorias y muestran la decadencia de una época.

El corte del gótico con arbotantes, arcos ojivales, pináculos, etc., que todos estudiamos en los cursos de historia, es una creación de Viollet-le-Duc. Lo que hace con esta revisión de gótico y dórico es crear una nueva jerarquía en la arquitectura, una visión histórica nueva que permite condenar todo aquello que ha sido producto de esta confusión entre ornamento y estructura que es lo que luego heredarán los historiadores del Movimiento Moderno. De todos modos, Viollet no era un fanático goticista como Pugin o Ruskin y le otorgaba a la cultura pagana una impronta fundamental en la historia de la arquitectura. Sobre todo, a los romanos ya que consideraba al muro romano como un sistema económico y racional.

Quien va a sintetizar mejor la visión de Viollet-le-Duc a posteriori es Auguste Choisy, que es un ingeniero devenido historiador, que escribirá una *Historia de la Arquitectura* producto de sus clases en la École *Polytechnique*. La hipótesis de Choisy era absolutamente determinista; cada civilización sometida a ciertas condiciones geográficas y materiales genera una expresión de su esencia a través de su forma arquitectónica. Para demostrarlo utiliza una serie de cortes en axonometría en donde se puede ver cómo cambia la morfología, casi como si se tratara de una teoría evolutiva propia de las ciencias biológicas. La racionalidad más allá de los desvíos circunstanciales, parece ser a la larga, un destino tan inevitable como benéfico. Recordemos que estamos en una época en donde se desarrolla la "anatomía comparada". O sea, cómo los animales y el hombre han ido organizando y racionalizando su morfología en un proceso de evolución natural que puede observarse en cada una de las partes que componen el cuerpo. Esto mismo podría leerse en la arquitectura, piensa Choisy. De la misma manera que en el mundo orgánico se produce esta evolución de la estructura ósea y muscular hacia una mayor ligereza y perfección, de igual forma debería suceder en el campo de la arquitectura.

A diferencia de Choisy, Viollet no es sólo un crítico e historiador, sino que también se revela como proyectista. Si bien es en principio un neogótico posteriormente, en su etapa más madura, se da cuenta de que este estilo no puede ser la respuesta a las necesidades del presente y ante la aparición de nuevos materiales como el hierro y el vidrio laminado, comienza a vislumbrar que más temprano que tarde necesariamente se producirá una nueva arquitectura. Así como a partir del Románico, los maestros de la Edad Media crearon el Gótico, -piensa- los hombres del siglo XIX tienen que producir una transformación con estos nuevos materiales. En su libro *Entretiens sur l'architecture*, que debía ser la transcripción de las lecciones que teóricamente había preparado para dar en la *École*, aunque tuvo que renunciar a su cargo luego de un corto período por la oposición de los estudiantes, ensaya algunos principios nuevos. Sobre todo, posibles usos del hierro para reemplazar a la piedra e ir fomentando la existencia de un nuevo estilo. Más allá de la voluntad conceptual, las imágenes nos muestran su creencia de que el dicho estilo debía ser una síntesis complementaria entre elementos tradicionales e innovadores. Este afán de conciliación, sin embargo, nos permite corroborar la imposibilidad de avanzar hacia una nueva concepción desde los cánones del historicismo. O sea que queda pendiente esta idea de la necesidad de hacer la arquitectura de nuestro tiempo. En definitiva, existen nuevos materiales, pero no se sabe todavía cómo utilizarlos. El mismo Viollet nos dice que nos vestimos como hombres modernos, pero hacemos edificios como en el siglo XV. Esta cuestión no era una preocupación exclusivamente suya ya que desde la década de 1840 se había transformado en un tópico recurrente, tanto en la *Revue Generale de l'Architecture* como en otras publicaciones y era parte del debate en varios países de Europa.

El otro personaje central de la teoría de la arquitectura de la segunda mitad del siglo XIX es Gotfried Semper. Un arquitecto alemán que también tiene una matriz positivista como Viollet- le-Duc. Participa de la revolución de 1848 y se tiene que exiliar a Inglaterra y allí se relaciona con el grupo de notables que está organizando la exposición universal de 1851. Finalmente puede volver a Alemania y se transforma en un arquitecto muy exitoso autor de la ópera de Dresde y de los museos del Ring de Viena. Pero lo interesante es que durante la exposición de 1851 puede recorrer con atención y ver lo que se expone y de algún modo, observar cuidadosamente las artesanías, las técnicas constructivas que desarrollan los pueblos primitivos. Allí empieza a intentar entender cómo había sido la evolución de la arquitectura en las diferentes culturas y pretende encontrar una matriz general común a esa evolución que es muy distinta de la cabaña primitiva de Vitruvio. En principio, su aporte fundamental al argumento que estamos desarrollando es la ruptura, el intento de desenmascaramiento del mito del origen de la clasicidad. En un libro que se llama *Los Cuatro Elementos de la Arquitectura*, afirma que nuestra disciplina está constituida precisamente por cuatro elementos que son producto de la evolución del ser humano, recordemos que estamos en el momento pleno de desarrollo del Positivismo y el Determinismo Histórico. Estos elementos que oficiarían como mínimos comunes denominadores de todas las arquitecturas son: el hogar, el sostén (la estructura), el recinto y el terraplén. Y cada uno de ellos se corresponde con algún tipo de material y técnica constructiva. El hogar es la técnica cerámica ya que con el calor se cocina el adobe original; el sostén es madera; el recinto es tejido, por eso nos dice que los ladrillos recuperan la memoria de los tejidos originales que los pueblos primitivos colocaban para cerrar sus viviendas; y la base, el terraplén, el suelo, es la piedra. A partir de esos cuatro elementos, hace un análisis de los diferentes pueblos, y nos muestra como estos mecanismos han sido ordenados de forma distinta para cada cultura y constituyen así el origen de las diversas arquitecturas. Esta construcción intenta revelarnos que el origen de nuestro saber es antropológico y no mítico como en Vitruvio. Además, está presente en todos los pueblos, no existe una sagacidad natural de los griegos que les permita llegar a un producto final superior al resto.

Lo que hace Semper es sacar la arquitectura de la historia mítica para instalarla en la historia de la cultura, y así desde distintas miradas, tanto Viollet-le-Duc como Semper, minan las bases del Clasicismo que todavía seguía operando con mucho pragmatismo dentro de la *École*. Si tomáramos a estos dos actores, podríamos empezar a pensar que lo que se está rompiendo es el vínculo de las dos partes que hasta entonces constituían a la arquitectura: *Arché y Tektonikos*. Sobre todo, para Viollet-le-Duc, la arquitectura es tectónica. La idea de que hay un orden inmanente que nos está expresando una verdadera naturaleza que está más allá y que nosotros la estamos recolocando en el mundo a partir de la arquitectura, que es un concepto cuasi religioso, comienza a desaparecer. Lentamente la validez de la disciplina se va construyendo alrededor de la tectónica. No hay necesidad de un *arché*, es en la materialidad donde encontramos un nuevo valor que además es moral. Los materiales están expresando lo que son y esta sinceridad expresiva necesariamente genera una forma de belleza que es fundamentalmente ética. Una idea que va a ser retomada por muchos discípulos de Viollet-le-Duc y tantos lectores de sus exitosos libros que van a conformar una nueva generación, los primeros modernos, que amparados en esta noción de "verdad" moral en arquitectura, van a construir un nuevo modo de proyectar.

Un personaje que aúna dos tradiciones, y de allí su complejidad, es Auguste Perret. Un arquitecto que se forma en la *École des Beaux-Arts*, pero al mismo tiempo tiene una empresa familiar de construcción en París y empieza a experimentar con el hormigón armado. Se trata de un material que se utilizaba en origen para hacer maceteros y puentecitos en parques, pero que luego empezó a ser empleado para hacer naves industriales, garajes, etc. La novedad que plantea Perret es que incorpora este nuevo material a la dimensión arquitectónica. Una operación que hubiera tenido, seguramente, el apoyo de Viollet-le-Duc. Perret se da cuenta que el material característico del siglo XX va a ser el hormigón armado, entonces hay que estudiar este nuevo procedimiento constructivo y en la medida en que los arquitectos le otorguen una proporción, una racionalidad en su uso, se podrá construir con este recurso una nueva arquitectura. En ese sentido Perret no se sale del canon teórico del siglo XIX: primero aparece un material, luego un sistema constructivo y, una vez que ese sistema es dominado, puede transferirse a la arquitectura. La disciplina le otorga una dimensión estética, elabora sus detalles, sus ornamentos, lo coloca dentro de la cultura.

Sin embargo, Banham en la década de 1960 dirá críticamente que el modo de uso del hormigón, las proporciones de las vigas y columnas ensayadas por el arquitecto francés, se parece mucho a las estructuras de madera. Por lo tanto, según su interpretación, ni Perret, ni Le Corbusier utilizaron el H° A° con toda la carga revolucionaria que potencialmente el material tenía y que, quienes exploraron adecuadamente la nueva téc-

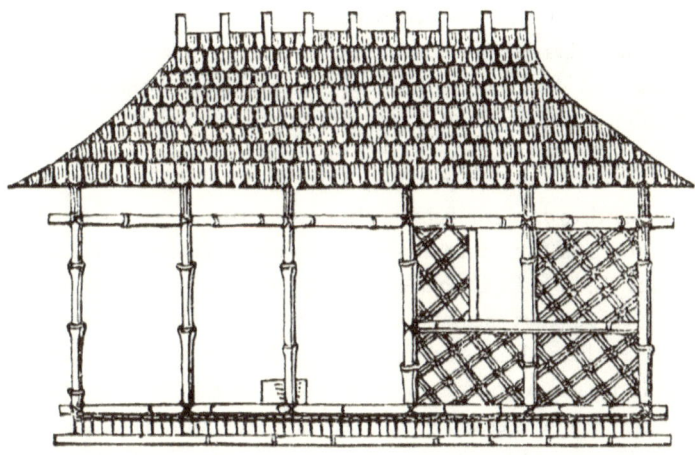

Cabaña del Caribe, Exposición de Londres, 1851. Semper, Gottfried. The Four Elements of Architecture and Other Writings.

nica constructiva fueron los expresionistas alemanes. De todos modos, la casa de la rue Franklin de Perret tiene algo de extraordinario que va a influenciar fuertemente en los modos de proyecto de la modernidad: la eliminación del *poché*. O sea, de las grandes superficies de apoyo de mampostería que quedan como negativo del *pavillon system* que vimos en la clase anterior y era utilizado para disponer escaleras, baños, pasadizos, etc, Lo que muestra las plantas de Perret es que, si se reduce el apoyo a la mínima dimensión de la columna de H° A° , se obtiene la posibilidad de construir un espacio cuasi vacío donde se note perfectamente lo que es estructura y lo que es cerramiento, que es lo que estaba deseando que sucediera Viollet-le-Duc. Esto es una verdadera transformación que va a influir profundamente en la arquitectura del siglo XX.

Más allá de esta innovación radical, Perret nunca podrá desprenderse de ciertas matrices de la arquitectura clásica que aparecen en su obra. Quien va a aprovechar fundamentalmente esta transformación revolucionaria que hace Perret es Le Corbusier. El arquitecto suizo estudia con Perret hacia 1910; sabemos que no tiene educación *beaux-arts*, sino que se forma de manera alternativa. Estudia en una escuela de oficios en su ciudad natal, se convierte en un alumno destacado y aprovechando esa condición y con el apoyo de la escuela, realiza diversas estadías y viajes, casi como los arquitectos del Renacimiento. Conoce por ese medio a Tony Garnier, Peter Beherens y luego se queda trabajando con Perret para aprender la técnica de del H° A°. En un artículo de 1932, Le Corbusier dirá que Perret no es un revolucionario sino un continuador de la tradición del siglo XIX. En otras palabras nos dice que, si bien estudió y trabajó con Perret, el verdadero revolucionario es él. Y en cierta manera le damos la razón ya que al inventar el entrepiso sin vigas y al alejar la columna de la fachada, aumenta las posibilidades para transformar los modos de proyectar y en ese sentido el sistema dom-ino es sólo un anticipo de lo que va a venir.

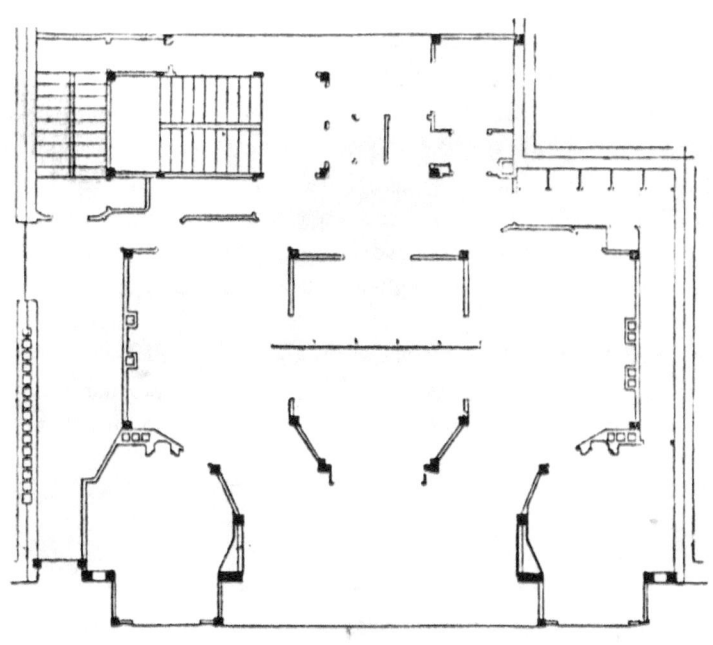

Casa de departamentos de la Rue Franklin, planta, París, 1903. Auguste Perret. Sigfried Giedion, Espacio, Tiempo y Arquitectura.

## Arquitectura y Vanguardia

De todos modos, no puede entenderse a Le Corbusier ni se puede comprender el modo en el que trabajan los arquitectos del siglo XX, si no vemos la influencia fundamental que tuvieron las vanguardias en todo esto. Las vanguardias no provienen como sabemos del interior de la arquitectura, sino que vienen de las artes visuales y de las humanidades. Es curioso, porque el término vanguardia procede de la jerga militar. Se refiere a aquellos grupos o destacamentos que se adelantan al cuerpo principal del ejército y ven lo que va a suceder, saben más que los que están detrás. Por lo tanto, deben comunicarlo, hacerlo visible. El término pasa al campo artístico para identificar a los grupos que creen tener nuevas verdades que ofrecer frente al arte consagrado. En efecto, la Vanguardia comienza a existir cuando impera un campo intelectual denso que permite que grupos de jóvenes puedan oponerse al orden establecido. Un orden que ya a mediados del siglo XIX está constituido por academias, críticos, salones, publico, mercado, revistas artísticas, etc. La joven vanguardia debe oponerse, conoce las nuevas verdades y debe buscar su público y lograr la difusión de su producción. Al mismo tiempo, siempre tiene una relación ambivalente con el mercado. Odia el filisteismo de los *marchands,* pero el mercado se convierte en su camino de consagración.

¿Cuándo podemos comenzar a detectar un cambio en las artes figurativas que permitan hablar de una vanguardia? Todavía a inicios del siglo XIX el arte occidental continuaba siendo fundamentalmente mimético. La muerte del arte profetizada por Hegel es la muerte de la relación del arte con la historia, es la muerte de la mimesis y este es un largo proceso. La composición como ya vimos, era un modo de hacer coincidir las partes en un todo homogéneo. Era el método fundamental con el cual el arte podía organizarse en una edad donde el Eclecticismo era la expresión más característica. Esta cuestión puede verse con claridad si analizamos brevemente algunos tópicos relativos a la composición en la historia de la pintura. Vemos un ejemplo de pintura académica: *La Baigneuse de Valpincon,* de Jean-Auguste-Dominique Ingres de 1808; observemos allí cómo está presente la idea de composición. Para el pintor en este cuadro la belleza no está en la cosa en sí, sino en la relación entre las cosas. Esta correspondencia sigue los modos y el equilibrio de la composición. Forma plástica y tonalidad de colores se identifican. Como nos dice Argan, el tono cálido del cuerpo se opone al tono frio del cortinado en una oposición que tiende al equilibrio dinámico.

En ese contexto de arte académico la pintura cumplía una doble función: era arte, pero al mismo tiempo documento gráfico que reflejaba una realidad, idealizada o no. A mediados de siglo la invención del daguerrotipo y luego de la fotografía va a dar por tierra con esa presunción. Sin la necesidad de servir de vehículo a la representación del mundo en la era de la reproductibilidad técnica, la pintura comienza a entrar en crisis, aunque busca otras alternativas. Sirve en principio a modo de narración realista, como es el famoso caso que tomamos como ejemplo aunque se produce antes de la invención del daguerrotipo, de *Le Radeau de la Meduse*, de Théodore Gericault de 1818-1819, que es una reconstrucción del episodio dramático del naufragio de "La Medusa,". Se trata de un barco que se hunde en el Atlántico frente a África; los náufragos que sobreviven arman una balsa y esa balsa flota a la deriva durante un tiempo y finalmente es rescatada, pero en el medio ocurre todo un drama que incluye el canibalismo de los cadáveres de los que van muriendo y esto causa una gran conmoción. Lo que hace el pintor es documentarse sobre la historia, hacer los retratos de cada uno de los sobrevivientes y realizar luego este cuadro que funciona casi de un modo cinematográfico. La gente va a verlo con un folleto que cuenta la historia de los personajes, es casi como ver una película. Esta función narrativa, en principio la pintura no la pierde. Aparece por entonces también la idea del panorama, grandes pinturas que abarcaban los 360° y que se montaba en edificios circulares que permitían al observador, previo pago de una entrada, ver el conjunto y los detalles de grandes escenas de la historia, de vistas de ciudades y paisajes, un sistema que desaparecerá definitivamente con el cine.

*Le Radeau de la Meduse* es arte y también documento social, pero el documento social también producirlo la fotografía. Por lo tanto, durante la segunda mitad del siglo XIX la pintura busca nuevos caminos en la exploración de su propia autonomía, su propia especificidad. De allí que los pintores comiencen a salir del estudio con el caballete a la calle, a pintar otra realidad, la miseria, la pobreza o, por otro lado, la metrópolis, la ciudad moderna. También lo hace la fotografía, pero lo que la pintura empieza a desarrollar en ese momento son técnicas precisas que la alejan de la imitación directa de la realidad, es decir, la pintura no debe ser como la fotografía, sino que debe mostrar los elementos con los cuales se construye, su propia materialidad. Así, aparece el Impresionismo donde si bien hay arte figurativo, y hay también una visión del espacio metropolitano, al mismo tiempo uno puede acercarse al cuadro y observar las pinceladas, los toques con la espátula que van marcando la textura y que nos hacen ver perfectamente que esto es una representación y no una fotografía de la realidad. Ya no es un arte absolutamente imitativo, sino que va construyendo su propia autonomía. El Impresionismo es una de las primeras vanguardias, que escandaliza a todo el mundo. En principio aquellos que componen el campo artístico consagrado no quieren aceptar los cuadros de los impresionistas en los salones, hasta mucho más tarde. Esta investigación, este avance que es una de las características de las vanguardias, van llevando poco a poco hacia la abstracción. La experimentación de ciertas técnicas lleva a Paul Cézanne, quien comienza siendo uno de los impresionistas, prácticamente al borde mismo de la pintura abstracta.

Otra característica de las vanguardias será la incursión de otras culturas en el imaginario europeo con mucha más fuerza que lo que pudo verse anteriormente. Es decir, los cultores de la renovación piensan que hay que salirse del arte académico, de esta tradición que aplasta la expresión y, como en el caso de Paul Gaugin, ir hacia los pueblos primitivos para poder incorporar elementos que también son parte de los cánones de la belleza y pueden transformar y dar un nuevo sentido al arte. Lo mismo va a pasar con Pablo Picasso. En su famoso cuadro *Les demoiselles d'Avignon* aparece el tema del desnudo, característico del arte occidental, pero Picasso incorpora también las máscaras africanas que había visto en el museo colonial. Y con ello da una especie de inicio a una revolución que busca en otras fuentes la construcción de una nueva poética artística. Desde la premisa de autonomía y de indagación por fuera de la tradición figurativa, es que podemos leer los ismos que se suceden en los últimos años del siglo. La indagación autónoma del Impresionismo, el Puntillismo y las texturas de Cézanne, son algunos de los antecedentes más importante para la construcción de las vanguardias históricas del siglo XX. Es que el camino de autonomía de la pintura prepara la llegada de la abstracción y con ello la ruptura definitiva con la mímesis naturalista.

Las viejas maneras de mirar el mundo son consideradas inadecuadas, deben hallarse otras nuevas. Las tendencias emergentes buscan una relación distinta -dicen sus manifiestos- entre arte y vida que ha sido sepultada por siglos de práctica académica. Alrededor de 1910 podemos encontrar el inicio de la abstracción. Abstracción que se manifiesta con claridad en Vasili Kandinsky que ya no se preocupa por representar nada, sino por experimentar qué puede lograr superponiendo diferentes figuras geométricas y generando distintos tipos de transparencias donde se combinan los colores. Aquí hay una dinámica en el desarrollo de la figura que es absolutamente abstracta. También aparece algo fundamental que es que ya no existe un código común como lo era el Clasicismo. Para entender a Kandinsky es preciso leer sus textos, las explicaciones de su propia poética. Esto es lo que nos permite interpretar la *Primera acuarela abstracta* de 1910. Allí el artista intenta experimentar las sensaciones estéticas de los niños, porque los niños se expresan directamente en el jardín de infantes haciendo manchas de colores y luego de adultos olvidan ese contacto directo con la artisticidad. Volver sobre este tipo de relación, piensa Kandinsky, puede liberarnos hacia la construcción de un nuevo arte. Esta explicación nos permite comprender la acuarela y el lugar en el cual quiere colocarse el autor. Y esta es una de las renovaciones más importantes que promueven las vanguardias. Cada artista, cada grupo, elabora su propia poética y la explica para que pueda entenderse el objeto producido. Una poética que pretende ser publicitada por medio de manifiestos, exposiciones, actos bizarros que escandalizan al público burgués en una lucha brutal con el orden establecido.

Como consecuencia de todo esto la transformación de los modos de producir arte es radical. Con las vanguardias el arte se convierte en procedimiento alejado de toda nostalgia. Construye un código propio de interpretación que le permite auto validarse, pero inicia un proceso irreversible: sólo entendiendo una poética personal o grupal es posible comprender el objeto artístico.

En esa instancia es cuando estalla la Primera Guerra Mundial que es un gran catalizador de las vanguardias. La crítica radical a una guerra que rápidamente se transforma en una especie de gran sin sentido que lleva a una tragedia sin precedentes y produce una racionalización de la muerte, favorece toda iniciativa de cambio. En efecto, este gran trauma cultural y social va a ser algo que indique, a partir de 1918 y 1919, que una salida posible a la crisis que vive la civilización está en un cambio político radical. El arte, y por sobre todo el arte de vanguardia, creen sus cultores, puede ser un vehículo importante de esa transformación.

En este contexto, en las convulsionadas décadas de la Primera Posguerra se suceden varias vanguardias en una frenética dinámica creativa. Pero las vanguardias no son solo una respuesta a la decadencia del arte académico, sino también una respuesta a los interrogantes que supone la sociedad industrial capitalista y su expresión más inquietante: la metrópolis contemporánea. La vanguardia se plantea la posibilidad de absorber el *shock* metropolitano, la vida compulsiva de la moderna sociedad de masas asimilando su contenido como condición inevitable de la existencia.

En función de la respuesta a estos factores podemos distinguir dos formas de vanguardias fundamentales:

- Las vanguardias positivas, aquellas que intentan utilizar los fundamentos de su prédica para lograr construir un proceso de des alienación del hombre metropolitano. En ellas el arte se convierte en el vehículo de esa transformación sanadora de una sociedad enferma y muchas veces aparece asociado a la teosofía u otras formas de esoterismo. Entre estas tendencias donde el arte se torna mecanismo de metamorfosis social, podemos encuadrar al Neoplasticismo, las diversas vanguardias rusas, el Cubismo, el Expresionismo etc. Son vanguardias que oponen "la forma" al caos metropolitano como opción ética a la crisis de la cultura moderna.

- Las vanguardias negativas, en cambio, no intentan modificar el orden establecido. Simplemente denunciar la alienación metropolitana y sus causas. El arte no transforma la sociedad, sirve solo para tomar conciencia del mundo sin cualidad, el mundo de la mercancía en el cual vivimos. La respuesta frente al capitalismo industrial puede ser política pero nunca artística. Dadá o el Expresionismo Abstracto alemán o el Surrealismo forman parte de esta corriente que no intenta contraponer un orden al caos, simplemente lo muestra en su más cruda desnudez.

Un artista como Kurt Schwitters en su obra Mz 601 de 1923, construye su universo desde la crítica a la alienación metropolitana. Toma la basura callejera: papeles, monedas, boletos de tranvía y con eso hace un *collage* que es una de las formas de organización de la materia que va a utilizar la vanguardia. Esto le sirve para denunciar que aquello que es resultado de la mercancía en la metrópolis, puede sublimarse y trasladado al cuadro transformarse en arte. O el arte también puede servir para incorporar el mundo onírico como en el caso de Man Ray y el Surrealismo. Una situación que se presenta como figurativa, pero al mismo tiempo como absurda, rompiendo los límites de la realidad tal como nosotros acostumbramos a verla. También aparece el Dadaísmo que es un punto cero en el cual directamente el arte se transforma en procedimiento, y lo que nos demuestra Marcel Duchamp al enviar un mingitorio a una exposición en Nueva York en 1917, es que en realidad un objeto puede ser arte o no, de acuerdo al contexto en el cual se ubique. De allí que con este gesto relativice y ponga en crisis el sistema artístico en su conjunto, tal como se había estructurado hasta el momento.

El resultado de todo esto es una ruptura definitiva de la idea de composición clásica, una incorporación de la cuarta dimensión identificada con el movimiento y una serie de técnicas que va a usar la vanguardia pictórica que es el *collage*, la decalcomanía, el *frottage*, el montaje, que implican el uso del gesto o del procedimiento automático.

Hay una cuestión muy importante que va a tener vigencia hasta fin del siglo XX y mucho después también, que es la metodología de análisis literario que utiliza el Formalismo. Esta es una vanguardia literaria que comenzó a operar en las primeras décadas del siglo XX en Rusia bajo la guía del escritor Víktor Shklovski y el lingüista Román Jakobson, quienes parten de la idea de que el arte tradicional es una forma de alienación. Frente a este diagnóstico intentan establecer un modo científico para estudiar la literatura. Analizando por ejemplo la estructura de una novela, aislando la obra del autor y examinando la forma en la que funcionan los recursos utilizados. Es decir, cómo el autor utiliza las narraciones, los diálogos, la organización de las acciones. Una vez que se entiende la secuencia por la cual está construida la trama de la obra, se intenta volver a presentar los hechos, pero fuera de contexto. Se busca la ruptura de la automaticidad y con ello se intenta generar extrañamiento frente a lo conocido. Por ejemplo, supongamos el caso hipotético de una novela clásica donde la narración es lineal y nos muestra donde nace el personaje, su infancia, luego cómo se enamora de una joven, después su enrolamiento para ir a la guerra, su desaparición en combate y la suposición de su muerte, el casamiento de su prometida con otro hombre, el retorno del personaje, el drama del reencuentro; una típica narración clásica. Frente a esto lo que hace el Formalismo, es fragmentar todas las partes y mezclarlas de nuevo. Entonces en la primera escena aparece el personaje principal en la guerra, luego el enamoramiento de la malograda pareja, después la infancia de ambos, etc. El espectador frente a esta narración abierta debe reconstruir la historia, fragmentada como producto de lo que se denominará la técnica del montaje. Algo que la cinematografía utilizará mucho como recurso. Esa partición y reorganización del relato nos provoca inquietud, pero al mismo tiempo placer estético. En realidad, el simple acto de yuxtaposición hace que las tomas creen una relación entre ellas, impensables en una clásica trama lineal. Consideremos películas como *Kill Bill* de Quentin Tarantino. Debemos ver las dos partes para poder reconstruir la trama. Entonces, rehaciendo la trama y repensando la obra es como salimos del estado de alienación a donde nos lleva la novela clásica que construye un universo cerrado que no nos permite pensar nada por fuera de ella. La fragmentación, en cambio, da la posibilidad de crear sub- historias, profundizar aspectos impensados. Contra el automatismo de la realidad se busca entonces el extrañamiento del arte. Esto va a ser precisamente lo que rija esta idea de descomponer las formas y volverlas a componer de otro modo, con gestos, con procedimientos automáticos, utilizando lógicas totalmente nuevas y distintas. La esencia de la obra está entonces en los recursos utilizados para romper la automatización, el arte se torna proceso, procedimiento.

¿Cómo llega la vanguardia a la arquitectura? Llega desde la noción de integración de las artes que tiene sus raíces en la obra de arte total de origen Wagneriano, y también de un pensamiento que surge en el interior de los mismos movimientos de vanguardia, como el Futurismo o el Constructivismo ruso, que suponen que los métodos que ellos implementan son totalizadores y también pueden ser aplicados a nuestra disciplina.

Ejemplo de ellos son las tempranas aplicaciones al diseño industrial. Por ejemplo, el sillón de Gerrit Rietveld. Este objeto canónico del diseño de mobiliario nos muestra un procedimiento de reensamblaje a partir de la descomposición de un sillón tradicional. Si observamos un sillón victoriano y nos abstraemos del discurso estilístico, vemos que fundamentalmente está compuesto por un lugar de asiento, otro para recostar la espalda y una estructura. La operación de Rietveld es entonces descomponer el objeto en los elementos y volverlos a armar con una lógica distinta, en este caso, con la lógica del Neoplasticismo, diferenciando una cosa de la otra, eliminando todo el carácter ornamental y rompiendo con la historia y la tradición. Podríamos construir una narración desde el Renacimiento hasta el siglo XIX de cómo había nacido y evolucionado el sillón pero la operación, el procedimiento de la vanguardia, permite lograr un objeto que es a-histórico, un objeto nuevo, un objeto síntesis, que sólo puedo producirlo una vez que he podido aislar cada una de las partes como los formalistas rusos y volverlo a armar. La secuencia, el proceso de creación planeado a partir de una premisa previa es una de las formas fundamentales de proyectar que promueven las vanguardias.

Algo que se traslada a la arquitectura en los ejercicios de descomposición de la caja arquitectónica de Van Doesburg y Van Eesteren que rompen definitivamente con el espacio central de la tradición inaugurada en el Renacimiento. (**fig. 30**) Un modo de proceder que hace saltar en pedazos la idea de homogeneidad, de jerarquía, la idea de composición en donde todas las partes se subordinan -como ya vimos- a un elemento mayor que ha sido elegido como elemento aglutinante del resto. Eso ya no existe, sino que estalla el espacio arquitectónico y se recompone a partir de procedimientos que son casi automáticos. En el caso de van Doesburg tampoco interesa la materialidad, es prácticamente una sumatoria de planos que se interceptan y generan un espacio absolutamente nuevo, y para entender esto necesitamos colocarnos en otro registro.

**Del Pintoresquismo al Funcionalismo**

Las estrategias de las vanguardias son centrales para entender la arquitectura del siglo XX y el llamado Movimiento Moderno, pero no pueden ser aisladas de otro fenómeno que va a minar la tradición clásica desde dentro, que es el Pintoresquismo. En realidad, para entender este fenómeno debemos tomar una licencia en nuestra narración y remontarnos nuevamente al siglo XVIII. Observamos allí un modo de proceder que viene de la pintura y de un primer momento en que aparece un tipo de representación que no sigue las reglas de composición clásica, sino que produce situaciones asimétricas, discordantes, un poco bizarras. Nace dentro de un género en particular, la pintura de paisaje, de la mano de artistas franceses e italianos como Claude Le Lorrain, Salvator Rosa o Hubert Robert y genera un marcado interés para los conocedores. En efecto, entre fines del siglo XVII y principios del XVIII, surgen coleccionistas de este tipo de obras, sobre todo ingleses, que se van a entusiasmar con este modo de organización espacial que, a diferencia de la tradición clásica, intenta imitar a la naturaleza tal como la vemos y no a una naturaleza idealizada. De allí nace el jardín pintoresco que en definitiva trata de construir, sobre el territorio real, una naturaleza artificial que

Arriba, Silla roja y azul, Gerrit Rietveld, 1923. Gerrit Rietveld, Public domain, via Wikimedia Commons. Abajo, Dibujo Axonométrico de la Maison Particulière, 1923, Theo Van Doesburg y Cornelis van Eesteren. Sailko, CC BY 3.0 <https://creativecommons.org/licenses/by/3.0>, via Wikimedia Commons.

imita las visiones evocativas de una utópica Arcadia que prefiguraba la pintura. El parque o jardín inglés se transforma entonces en una zona de experimentación, donde no sólo se va a trabajar con un nuevo tipo de secuencia espacial, sino que se va a incorporar todo aquello que anda dando vueltas en el mundo del siglo XVIII, es decir, las arquitecturas de otras civilizaciones que a manera de pabellones exóticos entran en el imaginario occidental, así como las falsas ruinas que permiten evocar el pasado sin viajar a Roma. Todo ello mediante una disposición de la topografía que forzadamente se construye de manera variada generando colinas, pequeños lagos y bosques construidos por especialistas para generar un recorrido de sorpresas, un poco a la manera de lo que pensaba Boullée cuando hace el Cenotafio de Newton. La cuestión a resolver es entonces la organización de una *promenade* que contiene geografías bien contrastantes y que generan en el espectador un incesante desfile de sensaciones. Diferentes rincones aparecen en el parque donde se van colocando arquitecturas exóticas, que me permiten generar escenas como si estuviéramos en la India, en China o también en la antigua Grecia. Esto nos habilita a imaginar otro mundo, un mundo que nos causa una impresión absolutamente nueva. Allí está el origen de muchas cosas que aparecerán en la Arquitectura Moderna y también en los parques temáticos contemporáneos como Disney World. La idea de un espacio "otro", alternativo, que nos saca un poco del contexto del mundo de todos los días y nos sumerge en un universo distinto.

El placer entonces está en el cambio, en las diferentes sensaciones que el espectador puede acumular durante el recorrido por los senderos de estas excitantes otredades. Pero lo interesante es que esta idea de contraste, de asimetría, de ensamblaje discordante de partes, también llega a la arquitectura. Algo que, por sólo tomar un ejemplo, se puede ver en el famoso jardín de María Antonieta en Versalles, construido a mediados del siglo XVIII como lugar de divertimento, de juegos cortesanos, donde se generan edificios que podemos llamar pintorescos. Artefactos que no tienen simetría, que reproducen elementos de arquitecturas populares del mundo rural que precisamente no eran objeto de la preocupación de la arquitectura clásica y que eran considerados como bizarrías por los tratadistas.

Surge entonces lo que podríamos denominar como arquitectura pintoresca. Una arquitectura que no tiene centro, ni jerarquía, en la cual cada una de sus partes tiene su propio valor, y posee un aspecto que puede resultar discordante pero que es una nueva forma de belleza, distinta a la armonía clásica que comparte ahora lugar en una estética ilustrada que va a poder distinguir entre "bello", "sublime" y "pintoresco". Podemos comenzar a pensar entonces en un equilibrio asimétrico. Un equilibrio posible que no siga esta idea de jerarquía, centralización, volúmenes mayores y menores, sino que sea el resultado casi casual de la interacción de las partes. Esto va a ser muy importante para los modos de proyectar de los arquitectos modernos.

John Soane decía que, para satisfacer al público, un edificio debe producir distintas sensaciones a partir de cada punto de vista diferente. También desde lugares impensados van a empezar a aparecer sustentos teóricos como el de nuestro conocido Choisy quien nos dice que, en realidad, los edificios de los griegos eran simétricos, pero la disposición general no lo era. En su *Historia de la Arquitectura* Choisy hace un estudio de la Acrópolis y descubre un recorrido, una serie de secuencias espaciales sólo comprensibles a partir de la estética pintoresca y coloca así a los griegos como sus precursores.

El pintoresco ingresa lentamente entre los arquitectos como una variante posible, sobre todo para la arquitectura rural o suburbana. Se transforma entonces en el modo de proyecto preferido para la organización del espacio doméstico en el suburbio a fines de siglo XIX, fundamentalmente en Inglaterra y EEUU. Valorizado ahora desde la propia disciplina, será motivo de infinidad de publicaciones dirigidas a explorar la arquitectura medieval, las construcciones populares de las diferentes regiones europeas ahora exaltadas como los mejores ejemplos para los barrios suburbanos en expansión. Su influjo sobre la naciente modernidad es más que evidente y no casualmente Philip Johnson y Henry Rousell Hitchcock van a rescatan su importancia para el nuevo paradigma moderno. Johnson nos dice que para el nuevo "Estilo Internacional", cuando presenta el catálogo de la exposición del MoMA de 1931, que la asimetría es preferible desde el punto de vista técnico y funcional a la simetría. O sea que la forma de organizar los edificios modernos tiene que ser asimétrica, porque responde mucho mejor a las necesidades técnicas y funcionales que un edificio debe tener.

Esta idea de manejar la planta y la sucesión de elementos generando un equilibrio, una especie de balance rítmico basado en las tensiones de los elementos, se puede relacionar con la vanguardia. Ya que podríamos pensar que los planteos de Van Doesburg de ruptura de la planta arquitectónica se pueden asimilar muy bien a este tipo diverso de organización estética. Frank Lloyd Wright, en sus primeras casas, trabaja desde la noción de una arquitectura de partes generando en la planta, pabellones que se quiebran a la manera de la "planta mariposa", o sea la planta abierta hacia todas las direcciones desde un centro, algo que previamente había desarrollado Viollet-le-Duc. Esto le sirve para introducir dos conceptos. Por un lado, la teoría de lo orgánico que es que el edificio se aúna de un modo diferente con la naturaleza y empieza a abrirse a ella. Y, por otro lado, la idea de romper con la simetría definitivamente. La simetría, piensa el arquitecto norteamericano, es producto de la *École des Beaux-Arts*, de la tiranía de los estilos del pasado. Pensemos que Wright es discípulo de Louis Sullivan, quien había perdido la batalla con la *École des Beaux-Arts* en la exposición de Chicago de 1892-93 y que Wright intenta recupera la antorcha de su maestro en estas arquitecturas que son pequeños edificios del suburbio. En el diseño de la ciudad triunfa la *City Beautiful* de Daniel H. Burnham y en estas viviendas que hace Wright para la clase alta y media-alta aparece, en cambio, la oportunidad de desarrollar esta nueva arquitectura. Pero lo orgánico resulta un concepto polisémico y hasta en cierto sentido contradictorio, en donde el rechazo hacia todo tipo de clasificaciones, sistematizaciones e instituciones de normas, le impiden al arquitecto ofrecer un léxico o una metodología operativa. De todos modos, la relación con la naturaleza, la integración abierta de las partes con el todo, la liberación de las normas impuestas, la continuidad espacial, serán los tópicos fundamentales de esta modalidad. Las principales recetas compositivas consisten en la creación de espacios fluidos e interconectados, la ruptura de la caja arquitectónica en planos que no se alinearán en las esquinas, la concatenación de los ambientes a partir de un marcado recorrido que se materializaba con la utilización de distintos niveles tanto en pisos como en techos, etc. En Wright también está la tradición japonesa, está Viollet-le-Duc, aunque él no lo diga o lo niegue, está el *Arts and Crafts* y de esa síntesis aparece esa ruptura, esta posibilidad de generar una estructura abierta que es el corazón de lo que Wright va a postular. El orden abierto característico de su arquitectura que se va a lleva muy bien con los terrenos libres, pero no con la ciudad.

Detrás de todo esto también aparece una cuestión central: la teoría del Funcionalismo que no casualmente tiene como padre a Sullivan, pero que también viene de otros lugares en los cuales abreva el arquitecto. Pensemos que es un momento en el cual se ha seguido desarrollando la idea de evolución y la noción de que las formas de los cuerpos de los seres vivos son el resultado de las funciones que pueden ejercer y su adaptación al medio. La oposición entre Darwin y Lamarck ejemplifica bien la cuestión de lo funcional en el campo biológico. Darwin decía que la evolución era un producto casual debido a constantes e incontroladas mutaciones. Y Lamarck decía mucho antes que, en verdad, era cuestión de voluntad. Las funciones cambian y los cuerpos se adaptan no por casualidad sino por una voluntad de forma. La jirafa desarrolló un cuello alto, porque las ramas que debía alcanzar estaban más altas y por voluntad de cambio la forma se va adaptando. La cuestión plantea claramente la idea del Funcionalismo. Su principio central, tal como afirma Sullivan, sería que la forma debe seguir a la función. Y la forma sólo existe, porque existe la función que la genera, piensa Sullivan. O sea que en términos arquitectónicos la función establecida por el programa debe expresarse en la morfología arquitectónica. El programa genera una cantidad de metros cuadrados, y de allí en más es necesario jerarquizar y generar las partes adecuadas para cada pieza del programa. Lo que en Blondel era disposición, donde primero se proyectan los volúmenes y luego se acomodan las funciones, se invierte. Ahora tenemos las funciones y luego los volúmenes. El hacer arquitectura se transforma de composición a organización. Y aparece un elemento que había cobrado importancia a mediados del siglo XIX que es la idea de la circulación. Corredores, pasillos y escaleras van a emerger como articuladores de las diferentes áreas funcionales y adquieren así un rol central a la hora de generar la forma arquitectónica.

El secreto del Funcionalismo está en la distribución: lograr una buena distribución de las partes que se acomoden al programa, y para ello es necesario terminar definitivamente con la simetría, tal como preconizaban Johnson y Rousell Hitchcock. El Funcionalismo, aunque no es compartido por todos, se transforma en la fundamentación más convincente de la nueva arquitectura

Si analizamos el edificio de la Bauhaus veremos que está presente el principio del equilibrio dinámico a partir de la asimetría, que permite una clara división por paquetes funcionales: las viviendas de los estudiantes, los talleres, las aulas, el sector directivo, todo unido por la circulación que va a coser el conjunto desde la idea de "planta mariposa" a la cual ya nos referimos, que se expresa aquí con mucha mayor abstracción. Sin embargo, frente a este rotundo cambio lo que va a señalar luego Colin Rowe es que, si bien los arquitectos modernos se desprenden de las ideas académicas y se lanzan de manera vanguardista a adquirir esta nueva batería de elementos que están en la asimetría, en el Funcionalismo, en el uso de las metodologías de las vanguardias, no pierden contacto con la tradición clásica. Permanentemente están haciendo las cuentas con ella. Cuando Rowe escribe el famoso artículo que vincula las villas de Palladio y la arquitectura de Le Corbusier, muestra que hay una especie de diálogo, de juego en tensión que luego se va a ir perdiendo con el paso del tiempo y la aparición de nuevas generaciones que no tuvieron que hacer las cuentas con una formación académica previa.

Pero algunas cuestiones reaparecen. La idea de la planta libre, plantea un problema de resolución para los espacios de servicios que formaban parte del *poché* clásico, como el caso de los baños o las escaleras. En la obra de Le Corbusier empiezan a mostrarse, no se esconden; se transforman en esta especie de objetos poéticos que flotan en la planta y que van generando una rica tensión espacial en relación con la rítmica estructura de sostén de la planta libre. Allí aparece la idea de juego que en el arte de vanguardia siempre está presente. La *Ville Savoye* nos muestra el principio de una planta libre sostenida por los *pilotis*, pero si la analizamos en detalle no es tan cierto. Si bien la mayoría de las veces podemos leer la continuidad de estas columnas circulares en ambas plantas, en algunos casos los *pilotis* se transforman en otra cosa, se conjugan con el muro, se convierten en columna de sección rectangular o también son eliminados. Es decir, no hay una idea de conservar la racionalidad ética de la estructura como Viollet-le-Duc o también Perret hubiesen querido, sino que más allá de la retórica militante de los manifiestos aparece un ejercicio de experimentación espacial que tiene que ver con la vanguardia. La relación cada vez más distante entre Le Corbusier y el racionalismo estructural se acentúa aún más durante la década de 1930. Y se presenta como un problema abierto en uno de los productos resultado de su viaje a América Latina en 1929: la casa Errázuriz en Chile. Aquí el arquitecto suizo nos muestra un camino diferente al de Perret. Parece decirnos que la arquitectura moderna no es sólo el resultado de la aparición de un nuevo sistema constructivo, sino que es también un procedimiento. Un modo de operar que puede ser aplicado a un método edilicio tan primitivo como la madera o la piedra. En ese sentido, la casa Errázuriz, con su estructura de troncos apenas trabajados y sus muros de pesada sillería de piedra, pone en contradicción la visión que Le Corbusier también podría haber heredado de Choisy. En definitiva, las formas arquitectónicas, la aparición de los estilos, como consecuencia natural de la evolución de las técnicas constructivas parecen ya no tener sentido frente a este objeto. Lo que observamos aquí es la puesta en crisis del doble origen de la modernidad arquitectónica; procedimiento de vanguardia artística o producto de la transformación técnica.

Al mismo tiempo comprobamos que el modo de proyecto moderno que se crea entonces no produce una poética homogénea. Cada arquitectura que se realiza es individual, no hay códigos universales, a pesar de los esfuerzos que hacen los críticos por demostrar que una corriente determinada es la correcta, los resultados no son convergentes. Puede haber códigos como el Racionalismo que en las décadas de 1920 y 1930 parecen unificar la mayoría de las propuestas, tal como se puede observar en la exposición de Weissenhof; pero si vemos un conjunto más vasto de obras en un lapso más amplio las experiencias son más disímiles. Cada arquitecto experimenta con cada proyecto que se transforma en una alternativa personal.

Y si hay un denominador común que prevalece durante este primer período, algo que estudió en su momento Beatriz Colomina, es la idea de que la Arquitectura Moderna debe ser una máquina sanadora de las enfermedades. En plena edad de la tuberculosis, los principios del perfecto asoleamiento, la ventilación cruzada y las paredes blancas, se transforman en un mínimo común denominador de los nuevos edificios. En efecto, las arquitecturas se van a parecer más y más a los sanatorios. Al mismo tiempo, el Funcionalismo impone la idea de la perfección en la organización. La arquitectura se transforma en ordenadora del hábitat cotidiano como nunca antes. Una tendencia que aparece con mucha fuerza sobre todo en la arquitectura alemana, de la Primera Posguerra. Y aquí surge el concepto de flexibilidad, de crecimiento y, fundamentalmente, la idea de organización de la célula habitativa a partir de estudiar nuevas tipologías posibles de vivienda. La consecuencia es que la célula se empieza a construir a partir del equipamiento. No es ya como la arquitectura clásica donde había grandes ambientes, y el equipamiento -baños, cocinas, placares, etc- era relativo; aunque el exceso de mobiliario era limitante de las actividades. A partir de la década de 1920, en concordancia con el ideal de la resolución del hábitat para las masas que se transforma en bandera de la arquitectura moderna, se busca el *existenzminimum*. Es decir, dimensionar cada una de las partes para construir un espacio determinado científicamente que considere todos los movimientos del cuerpo y adapte la eficacia del equipamiento a las necesidades básicas y mínimas del hábitat humano.

En efecto, los tratados de arquitectura del siglo XX, como el Neufert, nos muestran una preocupación nueva: la relación del cuerpo con el equipamiento. La manera de disponerlo y el lugar que ocupa es lo que va a regir el armado del proyecto y de la planta. La consigna de los arquitectos involucrados en esta necesidad de transformar los modos de vida y racionalizar las actividades cotidianas, es estudiar científicamente y minimizar el tamaño del equipamiento, tipificarlo. Y esta es una de las actividades centrales de la Bauhaus transformada en la gran catalizadora de las vanguardias. Ese equipamiento racionalizado se introduce en la arquitectura y transforma sus dimensiones y su disposición.

En este contexto aparecen dos tendencias contradictorias. Por un lado, el apego a la funcionalidad mecánica, lo que genera un espacio para cada función y la privacidad como condición natural con el riesgo de generar un edificio que parezca un organigrama construido. Por otro lado, la utopía de la continuidad espacial como imagen de modernidad que disuelve la estructura puramente funcional y abre la posibilidad de un espacio neutro, despojado de toda condición utilitaria.

Al mismo tiempo, aparece la exigencia de no generar un estilo y del mismo modo que en las vanguardias, que cada arquitecto, grupo o tendencia proponga su propia poética ahistórica despojada de cualquier contacto con el pasado. Una determinación que trae como consecuencia explicitar y diseñar procedimientos constructivos y detalles que deben experimentarse permanentemente con los consiguientes errores constructivos que se verifican en muchas de las obras de los pioneros de la nueva modalidad. Es que la inexistencia de un código común rompe con siglos de experimentación colectiva. Pero no es fácil quebrar con el pasado. El famoso detalle de la columna del Pabellón de Alemania en la exposición de Barcelona de Mies, como afirma Jorge Liernur, nos demuestra la complejidad que abre esta nueva etapa. Lo que hace el arquitecto alemán es tomar cuatro perfiles ángulo y unirlos hasta conformar una estructura cruciforme. Un funcionalista estricto hubiera pintado los perfiles de negro y dejado los bulones a la vista. Sin embargo, Mies, al hacer un pabellón, piensa que debe tener un "carácter" diáfano y necesita construir una especie de contrapunto, una contraposición entre los pilares y los planos de muro que conforman el artefacto. De allí que decida revestirlos con una lámina de acero cromado para lograr un reflejo de luz que los desmaterialice. Esto es innecesario desde un punto de vista racional: es revestimiento. Pero trabajar cuidadosamente, como dice Mies, es precisamente otorgarle un plus al detalle material que tiene que ver con la medida de las cosas, con la proporción, con la belleza. Esto es lo que hace que algo deje de ser construcción y se transforme en arquitectura. Una arquitectura, la de Mies, que tiene la secreta pretensión de construir el lenguaje del siglo XX, un código transmisible que construya "un orden moderno".

Pero la radical transformación que hemos intentado esbozar en esta clase, no modifica en demasía los modos de enseñanza de la disciplina. En eso debemos coincidir con Corona Martínez: no puede negarse la revolución formal de la arquitectura en el siglo XX, su liberación de la carga de estilos, pero no existe una parecida revolución metodológica en la cuestión de cómo se proyecta. Salvo en caso de extrema radicalidad como la Bauhaus o el Vhutemas soviético, persisten modalidades que provienen del mundo académico. Aún en la segunda mitad del siglo XX, al menos en la Argentina, en muchas escuelas se aprende a ser arquitecto realizando una serie de proyectos teóricos de complejidad convencionalmente creciente, sin que exista una verificación práctica, y sin una relación estrecha con las disciplinas auxiliares que se ocupan de los aspectos materiales de los objetos que se proyectan. En aquellas escuelas fundadas originalmente a partir del modelo de la *École des Beaux-Arts*, se sigue proyectando, y eso será durante buena parte del siglo XX, con la idea de partido, y la idea de composición. Aunque la composición genere un equilibro abierto, más cercano a la estética pintoresca que a la estricta simetría, se sigue trabajando casi de la misma manera que antaño: hacer una serie de proyectos hipotéticos, sin relación estrecha con la realidad. Es decir, el contacto con la realidad empieza cuando se termina la carrera. En el plano formal también podemos encontrar ciertas recetas que se prolongan en el tiempo. Lo que persiste y se transforma en canon es una composición aditiva a la manera del Funcionalismo y del Pintoresquismo: se definen volúmenes según su importancia funcional y se los une a partir de las circulaciones, generando un recorrido como en el caso del proyecto de la Escuela Federal de Sindicatos de Alemania de Hannes Meyer o se adopta una composición sustractiva, donde se delimita un perímetro y luego se va horadando el volumen como el caso clásico de la Ville Savoye de Le Corbusier.

Más allá de los modos de enseñanza tenemos que pensar en aquello que sí es producto de una ruptura con la tradición, pero que presenta también muchas ambigüedades. En principio encontramos una arquitectura que pretende ser ahistórica, que surge del estudio del programa y las funciones, a las cuales el diseño del edificio debe responder. El propósito es generar una nueva síntesis producto del estudio cuidadoso del problema. Un nuevo tipo de composición que tiene que ser abierta, que no tiene que ser cerrada ni simétrica y que genera una libertad de expresión absoluta y una relación distinta con la naturaleza. Se trata de un cambio radical y definitivo, pero que sufre muchos vaivenes, muchas marchas y retrocesos. Esta arquitectura, por un lado, responde a nuevos sistemas constructivos e incorpora los procedimientos de la vanguardia, pero al mismo tiempo, la idea de construir una obra a partir de establecer una serie de jerarquías y generar un *parti* del cual no está ausente la noción de equilibrio compositivo, sigue conectando fuertemente la disciplina con el pasado. No casualmente, a comienzos de la década de 1960, algunos críticos como Reyner Banham van a intentar demostrar que el cambio acontecido no tuvo la radicalidad esperada y que la tradición aún continuaba vigente en la obra de los maestros.

**Analogías**

Pese a los iniciales éxitos de la Arquitectura Moderna, a mediados de la década de 1930 sus principios no logran afianzarse como modalidad absoluta y excluyente dentro de la disciplina. Lo que mucho se le objeta a la nueva arquitectura es que no cumple con uno de los aspectos fundamentales, que sí tenía la modalidad clásica que era el carácter. Es decir, la capacidad de transmitir un código común que evoque la memoria colectiva, la tradición, la pertenencia a una cultura. Para muchos la nueva arquitectura podía servir para hacer un aeropuerto, un hospital, una casa de fin de semana, un pabellón de exposición, pero no era monumental, no servía para la memoria, ni para los edificios del poder que debían necesariamente apelar a la historia, a la monumentalidad del pasado. No casualmente a inicios de esa década surge un movimiento reivindicativo de la clasicidad en clave monumental y austera, principalmente en los países de "nuevo orden" como la Alemania nazi o la Italia fascista, pero también en la URSS y en varias democracias occidentales. El fracaso de la nueva arquitectura moderna para encarar los grandes programas representativos puede medirse en los resultados de los concursos más significativos del período como el del edificio para la Sociedad de las Naciones en Ginebra o el Palacio de los Soviets en Moscú.

Frente a esta cuestión, si bien podemos encontrar un antecedente importante en la recuperación de la necesidad de "carácter" en la arquitectura brasileña que tiene en Lucio Costa y Oscar Niemeyer sus figuras más representativas, a comienzos de la década de 1950 se produce un cambio. En un contexto en el cual la arquitectura moderna parecía finalmente recuperar un rol central, aparece el manifiesto de José Luis Sert y Sigfried Giedeon que implica el reclamo de una arquitectura monumental y la revalorización del corazón de la ciudad. La necesidad de encontrar carácter, que supere las limitaciones de lo que muchos llamaron el Funcionalismo ingenuo, aunque sabemos que esa no fue la forma exclusiva de proyectar arquitectura durante la primera mitad del siglo XX, es el motor de un cambio en las formas de diseñar. Ante la necesidad de generar "un nuevo simbolismo", surgen ideas que retoman la constante cuestión de la relación entre arquitectura y naturaleza. Ya durante el siglo XVIII Viel de Saint Maux había descubierto la composición regular de los cristales que hizo posible construir una teoría acerca de la existencia de una estructura general de la naturaleza, basada en un infinito acoplamiento de simples sólidos geométricos. Teoría que entusiasmó a Boullée y lo llevó a adoptarla como una nueva forma posible de mímesis. Posteriormente, en función de las experiencias de estudio de la conformación de los objetos naturales, desarrolladas durante el siglo XIX, es que un amplio camino de relaciones pudo establecerse permitiendo recrear, sobre bases supuestamente científicas, un nuevo universo mimético construido fundamentalmente a partir de analogías minerales o biológicas con la arquitectura. Pero aquello que había pensado Viollet-le-Duc cuando intentó su explicación del origen geológico del Mount Blanc, adquirió nuevas valencias a mediados del siglo XX. Por entonces a partir

Arriba, Detalle de la fachada de la terraza jardín, Ville Savoye, Poissy, Francia. Le Corbusier. Fotografía de Eduardo Gentile. Abajo, Entrada principal al Restaurante Los Manantiales, Xochimilco, México, 1957. Felíx Candela. Dge, CC BY-SA 3.0 <https://creativecommons.org/licenses/by-sa/3.0>, via Wikimedia Commons.

del microscopio electrónico se comenzó a analizar la estructura íntima de la naturaleza, y se llegó a la conclusión de que muchas formas naturales estaban regidas por elementos geométricos que constituyen su esencia. La revelación científica, unida al estudio de la morfología llevó entonces a la construcción de un nuevo tipo de universo formal. Es ahí donde se aúna la técnica del hormigón armado con el estudio de las formas naturales y emergen entonces una serie de personajes como Félix Candela en México o Pier Luigi Nervi en Roma. Una especie de nueva mímesis se instituye para proyectar observando a la naturaleza, pero borrando cualquier relación con el mundo clásico y estableciendo una conjunción libre. Así, se pueden estudiar los hongos, las hojas, los árboles, la osatura de ciertos animales para ver cómo esas estructuras tienen una lógica racional de organización que nosotros en la arquitectura podemos imitar. Esta nueva modalidad analógica sirve de algún modo para romper también con la monotonía de las formas compactas, prismáticas y cerradas que habían caracterizado a la arquitectura del Racionalismo de la Primera Posguerra. Pero allí se dividen los caminos. Si bien por un lado podemos encontrar una tendencia más atenta al estudio estructural que está presente en las iglesias o el restaurante de Xochimilco de Candela, los hangares de Pier Luigi Nervi o los trabajos de Eladio Dieste en Uruguay; por otro lado, aparece una tendencia que peyorativamente se denominó como "formalismo estructural". Algunos ejemplos de esta última corriente como la Opera de Sídney de Jørn Utzon, las obras "naturalistas" del último Wright, terminan caracterizándose por un irracionalismo formal que, abandonando las garantías de la tradición tectónica, se sumergen en un universo donde la búsqueda analógica es la única garantía de validez del objeto resultante. La analogía, por lo tanto, se convierte en el elemento convalidante de la totalidad del proyecto. En ella cada una de las partes está absolutamente predeterminada ya por la idea original. Se trata de un sistema que es totalmente contrario a la sinécdoque clásica en la cual, como observamos en la primera clase, a partir de un elemento singular es posible inferir la totalidad, ya que el conjunto de la obra es resultado de una concatenación de partes armónicas. El ejercicio proyectual analógico, en cambio, consiste en acomodar con menor o mayor virtuosismo un programa dado dentro de una forma *a priori* cuya elección no obedece a los cánones tradicionales del Funcionalismo, sino a una imitación casi directa de ciertos objetos ligados a la naturaleza. Objetos que en una búsqueda de la originalidad más absoluta deben abandonar el contacto con la experiencia tradicional de la disciplina e inventar su propia construcción como universo tectónico cerrado en sí mismo. Coronamientos, aberturas, superficies, accesos, fachadas etc., deben ser proyectados borrando todo conocimiento previo cada vez que se crea un nuevo objeto, ya que la idea de unidad que organiza a estas arquitecturas analógicas hace que, tomados aisladamente los elementos que la constituyen, carezcan de puntos de referencia. Paradójicamente, estos artefactos que transforman radicalmente el sitio donde se implantan muchas veces no tienen nada que ver con ese entorno, ni con las características de la naturaleza circundante. Son estructuras autosuficientes que se miran a sí mismas, construyendo una relación con la naturaleza, pero con una naturaleza teórica.

**Sistemas**

Más allá de la analogía con la naturaleza que se prolonga en el tiempo y podemos encontrar hoy muchos ejemplos que siguen esa dirección, la llamada "Arquitectura de Sistemas" se transforma en la segunda mitad del siglo XX en uno de los modos de proyectar más innovativos y alternativos al Funcionalismo. Sin embargo, no aparece como tal en los grandes libros de la Historia de la Arquitectura. Ni Frampton, ni Benévolo, ni Tafuri y Dal Co, hablan de la Arquitectura de Sistemas. Lo que sí todos señalan, como característica de la década de 1960, son las ideas de flexibilidad, crecimiento, serie, indeterminación, que se las asocia fundamentalmente a las utopías del período como: el Metabolismo, el grupo Archigram, los tecno-utopistas italianos, etc.

Los principios de estas arquitecturas tienen antecedentes en un pasado que no pertenece a la tradición clásica caracterizada, como vimos, por la noción de simetría y de homogeneidad de las partes que debían referirse siempre a una organización jerárquica y centralizada. La idea de flexibilidad, de indeterminación, que están en la base de esta modalidad, sí aparecen en la arquitectura oriental, en diversas culturas como la islámica o la japonesa. A ejemplos como la Villa Imperial de Katsura en Kioto, construida a partir de una serie de espacios articulados sin referencia directa a ejes jerárquicos, podemos agregar otros como algunas de las mezquitas más importantes del mundo islámico. Entre ellas la de Córdoba, construida en diversas etapas como una especie de bosque de columnas que se va a ampliando, donde no hay centralidad, sino repetición infinita de lo idéntico. Y si bien es cierto que la repetición era un recurso que también encontramos en la arquitectura de Occidente, este siempre está asociado a la idea de límite.

Las primeras expresiones de espacios regulares, repetitivos, independientes de la lógica arquitectónica clásica en Europa, emergen en Francia de la mano de los edificios de servicio o equipamiento a los cuales nos referimos en la segunda clase. La innovación se produce a partir de la conjunción de los nuevos ideales científicos surgidos en el siglo XVIII, con la versatilidad y autonomía para la realización de proyectos que nacen de la especulación teórica y la ampliación de los límites del arte de proyectar a lo que podríamos llamar proto-ingeniería. Georges Teyssot, siguiendo los pasos del análisis de Foucault acerca de los dispositivos arquitectónicos como máquinas de disciplinamiento social, estudió en profundidad esa "arquitectura regular" que propone un modo diverso de composición distante de la común práctica académica. Regularidad, repetición, infinitud, ausencia de centro, son las características que reúnen este inédito tipo de artefactos para los cuales la tradición clásica no tiene precedentes y que se construyen, la mayoría de las veces, desde los márgenes de la disciplina. Un claro ejemplo de todo esto es el *Hotel Dieu* de París cuya reconstrucción se plantea luego de un incendio. A partir de las ideas de la Academia de Medicina, surge como alternativa a la organización claustral tradicional, la estructura pabellonal con el objetivo de separar los distintos géneros de enfermedades. Mediante este tipo de esquemas reaparece la idea de una "arquitectura de partes", tal como la ha desarrollado Antón Capitel. La construcción de la arquitectura de servicios, se difunde en Francia en el siglo XVIII y principios del siglo XIX y se insertan en la ciudad como edificios autosuficientes regidos por la regularidad, la repetición y la posibilidad de infinitud. Pero la arquitectura como un sistema de partes que se interrelacionan entre sí y van generando una especie de trama que empieza a conspirar contra el principio de una centralidad jerárquica, la vemos muy claramente en los esquemas de lazaretos ideados por Louis Bruyere. Allí hay una serie de elementos que pueden ser combinados de diferentes maneras según el tamaño del emprendimiento que se requiera hacer. La cuestión pabellonal surge en este ejemplo como una organización que va pareciéndose cada vez más a un sistema. Sedlmayr llama a esta tendencia que renuncia a una caracterización estilística y que tiene derivaciones en otros centros europeos hacia 1830, una primera "Nueva Objetividad". Estos esquemas están muy lejos de los programas áulicos y religiosos característicos de la sociedad cortesana del Antiguo Régimen y en ellos encontramos algunos modelos primitivos de sistematización: cárceles, mercados o escuelas ofrecen ejercicios de agregación de partes que incluían muchas veces una racionalización constructiva.

Esta modalidad de la "arquitectura regular" se traslada incluso a las realizaciones de los graduados en la *École des Beaux-Arts*. Ejemplo de ello es el proyecto que realizó Victor Baltard para *Les Halles* de París. Si bien Baltard es un *grand prix de Rome*, cuando tiene que hacer un mercado acude a esta idea de repetición y organización sin centro. La construcción de edificios fabriles y de equipamiento es entonces el campo de desarrollo de esta modalidad que escapa relativamente al control de la arquitectura académica, y tiene un impacto profundo a partir de la Revolución Industrial y el consiguiente desarrollo de la arquitectura de servicios. Este tipo de construcciones de la ingeniería de fines del siglo XIX resulta sugestivo para los arquitectos y muchos creen encontrar allí las fuentes de un nuevo estilo. El universo industrial genera algunos tópicos como la importancia de la función sobre la forma, la flexibilidad de los usos, la innovación tecnológica, la racionalidad, que se transforman en *leit motivs* del nuevo código moderno.

Esta tendencia reaparece para nuestro interés con mucha fuerza en la Segunda Guerra Mundial. La guerra otra vez se convierte en un catalizador de tendencias previas. Es que en el siglo XX la llamada "guerra total" se generalizó como el modo corriente de la contienda bélica. La diferencia ahora es que, a partir del uso de los aviones y la artillería de mayor potencia la posibilidad de bombardear las ciudades y destruir la infraestructura, las fábricas, los depósitos, las vías férreas en la totalidad del territorio enemigo se transforma en una realidad. La técnica adquiere entonces una importancia capital. Ya que, en definitiva, el desarrollo técnico es lo que muchas veces termina por definir el resultado de las batallas. Allí encontramos asociada al avance tecnológico la idea de la logística, el principio de que la guerra se gana más allá de la momentánea táctica, un Estado es capaz de organizar con coherencia sus recursos. Hay que manejar enormes contingentes de tropas, montar hospitales y aeropuertos, hacer cuarteles en cualquier parte del mundo muy rápidamente y de modo eficiente en una escala jamás vista. Esta particular contingencia moviliza la creatividad y desde el punto de vista del hábitat llevan a retomar las ideas de repetición, regularidad, infinitud, flexibilidad que se aplicaban al mundo industrial. La guerra de masas hace necesario la generalización de este tipo de procedimientos. La lógica de la organización fabril se traslada al campo de batalla en un modo mucho más contundente que durante la Primera Guerra Mundial.

Este evento de escala global va a dar lugar a que el ejército, sobre todo los ejércitos Aliados, utilicen la idea de sistema. El sistema como una modalidad que permite descomponer las partes del proceso bélico, obtener los diferentes conjuntos de elementos que van a interactuar en un determinado caso y planificar su uso. Toda la logística demanda una amplia flexibilidad y un desarrollo técnico impresionante, que va a llevar a la transformación de la economía norteamericana, sobre todo, en una economía de guerra.

Así aparecen proyectos como el de la Ford Motor Company Bomber Plan de Albert Kahn y Asociados, ya que es necesario producir más bombarderos que los que los alemanes puedan destruir día a día para poder ganar la guerra. Estas tremendas plantas, en las cuales ya se abandona el criterio

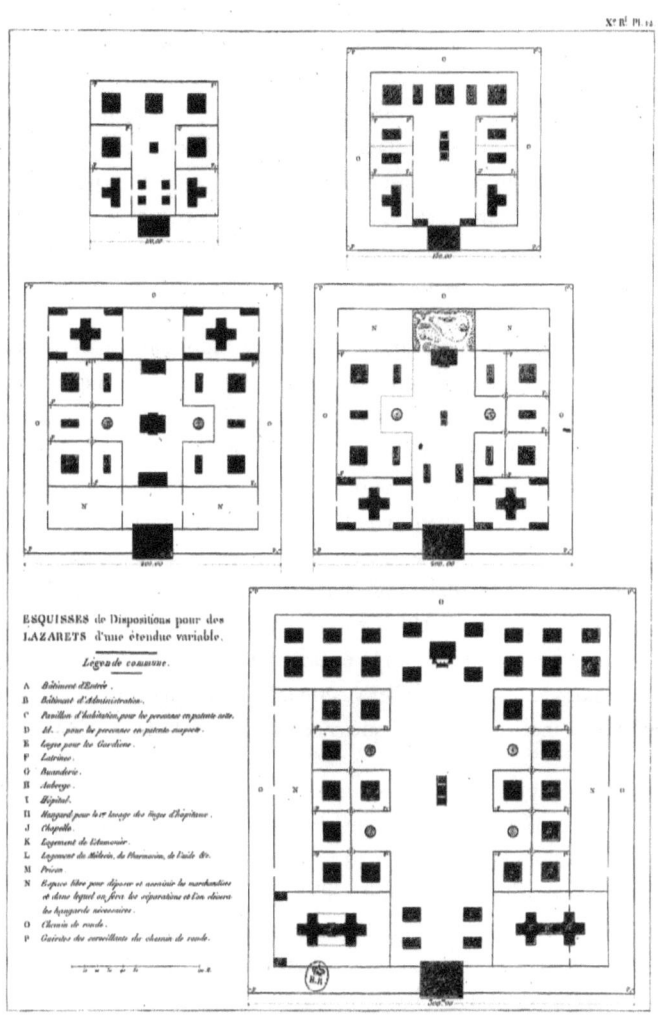

Esquemas de Lazaretos. Louis Bruyère, Ètudes relatives à l'art des constructions. T. 2.

del centro, la simetría, o el partido, son grandes aparatos de repetición de partes con la flexibilidad suficiente como para adaptar las modificaciones en la cadena de montaje, incorporar nuevas tecnologías, distintos modelos y métodos. Por otro lado, se generaliza la prefabricación de componentes que organizan las instalaciones militares; la construcción de bases que ocasionalmente pueden estar en una isla en el Pacífico, pero luego se desmontan, se cargan en aviones y se llevan a Alemania, por ejemplo, y así sucesivamente. Esta capacidad logística se va a transformar en una de las claves del éxito de los norteamericanos en la guerra.

Un ejemplo clásico es el del tanque de guerra estadounidense, el Sherman, que es un sistema integrado por una serie de partes flexibles que permitían que en un mismo vehículo puedan colocarse diferentes tipos de cañones, de distinto alcance, para cambiantes usos. Es decir, de partes ensamblables incluso, durante la campaña. Por otra parte, en el tanque había herramientas, los tanquistas estaban entrenados para hacer reparaciones simples. En cambio, el tanque Tiger que era un arma alemana de altísima precisión muy superior al Sherman, no poseía una cadena logística que pudiera reparar las fallas rápidamente. Allí es donde vemos la idea de sistema, que tiene que ver con el desarrollo, como lo estudió Gideon, de la técnica y el pragmatismo norteamericano que lleva a esta fabricación masiva y flexible, a diferencia de la industria europea que era entonces muchísimo más artesanal.

Lo importante para nosotros es que, una vez terminada la guerra, las investigaciones militares se trasladan al mundo de la construcción y se generaliza el uso en el hogar de materiales experimentados en la industria bélica: plásticos, sintéticos, fórmica, PVC, fibra de vidrio y aluminio. Pero también se comienza a adoptar la idea de la producción de guerra, por medio de la cual se pueden armar y desarmar una serie de elementos, y resolver problemas puntuales. Algo que puede adaptarse al campo de la arquitectura, como vemos en la casa Dimaxion de Richard Buckminster Fuller; un producto del ensamblaje de piezas provenientes de los silos rurales estadounidenses. Este principio de tener en cuenta todos los elementos que confluyen en el problema, poderlos analizar y establecer una estrategia flexible, abierta a incorporar nuevos materiales y procesos constructivos, es lo que caracterizará a lo que podemos denominar como Arquitectura de Sistemas. Una alternativa que surge en un momento en el cual la realidad de posguerra está transformando los modos de producción y nace la sociedad de consumo moderna precisamente en los EEUU. Un ejemplo claro es la invención del supermercado que confluye con la generalización de los productos enlatados, las góndolas, el carrito, la forma de pago, como un conjunto de partes que funcionan coherentemente entre sí, pero que son absolutamente flexibles y funcionales al crecimiento y la expansión de un negocio que permanentemente necesita nuevas adecuaciones.

No es casual entonces esta coincidencia de las nuevas posibilidades de hábitat con la emergencia de la Teoría general de Sistemas (TGS) que provenía originalmente del mundo de la biología. Esta inédita noción científica intentaba comprender a los organismos como "sistemas" con propiedades específicas no reductibles a las partes de sus componentes. Desde la teoría sistémica la realidad era vista como un conjunto de objetos que incluía las relaciones entre estos objetos y sus propiedades. Durante la década de 1950, avanzando sobre su horizonte inicial y con la experiencia de la guerra y su logística como referencia, esta nueva óptica se generalizó: todo podía ser un sistema, tanto objetos reales como abstractos. Uno de los objetivos de la TGS era ofrecer instrumentos para problemas específicos de cada una de las ciencias y a partir de allí tuvo inmensas aplicaciones, sobre todo en la matemática y en la teoría de la información cibernética que dio origen a la informática. Si bien no he podido precisar a partir de las fuentes a las que he tenido acceso, el momento en que estos conceptos son incorporados al mundo de la arquitectura, es indudable que la guerra está detrás de todo esto. En nuestra disciplina la teoría de sistemas parece proponer un nuevo universo en la concepción del proyecto: intenta clarificar el proceso de diseño, descomponer las partes del programa, poder visualizar científicamente sus propiedades para luego re ensamblarlas con certeza, dejando abiertas nuevas posibilidades dentro de un universo dinámico en constante transformación que prometía una mayor libertad.

Charles y Ray Eames, como sabemos, son un matrimonio de diseñadores que empiezan su carrera durante la guerra, produciendo prótesis de madera laminada para la Marina de EEUU. Terminada la contienda, se lanzan a la producción de toda una línea de mobiliario que los va a hacer famosos. Al mismo tiempo, realizan un montón de productos de diseño que van a devenir en íconos del desarrollo norteamericano, de esta sociedad de consumo en expansión. Su casa-estudio, según nos indica Colomina, está construida a partir de un programa que intenta trasladar al ámbito de lo doméstico la lógica de la tecnología bélica, utilizando piezas recicladas para tiempos de paz. Iniciativa a la que podríamos sumar el General Panel System de Konrad Wachsmann y muchas otras aplicaciones, que si bien son técnicamente novedosas recurren a una imagen tradicional de vivienda. En ese sentido, los Eames son la herencia, pero también la contracara de las enseñanzas de Mies. Lo que en Mies es una operación formal tendiente a generar respuestas absolutas para cualificar cada una de las partes –aquello que Dal Co llamaría en Mies "ornamentación"– y que podemos seguir en la definición pormenorizada de la fachada del Seagram, por ejemplo, en la casa-estudio de los Eames se transforma en todo lo contrario. Este artefacto es una caja definida por materiales estándar producto de la tecnología corriente donde las opciones son variables y cambiantes. Los Eames utilizan perfiles tubo y perfiles "T" estándar y con eso arman una estructura abierta, muy flexible combinada con una serie de paneles que pueden ser vidriados u opacos y que también pueden intercambiarse. Una caja que se llena de objetos de afección, y que con el paso del tiempo incorpora nuevas ideas, cambios de colores, es decir, tiene que ver con la misma evolución de la vida y el consumo. Todo, en definitiva, está en permanente transformación. Algo absolutamente diferente a lo que había sido la arquitectura de Mies van der Rohe. Es que cuando Mies hace el detalle de la fachada del Seagram está pensando en un edificio que va a durar para siempre. En cambio, lo que hacen los Eames es absolutamente adaptable a las necesidades cambiantes de esta sociedad en expansión. No es la idea del diseño total propia del Art Nouveau, como nos muestra el artículo paródico de Adolf Loos acerca del "pobre hombre rico" que se hace su casa por medio de un arquitecto y esto resulta una opción fatal. En efecto, una vez terminada la obra, la morada se transforma en una prisión estética, ya que el arquitecto no deja cambiar las cosas de lugar

Casa Eames, California, 1949. Charles y Ray Eames. Wikimedia Commons, Gunnar Klack.

o incorporar objetos nuevos, porque cualquier interferencia del usuario podría arruinar su obra de arte. Esta idea de que hay un diseño pensado por el arquitecto de ahora para siempre, es algo que los Eames empiezan a poner en crisis. Su casa en California nos demuestra que, en los años inmediatamente posteriores a la guerra, la noción del *"design"*, más que la idea de arquitectura, parece tomar momentáneamente la vanguardia y proponer un nuevo tipo de hábitat basado en la indeterminación, el cambio, el consumo. La cuestión no es más el detalle, el plus que el arquitecto otorgaba con su meditada acción poética sobre la simple construcción, como en el caso de Mies, sino la interconexión posible entre los objetos y su permanente disponibilidad.

Esta arquitectura no sólo tiene desarrollo en Estados Unidos, sino fundamentalmente en Inglaterra. Las islas británicas sufren los bombardeos alemanes y esta acción deja muchas ciudades destruidas con grandes necesidades insatisfechas, entre ellas, aquellas que tienen que ver con la salud y la educación. En la Posguerra se decide aplicar la tecnología bélica a la producción de edificios. Una idea que se desarrolla muy fuertemente en esos años es la de una arquitectura Indeterminada. En ese contexto, Richard Llewelyn Davies, es quien comienza a trabajar en la perspectiva de construir una metodología de proyecto que se organice a partir de la descomposición del programa en diversos componentes espaciales relacionados a través de un "sistema". En definitiva, intenta pensar en la necesidad de una disciplina construida desde un enfoque científico y sistemático del diseño. El objetivo es encarar los desafíos de un presente problemático que debe responder a las exigencias de la reconstrucción. Sobre todo, en el campo de la vivienda mediante la edificación de miles de casas provisorias, así como la renovación de los hospitales. En relación a este tema en particular, Llewelyn Davies se especializa y se convierte en un referente internacional. Los ensayos realizados por otros equipos de arquitectos también avanzan sobre la problemática escolar mediante la generación de prototipos que no sólo deben reemplazar el equipamiento destruido, sino que pueden responder a nuevas concepciones acerca de la educación que se generalizan después de 1945. La necesidad de renovar rápidamente el parque escolar destruido por la guerra y la ausencia de mano de obra para la reconstrucción, hace estrictamente necesaria la utilización de sistemas prefabricados y una precisa coordinación modular, cuestiones que están en la base de un cambio de paradigma proyectual. Una arquitectura en la cual no hay partido, en el sentido clásico, sino componentes que se relacionan entre sí de manera abierta, indeterminada y que pueden, en otro momento, funcionar de una manera o de otra, si las condiciones se alteran.

Un punto de referencia importante en su construcción teórica, según nos cuenta Banham, es otra vez la producción que Mies desarrolla en los EEUU, en la cual Llewelyn Davies cree encontrar los principios de infinitud y repetición que debían conformar una nueva arquitectura. También algunas de las investigaciones realizadas por los Smithson como su casa del futuro de 1956, van en esa dirección, aunque luego su arquitectura haya evolucionado hacia otros caminos. En este caso, los Smithson retoman la posibilidad de ligar producción industrial y arquitectura diseñando una casa como un auto, como había teorizado Le Corbusier en la década de 1920, y llevó a la práctica paralelamente Buckminster Fuller. Pero más allá de la casa que ha sido analizada ya por diversos autores, me interesa destacar la idea de agrupamiento urbano de las casas que los Smithson proponen en un esquema adjunto y que nos obliga a pensar más en un aparcadero de casas rodantes o en los barrios para veteranos realizados en algunas ciudades de EEUU a partir de la instalación de *quoncets* sobrantes de la guerra. En definitiva, no podríamos asimilar este esquema a un fragmento de ciudad, ya que las condiciones del sitio, la orientación, las visuales, como datos del proyecto, han desaparecido. Un tipo de organización que no aparece luego de la misma manera en los planteos de estos arquitectos, pero sí en las elaboraciones teóricas de quienes se consideraban en parte sus discípulos: el grupo Archigram. La pregunta que surge por entonces, es si realmente este tipo de arquitectura debe llevarnos a la invención de un sistema constructivo que permita elaborar múltiples respuestas, o el sistema va más allá del soporte técnico y se transforma en un modo de organizar el territorio que podría responder muy bien al desarrollo del capitalismo avanzado y las necesidades de una sociedad de consumo. Sobre este último tema, la respuesta no parece provenir de la aplicación de un sistema constructivo industrializado, sino de la utilización de patrones culturales provenientes de las "culturas periféricas." Por esos años, la exposición "Arquitectura sin arquitectos" de Bernard Rudofsky, parecía confirmar que la idea de sistema tenía una similitud bastante sorprendente con el "hábitat natural" generado por los pueblos primitivos. El libro de Rudofsky, como nos dice Felicity Scott, "presentaba imágenes de cobijos humanos, los que, si bien eran ajenos a la civilización moderna, misteriosamente poseían al mismo tiempo algunos de sus rasgos estéticos y tecnológicos."[2] La noción de sistema emergía en forma subyacente también en muchos de los planteos del Team X, sobre todo en los proyectos de Aldo Van Eyck o Jøn Utzon, que lee con particular atención etnográfica de la misma manera que Candillis, Josik y Woods la arquitectura islámica a la que hacíamos referencia, y que va a evolucionar a posteriori en las idea de *Mat Building*. Una forma de agrupamiento sistémica planteada en muchos proyectos, pero construida en forma modélica en la Universidad Libre de Berlín. Una obra impactante que sirve de ejemplo, de punto de partida para que Allison Smithson reflexione por primera vez acerca de este tipo de edificios y su origen, construyendo una amplia genealogía histórica de esa arquitectura que parece oponerse al monumentalismo creciente de la modernidad.

Esta nueva estrategia, genera un modo de proyectar absolutamente diferente, amorfo. Se proyecta el sistema; luego los usuarios, pueden cambiarlo, por lo cual el control del arquitecto sobre el objeto empieza a perderse. Y es en el terreno de los proyectos de alta complejidad donde la arquitectura sistémica se destaca comenzando por el pionero Hospital de Venecia de Le Corbusier. En efecto, para encarar programas con múltiples variables, la idea de sistema parece ofrecer soluciones precisas. Incluso Le Corbusier, cuando hace este planteo propone un sistema con un centro del que emergen las salas y los servicios y en este caso en particular el conjunto produce una trama que se asimila muy bien al tejido histórico de la ciudad.

También se encuentra este principio de sistema en las llamadas tecno-utopías de la década de 1960 como Archigram. La idea es aquí la de

---

2   Scott, Felicity, Revisitando Arquitectura sin arquitectos, Block n° 6, marzo de 2004, pp.80-85.

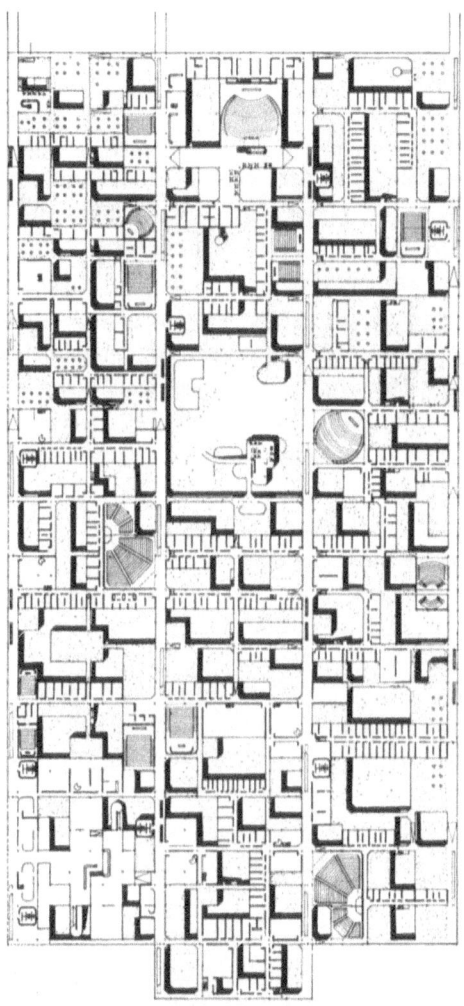

Universidad Libre de Berlín, 1963, Candilis, Josic, Woods and Schiedhelm. Leonardo Benévolo, Historia de la Arquitectura.

disponer una serie de conductos y elementos estructurales que coinciden con los servicios y a eso se le adosa un conjunto de células que van creciendo y decreciendo según las necesidades, es la base de muchos de los proyectos del grupo. Surge aquí la utopía del nomadismo. El arquitecto parece ya no tener control sobre la forma, pero sin embargo las formas de los atrayentes dibujos de Archigram tienen una cualidad estética en la cual sospechamos la intervención atenta del arquitecto. Las famosas Walking Cities de Herron que son como ciudades-máquina que se desplazan y adaptan a urbes existentes, que, de alguna manera, cumplen el rol de grandes transatlánticos modernos potencian esta idea de un futuro nómade y despreocupado para la sociedad. Podríamos asociar a este principio del continuo desplazamiento a la imagen que nos muestra Banham, quien supone que finalmente el desarrollo de la técnica nos permitirá vivir en una burbuja. Una membrana plástica transparente que tiene una fuente de energía, aparentemente inagotable, que nos facilita el uso del aire acondicionado, la televisión, el equipo de música y que posibilita vivir desnudo como en un útero materno, en un ocio continuo, mediando el contacto con la naturaleza que, en teoría, dominamos plenamente.

Un capítulo particular e interesante de ver es lo que pasa en la Argentina. Durante la década de 1950 y, fundamentalmente, durante la de 1960, los concursos monopolizan el campo profesional y producen un tipo de arquitectura donde la idea fuerza, la idea de partido, tal como provenía de la tradición académica, sirve para generar edificios de alto impacto formal que coinciden con una necesidad cultural de mostrar los avances técnicos y espaciales de una sociedad en desarrollo. La llegada de los principios de sistema, de la mano de la influencia cultural inglesa y las oficinas de la ONU y la Organización Panamericana de la Salud, generan una rápida aceptación, aunque encontramos antecedentes locales previos de la mano de Amancio Williams y Eithel Traine. Lo interesante es que, por un lado, se produce una arquitectura que responde a las concepciones tecnocráticas provenientes de los organismos internacionales y que se desarrolla en el ámbito hospitalario o educativo de la mano de estudios como Soto y Rivarola o el grupo IRA. La serie de concursos para hospitales realizados entre 1969 y 1971 son en ese sentido, un punto de llegada en el camino a la radicalidad proyectual. Por otro lado, la imagen moderna de la arquitectura de sistemas tiene una amplia aceptación en los numerosos concursos de la época y se forja en el medio local una particular empatía con la idea tradicional de partido. ¿Cómo se produce esta simbiosis entre ambas modalidades? La arquitectura de sistemas ofrece la posibilidad de analizar el programa, desglosar todos sus segmentos, y recomponerlos en familias morfológicas o funcionales para luego construir un organismo donde cada una de las partes se relaciona de una manera lógica. La estrategia de partido brinda, en cambio, la posibilidad de otorgar un aspecto definido al organismo sistémico que tiende hacia una infinitud amorfa. Así es como partes ya seleccionadas dentro del programa, separadas por fracciones homogéneas y luego reagrupadas a partir de un conjunto orgánico, encuentran en la noción de partido, o sea de un mandato *a priori*, una receta básica de organización que intenta responder a las diversas preguntas que incluye la generación de un edificio (orientación, particularidades del sitio, tecnología disponible, etc. En definitiva, el partido –gobernado por la idea fuerza o rectora– otorga la posibilidad de un modo de organización para el sistema, que materializado en un programa con límites precisos se transforma en fragmento de un orden total que no ha podido ser desarrollado en todas sus potencialidades. Esta manera de proyectar va a caracterizar a buena parte de la arquitectura argentina hasta la época de la dictadura.

Pero tanto en la Argentina como a escala global las condiciones cambian radicalmente durante la década de 1970. La concepción de un mundo que prometía mediante el desarrollo de la técnica y la ciencia un futuro venturoso se va a detener. Y la mejor representación de esa realidad por venir la podemos entender mejor comparando dos películas, una estrenada en 1968 y otra en 1984. La primera es *2001: Odisea del Espacio*, de Stanley Kubrick. Un film que aparece en el momento en que el hombre casi estaba llegando a la luna y plantea una visión todavía optimista de las posibilidades del mundo del mañana. Una sociedad que podía transformarse a partir de la tecnología y que sólo necesitaba de una nueva presencia de Dios o una civilización extraterrestre para avanzar más allá en la conquista del universo. Y la contracara de esta idealización, luego de la crisis energética de 1973 y la aparición de los problemas ambientales y ecológicos, es *Blade Runner* de Ridley Scott estrenada en 1982. Lo que vemos allí no es el espacio como escenario, sino la ciudad. Pero la ciudad del futuro que se nos muestra no es una ciudad de la hipertecnología, aunque la ciencia se ha desarrollado tanto que es posible construir androides, es una recreación distópica de Los Ángeles de 2019. Los que nos ofrece su imagen sombría es que la sociedad aparece dividida, refleja con más precisión nuestro presente y proyecta un expectante porvenir. La metrópolis del mañana está partida entre los que viven en contacto con la tecnología en las altas torres y los que habitan en la ciudad de abajo transformada en un entorno precarizado. Una ciudad a nivel cero que vegeta entre las nieblas de la contaminación, que no ha avanzado ni evolucionado demasiado y no ha podido aprovechar estas transformaciones de la técnica, por lo que el desarrollo para todos no ha sido posible. Me parece que esta imagen es un poco lo que marca la crisis de optimismo de esta cuasi certeza de la posibilidad de progreso infinito, de que con el desarrollo de la técnica podíamos resolver todos los problemas, algo que tiene que ver con la ideología del capitalismo avanzado, con la posibilidad de generar una sociedad de consumo a escala global que fue tan fuerte durante esa época. En ese sentido la crisis del petróleo rompe con la hegemonía de la idea del progreso indefinido y pone un límite al optimismo surgido de la Posguerra. Es además lo que nos permite entender la etapa que viene después que es un momento de retracción, de crisis, de aparición del pensamiento posmoderno, de una vuelta a un pasado idealizado, del abandono de la voluntad de transformación. Una voluntad que estaba logrando, a principios de la década de 1970, que la arquitectura se asimilara a la lógica del diseño industrial, y con eso auguraba la puesta en crisis de las tradiciones más profundas de la disciplina. También que la arquitectura se disolviese en el terreno de la política, opción que se ve estimulada frente al surgimiento de una radicalización revolucionaria que se planteaba en muchos lugares del mundo. La arquitectura entonces no sólo podía disolverse en el terreno de la tecnocracia, sino también diluirse en la sociología, la acción directa, la militancia y por lo tanto desaparecer. Esos son los interrogantes que quedan luego del optimismo sesentista, y las respuestas serán múltiples y variadas como veremos en la clase próxima.

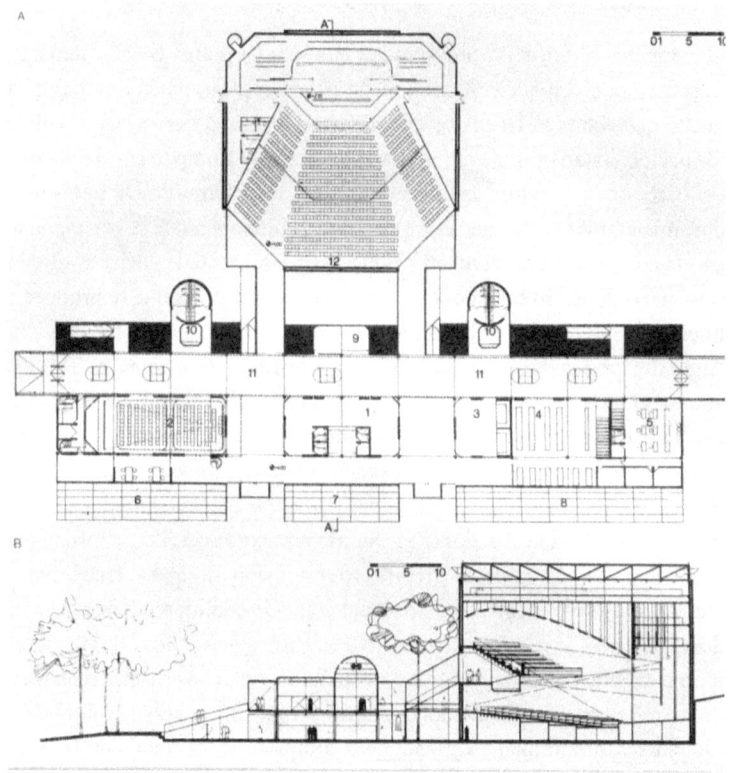

Centro Cultural de Ushuaia, planta y corte transversal, Jorge Moscato, Rolando Schere. Revista suma.

# Tipo, Proceso, Diagrama

## La Inabarcable Dinámica Contemporánea

Hay muchas alternativas proyectuales que se superponen en la arquitectura contemporánea que la hacen mucho más compleja, mucho más amplia que lo que vimos en las etapas anteriores. Abarca una enorme cantidad de ideas y de estrategias, de las cuales explicaré sólo una parte. Aquella que conozco, que he podido estudiar de manera fragmentaria. De todos modos, iniciaremos con lo que es un paradigma diferente, que se corresponde con la edad del Posmodernismo y que es precisamente la vuelta al diseño tipológico. Para eso tenemos que remontarnos a la crisis que se produce a fines de la década de 1960, con los sucesos del mayo francés que aquí en Argentina podemos relacionar con otros sucesos, en otro contexto político aún más inquietante cuya consecuencia es la radicalización. Es el momento que va del Cordobazo al fin de la dictadura militar de Onganía y Lanusse y el retorno de Perón. En lo que se refiere a nuestra disciplina, un clima de debate se vive en el ámbito profesional y su consecuencia inmediata desde los sectores más radicalizados es un cuestionamiento acerca de la misión del arquitecto y su rol dentro de un proceso revolucionario que se cree inevitable. La crisis de la identidad profesional coincide con un replanteo general de los sistemas de enseñanza que derivó en experiencias como el taller total u otras prácticas alternativas que acentuaron el desconcierto y el replanteo de la profesión en las Facultades de Arquitectura. Este estado de conmoción va a coincidir, también en 1973 y en el ámbito internacional con la crisis del petróleo, la crisis energética que hace vislumbrar un mundo mucho más conflictivo que allí se inicia. Así como la década de 1960 había sido una etapa de experimentación, de esperanza en el desarrollo, de la construcción de de las tecno-utopías, la década de 1970 será una etapa de crisis, de desencanto y transmutación de las ideas.

Como vimos en la clase anterior la década de 1960 fue el momento en que muchos creyeron que por el camino de lo sistémico la arquitectura podría tener una especie de asimilación a la lógica del diseño industrial y, en consecuencia, una puesta en crisis de las modalidades tradicionales del proyecto. Además, y esta es una cuestión que tenía que ver con la radicalización revolucionaria, que el compromiso militante podía llevar hacia la disolución de la arquitectura o que la arquitectura se transformara en práctica social, sociología aplicada a los problemas urbanos perdiendo absolutamente la especificidad dentro de un nuevo compromiso transdisciplinario. En ese contexto es importante destacar un artículo publicado en la revista *Summa* por Mario Gandelsonas en 1970.[3] En este pequeño ensayo que era un diagnóstico de este particular presente, Gandelsonas afirma que la arquitectura a mediados del siglo XX está empezando a confundirse con el diseño industrial y el urbanismo. Pero al mismo tiempo, ambas prácticas se están independizando de una ciencia madre que comienza a sumirse en una crisis profunda. Frente a este giro de la disciplina, el autor ve dos salidas posibles. Una es la que parecía cumplimentarse en ese momento, ir hacia el Empirismo Lógico y el Positivismo representado por la teoría general de sistemas. La otra alternativa era ir hacia las nuevas opciones que brindaba el Estructuralismo y la Semiología. Lo interesante era que estas disciplinas planteaban la posibilidad de recuperar una especificidad propia para la arquitectura. Para Gandelsonas, la semiología podía ser un camino para volver a encontrar un valor cultural en el objeto arquitectónico y de ese modo devolverle su significación social. Un principio que se aunará luego con el concepto de autonomía, de especificidad profesional, de retorno a las bases de la tradición arquitectónica; en definitiva, un escape a la crisis. Y esto es un poco lo que va a pasar con la obra posterior de Gandelsonas y Agrest, que retoman la cuestión de la morfología. Recordemos que ambos se van a París, estudian semiología para finalmente desembarcar en Nueva York invitados por Peter Eiseman. A fines de la década de 1970, ya instalados en EEUU, Gandelsonas y Agrest hacen unos edificios en Buenos Aires en los cuales puede observarse el desarrollo de esta idea de recobrar la dimensión semántica.

---

3   Gandelsonas, Mario, Semiología arquitectónica. Un enfoque teórico de la arquitectura. *Summa*, diciembre de 1970, n° 32, pp. 69'76.

**El Eterno Retorno del Tipo**

Pero lo de Gandelsonas no es un fenómeno aislado, es necesario relacionarlo con algo que está sucediendo, no en Argentina, sino en Europa y los EEUU. Italia e Inglaterra son los dos lugares de gestación de nuevas ideas que comienzan a plasmarse alrededor de 1968. Es allí donde podemos encontrar una arqueología del presente, una arqueología de lo que va a suceder luego con la arquitectura durante el último medio siglo. Pero en el caso de Italia es necesario ir más atrás, remontarnos al fenómeno que se genera en la península a fines de la Segunda Guerra Mundial. En ese momento con la derrota del Fascismo, Italia está en una situación muy crítica que casi lleva a un fuerte enfrentamiento entre la izquierda y la derecha democrática y que luego continuará en una situación política muy inestable, entre el partido comunista y la democracia cristiana. Recordemos que estamos en plena época de la Guerra Fría y la posibilidad de que el partido comunista llegue al poder mediante elecciones, era algo que podría alterar dramáticamente el *statu quo* de la Europa Occidental. Esta inestabilidad por otra parte, genera en la sociedad italiana un activo clima de debate cultural que hacen de Italia un modelo destacado en la posguerra, a partir del cine, la literatura y también de la arquitectura. Allí surge un personaje muy importante como aglutinador de este movimiento arquitectónico que es Ernesto Rogers, que venía del período anterior, de esa extraña convivencia entre Arquitectura Moderna y Fascismo. Será él quien refundará la revista *Casabella*, que es el órgano donde se van a nuclear los jóvenes de la nueva etapa que se abre. Arquitectos como Aldo Rossi, Carlo Aymonino, Giorgio Grassi, Vittorio Gregotti, Guido Canella, Gae Aulenti, Marco Zanusso y tantos otros que van a realizar importantísimos aportes no sólo mediante sus proyectos, sino también desde el campo de la teoría y los debates disciplinares y públicos.

Pero también Italia se va a destacar por tener un núcleo muy valioso de historiadores de la arquitectura que van a cambiar el panorama historiográfico a nivel internacional. En el clima de debate cultural que caracteriza esta época que va del fin de la guerra a la década de 1970, los historiadores italianos profundizan la idea de Movimiento Moderno, la matizan con nuevas interpretaciones y también la ponen en crisis. Giulio Carlo Argán propone una amplia constelación de temas que van del estudio del Barroco al análisis del arte moderno, que para nosotros están sintetizadas en su libro *El Concepto del Espacio Arquitectónico desde el barroco a nuestros días*, que reúne las conferencias que brindó en la Argentina durante la década de 1960 invitado por IIDEHA. Bruno Zevi es el otro personaje importante que plantea una visión de la historia a partir de la consideración del espacio y desarrolla el concepto de historia operativa, la historia al servicio de las necesidades proyectuales. El otro protagonista central es Manfredo Tafuri, que pertenece a una generación posterior, y propone una historia de la arquitectura que no se unifica en un solo relato, sino que se fragmenta en historias diversas que se superponen. Por lo tanto, no conforma una teleología que lleva de un punto a otro, sino un estado de crisis en el cual se pone en cuestión centralmente la idea de la existencia de un Movimiento Moderno.

En este contexto de desarrollo historiográfico aparece un problema de base que los italianos veían como necesario de resolver y que es la relación entre modernidad e historia. Los futuristas decían que había que quemar los museos, derribar las viejas ciudades, es decir, destruir aquello que caracteriza a Italia: su relación con el patrimonio, la carga de significado histórico que posee un entorno con el que permanentemente hay que hacer las cuentas. Esto se ve en la arquitectura del Fascismo que, pese a la absorción del Futurismo como parte de la política cultural del régimen, no renuncia al monumentalismo clásico; tal como puede verse en la Expo Eur de 1942 organizada por Marcello Piacentini. Pero también hay una vertiente racionalista dentro del movimiento fascista, capitaneada por Giuseppe Terragani que engendrará proyectos como la Casa de Fascio, o el Danteum, ambos productos del mismo Terragni que tienen un compromiso notable con la clasicidad. Todo ese movimiento cultural tan intenso estaba en la base de la cultura arquitectónica italiana y al iniciarse la Posguerra estallará el debate entre quienes, como Bruno Zevi, plantean una renovación moderna utilizando el Organicismo como bandera y otros que dirán que hay que construir un diálogo abierto con la historia. Recordemos la existencia de *Italia Nostra* como asociación en defensa del patrimonio o el debate acerca de los centros históricos en el momento en que crece la especulación urbana coincidente con el boom económico italiano de las décadas de 1950 y 60. Es precisamente en esos años que Francesco Rossi filma *Le mani sulla città*, una película que denuncia la especulación edilicia en Nápoles y la connivencia corrupta entre los empresarios de la construcción y el gobierno municipal.

No nos olvidemos que algunos de los arquitectos de la nueva generación participan, en la década de 1950, del movimiento *Neoliberty*, que promueve una revisión de la arquitectura moderna en relación con la ciudad histórica y sus invariantes. También dentro de esta mirada crítica aparecen ejercicios de mediación como la torre Velasca en Milán producto del estudio BBPR del cual formaba parte Rogers que va a escandalizar a muchos críticos, entre ellos Reyner Banham que ve en todo esto un retroceso. En estas arquitecturas fundamentalmente aparece esta idea de retomar elementos del pasado, del contexto y colocarlos en los proyectos, desafiando la ortodoxia moderna. Otro ejemplo que podemos citar en ese sentido es la Casa delle Zatere que Ignazio Gardella construye en un entorno tan caracterizado como el canal de la Giudeca en Venecia. Gardella apela aquí a la coloración, al rojo veneciano, a la piedra de Istria y el uso del techo de tejas para asimilarse al contexto. Allí hay una recuperación crítica de la historia que no tiene nada que ver con la ortodoxia moderna y el personaje más representativo de todo esto y que construirá una poética particular con una trascendencia y un éxito global es Aldo Rossi.

En sus inicios Rossi se forma junto a Rogers en *Casabella*, es un intelectual y eso es una característica de la mayoría de los arquitectos italianos que emergen en la Posguerra. Es una etapa en la que los proyectistas participan de forma intensa en el debate crítico y teórico. Rossi publica ya desde muy joven artículos en revistas y es un atento lector, sobre todo, de la arquitectura lombarda. Sus investigaciones iniciales están ligadas a la historia del Neoclasicismo del área de Milán, pero también a la arquitectura rural de la región. A lo largo de esta primera etapa reflexiva irá construyendo, en su teoría, algo que él llama la *tendeza storica*, una tendencia hacia la racionalidad que le sirve para construir una genealogía. Es decir, es un estudioso de la historia y construye desde la reflexión sobre el pasado una poética muy personal, pero que también quiere ser didáctica, quiere recuperar valores colectivos. Esa poética se centra fundamentalmente en el rescate del diseño tipológico. Lo que tenemos en Rossi, desde el punto de vista de las estrategias proyectuales, es una vuelta a la tipología. No un regreso mimético a la arquitectura de la *École des Beaux-Arts*, o al siglo XVIII francés, sino una reinterpretación de la idea de tipo, que ya Argán había planteado en su obra como historiador. El fundamento de su prédica es recuperar este principio de la existencia de tipos que estaban en la conciencia histórica de la sociedad y que permanecían a lo largo del tiempo a pesar de las transformaciones. Rossi encontraba el trabajo con los tipos como algo muy desarrollado en la arquitectura francesa del siglo XVIII, por lo que tenía una gran admiración por Boullée y Ledoux, los arquitectos revolucionarios que vimos en la segunda clase. Tanto es así que publicará muy tempranamente en italiano el tratado de Boullée que había permanecido inédito hasta que Helen Rosenau lo editó en inglés en 1953. Esta arquitectura que rescata la idea de tipo y yuxtaposición de tipos, es lo que a él le interesa de estos arquitectos, a lo que suma la noción de autonomía. Aquello que, de alguna manera, aparecía en toda la escuela de Blondel y que después Kauffmann recuperará en el campo historiográfico.

Por otro lado, en esta paleta de diferentes elementos que van a constituir a Rossi, aparece el gusto por la pintura metafísica de De Chirico con estas arquitecturas abstractas que tienen tanto que ver con lo que los italianos llaman la *edilizia*, que no es arquitectura, sino la construcción popular que tiene un profundo trasfondo de clasicidad. Estos serán sus motivos de inspiración, además de ciertos arquitectos como Tesenov que tenía una relación directa con la cultura académica, o también Giuseppe Terragni, sobre todo la Casa del Fascio, que es una reinterpretación tipológica del palacio del Renacimiento italiano y una especie de juego abstracto con el lenguaje que interesará tanto a Rossi como a Eisenman.

En ese mismo ambiente cultural, aparece la obra de Saverio Muratori, un estudioso dedicado a reconstruir el tejido de Venecia y de Roma con la idea de verificar la permanencia de los tipos a lo largo de la historia y su rol en la conformación de la ciudad. Lo que Muratori señala es la evidencia de que, a pesar de los cambios estilísticos, encontramos una pervivencia de una morfología urbana de raíz tipológica. Eso es fundamental en Rossi, porque lo que le interesa analizar es que, si bien las culturas pueden evolucionar y pueden cambiar usos y costumbres, la forma en esencia permanece. Algo que sucede en algunos fragmentos de ciudades históricas italianas, como el caso de la Piazza del Mercato en Lucca o la Piazza Navona en Roma. En la ciudad toscana si bien la arena romana desapareció, allí se generó una plaza con un entorno de viviendas que tomaron la forma del antiguo edificio. En la famosa plaza romana la impronta del estadio de Domiziano es lo que le dio luego la forma definitiva a la plaza moderna. Rossi estudió también los cambios de uso de las tipologías de la Antigüedad; las basílicas que en principio tenían una función de edificio de justicia, pero luego evolucionaron como iglesias, por ejemplo. La permanencia del tipo a lo largo de la historia lo obsesionaba. Tony Díaz contaba que cuando Rossi estuvo en Buenos Aires se interesó por saber si las misiones jesuíticas del Alto Paraná habían subsistido y si su forma todavía podía ser legible en las ciudades que nacieron de ellas.

Otra de las ideas que confluyen en la conformación de la poética rossiana es la de combinar fragmentos con diferencias reconocibles y producir un efecto de extrañamiento, un recurso que él toma de Canaletto. *La Visión de Venecia*, que se conserva en la Galería Nacional de Parma es uno de los cuadros donde el pintor nos presenta una especie de Venecia" análoga", es decir, no es la ciudad real, sino una ciudad ficticia. La imagen nos muestra una vista del puente de Rialto, pero no es el que existe actualmente, sino el proyecto de Palladio que no se construyó y al puente le suma otra obra que no está allí: la Basílica de Vicenza y así crea una ciudad utópica e irreal mezclando los elementos que son sus objetos de afección, algo que utilizará constantemente.

Rossi escribe dos libros importantes. El primero es *La Arquitectura de la Ciudad*, en 1966, donde el plantea esta idea de repensar la ciudad desde una posición contraria al urbanismo moderno. La ciudad no es un conjunto de manchas de colores donde se definen densidades y usos como hacía por entonces el planeamiento, sino que es su propia historia, y un poco a la manera de Muratori, hay que saber leerla y encontrar que está compuesta por un tejido formado por la *edilizia*, esta arquitectura anónima, popular, que es producto de los valores de una sociedad en su largo devenir histórico. Por otro lado, por el monumento. O sea, la arquitectura singular que una cultura construye por fuera de sus necesidades primarias. De allí que la ciudad esté conformada por el tejido edilicio y el monumento. Ambos conviven y se complementan. Si toda la ciudad fuese monumento tendríamos como resultado el Campo Marzio de Piranesi o sea la reconstrucción fantasiosa de la Roma antigua donde la superposición de monumentos sólo puede generar el caos. En cambio, para Rossi, la ciudad es otra cosa. En ella el monumento es la excepción, y esto es la arquitectura. Este diálogo entre monumento y tejido es lo que constituye la ciudad. Ambos, tejido y monumento, están constituidos por tipologías. La manera de actuar correctamente sobre la ciudad es entonces el modo tipológico, respetando una larga duración que excede el ciclo moderno. Como puede observarse esta es una idea profundamente clásica. Hay en su discurso una pretensión, como nos dice Rafael Moneo, de construir la arquitectura como una disciplina científica, aunque la teoría de Rossi está llena de conceptos imprecisos y difusos.

Veamos estos principios en su obra, por ejemplo, el famoso conjunto de Gallaratese, donde él retoma la tipología de la lámina del movimiento moderno y le imprime un lenguaje abstracto, anónimo, a la manera de los cuadros de de Chirico. Muchos le van a criticar que esa arquitectura carece de mediación, es demasiado abstracta. En este caso la geometría elemental que es el inicio de la arquitectura, es lo que vuelve para evocar el origen. Frente a la crítica que lo acusa de retornar a lo clásico o, peor aún, evocar las arquitecturas totalitarias, Rossi va a decir precisamente que, en realidad, es un comienzo. Está construyendo el tipo que luego va a usar la gente y la arquitectura aquí es el marco de un acontecimiento que es la vida, y esto es lo que la llena de sentido.

La otra obra importante es el famoso cementerio de San Cataldo en Módena que proyecta junto a Gianni Braghieri. Allí parte de respetar la tipología ya que en ese sitio hay un cementerio del siglo XVIII, un edificio rectangular característico, con ingreso centralizado, con pabellones de esquina, etc. Rossi decide no hacer un agregado al cementerio existente, sino que lo duplica. Retoma el tipo original y lo transforma en algo más abstracto y dentro coloca, a la manera de Canaletto, algunos de sus objetos de afección. Y esto es una característica que lo conecta con la modernidad, ya que lo que él hace es un *collage* de citas, no precisamente de un estilo o período determinado sino de aquello que lo impresiona, aquello por lo que siente afecto. Lo que nos presenta es un espacio vacío, donde sólo queda la esencia, pero al mismo tiempo invierte el orden, la jerarquía. En efecto, el lugar central no es ocupado por el sector de muertos notables, sino por los muertos comunes, que ubica en un gran cubo hueco. Un eje relaciona a este cuerpo cuadrado con el sector de ceremonias fúnebres que adopta la forma de una torre de enfriamiento industrial o una gran chimenea, otro efecto de extrañamiento. Un efecto que vuelve a aparecer en la perspectiva a la manera barroca que une ambos objetos donde en la medida en que vamos avanzando, la escena no parece cambiar gracias a la disminución del tamaño de las hileras de nichos perpendiculares al recorrido que asemejan la osatura de un cuerpo descarnado. En síntesis, lo que hace es utilizar la tipología original, pero al mismo tiempo la carga de otros elementos que empiezan a jugar, no ya con una idea de composición y yuxtaposición, sino como elementos autónomos que nos generan, a la manera de Boullée, una profunda sensación de inquietud. Lamentablemente esto hoy no lo podemos verificar en la realidad, ya que el edificio se realizó solo en parte. Y esto es también una ciudad análoga. El conjunto de objetos, como opina Francesco Dal Co, es una representación que evoca una época en que los hombres sabían representar un orden, sabían encontrar imágenes de orden, sabían distribuir las cosas según jerarquías precisas y dar un sentido. La ciudad análoga de Rossi es entonces representación de un orden que ya no existe, que sólo puede ser evocado mediante esta personal y nostálgica convención.

Arriba, Conjunto habitacional Gallaratese, Milan, Aldo Rossi. fotografía de Ana Otavianelli. Abajo, Cementerio de San Cataldo, Modena, Aldo Rossi -Gianni Braghieri. Fotografía de Dage - Looking For Europe - 20180105104330_IMG_8625, CC BY 2.0, https://commons.wikimedia.org/w/index.php?curid=76029949.

Si bien es cierto que la manera de proyectar de Rossi es tipológica, a esta operación debemos sumarle la utilización del efecto de extrañamiento que viene de las vanguardias. Lo vemos en otro caso. Rossi guarda en su memoria un fragmento de un palacio en el Canal Grande de Venecia que nunca terminó de construirse. Si bien fue absorbido por otra estructura, dejó en su esquina una columna trunca. Esta columna, cambiada de escala, agigantada, le sirve del *lei motiv* para generar la esquina de su proyecto de bloque de viviendas para el IBA Berlín de 1987.

Esta preminencia de los objetos de afección que encontramos ya en el Cementerio de Módena y en sus proyectos posteriores, se relaciona directamente con una segunda etapa en la carrera de Rossi que está acompañada por la aparición de su segundo libro *Autobiografía científica*, en el cual abandona su propensión a una objetividad racional y se convence, como nos dice Moneo, que sólo puede dar razón de sí mismo, de su memoria.

Rossi, en ese contexto, va a participar de muchas iniciativas y se va a transformar para muchos arquitectos de ese período en un referente. Será imitado hasta el hartazgo, muchas veces sin comprender muy bien las razones que están detrás de su arquitectura y del ambiente cultural italiano de donde emerge. Un detalle importante que quiero señalar es que su particular manera de entender la disciplina se traslada a la forma de representación. Allí juega con la idea de autonomía, es el momento donde vuelve a un género de dibujo personal, artístico. Con ello parece demostrar que el dibujo o el proyecto valen por sí mismos, más allá de que se concreten y, como en el caso de Boullée, se transforman en una realidad autónoma. Por lo tanto, en esos años los dibujos de los arquitectos, entre ellos los de Rossi, terminan vendiéndose en galerías de arte, como productos absolutamente independientes con valores artísticos propios, más allá de lo que están representando.

Otro famoso proyecto de Rossi, producto de esta conjunción entre historia, extrañamiento y contexto, es el *Teatro del Mondo*. Allí el arquitecto nos muestra con claridad su modo de proyectar en esta segunda etapa. Toma dos ideas; por un lado, la de los teatros ambulantes que eran comunes en el carnaval veneciano en su época de esplendor: balsas que iba a recorriendo los canales y servía para hacer representaciones frente a los palacios; por el otro, la idea de las pequeñitas cabinas de los gondoleros que sirven para refugiarse y que están en los muelles de la laguna de Venecia. A estas cabinas Rossi las agiganta, las somete a un proceso de extrañamiento y construye una especie de teatro cerrado, una cabina de gondolero gigantesca montado sobre una balsa que recorre los canales de la ciudad. Es decir, toma una tipología antigua, el teatro itinerante, pero la altera mediante el uso de un procedimiento de vanguardia que es el cambio de escala de un objeto que se transforma en otra cosa.

En este particular proceso proyectual, Rossi se abraza a la idea de tipología tal como Argan la había presentado al volver a publicar la definición de tipo de Quatremère de Quincy. Pero en el clasicismo, la noción de tipo, como vimos, está íntimamente unida al principio de carácter. Es el carácter lo que permite la materialidad de algo absolutamente vago que es el tipo. El desinterés "metafísico" de Rossi por las formas de la materialidad, el abandono de lo técnico, hacen que muchas obras de sus parezcan, más bien, tipos abstractos y nos decepcionen por La falta de nivel de calidad de sus detalles.

La prédica de Rossi va a producir en las generaciones de ese momento, entre ellas la mía, un interés muy fuerte por la historia. Es el período de crisis de la Arquitectura Moderna donde la respuesta se centra en tornar a la especificidad, a la autonomía, y la historia parece mostrarnos el camino. Y si es cierto que Rossi vuelve sobre la tradición teórica de la clasicidad, no abandona por ello, como vimos al analizar los ejemplos, ciertas técnicas de la vanguardia. Todo esto a partir de una construcción poética muy meditada, muy diferente a lo que aparece por entonces, sobre todo en el ámbito europeo. En efecto, vemos surgir, a mediados de la década de 1970, un retorno desenfrenado a la historia que tiene que ver con una crítica a la modernidad que abarca ahora un contexto más amplio que el de Italia y que comienza a ser denominado como Posmodernismo.

Una reacción feroz se desata por entonces contra la Arquitectura Moderna. Un momento muy particular que suma a la exasperación de la etapa final de la Guerra Fría, la certeza de las consecuencias de la contaminación ambiental y la amenaza de extinción de los recursos no renovables. Un momento en el cual esa idea de esperanza y de futuro promisorio que estaba en la base de las tecno-utopías de la década de 1960 había comenzado a desaparecer. Lo que emergía, como anticipamos al inicio de la clase, es esta idea de crisis, de retraimiento general que postula algo así como: no pensemos en el futuro, pensemos en el presente y volvamos a la memoria, al pasado que ya fue, porque no hay futuro.

En esos años León Krier va a desarrollar la idea de que la única cosa que tiene validez y puede continuar siendo la esencia de la arquitectura occidental es la historia. Krier decía en uno de sus artículos que París es una ciudad preindustrial que aún funciona porque es muy adaptable, algo que las creaciones contemporáneas como Milton Keynes, que era una ciudad diseñada *ex novo* en Inglaterra. La nueva ciudad británica -piensa Krier- no puede sobrevivir a una crisis económica o a cualquier tipo de crisis. Fundamentalmente porque está planificada materialmente como un proyecto social y económico rígido, y si este modelo colapsa, la ciudad colapsará con él. La recuperación de la noción de la ciudad como la superposición de muchas funciones y significados, que ya había comenzado con el Team X es revalorizada aquí, pero con una visión clásica, que vuelve a los manuales del urbanismo del siglo XIX y principios del XX, a la ciudad tradicional europea, a la idea de cómo hay que tratar las diferentes partes del organismo urbano desde la morfología y el estudio tipológico. Es una crítica a problemas de la arquitectura moderna pero también es un retroceso, porque deja de mirar hacia el futuro y mira con su visión nostálgica tipológista hacia el pasado y apela al principio de "embellecimiento urbano" del siglo XVIII. Es una especie de moda que dura bastante poco a nivel general, pero que ha seguido teniendo importancia en barrios cerrados u otras urbanizaciones especulativas. Por ejemplo, en proyectos como, Poundbury una ciudad diseñada por Krier en Inglaterra con el auspicio del Príncipe Carlos. Pero más allá de Krier que es un teórico polémico y con fundamentos, aunque no los compartamos, el Posmodernismo, en general, tiene un problema. Esta exaltación de los modelos del pasado: conoce muy mal lo que quiere imitar. La mayoría de sus cultores son arquitectos modernos que se vuelcan a esta moda, están desvinculados de la enseñanza clásica, y producen edificios de muy bajo valor desde el punto de vista estético o hacen reconstrucciones bastante *naifs* o infantiles. Todo esto, a lo que no quiero dedicar demasiado tiempo, va a culminar en, yo diría, el monumento a la banalización que es la *Strada Novíssima*, una instalación que hace Paolo Portoghesi en la Bienal de Venecia, donde llama a todo el *star system* internacional de entonces, algunos de ellos se convertirán en figuras en el período siguiente, y los invita a construir fachadas escenográficas donde las simbologías arquitectónicas adquieren un nuevo valor, como crítica a la abstracción del Movimiento Moderno.

Este nuevo revival del pasado se reproduce también en Estados Unidos, y en Inglaterra, incluso con la anuencia del Príncipe Carlos, que como ya dijimos, va a ser uno de los grandes entusiastas en la intención de retomar y recrear la arquitectura del siglo XVIII inglés. Aparecen entonces grupos de arquitectos que construyen falsos, es decir, sin ningún tipo de reflexión arquitectónica, sino simplemente copiando estilos del pasado para conjurar la amenaza de la modernidad. Incluso hay toda una campaña en Londres para evitar que se erija una torre de Mies van der Rohe, cuyo proyecto estaba listo para ser ejecutado a la muerte del maestro.

De todos modos, hay personajes interesantes como James Stirling, cuya obra es bien elocuente de los cambios que se suceden durante el período. En su última etapa el arquitecto inglés va a retomar esta idea de diseño a partir de tipologías, pero en Stilring, la asociación con León Krier y la necesidad representativa de las obras realizadas en su etapa alemana, como nos dice Rafael Moneo, lo hacen abandonar el tema del corte como organizador del proyecto, a favor de la planta como nuevo *lei motiv* de su arquitectura. Produce entonces una serie de sugestivos proyectos en clave posmoderna, pero no renuncia a la idea de la cita, que es algo que él venía utilizando en su período anterior donde los edificios se organizaban a partir de los modelos arquitectónicos de la revolución industrial inglesa, la vanguardia rusa o la tradición pintoresca. Amplía entonces su paleta de recursos e incorpora citas que tienen que ver con la clasicidad, como en el museo de Stuttgart donde añade una rotonda que podríamos relacionar con el Altes Museum de

Berlín de Schinkel e integra elementos modernos con clásicos a la manera de chistes jocosos que, sin ser muy divertidos a mi juicio, no por ello dejan de demostrar su capacidad proyectual. Otro proyecto que hace Stirling es el Wisenschafttszentrum en Berlín en el cual coloca una especie de castillo, un anfiteatro griego, una basílica, una torre carolingia como elementos constitutivos de diseño tipológico de un modo muy distinto a la conjunción clásica o la composición. Los elementos aparecen sueltos, disgregados, como fragmentos, como si la casualidad acumulativa de la Edad Media los hubiera colocado allí, pero el resultado concreto a partir de la unidad de los aventanamientos resulta bastante decepcionante.

En Estados Unidos también se vive muy fuertemente la cuestión de la crisis del "Movimiento Moderno". Si bien como sabemos la influencia de la arquitectura moderna fue determinante en la Segunda Posguerra, había en la matrícula profesional y en las universidades, sobre todo de la Costa Este, un sustrato *beaux-arts* que reapareció, por ejemplo, en la obra de Louis Khan. Por otra parte, en la década de 1970, ya había cierto desencanto por los resultados de la vulgarización de la arquitectura moderna. Veamos el caso del edificio Seagram. Las fotos que normalmente observavamos en los libros de historia nos lo mostraban como una especie de gema de cristal que surgía en un entorno de edificios *art deco*, típicos de la New York de las décadas de 1920-30 que contrastaban con la pureza de la modernidad impoluta de Mies. Resulta que en un lapso de 20 años el Seagram termina siendo rodeado por edificios bastante anodinos que, de alguna manera, copian la forma del proyecto de Mies, pero al multiplicarse *ad infinitum* transforman el perfil de Manhattan en una especie de catástrofe, una arquitectura sin cualidad absolutamente anónima. Un entorno producto de las grandes oficinas que burocratizan la profesión donde se disuelve cualquier pretensión de creatividad. Esto es lo que empieza a percibirse y está en la base del desencanto y la construcción de una imagen muy negativa de la Arquitectura Moderna y concluye en una revisión de la historia. No es casual entonces que en 1975 el Museo de Arte Moderno de New York realice una exposición sobre la *École des Beaux-Arts* y que surjan movimientos patrimonialistas contra la demolición de edificios importantes como la

Pensilvania Station. Un malestar que ya había anticipado Robert Venturi en *"Complejidad y contradicción en Arquitectura"*, organizado para discutir desde el análisis histórico la supuesta pureza del International Style. Esta posición de rebeldía comienza a mostrarse en sus primeros proyectos cargados de citas y de utilizaciones irónicas de los elementos clásicos cuyo mensaje, del mismo modo que el de Khan, está en rescatar a la arquitectura como valor cultural de la catástrofe en ciernes. Por ejemplo, en la Vanna Venturi House proyectada junto a Denise Scott Brown, encontramos algunos detalles por entonces sorprendentes: el falso arco de acceso, una *boiserie* en la fachada como si esta fuera un muro interior o el uso del *poche* entre la escalera y el hogar a leña. Juegos que luego van a ser muy comunes en el Posmodernismo, pero que tienen todavía en Venturi cierto control de la forma, es decir, es algo hecho por alguien muy refinado que ha analizado y conoce la historia, pero que lentamente avanza desde una ironía inclusiva hacia la admisión indiscriminada de lo existente, tal como aparece en su siguiente libro *"Aprendiendo de Las Vegas"* de 1973. Efectivamente, el proceso de inclusión de referentes, de alusión no sólo a la cultura clásica sino a la popular, entre la década de 1970 y 80, llega al hartazgo en recreaciones que aparecen conformando grandes escenarios, como la famosa Plaza Italia en Nueva Orleans donde Charles Moore hace un desmedido y ridículo uso de los elementos de la clasicidad como una gran escenografía. O con Michael Graves quien maneja también citas, pero que están en general utilizadas casi como caricaturas. Es un uso banal, sin conocimiento de las fuentes que redunda en una explosión de la cita, una moda que explora un lenguaje que ya los arquitectos no conocen. ¿Existe desde el punto de vista de las estrategias proyectuales un cambio muy importante? Tafuri, por ejemplo, nos dice que no. Para su modo de ver el Posmodernismo es hiper-modernismo, porque lo que hace es agregar más citas que aquellas que la Arquitectura Moderna estaba ya utilizando. Incorpora la historia, pero este no deja de ser un recurso propio de las metodologías de vanguardia, más allá de que el Posmodernismo pueda interpretarse como la caída de la fe en la modernidad, el resultado del desencanto para una sociedad que ya no ve un futuro venturoso en el horizonte.

Llegamos al paroxismo con el edificio de Philip Johnson. Un personaje que inicia siendo muy joven, en 1930, la introducción de la Arquitectura Moderna en Estados Unidos con la famosa exposición del MoMA y se transforma luego en el principal defensor y discípulo de Mies van der Rohe en los EEUU. Sin embargo, termina adhiriendo al Posmodernismo con un paso previo por cierto diálogo con la historia en la década de 1950. Luego, lo veremos resurgir como líder del Deconstructivismo. Va a llevar prácticamente a la exasperación esta idea de no compromiso, de aceptación de las modas y se va poner a la cabeza de todas ellas. La hoy llamada torre Sonny adapta la teoría tripartita del rascacielos de Sullivan a la estrategia posmoderna e incorpora diversas citas como el coronamiento estilo Chippendale y el hall de acceso que se intenta asemejar a un claustro románico.

La renovación en relación a la modificación de los modos de proyectar, también tuvo sus ecos en la Argentina, sobre todo en la experiencia de "La Escuelita". Pero como siempre pasa en nuestro país y eso tal vez es un rasgo muy atrayente de nuestra cultura, lo que se vivió aquí es una especie de mezcla de todo, donde había influencias muy variadas. Y eso es lo interesante. Fundada como alternativa a la enseñanza oficial amordazada por la dictadura, en este ámbito producto de la voluntad de Justo Solsona, Tony Díaz y Ernesto Katzenstein, se gestaron cambios importantes. Desde la introducción de ejercicios lingüísticos a partir de un entendimiento de las propuestas de la vanguardia neoyorquina, hasta la influencia de Aldo Rossi quien es invitado y establece una estrecha relación con Tony Díaz que se convierte, a partir de allí, en una especie de difusor de su arquitectura. En ese contexto encontramos diversos resultados. Desde los ejercicios de Solsona que no abandonan, si bien pueden cambiar en lenguaje, su relación con la noción de partido y de Arquitectura Moderna, o las ideas de Tony Díaz que de alguna forma retoman la cuestión de la tipología. A lo que debemos adjuntar los trabajos sobre el lenguaje de la arquitectura moderna de Katzenstein con la colaboración de Jorge Liernur y Eduardo Leston.

Esta experiencia se trasmite a la FADU, luego de la recuperación de la democracia. El diseño tipológico es fundamental en Tony Díaz y genera una fuerte influencia en la cátedra que va formar en la Universidad en

Edificio Sonny, New York, 1979, Philip Jhonson. Fotografía de Fernando Aliata.

esos años. Entre otros ejercicios que propone por entonces Díaz está el relevamiento de los edificios históricos. El equipo y los alumnos de la cátedra realizan entonces un trabajo intenso de análisis tipológico para generar una colección de tipos locales y ver cómo esos tipos se pueden rescatar y reutilizar en el diseño. Una idea de revisión del pasado en la cual también participa Solsona con el análisis de la Arquitectura Racionalista Argentina, pero de un modo mucho más morfológico que tipológico. Esto es muy importante porque va a generar una especie de quiebre y uno puede encontrar en la cátedra de Tony Díaz y sus docentes luego de que Díaz se radica en España, como observa Carolina Kogan, un germen de transformación de los procesos proyectuales en la Argentina.

Podríamos vincular la tendencia tipológista de Díaz a todo un debate que se suscita también en el campo historiográfico en relación a la herencia y el valor de la modernidad local. Por ejemplo, el análisis del conjunto Los Andes, un proyecto de la década de 1920 que es leído en esos años como alternativa a los modelos del Movimiento Moderno. También podemos incluir en esta revisión de la modernidad local el estudio de la manzana del damero original de las ciudades argentinas, una creativa exploración que se plasma en la urbanización del barrio Centenario en Santa Fe que hace Díaz con sus socios en pleno auge del tema tipológico. Esto sería la puesta en práctica, en el medio local, del abandono de las ideas de diseño urbano que venían del modelo del CIAM a lo que se sumaban las experiencias críticas del Team X que se reflejaban en la urbanización de Lugano, o los conjuntos de Staff en la periferia de Buenos Aires. Frente a ello, este artefacto lo que viene a proponer es otro tipo de diseño. Volver a la manzana tradicional, donde no importa tanto la orientación como ordenadora del proyecto sino redefinir una estructura de ciudad que retoma, la tradición tipológica local y la recrea en una condición distinta que era el conjunto de media densidad. Al mismo tiempo, el proyecto intentaba reconstruir el diálogo rossiano entre edilicia y el monumento aislado; en este caso la plaza, girada a 45° y el adyacente edificio de la escuela. Lo importante aquí es ver cómo el diseño tipológico viene a poner en crisis el modelo funcionalista tradicional y también a la idea de partido que heredada de la tradición *beaux-arts*, continuaba siendo una herramienta central en el modo de proyectar de la modernidad local.

Conjunto habitacional Centenario, Santa Fe, 1978 Tony Díaz. Wikimedia Commons.

### El Proceso como Alternativa a la Tipología

Si volvemos sobre el campo internacional, lo que encontramos en las últimas décadas del siglo XX y las primeras del XXI es una proliferación de paradigmas. Hay arquitecturas que se rigen por el bioclimatismo: el buen uso de los materiales y los procesos de diseño para ahorrar energía y mitigar el cambio climático; la apuesta de otras tendencias es a la innovación tecnológica, la búsqueda de horizontes analógicos, de inspiración en el arte o el pensamiento filosófico, y los múltiples procesos y modos de proyectar que surgen del uso de la informática. Numerosas tendencias de las cuales yo realmente no puedo dar cuenta. No sólo por la brevedad de este curso, sino porque no estoy suficientemente informado de todo un universo que excede mi conocimiento. Pero voy a intentar, al menos, trabajar sobre el tema del proceso como forma de diseño. El proceso como alternativa al partido, como alternativa a la tipología.

Recapitulemos algunos de los conceptos que ya vimos. A partir de la generalización de la idea de Funcionalismo como matriz del proyecto, el programa se transformó en el punto de inicio para generar un organigrama de funcionamiento que luego era lo que terminaba dando la forma final al edificio. Generalmente el organigrama funcional, al menos en nuestro medio, se combinaba con la idea de partido que no había perdido vigencia. La primacía de la organización era lo que iba a dar origen a la forma y esto era un criterio funcional, profundamente diferente del modelo *beaux-arts* y la noción de distribución. Adaptaba, de algún modo, la concepción de la composición abierta que venía del pintoresco y, como decía Gropius, el planteo de una composición moderna necesariamente tenía que ser asimétrico. Para ver un cambio en relación a esta concepción, si Italia nos había dado la posibilidad de hablar del retorno a las tipologías, debemos acudir a Inglaterra donde se plantean otros caminos y otras alternativas a la forma tradicional de hacer arquitectura.

Inglaterra era por entonces una sociedad muy paradójica, porque si bien había ganado la Segunda Guerra Mundial, en definitiva, también la había perdido. En efecto, los historiadores nos dicen que la guerra no la perdió Alemania, sino que la perdió Europa. Europa dejó de ser el centro del mundo, perdió sus imperios coloniales, se fue reduciendo en el contexto geopolítico mundial, aparecieron la Unión Soviética y Estados Unidos como los ganadores y llevarán adelante el destino del mundo, por lo menos, hasta la caída del muro de Berlín. En Inglaterra ocurrió algo parecido a lo que pasó en Italia, ya que existía una gran efervescencia, una necesidad de recuperar cierta primacía, y el campo cultural fue en ese sentido muy importante. La cultura inglesa de la Segunda Posguerra, como la italiana, dio origen a muchas cosas, entre ellas, el surgimiento de algunas ideas arquitectónicas muy novedosas que se inician con los Smithson. En el *Independent Group* del que formaban parte Alison y Peter junto a Reyner Banham, Edoardo Paolozzi, Nigel Henderson, Richard Hamilton y Lawrence Alloway vemos el surgimiento de una mirada lúcida hacia lo que estaba pasando en los Estados Unidos. De este grupo va a emerger un tipo de arte inconformista que está en la base del pop, y que tiene precisamente uno de sus puntos de partida en Inglaterra. El famoso collage de Henderson preparado para la exposición *This is Tomorrow* de 1956, nos muestra los elementos característicos del modo de vida norteamericano. Algo que tanto admiran los europeos en un momento de crisis como lo es el decenio posterior a la guerra. O sea, la televisión, la comida enlatada, el grabador, la aspiradora; es decir, todos los elementos de la nueva sociedad de masas que aparece en el premonitorio *collage*. Y este impacto de la producción industrial sobre el consumo está también en la base de la construcción intelectual de un personaje como Banham quien comienza hablando de una primera y segunda era de la máquina para referirse a la irrupción de la tecnología en la sociedad. Así como Italia tiene a Tafuri, Argán o Zevi, Banham es el representante inglés, junto a otros estudiosos que surgen durante esa particular etapa. Un grupo de historiadores y críticos que también emprenden una revisión de la arquitectura de la modernidad y proponen nuevas ideas como: Colin Rowe, Alan Colquhoun o Kenneth Frampton. Banham escribe el libro *Teoría y Diseño Arquitectónico en la Era de la Máquina*, su tesis doctoral, donde desde distintos parámetros pone en crisis el modelo triunfante del Movimiento Moderno. Allí plantea que dicha crisis era producto de profundas contradicciones, ya que los arquitectos modernos no habían logrado desprenderse de ciertos principios que venían de la época clásica. Banham nos dice de manera provocativa que el verdadero héroe moderno es Buckminster Fuller y no Le Corbusier. Es decir, la arquitectura no ha sabido responder al llamado de la modernidad, el proceso de modernización es una cosa, los modernismos son otras. La arquitectura debe todavía lograr el nivel que ha alcanzado el proceso de modernización, no tiene que mirar hacia el pasado. De allí es que Banham se coloca muy cerca de los Smithson en la década de 1950, de las tecno utopías en la década de 1960, de todo ese campo efervescente que se está formando en Inglaterra. En sus escritos plantea la idea de a-formalismo, de una arquitectura topológica entendida como el uso de la geometría generado por la presencia del usuario y la prominencia de la colectividad, la circulación, la relación interior exterior, una arquitectura que se desprenda de cualquier modelo previo y en eso sería a-formalista y a-tipológica.

Podríamos relacionar, por otra parte, el libro de Banham con el fenómeno de Archigram. De una arquitectura que mira de una manera muy optimista la construcción de una sociedad de consumo que se va haciendo cada vez más universal; que, poco a poco, después de esos primeros duros años de la posguerra, parece celebrar que Inglaterra se incorpore al modelo norteamericano junto a todo Europa. De allí esta idea de una "representación" futurista de una arquitectura para el consumo. Este concepto que vimos en la clase anterior de que la tecnología genera la posibilidad de absoluta libertad de desplazamiento, de exaltación del ocio, de consumo, es la utopía de esos años, pero obviamente un mundo de esas características necesitaba de recursos infinitos para que pudiese llevarse a cabo este sueño. En ese sentido estas propuestas ofrecían una especie de visión bastante edulcorada, bastante armónica del futuro, pero eran poco realistas, de algún modo, estaban pensando en tecnologías que todavía no existían, en resolver los problemas más desde el punto de vista teórico que práctico.

Frente a esto, el personaje que surge y tiene relación con lo que va a pasar a posteriori y que podemos pensar como prehistoria del presente, es Cedric Price. Price es un arquitecto que nace en el norte de Inglaterra y se forma en Cambridge y también en *la Architectural Association*. Se destaca rápidamente entre sus pares por su capacidad, pero por entonces Peter Smithson dice de él que como estudiante en realidad no es bueno porque no dibuja, tiene ideas, pero no termina nunca de plasmarlas. Esto tiene que ver con su forma de ser, con el estilo particular de Price. En principio, se va a relacionar con la arquitectura de sistemas, pero de una manera mucho más práctica y concreta que otros jóvenes de su generación. Uno de sus proyectos iniciales es un sistema para construir viviendas industrializadas, recordemos que estamos en Inglaterra en un momento en que se intenta, por medio de la construcción racionalizada, recuperar lo destruido durante la Segunda Guerra Mundial. Otro de sus proyectos inaugurales es el aviario del zoológico de Londres que es una estructura muy interesante caracterizada por su carácter experimental.

Lo destacable de Price es su modo de proyectar y por eso es importante para nuestro argumento. El planteo que encontramos en sus proyectos es algo absolutamente diferente al Funcionalismo. Parte de la disponibilidad, de la oportunidad y no de generar la solución definitiva de un problema por medio de un diseño acabado. La consigna que lo guía es que frente a un tema dado deben generarse estrategias que se van evaluando y se van modificando y en ese sentido el arquitecto debe interactuar con los factores que convergen a la solución del problema. No casualmente Price hace en esos años también un manifiesto, el *Non-Plan* que está en contra de la planificación de la ciudad tradicional. Piensa fundamentalmente que hacer arquitectura es inventar oportunidades, también que el programa no debe ser algo rígido, se tiene que transformar en acciones a realizar y se debe evaluar el resultado de esas acciones e incorporándolas al diseño que se transforma así en un proceso continuo. Lo que genera es, fundamentalmente, es una especie de agenda de lo estratégico. La idea, además, es que tiene que existir una preminencia de la organización, de lo que está planteado como problema, por sobre la forma. Esta premisa la demuestra con dos proyectos que luego se hicieron muy famosos, pero ninguno de los dos se construyó, y son muy representativos de ciertas tendencias que se van a desarrollar en el futuro. Uno es el ejercicio de ordenamiento territorial denominado Potteries Thinkbelt y el otro es el Fun Palace.

El primer proyecto tiene que ver con el sitio donde Price había nacido. Un lugar de Inglaterra donde durante el siglo XVIII y el XIX se fabricaba la porcelana. Fue durante todo ese período un verdadero *boom* y se montaron muchas fábricas porque allí estaba la materia prima. Con el tiempo se generó un paisaje industrial denso que daba sustento a los habitantes de toda esa región. Una de las características de la Segunda Posguerra fue el desmantelamiento, la expulsión de este tipo de industrias que se mudaron a lugares del Tercer Mundo porque resultaban mucho más rentables y por lo tanto se fueron abandonando y dejando en desuso todas estas superficies, algo que sucedió también en muchas otras áreas industriales de Europa. La idea entonces era cómo hacer de este paisaje degradado una zona nuevamente próspera, ya que una vez desmontadas las fábricas se había generado un proceso típico de deterioro: desempleo, abandono, emigración de esa población hacia las grandes ciudades, etc. Frente a esta realidad el proyecto de Price nace de la idea de oportunidad, de encontrar una sinergia entre los ingredientes que están en la base de la propuesta arquitectónica. Un principio bien distinto del concepto funcionalista de identificar un problema y responder con un programa. Price se encuentra allí con que están las instalaciones abandonadas, hay también un ferrocarril en desuso, entonces el plantea hacer un programa de capacitación y de empleo buscando nuevas actividades y generar allí una universidad. Una universidad que será itinerante, aprovechando las vías del ferrocarril para ir conectando y llevando las aulas a todos los puntos para producir una capacitación de toda esa masa de obreros industriales que habían perdido su trabajo. Es decir, una idea de universidad móvil. Por otra parte, se trata de la primera propuesta que surge en Europa para recomponer el paisaje industrial abandonado. El arquitecto aparece allí como un estratega que va cambiando a medida que el tiempo pasa y hay nuevas necesidades, y para ello lo que genera es un kit de elementos a disposición para resolver el problema. Una cosa totalmente distinta al diseño absolutamente pensado y acabado donde el arquitecto dice, "vamos a tener tantas aulas, que van en este lugar, con x m2 para la dirección, el comedor", etc. En cambio, lo que hace Price, es poner los elementos en circulación y a partir de que esos elementos están moviéndose en el territorio, van a aparecer oportunidades y, por lo tanto, hay que rediseñar permanentemente. La interacción de los usuarios es fundamental. Allí encontramos por primera vez la idea de diagrama. Diagramas que fijan los diferentes puntos y las relaciones que pueden establecerse y que influyen decididamente en la configuración del proyecto. Es un sistema abierto para tomar las decisiones, donde hay información, energía, cambio, no es planificación, no es el planificador que lo decide todo, sino que es aquello que se constata a partir de la actividad lo que se transforma en el insumo constitutivo de lo que se va proyectando. O sea que, una vez que se pone en movimiento la idea, el uso va a ir trazando diferentes alternativas y diferentes soluciones.

En definitiva, plantea que se colocarán aulas móviles que se trasladan por el ferrocarril y esto reactivará el tren, se colocarán también grúas plumas que van a desplazar las aulas según las necesidades como se ve en las imágenes que han quedado del proyecto. En ellas se nota también, como decía Peter Smithson, un desdén por el dibujo preciosista, no le interesa tanto a Price y en eso se diferencia en esto de los Archigram. Allí observamos que no llegan a dibujar todo, sino que aparecen perspectivas hechas a partir de fotografías, incluso con cierto nivel de indeterminación. Por otra parte, los elementos que utiliza en sus proyectos son piezas que están en el mercado. No hay una preocupación por un detalle técnico nuevo. Lo importante es la consecución de la idea, es decir, cómo esto se va desarrollando en el tiempo. Entonces el arquitecto se transforma en una especie de gestor. Es quien, de alguna manera, propone permanentemente ideas frente a los problemas que el proyecto plantea como desafíos a lo largo del tiempo. Opiniones que son mediadas por el contexto político, social, etc. En ese sentido es una verdadera innovación. Price trabaja incluso con un equipo de ingenieros que actúan como consultores proponiendo propuestas técnicas para resolver los problemas.

Podríamos decir que su forma de operar es sistémica, pero de un sistema mucho más abierto de lo que originalmente se había desarrollado a partir de 1945 en adelante, y con esta flexibilidad de ir incorporando muchos más factores, y que estos factores pueden cambiar el orden de las cosas y transformar profundamente las ideas iniciales. Por lo cual, y esto es tal vez lo más importante, el arquitecto pierde el control. Aquí no hay arquitectura en el sentido clásico, esto es un sistema en el cual las partes son intercambiables, pueden estar acá hoy, pueden irse a otro lado, pueden retornar. El arquitecto lo que propone solamente es el kit de elementos a ser utilizados.

El otro proyecto fundamental y más conocido es el Fun Palace, que podemos comparar tal vez con lo que contemporáneamente realizan los grupos italianos, como Archizoom y Superstudio, con la idea de la nonstop City, la concepción de una especie de ciudad construida a partir de la tecnología que brinda los elementos básicos de infraestructura y confort. En este planteo la arquitectura desaparece al ser todo arquitectura. La extensión indefinida de configuraciones conformadas por grillas infinitas da como resultado una ciudad sin centro ni periferia. Un conglomerado isótropo, una urbe interior climatizada y sin fachadas que se desarrolla horizontalmente. El habitante de este espacio de confort puede tener una vida absolutamente libre para moverse, hacer y deshacer según sus necesidades. El proyecto de Price parece un fragmento de esta utopía y tiene que ver con el ambiente propio de esa Inglaterra de la década de 1960, tan creativa y tan generadora de ideas en muchos campos. Particularmente el Fun Palace presenta una relación muy directa con el teatro. Quien propone la idea a Price es Joan Littlewood, que era una directora teatral de vanguardia, que pensaba en crear una especie de espacio teatral abierto y, en ese sentido, encuentra en Price el diseñador ideal. Es un proyecto absolutamente revolucionario, ya que propone un lugar de concentración de actividades en el cual la arquitectura es una especie de kit de partes que se pueden sacar, poner, colocar de una u otra manera; por lo tanto, el control de la forma por parte del arquitecto desaparece totalmente. Lo que hace Price es establecer pautas para que las interacciones ocurran. También se asocia al proyecto un personaje que se llama Gordon Pask, una figura clave que vincula a Price con la vanguardia cibernética británica ya que es ingeniero y trata de encontrar un sistema que permita generar relaciones entre los usuarios.

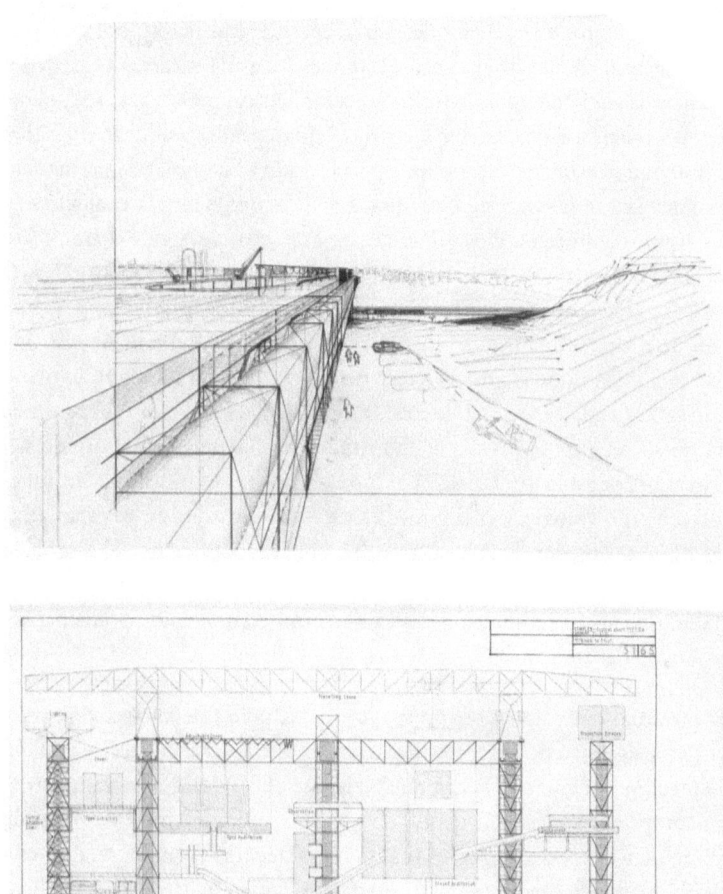

Arriba, Potteries Thinkbelt, North Staffordshire, Inglaterra, Cedric Price.
Abajo, Fun Palace, Londres, Inglaterra, Cedric Price.

El edificio es un gran tinglado donde hay unas grúas plumas que pueden llevar elementos e ir generando situaciones determinadas; por ejemplo, hay un campeonato de ajedrez, y entonces las grúas sacan el resto de los elementos para que los organizadores coloquen sus mesas; al día siguiente hay un partido de básquet y las grúas arman graderías, luego un ballet por lo que se arma un escenario. Es decir, todo va cambiando permanentemente según las necesidades, gustos y de acuerdo con la evolución de los eventos culturales. El resultado es un gran espacio donde el arquitecto lo que hace es gestar las actividades que van a realizarse, pero después esas actividades pueden ser otras y pueden modificar el mismo espacio con una intervención mínima o tal vez ninguna intervención. Es una revolución en donde la forma física del edificio pasa a un segundo plano y se centra en la capacidad de iniciar interacciones entre el público. Price entonces rechaza el diseño de la forma y se concentra en el diseño del sistema. Las estructuras y los componentes son definidos por un ingeniero, Frank Newby, y en algunos casos están tomados de las estanterías de algún proveedor de la industria. No hay una idea de que el diseño, la intervención meditada del arquitecto debía otorgarle a este kit de materiales, una justa medida, convertirlo en arquitectura, como podía pensar Mies van der Rohe.

El proyecto que finalmente no se construyó, pero fue profusamente publicado, significó un impacto importante y fue la base de inspiración del Centro Pompidou, con la diferencia de que allí la cultura de vanguardia que proponía este espacio teatral de Londres se transformó en cultura de masas. Una especie de "máquina de homogeneizar" que poseía mucha flexibilidad, pero no proponía una participación gestada desde el público. En definitiva, un edificio del Estado planteado como un museo del Estado, con un programa determinado, y por lo tanto no podemos leer allí el concepto que Cedric Price había planteado originalmente.

Al mismo tiempo que está sucediendo esto en Inglaterra, están ocurriendo cosas en Estados Unidos que son bastante interesantes también. Aparece un grupo de arquitectos que en ciertos aspectos coinciden y trabajan en una especie de revisión de la arquitectura de Le Corbusier, del

Centro Nacional de Arte y Cultura Georges Pompidou, París, Renzo Piano y Richard Rogers. Fotografía de Eduardo Gentile.

Cubismo y las vanguardias. De esta acción participan cinco profesionales jóvenes: Richard Meier, Charles Gwathmey, Michael Graves, Peter Eisenman y John Hedjuk. Se denomina a este grupo, a partir de una exposición inicial, los *Five Architects*, aunque rápidamente sus caminos se separan y no volverán a exponer juntos. Son la contracara del proceso iniciado por Robert Venturi, por lo que la crítica los va a llamar exclusivistas, para distinguirlos del inclusivismo populista de este último. Los *Five* están ligados a la tradición del arte europeo, por lo que rápidamente logran forjar una conexión con la vanguardia de los principales centros del viejo mundo. Particularmente debemos señalar a Eisenman que es el personaje más interesante y con mayor trascendencia en lo que se refiere a las estrategias proyectuales. Tempranamente se destaca como director y gestor principal del Institute for Architecture and Urban Studies en Nueva York (IAUS), que se convierte en la sede de la vanguardia neoyorquina. Eisenman se había formado en Cornell con Colin Rowe y Oswald Mathias Ungers, que era un arquitecto alemán que por entonces estaba muy interesado en la cuestión de cómo alterar con procedimientos gestuales los edificios históricos. Hay una serie de ejercicios que él propone en Cornell y que luego se replicaron aquí en La Escuelita, que implicaban descubrir la estructura morfológica de un edificio determinado para luego alterar su conformación original mediante diversas operaciones. Colin Rowe, por otro lado, lo introduce en el estudio de la historia, lo lleva a Italia y allí Eisenman conoce la producción de Giuseppe Terragni, se enamora de la obra del arquitecto italiano, que será una obsesión toda su vida. Al mismo tiempo, la primera producción de los *Five* es publicada en Italia con una introducción de Manfredo Tafuri, y se establece una conexión entre el IAUS y Venecia, y allí aparecen Diana Agrest, Mario Gandelsonas, que podemos asociar a la actividad que realizan al mismo tiempo en Harvard Rodolfo Machado y Jorge Silvetti, justamente porque incorporan el tema de la semiótica arquitectónica. Estas disciplinas, pero también la lingüística, interesan muchísimo a Eisenman quien comienza a relacionarse con Noam Chomsky pensando en desarrollar la idea de arquitectura como lenguaje bajo el concepto de Post funcionalismo y no de Post modernismo. De la revisión que hace junto a los *Five* de las pinturas cubistas y Le Corbusier, emerge la cuestión de empezar a plantear una arquitectura que se aleja profundamente del Funcionalismo acrítico. Comienza entonces a trabajar sobre la idea de procedimiento, el prioncipio de proceso como fundamento del proyecto. Es decir, realizar una serie de operaciones tal como hacían los artistas de vanguardia, sobre un problema en particular y llegar a construir desde allí un edificio. Nos habla de una arquitectura conceptual que sería diferente a la idea de arte conceptual, tan en boga durante la década de 1970, ya que no deja de tener en cuenta la dimensión semántica.

Tafuri en sus escritos más radicalizados cree ver en estos arquitectos, y sobre todo en Eisenman, la única respuesta posible a la arquitectura del capitalismo. Para el crítico italiano en realidad la arquitectura moderna lo que había hecho era responder al plan del "sistema". En otras palabras, ser funcional al desarrollo de la ciudad capitalista. Frente a este diagnóstico coloca a esta idea elitista y provocativa de los *Five*, en un terreno en donde el juego lingüístico parece ser la única respuesta lúcida. O sea, la contracara al plan, una especie de contestación de vanguardia a la realidad asfixiante de la Arquitectura Moderna. A partir de esta coincidencia hay un matrimonio inestable entre Tafuri y este grupo de arquitectos que no se sostendrá en el tiempo, porque Tafuri, y también Eisenman, cambian. El IAUS funda además la revista *Opositions*, que se transforma en una publicación de vanguardia muy importante durante las décadas de 1970 y 1980 que edita textos críticos, historia, ensayos teóricos, etc.

Desde el punto de vista de los modos de proyectar, Eisenman se va a dedicar fundamentalmente a trabajar con la forma y generar sobre la arquitectura todo tipo de operaciones como hacían los pintores del cubismo en adelante. Es decir, adición, sustracción, trabajo con llenos y vacíos, rotación, traslación, capas, niveles, estratos, desplazamientos, toda esta serie de juegos hechos de una manera casi inconsciente que, finalmente, producen un objeto. Allí aparece la noción de proceso.

En efecto, Eisenman va a ser un defensor de la idea de ir documentando, es decir, no mostrando sólo la forma final, sino justificando el proceso de creación del objeto. Trabaja tomando como fuente a las vanguardias rusas que ya analizamos en las cuales funciona la idea de sustracción, ruptura de la trama y generación de un montaje, eso está en el corazón del primer Eisenman cuyo objetivo ulterior es rescatar lo que él cree es el auténtico espíritu de la modernidad sepultado por el Funcionalismo. A partir de ese instrumental teórico, a lo largo de la década de 1970, proyecta una serie de casas, e inaugura con mucha fuerza esta metodología. Rafael Moneo dice, refiriéndose a Eisenman,

"la influencia que, en los últimos años, el concepto de proceso ha tenido para establecer una teoría del proyecto ha sido importantísima. Quien, como yo, por ejemplo, lleva 25 o 30 años en las escuelas de arquitectura podrá dar testimonio de cuanto tanto arquitectos como estudiantes insisten hoy en el proceso a la hora de presentar el proyecto. El proceso, por lo tanto, como responsable del proyecto. Cuántas veces hemos escuchado que de lo que se trata es de registrar el proceso, de tener presente toda aquella sucesión de estadios formales que se ofrecen como justificación a un estadio final y último. Lo que interesa más que la propia obra de arquitectura es la biografía del proyecto, y de ahí el interés en que se conserve vivo el testimonio de lo que fue su proceso de gestación. Del mismo modo que ocurriría en una partida de ajedrez o en una pintura si se pudieran mantener visibles y transparentes los movimientos que hicieron los jugadores o distintos movimientos del desarrollo del cuadro. Una obra de arquitectura debe mantener vivas y dar razón de todas las etapas intermedias del objeto latente en el proyecto."[4]

De ahí es que nace la idea de que lo que garantiza, digamos, la coherencia y el sentido de la obra es el registro del proceso. El proceso es lo que conduce la obra. Esto es absolutamente anti-partido y anti-funcionalista. Buena parte de la tradición *beaux- arts*, así como la funcionalista acerca del proyecto quedan opacadas por esta idea del proceso en el cual la construcción, el programa, el lugar, están allí, pero quedan en un segundo plano.

---

4   Moneo, Rafael (2004) Inquietud teórica y estrategia proyectual en la obra de ocho arquitectos contemporáneos, Barcelona, Actar, p. 151-152.

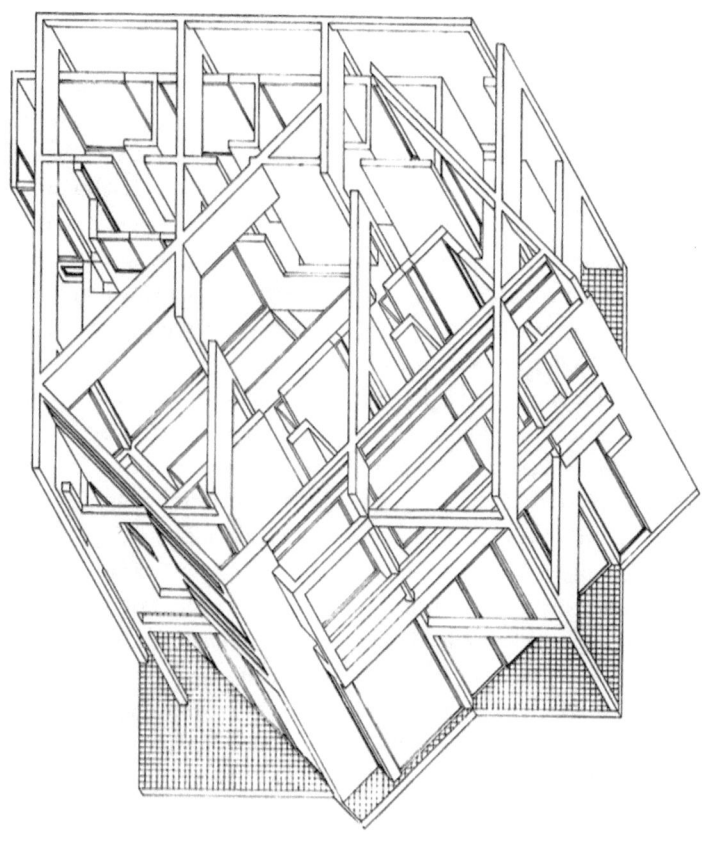

House III, Lakeville, Connecticut, EEUU, 1969-1971, Peter Eiseman.

Esto da origen a una serie de obras que, en definitiva, no son un capricho formal, sino que son, para Eisenman, el resultado de una sucesión de operaciones, de movimientos que se van dando a partir de una idea de generación paulatina de la forma y que están absolutamente alejados de los principios de la tectónica. En un momento él la llama arquitectura de cartón, ya que algunas de la serie de casas que diseña en su primera etapa, son como maquetas. No interesa si en la mitad de la sala de estar surge una viga que parte en dos el espacio, ya que no responde a una cuestión de dimensionamiento, sino a una cuestión de desplazamiento espacial y organización de los diferentes elementos. Tiene que ver con el proceso, no con la optimización de la estructura de sostén. En este contexto el tema de lo funcional desaparece totalmente, la arquitectura se transforma entonces en un juego artístico. Lo interesante es que, si bien la idea lúdica de proceso está en la base de Eisenman, y uno puede decir que va a continuar a lo largo de toda su obra, lo que emerge después es el pensamiento analógico, que es una variable nueva en su forma de proyectar. En efecto, en una segunda etapa que comienza a fines de la década de 1970, Eisenman se desprende de la apelación a la lingüística y se inscribe en un contexto posestructuralista de la mano de Jaques Derrida. Una nueva modalidad que intenta producir una relación directa de la arquitectura con la conciencia global de una época de crisis. O sea, realizar interpretaciones del devenir histórico capaces de materializarse en formas. Por entonces el pensamiento analógico se constituye como una alternativa común a muchos arquitectos y tiene que ver con esta idea de presuponer el objeto edificio por fuera de cualquier esquema programático. En este sentido, podríamos relacionarlo con Price. No hay dimensionamiento, no hay programa previo, ni esquema funcional, sino que se empieza a pensar el edificio desde otra perspectiva, O también puede preconcebirse a partir de analogías con la ciencia, algo que había empezado, como vimos en la Segunda Posguerra, con estos arquitectos que planteaban una nueva relación con la naturaleza a partir de las estructuras, como Candela, Nervi, etc. Pero Eiseman se inspira, no en las hojas o los tallos, sino en la curva de Moebius o el diagrama del ADN u otros descubrimientos científicos, y eso le sirve para generar una arquitectura analógica. Todo esto se combina con el uso de la técnica de fragmentación, de juego que viene de las vanguardias y la geometría no euclidiana que en conjunto generan una especie de caos controlado que vulgarmente asumió el nombre de Deconstructivismo.

El problema de estos personajes como Eisenman es que a lo largo de su carrera van a desarrollar muchas propuestas, van a tener una prolífica evolución. No son como, por ejemplo, Louis Kahn que empieza con la idea de recuperar ciertos hábitos de la cultura académica y los va desarrollando durante su vida. En lo contemporáneo todo se acelera. Vemos períodos diferentes, donde los contenidos son distintos y los resultados varían constantemente. En este sentido para finalizar este panorama pensé en tomar a Rem Koolhaas y a Bernard Tschumi, porque me parece que ahí hay un núcleo que se relaciona muy directamente con lo que vimos de Cedric Price, algo que reafirma muy bien García Germán en su libro.

La biografía de Koolhaas es muy interesante, vive su infancia en las Indias Holandesas, luego vuelve a los Países Bajos, estudia cine primero, después va a Estados Unidos, va a Cornell, allí trabaja en relación con Ungers, luego va al IAUS y ahí conoce a Eisenman, y empieza a desarrollar una especie de tesis que es *Delirious New York* que será el libro fundamental de teoría de la arquitectura de la última parte del siglo XX. Y que, precisamente, es la visión de un europeo que observa Estados Unidos y ve cosas diferentes de lo que ven los norteamericanos. Es una versión distinta a las de Loos, de Le Corbusier, o Gropius, una visión distinta y muy revulsiva de lo que es Estados Unidos que lo vuelca en ese libro dedicado a analizar a Nueva York y su relación con la modernidad.

Luego está Bernard Tschumi que, en realidad, trabaja en una dimensión similar, ambos se encuentran, en la *Architectural Association* de Londres donde hay, durante la década de 1970, un grupo de docentes muy distintos entre sí. Están desde los sobrevivientes de la década de 1960, como Price y Peter Smithson, hasta Charles Jenks o León Krier, como representantes del Posmodernismo, etc. En medio está *Delirious New York*, y lo que nos interesa, aunque habría mucho para decir sobre este libro, es que Koolhaas, entre otras cosas, primero formula una crítica radical a lo que se estaba desarrollando en la década de 1970, tanto al formalismo post como a los juegos lingüísticos de Eisenman. Su mirada se centra en el proceso de modernización y no en los modernismos que tratan de construir una estética de ese proceso y que finalizan en la construcción de la Arquitectura Moderna. Las ideas de Le Corbusier, Mies, etc, a pesar de que son admirables en muchos aspectos, dice Koolhaas, han rigidizado las posibilidades de desenvolvimiento de una arquitectura acorde con el proceso de modernización. La verdadera arquitectura de este proceso, piensa Koolhaas, es la que hicieron, más bien, los arquitectos comerciales que construyeron la periferia. De allí que se interese particularmente por los suburbios de las grandes ciudades, que es un poco el gran tema de la segunda mitad del siglo XX. Por lo tanto, no le importa el centro histórico, sino el espacio emergente del proceso de modernización. Y no solamente en Europa y Estados Unidos, sino que tiene una visión global producto de haber vivido en Oriente, y que va a desarrollar luego en muchos de sus escritos, porque además es un personaje que ha escrito mucho, que produce constantemente teoría. En ese contexto, sus obras poseen un valor didáctico ya que sus realizaciones arquitectónicas son constatación de sus principios. Elabora una serie de ideas originales, contra corriente, y esas ideas las transforma en proyectos. Trabaja de una manera bastante grupal, funda un estudio, OMA, donde hay artistas, y arquitectos que en principio también generan toda una gráfica muy particular.

Koolhaas se coloca en oposición a las arquitecturas de base lingüística, va a estar en contra del IAUS, de Gandelsonas, de Eisenman y basa su teoría inicial en lo que descubre precisamente en relación con Nueva York. Entiende que la modernidad norteamericana es el rascacielos que se transforma en el ejemplo paradigmático ya que reúne el concepto de no relación entre interior y exterior, a lo que agrega la idea de la densidad, la densificación de funciones. O sea que, lo que producen las metrópolis modernas es la densificación y precisamente por eso los edificios no son homogéneos. Toma como ejemplo un rascacielos estándar: el *Downtown Athletic Club* y dice que hay muchas cosas adentro, desde un hotel, oficinas, pileta de natación, etc. y eso no se refleja en el exterior. A partir de allí entiende que no es cierto lo que decía el Funcionalismo.

Lo importante del proceso de modernización es la densificación, es la base de la cual debemos partir para hacer una nueva arquitectura. No la idea de Funcionalismo o de relación entre técnica y arquitectura, sino la densificación. Luego está la técnica que debe afrontar la espontaneidad, el accidente, la acumulación, la saturación de actividades que son los principios que están dominando estas primeras hipótesis de Koolhaas en relación a Nueva York. Como bien afirma Gorelik el rascacielos y la retícula funcionan aquí como base, como estructura teórica de la cultura de la congestión. Son su resultado, pero también su motor.

El otro elemento que compone su forma de proyectar es su correspondencia con las vanguardias, pero de un modo distinto a como las interpreta Eisenman. Koolhaas utiliza la imagen de los constructivistas rusos que navegan en una balsa, una especie de pileta donde ellos nadan para hacer avanzar lentamente esa balsa desde Rusia hacia a Nueva York y en su largo viaje llegan ya viejos a su destino. Con esto nos quiere decir que hay que darse cuenta que Nueva York y no Rusia, es el lugar donde precisamente el sueño de la nueva arquitectura puede realizarse. Allí logra materializarse la idea de condensador social, que no es la noción de condensador social soviético, nos dice, sino que son estos rascacielos que se transforman en la imagen precisa del proceso de modernización. La gran ciudad, el perfil de Manhattan, que Le Corbusier miraba con escándalo y que quería ordenar y regularizar, recordemos el perfil preciso y racional de los rascacielos cartesianos imaginados por Le Corbusier para Buenos Aires, es lo que fascina a. Koolhaas.

Entonces, la modernidad no está muerta. Él afirma que es absolutamente contrario a esa idea de oposición a la generación anterior, algo que contemporáneamente hacían los posmodernos. Admira a los arquitectos holandeses de las décadas de 1920 y 1930 y al Team X, y establece un diálogo con esas arquitecturas. Hay también una influencia de Ungers, cuando plantea uno de sus primeros proyectos basados en la idea de bloques, de las manzanas en cuadrícula de Manhattan, pero donde trata de mostrar ese plus que ve en la metrópolis que es la diversidad. Aparece allí entonces una sumatoria de ejemplos: el rascacielos cruciforme de Le Corbusier, una obra expresionista, un rascacielos Art Deco. En definitiva, nos muestra esos contrastantes elementos que constituyen esta especie de multiplicidad permanente de competencia, que es la metrópolis y que tanto admira.

Y por otro lado, encontramos otra vez la apelación a las vanguardias. Este concepto de tomar los elementos, descomponerlos, volverlos a componer, hacer una especie de mix entre cosas diferentes. De allí que Koolhaas tome muchas veces partes de proyectos que estaban en otros arquitectos y las desarrolle, las cambie y transforme, sobre todo en su primera etapa. Algo que Moneo ha calificado con mucho acierto como un *cocktail* arquitectónico.

En medio de todo esto encontramos un concurso que es fundamental en el cual van a participar separadamente tanto Tschumi como Koolhaas que es el de la Villette. Un evento que también nos marca un clima, que es esta cuestión que también aparece en Price: la necesidad de transformar espacios que han perdido su función original. Es decir, grandes superficies industriales, áreas mineras como el Ruhr, puertos desactivados, etc. En efecto, Europa está llena de estas áreas donde antes se producía y ahora no se produce y hay que darle un destino. Y, por otro lado, aparece una estrategia tendiente a vivificar las ciudades creando planes que las transformen no ya dentro de un plan urbanístico clásico, sino por fragmentos, por partes. Un intento de cualificar ciertas zonas a partir de edificios o conjuntos de edificios que sirvan de plataforma para la resignificación urbana. Algo que podemos encontrar en casos bien conocidos como Barcelona o Bilbao. Esta idea donde la arquitectura, como objeto novedoso, no como resabio del pasado o mímesis con el pasado como vimos con el Posmodernismo, genera un nuevo foco que permite tonificar el tejido urbano y proponer nuevas funciones, nuevos usos para la ciudad.

Lo interesante es que tanto en Koolhaas como en Tschumi, como en todos los arquitectos de las nuevas generaciones, la idea de la arquitectura como promesa de una transformación de la sociedad va desapareciendo. Los arquitectos modernos alemanes de la década de 1920, por ejemplo, hacían conjuntos habitacionales que debían ser la base de la transformación que llegaría con el advenimiento del socialismo, pero hoy esa idea ha desaparecido. La arquitectura no parece ser más el motor de una transformación desde hace ya bastante tiempo, emerge sólo como símbolo del progreso material de la modernidad. Además, hay otra cosa que se agrega en esta etapa que es que lo que parecía utópico en la edad de las vanguardias, pensemos en los rascacielos de vidrio de Mies van der Rohe, ahora es absolutamente construible. Cualquier experiencia formal, a partir de la década de 1990 puede, en general, materializarse.

El parque de La Villette, se realiza en un terreno que era el lugar donde estaban los antiguos mataderos en las afueras de París. Una vez desafectados, se decide llamar a concurso para un parque que debía ser el parque del siglo XXI. Todo esto dentro de una política de jerarquización urbana del área parisina desarrollada durante el gobierno de Mitterrand. Allí encontramos los dos proyectos, el de Tschumi y el de Koolhaas que compiten entre sí, uno saca el primer premio y el otro el segundo. En ambos observamos con claridad el uso de nuevos procedimientos de proyecto. Tschumi desarrolla diagramas de lo construido, lo cubierto y lo descubierto, y empieza a jugar con las partes utilizando un procedimiento de vanguardia; define las superficies, las rompe, las destruye, las va reconstituyendo y termina el proceso en esta idea de generar una trama, una grilla, que se estructura a partir de las *folies* que son una especie de puntos nodales que podrían hacernos recordar a los pabellones en los jardines pintorescos. Pero en este caso no obedecen a un trazado caprichoso, sino que quedan alineados. A esta grilla elemental se le superponen una serie de tramas que también son construidas casi como un juego, donde hay redes de árboles, de circulaciones, y van generando un tejido. La idea, un poco también a la manera que pensaba Koolhaas, es la de densificar, de transformar al parque en una nueva forma de ciudad. No ya el parque como un lugar donde se iba a tener contacto con la naturaleza como contracara de la alienación urbana, tal como era el programa del parque del siglo XIX, sino un espacio nuevo. Una propuesta que lo que hace es precisamente apuntar a esta idea de metropolización, de superposición de funciones y densificación que es lo que aparece como una panacea que otorga impulso renovador a la arquitectura.

Aquí encontramos un poco de la herencia de Price, diseñar las condiciones para que un suceso ocurra. En definitiva, se arman esta serie de tramas para que la gente pueda generar todo tipo de eventos. Las *folies* son como pequeños pabellones que tienen diversas funciones. Podrían ser un bar, una biblioteca, están puestos ahí para que generen interacciones con los usuarios y de esa manera promuevan un nuevo tipo de hábitat urbano. Las *folies* son también algo que surge del experimento formal, un poco como las barreras de Ledoux, aquí hay un procedimiento absolutamente autónomo que va generando este tipo de objetos que luego se superponen y producen un paisaje urbano decididamente distinto. Una novedad también es, como afirman Valentino, Gimenez y Mirás, que estos proyectos son los que generan teoría para una cultura arquitectónica que se vuelve cada vez más autorreferencial. Es decir, no hay una teoría previa, sino que las memorias de estos proyectos que hacen Tschumi, o Koolhaas, son una especie de piezas teórico-experimentales de lo que va a ser el desarrollo de la arquitectura posterior. Allí muestran el contacto, no sólo con el tema de la analogía, sino también con el arte, con la filosofía, con Foucault, con Derrida, con toda una serie de personajes que aparecen en ese momento y empiezan a incluir a la arquitectura en sus reflexiones. Seguramente son conocidos por todos ustedes los pensamientos de Foucault con respecto a las prisiones, los hospitales, los edificios panópticos; así como rol de la arquitectura como máquina de curar o disciplinar. Y todo este debate que está en acto en ese momento en Francia, obviamente se refleja en el proyecto. Foucault y la idea de la locura es parte de la inspiración del proyecto de Tschumi. O sea, generar esta especie de sistema complejo sin direcciones sólo organizado por el orden geométrico de las *folies* que produce una especie de combinatoria y que puede tener múltiples resultados. En esta nueva concepción, no es el parque el que debe condicionar los modos de actuar de las personas, sino que debe poder ser el soporte de las múltiples actividades que los usuarios proponen.

El proyecto de Koolhaas que trabaja aquí en colaboración con Derrida también parte de la idea de acumulación de actividades, de despliegue progresivo de diferentes programas y de la idea, muchos dicen, de plantear en un plano horizontal el corte del rascacielos norteamericano. Es decir, lo que se veía en vertical, verlo ahora en horizontal, donde se superponen una serie

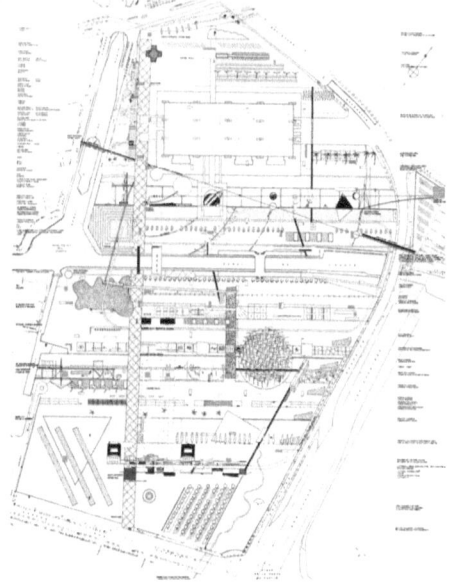

Arriba, Parque de la Villette, París, Bernard Schumi. Fotografía de Eduardo Gentile.
Abajo, Parque de la Villette, París, Planta, Proyecto de Rem Kolhaas.
Jaques Lucan OMA. Rem Koolhaas.

de funciones, aparentemente contradictorias, pero que generan un acopio de acciones que es un poco la respuesta a esta idea de la metrópolis moderna. Este ejercicio experimental tampoco tiene nada que ver con el parque tradicional. Y es importante señalar que conjuntamente con el proyecto de Tschumi generan una influencia muy fuerte en el desarrollo del paisajismo moderno a partir de lo que podríamos denominar como arquitecturización del paisaje. Una respuesta que tiene un enorme desarrollo y que podría pensarse como otro paradigma de estrategia proyectual a estudiar. En definitiva, nos encontramos frente a esta noción de que en el desmesurado mundo metropolitano los equipamientos culturales, no solamente los parques sino también los museos, deben constituirse en motor de nuevas actividades. Hay toda una serie de edificios que se desarrollan y tienen que ver con la globalización y con el movimiento cultural y turístico, que tienden a vivificar el modo en que funciona la arquitectura en el entorno urbano.

Hay otros arquitectos muy interesantes que podríamos analizar, a los que no me voy a referir por falta de tiempo. Simplemente trataré de mostrar que esta idea de proceso como elemento organizador de las nuevas arquitecturas y el uso de la analogía, son características fundamentales de lo contemporáneo. Como ya anticipamos, no hay más libros de teoría, no hay tratados de arquitectura, no hay un Neufert, sino que, simplemente, las entrevistas a los arquitectos y las memorias son lo que genera esas teorías. El rol que tiene la revista *El Croquis* en la década de 1990 es en ese sentido muy fuerte, ya que allí aparecen obras, memorias de proyectos, entrevistas. A partir de ese material puede construirse una teoría de lo que se hace en ese momento. Emerge entonces una enorme cantidad de arquitectos y una Babel de lenguas y dialectos que sería imposible resumir aquí.

Entre todas las realizaciones posibles de analizar, el Museo Judío de Berlín de Daniel Libeskind, es un buen ejemplo para entender algunos de los cambios que se producen en esta etapa. El edificio es en principio una narración, una historia de la comunidad judía en Alemania. Si bien hay objetos que se exponen, en definitiva, el edificio mismo es la instalación, y su propósito es generar una serie de recorridos que tienen que ver con los derroteros del pueblo judío en su devenir. Es un pabellón que, además,

Museo Judío de Berlín, 1999, Daniel Libeskind. Fotografía de Francisco Vilchez.

toma la forma de un fragmento de la estrella de David. Esta no es solamente el símbolo del judaísmo, sino que también es la estrella amarilla que los nazis le obligaron a llevar puestas a los judíos. Pero allí hay un proceso de deconstrucción de la figura de la estrella, una alteración que no opaca su extraordinario simbolismo. El fragmento de estrella genera una planta de marcados contrastes, rupturas y desgarramiento de su morfología que permite organizar una secuencia que representa la diáspora moderna hacia otras ciudades y continentes, o el lugar que lleva finalmente al exterminio, dramatizado por esas miles de piezas metálicas que semejan caritas inexpresivas que son la representación de los seis millones de judíos muertos. En definitiva, el edificio se muestra a sí mismo, no es escenografía de algo que va a ocurrir, sino que allí la arquitectura, se transforma en monumento. Casi como en el Cenotafio a Newton de Boullée la obra se convierte en un artefacto que conmueve nuestros sentimientos.

Recapitulemos lo dicho hasta aquí sobre este argumento. Tenemos esta noción del proceso creativo y la analogía como grandes estrategias inspiradores de muchas de las arquitecturas que jalonan las últimas décadas del siglo XX y las primeras del XXI. En el caso de las arquitecturas derivadas del proceso, se va a prescindir de las ideas jerárquicas a priori, como la que supone la idea de partido o tipo. El objeto va a surgir del procedimiento, de las combinaciones de estrategias arbitrarias o consientes. En el caso de la analogía, en cambio, se va a presuponer una forma o un concepto que derive en una forma tomado en préstamo de la filosofía o del arte, y a esta forma a priori deberá muchas veces someterse a un proceso de deconstrucción. Lo curioso en todo esto es que la arquitectura voluntariamente va a romper esta vez radicalmente con su pasado, ya no se razona como Rossi desde dentro de la cultura arquitectónica elaborada por siglos. Eisenman va a decir al respecto "no hay principio, no hay verdad, no hay origen y no hay un a priori dado, en otras palabras, ya no es necesario partir de un rectángulo, de un círculo o de un cuadrado y en este caso entonces, uno tiene que encontrar otras matrices de creación de forma." Puede tomarse al diagrama del ADN, o la estrella de David, inspirarse en las curvas de nivel, puede hacerse cualquier cosa que otorgue una justificación, una idea para dar comienzo a un proyecto.

La otra tendencia que participa de este espíritu general, que surge en ese momento y que de alguna manera también habíamos visto en Cedric Price, es la idea de diagrama. El diagrama consiste en una sumatoria de elementos gráficos que describen algo de un modo indeterminado, no representan un objeto per sé, sino una estrategia que permite ordenar un flujo de relaciones en el proceso de diseño. Desde allí podemos extraer lo figurativo. Algo que se ve claramente en el proyecto del parque de la Villette de Schumi, por ejemplo. El diagrama allí permite operar una infinidad de datos heterogéneos producidos por los cambios de ámbitos sociales y las tecnologías de la comunicación. El diagrama permite también interactuar con la realidad y con el usuario. Como procedimiento de diseño es posible unir los diagramas; es decir, incorporar una serie de acciones, puede ser la temperatura, la circulación, los vientos, una serie de variables que me permitan construir una figura que, de algún modo, no tiene nada que ver con ninguna tradición de la arquitectura. Si bien es el mismo Eisenman quien comienza a teorizar la noción de diagrama en su segunda etapa, tomemos el caso de la tantas veces citada Casa Moebius de Ben Van Berkel y Catherine Bos, que deviene de un estudio que intenta entrelazar diferentes programas familiares teniendo la premisa de que ninguno de los integrantes de la familia debiera perder su independencia. Por un lado, está el diagrama y por el otro la cinta de moebius, de la cual se sirven los arquitectos para conformar el proyecto. Es casi volver a la "disposición" de Blondel, se arma un esquema que es analógico pero que también tiene una feliz coincidencia con una sofisticada trama de relaciones (diagramas) y luego se colocan las funciones, nada más que aquí el ideal no son las figuras regulares. El diagrama no solo resulta un elemento estructurador de la idea, también influye de manera determinante en la forma del objeto. El resultado es una casa que, evidentemente, no tiene nada que ver con ninguna preconcepción funcional, sino que es producto de la experiencia y de un a priori analógico que es encuentra en la cinta de Moebius, un argumento externo, científico, cultural, que avala la decisión tomada.

Esta transformación no puede disociarse del uso de la informática en el proyecto. Cuestión que comienza con la aparición en la década de 1960 del sistema Design Augmented by Computers (DAC-1) de la General Motors, aplicado en principio al diseño industrial. La evolución de estos métodos continuó a mediados de la década de 1980, cuando se consolidó el sistema Computer Aided Design (CAD), que puede ser considerado como la primera "mecanización digital" en el campo de la arquitectura. En un primer momento funcionó como un auxiliar de los modos tradicionales del proyecto que siguió rigiéndose por los protocolos instituidos desde el Renacimiento. Pero todo ha evolucionado vertiginosamente. Si bien a fin de siglo algunos reaccionaron con cierta indiferencia a lo que consideraba sólo como la aparición de un instrumento de trabajo más, otros denunciaron que el nuevo instrumento vulneraba principios básicos de la disciplina. También surgió un tercer grupo, en el cual podemos encontrar a Schumi que optó por explorar las posibilidades de la informática como modo de transformación del proceso proyectual. Hoy los programas de nueva generación permiten que el sistema de algoritmos no sea sólo un instrumento de representación, sino que se transforme en herramienta que participa del proceso de diseño. En definitiva, la informática nos asiste para ampliar las posibilidades de pensar el proyecto como un proceso abierto, sin aprioris demasiado rígidos. Desplazamientos, fracturas, dislocaciones y distorsiones como acciones "mecánicas" que permiten aflorar "aquello en que no habíamos pensado", sirvien para ampliar el vocabulario deconstructivista. Por otra parte, debemos tener presente, según nos dice Mario Carpo, que una de las consecuencias del uso de la informática es que ha comenzado a romper el principio albertiano de la separación entre el dibujo y la construcción. Hoy fácilmente se puede llegar a proyectar un objeto y luego construirlo directamente por medios informáticos con impresora 3d. Al mismo tiempo, y esto es sumamente importante, se puede generar una variabilidad infinita de los productos realizados por este método, por lo que la idea de reproductibilidad de un único modelo que caracterizó la producción de la Arquitectura Moderna, estaría cambiando. Pero hay otra mutación que podemos vislumbrar: el del rol profesional porque de alguna forma, la informática acelera una división del trabajo intelectual, que venía desde antes. Sobre todo, en los grandes estudios, en donde no sólo hay cada vez más especialistas en áreas específicas de la arquitectura, sino que muchas veces el proyecto puede desglosarse. Puede hacerse una parte en Singapur, otra en Londres y otra en Buenos Aires. De alguna manera, la velocidad y practicidad de los medios informáticos hacen que el proyecto empiece a perder el sentido de unidad y la necesidad de que exista un individuo que tenga la conducción de la totalidad del proceso.

Pero en todos estos casos donde la forma ha conseguido romper absolutamente con la tradición, si bien es cierto que el desarrollo de la tecnología ayuda a liberar las fuerzas creativas, los resultados son de prueba y error, porque hay que elaborar nuevos y experimentales detalles para cada cosa que se hace. Pasa como en las arquitecturas de los años cincuenta que vimos antes. Si nosotros partimos de la cinta de Moebius o de la estrella de David, luego tenemos que resolver los detalles como sea, porque no están pensados desde una tradición de ver, hacer y recrear, que es lo que poseía el lenguaje clásico y comenzó a modificar la Arquitectura Moderna. Lo que aparece es la idea de generar, también a la manera de Eisenman, un proceso que no depende del modo de construir o del material utilizado. Si tomamos un arquitecto exitoso como Bjarke Ingels podemos observar como todo se genera a partir de un proceso. Vemos como el arquitecto procede tomando la idea de un bloque urbano tradicional al que rompe aplicándole una fuerza y esto crea un ángulo que genera visuales para otro lado, entonces se aplica otra fuerza, otro vector desde el otro costado, y esto va plegando el edificio combinando diferentes acciones que transforman el objeto y producen un tipo nuevo de bloque urbano. No hay una razón lógica para aplicar una fuerza de un lado o del otro, simplemente se experimenta el resultado formal. Seguramente quedan partes del edificio mal orientadas, y en un lugar como Dinamarca creo que no es bueno, pero ese no es el propósito buscado. Aquí también aparece el problema de resolver de cero cada parte y no lo digo como una objeción, sino que es una realidad en la que definitivamente no hay ningún anclaje a experiencias anteriores. Todo es experimental y celebrativo de las posibilidades técnicas y proyectuales que hoy posee la arquitectura. También su edificio para Nueva York, en definitiva, es el resultado de todo un proceso. El arquitecto parte del bloque europeo, el bloque bajo con un patio central, y por otro lado el típico rascacielos norteamericano. De la combinación de ambos, a partir de una serie de acciones arbitrarias, se logra generar un híbrido que mezcla uno y otro. Luego se colocan las necesidades dentro. Volvemos a Blondel.

Para ir terminando, quería comentar otra tendencia posible actual que es mucho más patente en el primer mundo que en los lugares en desarrollo, me refiero a la idea de sustracción, observación y documentación. Frente a esto yo pongo como antecedente el proyecto de la década de 1970 de Emilio Ambasz que siempre me interesó. Un proyecto que propone generar hipotéticamente un hábitat para un grupo de viñateros mexicanos en California, que debía usarse durante un corto tiempo, en el momento de la vendimia. Lo que hace Ambasz es colocar una grilla metálica bastante tenue con soportes donde van a crecer las vides durante el verano y una serie de setos que están abajo, y eso organiza el hábitat donde van a vivir los recolectores durante ese período. Es decir, no hay casi ninguna modificación, salvo esa grilla que aprovecha la sombra de los parrales para guarecer a los campesinos. Esta idea de casi no hacer nada aplicada al mundo urbano, tiene que ver hoy con la saturación y el completamiento de las grandes ciudades en las cuales no hay mucho más por construir. Entonces lo que se hace es remedar, deshacer, corregir. Un ejemplo de esto es el proyecto de High Line en New York donde encontramos también ecos de Cedric Price. El hecho es que había allí una vía antigua del ferrocarril porque era la zona de los mataderos y frigoríficos en Manhattan, y el complejo estaba abandonado. Lo que se le ocurre a una junta vecinal es hacer un concurso internacional que es ganado por James Corner Field Operations junto a Diller Scofidio + Renfro para realizar una especie de paseo en ese lugar e ir dotándolo de equipamiento y esa acción, esa pequeña acción, va a empezar a vivificar la zona que finalmente se convierte en un recorrido peatonal turístico y aeróbico que va a culminar en la nueva sede del museo Whitney. Un museo que estaba en el centro de Nueva York que se lleva a este lugar y de alguna manera remata todo ese recorrido. Lo que vemos es que, con muy poco, se revitaliza una zona.

Edificio en New York, Bjarke Ingels . Fotografía de Francisco Anzola Creative Commons.

La intención es la disminución de la cantidad de operaciones de intervención, lo que favorece la salvaguarda ambiental, y al mismo tiempo generar otras acciones estratégicas que impulsen nuevas actividades.

Pero este tipo de estrategias también las encontramos en algunas operaciones realizadas en ciudades de América Latina con el objetivo de transformar la periferia. Allí el trabajo quirúrgico con arquitectura y la implantación o renovación de infraestructuras surge para vivificar áreas degradadas como los casos de Medellín o Río de Janeiro donde el diseño de espacios públicos y servicios plantean con relativo éxito la recuperación y la recualificación del hábitat de los sectores populares urbanos.

Como reflexión final, lo que estamos viendo en el presente es un cambio fundamental en los modos de proyectar y en el rol del arquitecto. Veamos como ejemplo la Torre Costanera de Santiago de Chile, uno de los emprendimientos inmobiliarios más espectaculares de los últimos años en Sudamérica. Si bien la forma del imponente edificio fue diseñada por Cesar Pelli, un trabajo realizado recientemente por Javier Fedele muestra cómo en definitiva el estudio de arquitectura a cargo del proyecto fue condicionado fuertemente por los departamentos técnicos de la empresa promotora. Y si bien el estudio resultaba la cara visible de un proyecto polémico, no eran ellos quienes tomaban las decisiones más importantes. En ese sentido la contratación de Pelli y del estudio encargado del proyecto, aparecía como una jugada mediática para otorgar legalidad pública a medidas que eran tomadas desde la perspectiva de los desarrolladores y no de los arquitectos. O sea que volviendo a los dichos de la primera clase y aunque la comparación suene brutal, ya no es posible que Brunelleschi se haga el enfermo, se vaya a la casa y nadie sepa cómo conducir la obra, y entonces haya que llamarlo, porque nadie es capaz de coordinar todo aquello. Hoy la figura de aquél que posee la síntesis del saber, no parece tan necesaria. En definitiva, la idea de un arquitecto que pueda ser el proyectista y tener la totalidad del conocimiento y el control del objeto como lo podía tener Le Corbusier sobre la Tourette es lo que, de alguna manera, es puesta en cuestión.

Por lo tanto, es probable que en este desplazamiento hacia un procedimiento abierto que hoy potencian aún más las nuevas tecnologías, esté el

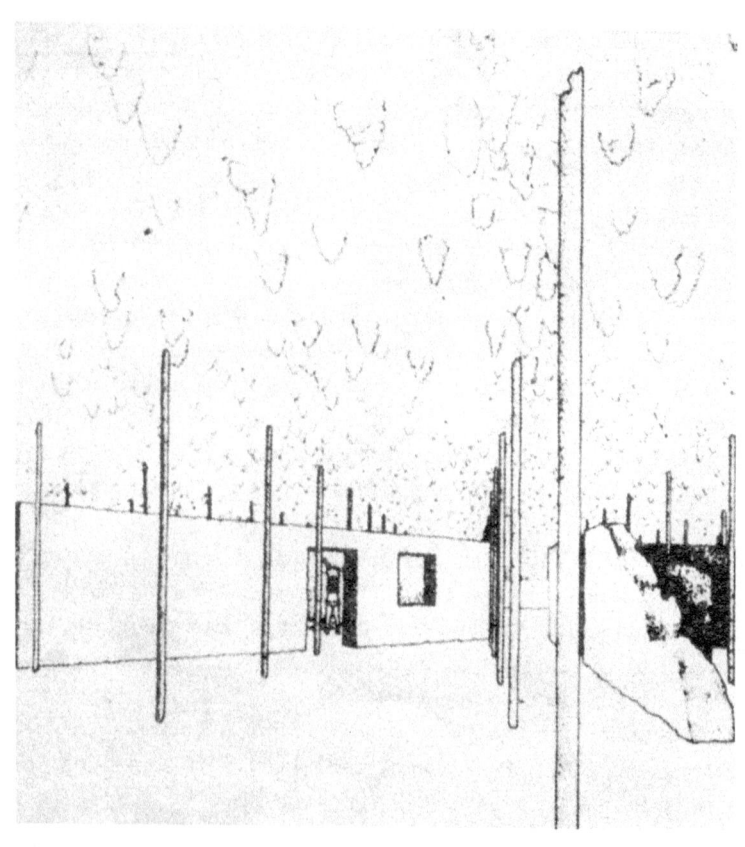

Cooperativa de viñateros mexicano-norteamericanos, california, 1976, Emilio Ambasz. Colección Summarios n. 11.

germen de disolución de la idea de arquitectura tal como la entendemos desde que Brunelleschi resolvió el problema de la cúpula de Santa María del Fiore y definió los términos de la disciplina. Un desplazamiento que puede coincidir con las inéditas modalidades proyectuales de este nuevo siglo que día a día se diseminan en la práctica. En efecto, enfrentamos un mundo que, sin prisa, pero sin pausa, puede estar evolucionando hacia la construcción de una matriz de hábitat donde no sea necesaria la idea de arquitectura tal como fue concebida en su origen. La disciplina entonces podría ser remplazada por sistemas que, operados ahora desde la informática, nos permitirían prever y encargar el diseño de un objeto que poseerá una forma provisoria y pasajera capaz de transformarse múltiples veces en el tiempo, eliminando la posibilidad de la existencia de autores, así como hoy los conocemos. También podemos imaginar la presencia en el futuro de sistemas de hábitat que puedan tener una autorregulación y no depender del diseño urbano de los arquitectos. De todos modos, el universo es complejo y también encontramos nichos en diversas latitudes y culturas donde la arquitectura se practica más artesanalmente, donde emergen también formas de colaboración y la figura del arquitecto se disuelve en la multidisciplina y la colaboración para encarar el desafío de la transformación y conservación del ambiente en un sentido que nos acerca más a William Morris que a Vitruvio. En definitiva, no propongo con este discurso final la aceptación y la resignación frente a la tantas veces anunciada "muerte de la arquitectura", pero el mito del heroico hacedor, poseedor de todos los saberes que puede coordinar una actividad compleja y darle una unidad acorde con su espíritu creador, podría desvanecerse en un futuro no tan lejano.

High Line, New York James Corner Field Operations junto a Diller Scofidio + Renfro. Fotografía del autor.

**Referencias Bibliográficas**

Aberti, Leon Battista, (2007) De Re Aedificatoria, Madrid, Akal

Aliata, Fernando (1988). Antigüedad clásica y arquitectura de servicios: el Macellum Magnum de G. Jappelli en Padua. Anales del Instituto de Arte Americano, 25,

----------- (2013). Los géneros del proyecto moderno, Buenos Aires, Nobuko- SCA ed., Colección, Teoría y crítica de la Arquitectura, volumen 10.

Alvarez Prozorovich, Fernando (compilador) (2014), Historia del arte y de la arquitectura moderna (1930-1989), Barcelona, UPC.

Argan, Giulio Carlo, (1975) El Arte Moderno, Valencia, Fernando Torres.

Boime, Albert, (1994) Historia social del arte moderno, Madrid, Alianza.

Borsi, Franco, (1979) L'Architettura in Francia dalla Rivoluzione al Secondo Impero, Florencia, Librería editrice Fiorentina.

Boullée, Etienne Louis, (1967) Architettura saggio sull'arte, Padova, Marsilio.

Capitel, Anton, (2009) La Arquitectura compuesta por partes, Barcelona, Gustavo Gili.

Carpo, Mario, (2011) The Alphabet and the Algorithm, Cambridge, MIT press.,

Castex, Jean (1994), Renacimiento, Barroco y Clasicismo. Historia de la Arquitectura, 1420-1770, Madrid, Akal.

Chiel, Ch., & Decker, J. (2005). Quonset hut: metal living for a modern age. New York: Princeton Architectural press.

Cohen, J- L. (2011). Architecure in uniform. Designing and Building for the Second World War II. New Haven and London: Canadian Center of Architecture, Yale University press

Colquhoun, A. (2005). La arquitectura moderna, una historia desapasionada, Barcelona, Gustavo Gili.

Collins, Peter, (1973), Los ideales de la Arquitectura moderna; su evolución (1750 – 1950), Barcelona, Gustavo Gili.

Colomina, B. (2006). La domesticidad en guerra. Barcelona, Gili.

Choisy, Auguste (1970), Historia de la Arquitectura, Buenos Aires, Víctor Leru.

Corona Martínez, Alfonso (1990), Ensayo sobre el proyecto, Buenos Aires, CP67.

Dal Co, Francesco, Lecciones del curso de Historia de la Arquitectura 1983/84, Iuav, Vencia (mimeo).

Diez, Fernando (2008) Crisis de autenticidad. Cambios en los modos de producción de la arquitectura argentina, Buenos Aires, suma+.

Drexler, Arthur, (1977) The architecture of the Ecole des Beaux-Arts, New York, The Museum of Modern Art.

Esguevillas, Daniel, (2014) La casa Californiana. Experiencias domésticas de posguerra, Buenos Aires, Nobuko.

Fedele, Javier, (2013) Procesos y proyectos urbanos en una economía monetarista. Política, mercado y arquitectura urbana en el Costanera Center de Santiago de Chile en Actas de las 2as. Jornadas Arqueología de la contemporaneidad: Cultura política y cultura del espacio en la ciudad latinoamericana (1950-2000).

Fernández, Roberto, (2007) Lógicas del proyecto, Buenos Aires, Concentra.

Foucault, Michelle (1981), Las palabras y las cosas, México, Siglo XXI.

Frampton, Kenneth (1999), Estudios sobre cultura tectónica. Poéticas de la construcción de la arquitectura de los siglos XIX y XX, Madrid, Akal.

Gallet, Michel, (1980) Claude-Nicolas Ledoux, 1736 – 1806, París, Picard.

García Germán, Jacobo, (2012) Estrategias operativas en arquitectura. Técnicas de proyecto de Price a Koolhaas, Buenos Aires, nobuko.

Garric, Jean-Philippe, (2012) Percier et Fontaine. Les architectes de Napoleón, Paris, Belin.

Giménez, Carlos; Mirás, Marta; Valentino, Julio, (2011) La Arquitectura cómplice. Teorías de la Arquitectura en la Contemporaneidad, Buenos Aires, Nobuko.

Gorelik, Adrian, (2011) Correspondencias, arquitectura, ciudad, cultura, Buenos Aires, Nobuko-SCA. Colección, Teoría y crítica de la Arquitectura, volumen 4.

Hernández, J. (2015), Del Fun Palace al Generator, Cedric Price y la concepción del primer edificio inteligente, Revista ARQ90, Santiago de Chile, Ediciones Arq.

Kaufmann, Emil (1984), Tre architetti rivoluzionari. Boullée - Ledoux – Lequeu, Milano, Franco Angeli

------------ (1974) La Arquitectura de la Ilustración, Barcelona, Gustavo Gili

Khun, Thomas, (1971) La estructura de las revoluciones científicas, México, Fondo de Cultura Económica.

Koolhass, Rem (2001) Delirius New York, Milano, Electa.

Kostof, Spiro (coordinador) (1977), El arquitecto: historia de una profesión, Madrid, Cátedra.

Llewelyn Davies, R., & Macalukay, H. (1969). Planificación y Administración Hospitales, Organización Panamericana de la Salud, s/d.

Liernur, Jorge, (2000) Arquitectura en la Argentina del siglo XX, Buenos Aires, Fondo Nacional de las Artes.

---------- (2008) Trazas de futuro. Episodios de la cultura arquitectónica de la modernidad en América Latina, Santa Fe, UNL.

Liernur, Jorge/ Aliata, Fernando (2004) Diccionario de Arquitectura en la Argentina, Estilos Obras Biografías Instituciones Ciudades – S/Z, Buenos Aires, Clarin, 2004

Lucan, Jaques, (2009) Composition, non-composition. Architecture et theories, XIX-XX siècles, Lausanne, presses polytechniques et universitaires romandes.

------------ (2008) OMA. Rem Koolhass, Milano, Electa.

Mc Gurik, Justin, (2015) Ciudades radicales. Un viaje a la nueva arquitectura latinoamericana, Madrid, Turner.

Marti, C., & Bardi, B. (2011, Desembre 30). Antecedentes históricos del mat-building: cinco ejemplos. D P A: Documents de projectes d'arquitectura.

Moneo, Rafael, (1981). Prólogo de J. N. L. Durand, Compendio de Lecciones de Arquitectura. Madrid, Pronaos.

Murray, Peter, (1982) Arquitectura del Renacimiento, Buenos Aires, Viscontea.

Parera, Cecilia (2015) Representación arquitectónica. Reflexiones sobre la "transposición tecnológica", de herramientas análogas a herramientas digitales, Arquitecno, n° 7.

Parera Cecilia, Moreira, Alejandro (2020) ¿La digitalización pasa el mando? Diálogos sobre una posible era posdigital. Bitácora Arquitectura, n° 46.

Price, Cedric. (1966, octubre). PTb Potteries Thinkbelt. Architectural Design, XXXVI, 483-497. Un análisis de Potteries Thinkbelt

Quatremère de Quincy, Antoine Chrysostome (1985), Dizionario Storico di Architettura. Le voci teóriche, a cura di Valeria Farinatti e Georges Teyssot, Padova, Marsilio.

Rowe, Colin y Satkowski, León (2013), La Arquitectura del siglo XVI en Italia. Artistas, mecenas y ciudades, Barcelona, Reverté.

Rykwert, Joseph, (1982) Los primeros modernos. Los arquitectos del siglo XVIII, Barcelona, Gustavo Gili

Savi, Vittorio, (1981) l'Architettura di Aldo Rossi, Milano, Franco Angeli.

Sedlmayr, H. (1959). El arte descentrado. Las artes plásticas de los siglos XIX y XX como síntoma y símbolo de época, Barcelona: Labor.

Scott, F. (2004, marzo). Revisando Arquitectura sin arquitectos. Block, Revista de cultura de la arquitectura, la ciudad y el territorio, 6.

---------- (2017) Arquitectura o tecnoutopía. Política después del modernismo, Bernal, UNQUI.

Smithson, Alison (1974, septiembre) How to Recognize and Read Mat-Building: Mainstream Architecture as it has Developed Towards the Mat Building. Architectural Design,

Solà-Morales, Ignasi de, Llorente, Marta, Montaner, Josep M. Jordi Olivera, Antoni Ramon (2000) Introducción a la arquitectura. Conceptos fundamentales, Barcelona, Ediciones UPC.

Summerson, John (1978) El lenguaje clásico de la arquitectura. De Alberti a Le Corbusier, Barcelona, Gili, Colección Punto y Línea.

Tafuri, Manfredo (1978), La Arquitectura del Humanismo, Madrid, Xarait.

---------- ((2002) Storia dell'Architettura italiana, Torino Einaudi

Tafuri, Manfredo; Cacciari, Massimo; Dal Co, Francesco, (1972), De la vanguardia a la metrópoli. Crítica radical a la arquitectura, Barcelona, Gustavo Gili.

Teyssot, G., & Morachiello, P. (1983). Nascita delle cittá di statto, Ingenieri e architetti sotto il Consolato e l' Impero, Roma: Officina.

Tzonis, Alexandre; Lefaivre, Liane; Bilodeau, Denis (1984), El clasicismo en Arquitectura. La poética del orden, Barcelona, Hermann Blume, Biblioteca básica de arquitectura.

Vitruvio, Marco Lucio (1985) Los diez libros de Arquitectura, Barcelona, Iberia.

Van Zanten, Composición arquitectónica en la École des Beaux Arts. De Charles Percier a Charles Garnier en Drexler, Artur (1977).

Van Zanten, David (1977) Composición arquitectónica en la École des Beaux Arts. De Charles Percier a Charles Garnier en Drexler, Arthur, The Architecture of the Ecole des Beaux-Arts, New York, The Museum of Modern Art.

Vidler, Anthony (2008), Historias del presente inmediato. La invención del Movimiento Moderno arquitectónico, Barcelona, Gustavo Gili.

Winckelmann, Johann Joachim (1985) Historia del Arte en la Antigüedad. Observaciones sobre la pintura de los antiguos (selección), Madrid, Hyspamerica.

Wittkower, Rudolf (1958) La arquitectura en la edad del humanismo, Buenos Aires, Nueva Visión.

# Parte 2

Teoría

# Lateness

Peter Eisenman

Conferencia dictada en abril de 2021 en la Maestría en Investigación Proyectual.

Quiero hablar de dos momentos de mi carrera: el comienzo y la última parte. Para ir al principio, alrededor de 1960, hace unos sesenta años para ser exactos. Había ido a la Universidad de Cornell, había terminado la escuela de Arquitectura en 1955, estuve en el Ejército de los Estados Unidos en Corea durante dos años con un equipo de artillería. Regresé y sentí que necesitaba ir a la escuela de posgrado y comencé en el otoño de 1960 en la Universidad de Columbia. Estuve allí con dos jóvenes ingleses, John Fowler y Michael McKinnell. Michael había ganado una competencia (o ganaría una competencia) para el Ayuntamiento de Boston y estábamos trabajando en proyectos de vivienda. John había estudiado con Jim Stirling en el Politécnico de Regent Street en Londres, y Jim estaba en su primer año como profesor de Davenport en Yale. Entonces, John dijo que Jim vendría a cenar con Peter Eisenman y Michael McKinnell. Él no nos conocía, no éramos nadie, solo jóvenes estudiantes de posgrado.

Nos sentamos, recuerdo que no teníamos suficientes sillas para cenar en una mesa, así que nos sentamos en el suelo y comimos pizza. Comí pizza (si mal no recuerdo) y en un momento de la noche dijimos que nos gustaría mostrarle a Jim nuestro proyecto de vivienda. Estuvo de acuerdo en verlo, aunque no era nuestro maestro. Mostramos el proyecto de vivienda y Jim me miró al final de la velada y dijo: "Peter, sabes que eres un muy buen diseñador, pero no sabes nada de Arquitectura". Y pensé para mis adentros: "¿Cómo es eso posible? ¿Cómo puedo ser un buen diseñador y no saber nada?". Ese fue un momento realmente importante en mi vida porque hasta ese momento pensé que quería ser diseñador, y después de ese momento no estaba seguro. Como, ya saben, un diseñador héroe; como en *The fountainhead* de Ayn Rand. (Acababa de ver la película con Gary Cooper como Howard Roark, así que quería ser un héroe y quería ser un diseñador). Y Jim dijo: "Sabes, lo que tienes que hacer es ir a Inglaterra y estar con Colin Rowe. Él te enseñará todo lo que necesitas saber sobre Arquitectura".

### Casa del Fascio y Villa Pisani

Entonces, fui a Inglaterra y terminé mi primer año enseñando allí. Colin y yo decidimos que iríamos a hacer un recorrido por Europa y echaríamos un vistazo. En un auto, manejé y él habló, y nos fuimos. Nunca había visto Arquitectura alguna. (Yo tenía, en 1961, veintinueve años, pero era un salvaje estadounidense, digamos, porque vi el museo Guggenheim de Frank Lloyd Wright y tuve una entrevista con él, pero eso fue todo).

Colin y yo vimos la Weissenhofsiedlung de Mies van der Rohe, vimos los edificios de Le Corbusier en Zurich, etc. Estábamos llegando a Italia para ver las villas palladianas. El día que recuerdo mejor, fue el que llegamos a Como, Italia, y vi el edificio de la Casa del Fascio por primera vez (lo conocía, pero nunca lo había visto) y, como diría Colin Rowe, tuve una epifanía en Como. Me quedé impresionado por este edificio. De lo que luego comencé a darme cuenta (porque hice un libro que estaba dedicado a este edificio) es que no era como todos los demás edificios de Le Corbusier o Mies van der Rohe, había algo más metafísico, más misterioso, en él. Lo que me di cuenta es que lo que lo hizo diferente fue el hecho de que había una viga inferior, por lo que este edificio no estaba sobre pilotes, las columnas bajaban y llegaban al suelo igual que una de las horizontales. Entonces, lo que me di cuenta fue algo más que solo mirar edificios. Esa fue la primera lección que aprendí: que esto no era Le Corbusier, no era Mies van der Rohe, era otra cosa, y tratar de averiguar qué era esa otra cosa, se quedó conmigo durante mucho tiempo.

Al día siguiente, Colin y yo fuimos en coche a un pueblo llamado Montagnana y llegamos a la Villa Pisani de Palladio y este es el primer edificio palladiano que vi. Colin dijo: "Voy a tomar una cerveza y sentarme. Quiero que te pongas de pie y mires esta fachada y me digas algo que no puedas ver". Y me dije a mí mismo: "¿Qué es eso? ¿Qué puedo decirle que no pueda ver?" Luché con esta idea un rato, y me di cuenta de que esto era lo que Jim Stirling quería decir, que yo no sabía nada sobre Arquitectura. En ese momento me di cuenta, habiendo visto la Casa del Fascio, habiendo visto la Villa Pisani de Palladio (entre otras veinte villas palladianas que veríamos durante ese viaje), que necesitaba aprender qué era la Arquitectura. No podría ser un héroe y no saber nada.

Entonces, cuando regresé a Cambridge, decidí hacer una tesis doctoral sobre lo que llamé *The Formal Basis of Modern Architecture*. De lo que me di cuenta fue que me interesaban aquellas cosas que eran diferentes, como la Casa del Fascio o Villa Pisani. Eventualmente me di cuenta de qué era lo importante de este pequeño y divertido edificio: la importancia era el hecho de que la convención de un pórtico es que se encuentre al frente a un edificio, y Palladio estaba constantemente haciendo cosas que eran contra las convenciones, cosas que perturban las convenciones. Entonces, lo que tienes que no puedes ver en este edificio, que no puedes entender, es que el pórtico que es de cuatro columnas y un frontón, y que es una convención tradicional en Arquitectura, no está delante del edificio, sino que está hundido en el plano de la fachada del edificio; perturba el plano del edificio. Por lo tanto, donde está el pórtico, no es donde debería estar, sino donde Palladio quería llamar la atención sobre la dinámica entre un pórtico, una fachada y una posición en el espacio y el tiempo.

Eso es lo que te hace mirar este edificio y decir "¿Qué es tan interesante?". Es tremendamente interesante por el hecho de que tiene un pórtico que se retira de su posición habitual frente a un edificio. Se empuja al interior del edificio y es esa idea de la alteración de la convención la que hace que un edificio y lo que hace que la Casa del Fascio sea importante, no buena, pero sí importante; o la Villa Pisani, no buena, pero importante; es que perturban la relación convencional entre espacio y tiempo. Entonces, fue muy importante para mí aprender, y esa ha sido la base de mi trabajo desde entonces. Pasé de ser un héroe-arquitecto-diseñador a un modesto arquitecto-héroe-pensante. He pasado mi tiempo construyendo edificios, enseñando y escribiendo libros. En este momento, estoy trabajando en una exposición importante en China, en Beijing, de 28 proyectos sin construir y 28 libros, es la idea de *Unbuilt Eisenman*.

## Avant-Garde

Pasaremos ahora al siguiente capítulo de esta saga, que se ha prolongado durante unos 60 años. Acabamos de publicar con Elisa Iturbe, una joven de origen mexicano, antes estudiante y ahora colega un libro titulado *Lateness* y *lateness* tiene que ver con la alteración del tiempo en relación a los artefactos físicos. Lo que vimos en Como en Terragni, en Montagnana en Palladio, lo codificamos en este pequeño libro llamado *Lateness*. Creo que eso dice algo respecto de dónde se encuentra mi pensamiento sesenta años después. Para mí, estas ideas son tan frescas hoy como lo eran hace sesenta años. Creo que hoy es aún más importante porque estamos en una situación extraña en términos de la política de la Arquitectura, en términos de las ideas de la Arquitectura, y ahora no estamos seguros de dónde está la Arquitectura. Después del modernismo, después del posmodernismo, después de lo digital, podemos estar en lo posdigital.

Hace más de dos años escribí en la revista *Flat Out* una reseña crítica del entonces nuevo libro de Mario Carpo *The Second Digital Turn*. Si alguno de ustedes no conoce a Mario Carpo, y su historización del fenómeno digital, entonces deberían leer sus dos libros sobre lo digital, porque realmente vale la pena leerlos. Esa crítica a Carpo tomó la forma de una idea singular sobre la complejidad y la resistencia en la Arquitectura. Resistencia a la fácil comprensión de las cosas, cosas complejas y difíciles. El punto que estaba señalando era que debido a que el giro digital podría producir *Big Data* (y eso es lo interesante) más rápido que nunca, tan rápido de hecho, que lo que podría verse superficialmente como complejidad, resultaría ser nada más que sencillez. Entonces, lo que ha hecho lo digital es que aquellas cosas que deberían ser difíciles de entender para los desarrolladores (digamos, para las personas) en Arquitectura, a la resistencia que necesariamente juega la arquitectura crítica, esa resistencia había sido superada por la absorción de *Big Data* y esa dificultad ya no impidió el desarrollo de la Arquitectura.

El segundo giro digital lo caracterizó Carpo como un exceso visual de datos. En ese momento se pensó que lo digital podría proporcionar una posible dirección para la Arquitectura en una teoría de un profesor en Londres, la "teoría de la mereología" de Daniel Koehler. Ésta es una teoría de las partes, las partes que flotan libremente, ni significantes, ni significados. Entonces, esta sería una forma diferente de conceptualizar desde las *splines* (que fue el primer giro digital) hasta vóxeles (el segundo giro digital). Todos los que conocen lo digital comprenderán que se trata de un intento de liberar a la arquitectura del modelado *spline*. El proyecto de los vóxeles se desprende del *dictum* albertiano de parte a todo y existía como cosa (no como cosas) sino como brechas, como ausencias entre las cosas. Estas ausencias son exactamente lo que estábamos mirando cuando estábamos mirando la villa palladiana, y esto podría sugerir una nueva idea para la Arquitectura. Sin embargo, quedaba un problema que tenía que ver con la relación entre los procesos que producen la Arquitectura y la forma en que se lee la Arquitectura. Ahora, dos años después, surge otra idea que podría apuntar a la hegemonía de lo digital. Esa idea concierne a una concepción diferente del tiempo y eso es lo que será importante entender: la relación del tiempo con el espacio que fue valorada por Siegfried Gideon y otros en la década de 1940 como algo que era importante para la nueva Arquitectura Moderna. Ahora estamos en otro mundo de tiempo y, por supuesto, parte de mí poder hablar esta noche, en tu tiempo y en mi tiempo y estar a miles de kilómetros de distancia, tiene que ver con la noción de tiempo virtual.

La mayoría de los avances en el proyecto de lo moderno se han ubicado en la época de las vanguardias (y eso es importante de entender). Ese fue un tiempo en el canon de lo nuevo y proyectivo de un futuro más ideal y todas esas ideas fueron subsumidas dentro de una Arquitectura, digamos desde 1919 (después de la Primera Guerra Mundial) hasta 1939. Lo nuevo absorbió a todos los que estábamos involucrados en las artes y pensando en esas cosas. Lo digital se convirtió en el último de estos muchos intentos durante los últimos cien años.

Una joven arquitecta, Elisa Iturbe, mi colega y yo publicamos este pequeño libro titulado *Lateness*, que es un ataque indirecto a lo digital. Hoy quiero argumentar que *lateness* representa un desafío potencial para la vanguardia digital. Como la mayoría de los intentos de hablar de lo tardío (como el estilo tardío moderno, el estilo tardío, etc.), *lateness* conlleva una condición temporal única que podría desestabilizar el virus de lo nuevo. Es decir, se pensaba que la vanguardia era lo nuevo siempre. Ahora, lo que digo es que lo que podría considerarse vanguardista (o lo crítico hoy), podría considerarse no nuevo sino tardío.

Hay dos significados generalmente entendidos del adjetivo "tardío". El primer uso del término se refiere a lo que podría denominarse "un estilo tardío", como un trabajo individual de una vejez y que los cambios se producen a causa de la edad. Sabemos cuántos arquitectos, ya fueran Le Corbusier, Mies o Wright, en sus últimos años desarrollaron un tipo diferente de Arquitectura. Por ejemplo, en las casas blancas de Le Corbusier convertidas en *Maisons Jaoul* después de la guerra, y más figuración en los edificios como en sus cuadros; en lugar de abstracción había figuraciones. Tanto en Le Corbusier como en Mies había algo que se podría llamar estilo tardío; cambios que ocurrieron a medida que la persona envejecía. El estilo tardío de Picasso es un buen ejemplo de estos cambios. La segunda idea de "tardío" se utiliza para describir el retraso de un estilo de época, no por un estilo individual sino por un período, como "barroco tardío" o "moderno tardío" y, por supuesto, "posmoderno" es un ejemplo de los últimos tiempos. No es tanto de la modernidad tardía, pero la posmodernidad tiene una connotación similar.

Sin embargo, el término del que estamos hablando aquí (es importante ver esto como algo diferente) no es ninguno de esos dos significados. Más bien es el uso que hace Theodore Adorno del término tardanza, como en la obra tardía de Beethoven, para distinguirlo de la subjetividad del estilo personal tardío. Adorno (y vale la pena leerlo sobre este tema, sobre el estilo tardío) propone una redefinición del término tardío: como una agencia de lo formal frente a la idea de una autoexpresión. *Lateness*, en este contexto, se convierte en una resistencia a la autoexpresión. Básicamente, lo que esto significa, significa que hay que repensar la relación entre forma y tiempo. La forma crítica del momento, ya no puede ser del momento, pero tiene que variar entre ser pasado y futuro, no puede tener una relación estable. Lo que significa que, si el tiempo se vuelve inestable, la relación en Arquitectura entre el espacio y el tiempo se altera de una condición estable a una que está abierta al pensamiento. Creo que esta es la idea clave de la que estamos hablando. Algo ya no manifiesta un estilo tardío personal, o un período particular, o un estilo tardío en el arte, sino que es tardío en relación con una convención, una convención determinada (como el pórtico, como la fachada, como el plano), las convenciones de la Arquitectura.

El énfasis que pongo en lo formal en oposición a lo significativo (o citacional) produce esta ambigüedad temporal, haciendo que el tiempo sea lo que podría llamarse discontinuo; ya no se mueve del pasado al presente y al futuro, sino de alguna otra manera. Esta concepción del tiempo difiere del marco dialéctico del siglo XX en la Arquitectura, que se basaba en el rechazo de lo anterior, actitud que prevalecía en el pronunciamiento de la era moderna de ruptura con el pasado. La cuestión realmente interesante (y a esto es a lo que nos enfrentamos hoy) es que la Arquitectura Moderna, tan moderna como la pensaban Hegel y otros, era un fenómeno dialéctico, y se basaba en los pronunciamientos dialécticos de los que hablaba Hegel en el siglo XIX. Era diferente a todas las arquitecturas anteriores debido a la dialéctica; el espacio-tiempo era una dialéctica. Lo que nos estamos dando cuenta (y esto está sucediendo en este país, así como en Europa, y llegando a América Latina) es que el ataque a la dialéctica es un ataque a la mentalidad de un hombre colonial. Lo que tenemos que entender es que, especialmente en los filósofos franceses de la deconstrucción (que fueron tan importantes durante el fenómeno lingüístico hace treinta años), ahora están entrando en una situación diferente porque estamos examinando las relaciones poscoloniales, y en la relación poscolonial, la dialéctica fue siempre "amo-esclavo", y amo fue el primer término y siempre el término dominante. Cuestionar la dialéctica y cuestionar esas relaciones inherentes a la dialéctica moderna nos coloca también en una posición socialmente importante frente a la Arquitectura Contemporánea. El cuestionamiento de la dialéctica, que fue la base de lo moderno y lo posmoderno y lo digital, se convierte ahora en algo realmente importante en el ser social de la Arquitectura.

Esta concepción del tiempo se diferencia del marco dialéctico del siglo XX en la Arquitectura, que se apoyaba en un rechazo a lo anterior. Una actitud que prevaleció tanto en los pronunciamientos de la era moderna de ruptura con el pasado, como en el posterior rechazo posmoderno de esa ruptura. Pero a fines del siglo pasado, parecía que lo digital produciría una temporalidad diferente, ya que sus formas emergentes parecían no tener historia en absoluto. Sin embargo, desde entonces se ha hecho evidente (y esta es la crítica de lo digital) que lo digital es una recapitulación de un tecno*zeitgeist*, en el que los límites de la forma están determinados por los límites de la tecnología misma. Por ejemplo, en el diseño paramétrico (y las cosas en las que trabajan personas como Patrick Schumacher), la forma se determina mediante entradas numéricas. Al mismo tiempo, la idealización del progreso tecnológico nubla la percepción de sus límites formales impuestos. Lo digital no trasciende el marco dialéctico del siglo XX, sino que vuelve a la idealización del presente que caracterizó a lo moderno.

## *Caesura*

En este contexto, *lateness* presenta una visión alternativa de la forma en el tiempo, porque la integridad de la forma se conserva a la escala de convenciones específicas, mientras que al mismo tiempo las nociones heredadas de cómo una convención podría relacionarse con otra son desafiadas o reinventadas (eso es importante). Es decir, la relación de una convención con otra convención no es descartar las convenciones que han existido (como planta, elevación, sección, espacio, tiempo, etc.), sino desafiarlas en su organización temporal, esto es, cómo relacionan el tiempo con la experiencia individual. Ahí es donde me dijo Colin Rowe: "¿Entiendes qué hacía Palladio con el pórtico?", En el sentido de que el pórtico existió en la historia frente a la fachada; Palladio empujó el pórtico hacia el interior de la fachada. No es porque se vea mejor, es una condición diferente del pórtico, la convención del pórtico en relación a la convención de la fachada. Tenemos un desafío a la relación dialéctica de frente, de atrás, de adentro y afuera, de espacio y tiempo. Por tanto, la tardanza no es una ruptura explícita con la historia ni un retorno abierto al pasado. *Lateness* no tiene vínculos con ningún estilo en particular ni opera como un estilo en sí mismo. Más bien, se manifiesta como una interrupción (o una perturbación, si se quiere) del tiempo lineal, lo que se llama la palabra latina (no tengo una palabra mejor) una *caesura*. Como tal, su forma debe ser contingente, y es esta contingencia la que vincula la convención a la convención. Debe condensarse en su contexto, como no podemos ignorar el hecho de que hoy se cuestiona la condición colonial, y por eso el cuestionamiento de la dialéctica es importante en el contexto que provoca esta contingencia. Entonces, se trata de una interrupción en el tiempo lineal -una *caesura*-, y como tal su forma debe ser contingente. Su apariencia externa, que es lo que parece, depende del contexto histórico en el que ciertas convenciones son dominantes y otras suprimidas, es decir, "el amo y el esclavo". El estudio de *lateness* ofrece la posibilidad de descubrir un modo crítico (y eso es importante), el restablecimiento de la idea de criticidad, en el que la invención de nuevas formas ya no es el objetivo declarado de una Arquitectura crítica. En cambio, podría surgir un modo crítico diferente en las preguntas sobre la relación entre forma y tiempo propuestas en el término *lateness*.

Lo que es diferente hoy, y lo que pensé hace dos años, es la relación con el tiempo. Las piezas ya no están situadas en lo nuevo. Más bien, las interrupciones en el tiempo lineal (es decir, las perturbaciones en estas interrupciones), la *caesura* que crean las partes ya no son de lo nuevo en el tiempo presente, sino que miran hacia adelante y hacia atrás cuando la forma es contingente. Cuando es contingente, puede surgir un modo crítico diferente (que es diferente del moderno, el posmoderno o el digital) en las preguntas sobre la relación entre forma y tiempo. *Lateness* surge cuando una convención se desplaza temporalmente, provocando que se reinvente la relación entre las partes dentro de una obra arquitectónica. La contingencia de la "forma tardía" es tanto temporal como espacial. Lo espacial, impulsado por herramientas digitales y su capacidad para generar deformaciones sin precedentes, se mantiene alineado con las condiciones del presente a través de una idealización de la tecnología. En cambio, las convenciones descontextualizadas (eso es lo que buscamos) que caracterizan a lo tardío, desestabilizan las narrativas ideológicas, estilísticas e históricas. Básicamente, lo que estoy diciendo es que, dentro del ámbito de lo tardío, los efectos de lo digital son irrelevantes e irrelevantes para lo que consideramos lo tardío. Lo relevante es la ubicación de las convenciones arquitectónicas en un contexto temporal fracturado, donde sus narrativas anteriores quedan suspendidas, sin sentido en la contingencia de la *caesura*.

Esta es una conferencia muy difícil. Espero que puedas traducirla y hacer algo con ella. ¿Qué aspecto tiene lo que estoy diciendo? Por eso no les estoy mostrando ninguna imagen, porque al leer esto y al preparar esto para esta noche, me di cuenta de que no había hecho una obra de Arquitectura como se describe aquí. He analizado a Palladio, Terragni, Le Corbusier, etc., pero yo mismo no he hecho lo que digo que se debe hacer. Entonces, lo que espero es que en el tiempo que me queda para mi trabajo (y estoy trabajando en un proyecto importante en el país de Georgia, en Tbilisi), al menos podré intentarlo. qué es lo que se establece, y cuáles son esas diferentes relaciones convencionales que se recontextualizan (no diría descontextualizar sino recontextualizar), no como lo nuevo o vanguardista, sino como lo tardío.

**Referencias Bibliográficas**

Carpo, M. (2017). *The Second Digital Turn: design beyond intelligence*. Cambridge, EEUU: MIT Press.

Eisenman, P. (2006). *The formal basis of Modern Architecture*. Zurich, Suiza: Lars Müller Publishers.

Eisenman, P., Iturbe, E. (2020). *Lateness*. New Jersey, EEUU: Princeton University Press.

# Arquitectura y la Política de la Materialidad

Antoine Picon

Conferencia dictada en octubre de 2020 en la Maestría en Investigación Proyectual.

Este texto, es en realidad, un desarrollo del libro que publiqué en francés hace un par de años *La matérialité de l'architecture* (Parentheses, 2018), una versión extendida de lo que aparecerá en los Estados Unidos a principios del próximo año (2021). Es un libro que gira en torno a la noción de materialidad como sugiere el título. Aquí estaría discutiendo la relación entre materialidad y política que, para mí, es uno de los problemas de la actualidad. Realmente se trata de en qué sentido la Arquitectura podría ser política si tenemos en cuenta su materialidad.

## Una Visión Diferente de la Arquitectura y la Política

Comencemos con la pregunta general sobre Arquitectura y política. En los últimos años, la relación entre Arquitectura y política ha vuelto de manera espectacular. Esto es inseparable del cambio en la naturaleza del debate sobre Arquitectura. Los días en los que la globalización y el *Star System* en ascenso monopolizaban la atención definitivamente han terminado. Creo que ahora volvemos a cuestionarnos ¿cómo puede la Arquitectura contribuir a un futuro diferente? ¿Uno más justo? ¿Uno más respetuoso con el medio ambiente? Lo que, por supuesto, es un interrogatorio muy fundamental. Eso explica por qué han vuelto los enfoques marxistas. Estos enfoques tienden a considerar muy a menudo a la Arquitectura como una consecuencia de fuerzas más elementales. Mi pregunta aquí es: ¿Es la Arquitectura en sí misma, como disciplina, capaz de algún tipo de agencia política? Esta no es la pregunta más fácil de responder.

Tradicionalmente, cuando se trataba de una cuestión de este tipo, la agencia política de la Arquitectura, había dos tipos de respuestas, dos grandes mentiras. Una tenía que ver con el diseño o programa general. Se suponía que la arquitectura era política en la medida en que sirve a propósitos específicos y la ciudad prohibida o el castillo eran definitivamente políticos, al igual que el panóptico de Bentham. La otra tenía que ver con la ideología política y la forma en que la Arquitectura podía servirle a través de su fuerte dimensión simbólica. Desde esa perspectiva las pirámides eran políticas al igual que las iglesias de la contrarreforma con su abundante decoración. Lo simbólico se entendió como la traducción simbólica de los valores centrales del régimen político al que servía.

Este enfoque tiene su interés, pero también sus defectos. Y estas deficiencias son una ilustración de un problema más amplio sobre cómo interpretar los objetos construidos. Primero, si tomamos la organización general de un edificio arquitectónico, sería más flexible de lo que parece. Hay, por ejemplo, una lectura genealógica desde Versalles hasta el falansterio de Fourier del siglo XIX. Se supone que el falansterio es una vivienda colectiva para una utopía. Entonces, definitivamente esta no es la misma política, pero la organización de los edificios es sorprendentemente similar.

En la década de 1930, si ahora miramos a lo simbólico, se produjo un regreso a una especie de nueva monumentalidad clásica que caracterizó un régimen completamente diferente del Berlín nazi al Washington democrático. El edificio Truman de 1927, por ejemplo, casi podría parecerse a un edificio de Albert Speer. Entonces, sobre todo, estos enfoques tradicionales dejan de lado una serie de otras dimensiones de la relación entre Arquitectura y política. Y estas relaciones pueden definirse de una manera mucho más amplia que a través de la participación de la Arquitectura en los rituales del régimen político o su capacidad para expresar los valores centrales de estos regímenes.

Los historiadores en los últimos años han intentado ir más allá, por ejemplo, mirando instituciones de Arquitectura, técnicas de Arquitectura, etc. Esto no es lo que me gusta seguir aquí, lo que me interesa es en realidad volver a dos dimensiones que jugaron un papel fundamental en la definición de la Arquitectura; son dos dimensiones inseparables de la materialidad de la Arquitectura. Las primeras son las sensaciones que se desprenden del encuentro directo con los edificios. La experiencia de la superficie y el volumen, del espacio, la textura, la luz y el color, ejerciendo sobre nosotros influencias que a menudo presentan resonancia política en el carácter individual de la sensación. Por ejemplo, si se toman los sentimientos que transmiten secuencias elementales como puertas, escaleras, ventanas, o la impresión que producen los cambios en el nivel de iluminación o por el efecto de la opacidad y la transparencia, sí tienen cierta relación con la política.

Cuando Le Corbusier complica la relación entre el exterior y el interior en la Villa Shodhan, por ejemplo, es típico de este tipo de sensación que produce la Arquitectura. Schinkel en el *Altes Museum* cuando tiene esta secuencia en la que comienzas a llegar al museo e inicias el recorrido en la oscuridad desde los escalones inferiores, y luego te paras a descubrir la ciudad, es otro ejemplo.

También me interesa el ornamento. Al menos por dos razones. La primera es la importancia que solía tener en la Arquitectura y, por supuesto, un vínculo importante con su carácter material de despliegue. La segunda es porque, por supuesto, el ornamento ha regresado recientemente en la era digital. Entonces, las dos dimensiones que menciono, la sensación, la secuencia del espacio y la sensación que se eleva, tienen que ver con la animación de la materia. La Arquitectura de alguna manera es algo que intenta animar la materia. Podemos ver esto, por ejemplo, en el grabado que muestra a la figura mitológica griega Antheon tocando música y los bloques de la pared colocándose en su lugar. La Arquitectura es en realidad una animación de la materia, a través de la composición, a través de la composición general, pero también a través del ornamento. Y esto es algo que ha perdurado a través del barroco hasta nuestros días.

La animación de la materia presupone que hay algo en común entre la materia y nosotros. Como si los edificios tuvieran un mensaje para dirigirse a nosotros. Y es revelador que una de las formas más antiguas de transmitir el efecto de las molduras de una fachada es compararlas con los pliegues de un rostro.

## La Materialidad de la Arquitectura

La materialidad es en realidad algo que se trata de la relación que tenemos con la materia, y cuando decimos que algo está incrustado en la materialidad, significa que nos relacionamos con él de una manera bastante tangible. Los materiales juegan, por supuesto, un papel importante.

Las columnas de la *Unite d'Habitation* de Le Corbusier no pueden dejar de sorprendernos por la presencia del material, el hormigón. Pero cuando decimos que algo es material queremos decir que es casi tangible para nosotros. Mi argumento es que el material ha variado de un período a otro. Por ejemplo, si naciste en la Edad Media, ver ángeles, o milagros no hubiera sido tan sorprendente, habría sido parte del mundo material que te rodea. En el siglo XIX mucha gente creía que los fantasmas eran en realidad material e incluso se podía fotografiarlos. William Hope fue un fotógrafo especializado en este tipo de prácticas. Es decir, parece que los fantasmas eran más materiales entonces que hoy.

La materialidad tiene que ver con la relación que tenemos con la materia, pero también con la forma en que nos entendemos a nosotros mismos. Étienne Bonnot de Condillac, filósofo del siglo XVIII, escribió un interesante tratado sobre la sensación. En este tratado imagina una estatua que no tiene sentido, ni visión, ni oído, ni tacto, etc., e imagina que, esto es ficción filosófica, le da acceso a la estatua a la sensación de oír, escuchar, tocar, etc., el sentido más importante de la historia no es la visión, ni el oído, es en realidad el tacto. ¿Por qué tocar? Debido a que la estatua una vez que recibe el toque comienza a sentir que hay obstáculos a su alrededor, comienza a sentir la textura de los materiales, y debido a ese contacto con el mundo, la estatua se da cuenta de que en realidad ella es un ser sensible y hay un mundo exterior, y ella se define en parte a través de la experiencia de este mundo exterior. Entonces, a donde quiero ir es a que, la Arquitectura no se trata de materiales, se trata de materialidad. Es decir, se trata de nuestra relación con lo que está ahí fuera, con los materiales, con la luz, con la sombra, y es una relación que se trata en parte de nosotros, de quiénes somos. Se podría decir que la Arquitectura es una construcción del mundo exterior, que es el mundo material, y de nosotros mismos como sujetos que experimentamos este mundo material.

Una forma más sencilla, o al menos, más sencilla en apariencia, sería decir que en realidad la Arquitectura está a punto de habitar. Habitar significa que, a través del contacto de una serie de elementos materiales como paredes, ventanas, techo, el contacto con la luz, nos sentimos como en casa, lo que significa que nos definimos en parte a través de eso. Entonces, la historia de la Arquitectura podría ser, en realidad, una historia de la forma sucesiva en que nos relacionamos con el mundo exterior, el mundo material.

El Renacimiento trata de un mundo material mensurable. Eso se puede representar en perspectiva porque se puede medir. Es un mundo que está ordenado por un nuevo tipo de sujeto, el humano ideal renacentista, que es capaz de ordenar y darle sentido a ese mundo. Para dar otro ejemplo, la forma en que la materialidad construye la Arquitectura, pero no solo la Arquitectura. El automóvil ha jugado un papel importante en la comprensión de quiénes somos y de alguna manera percibimos el mundo en relación con la sensación de una sociedad mecanizada y nuestro cuerpo también es parte de eso.

Hoy nos encontramos en una gran mutación, la transformación de la materialidad, lo que significa que el mundo físico, nuestra comprensión del mismo, está cambiando. En términos de Arquitectura, somos cada vez más sensibles a cuestiones que antes se consideraban secundarias en Arquitectura. Como gradientes de temperatura, humedad, cosas como en las que el Arquitecto Phillipe Rahm está trabajando en sus proyectos.

También solíamos pensar que la información era abstracta. Ahora vivimos en un mundo en el que los gradientes de temperatura y la información son parte de un nuevo mundo material. ¿Qué significa esto para la Arquitectura? Y quizás la pregunta más central es, ¿qué significa habitar Arquitectura?

**De Sensaciones a Situaciones**

La efectividad fundamental de la Arquitectura radica en su capacidad para organizar la materia de manera que provoque sensación y genere afectos compartibles. Y gran parte de esta sensación y afecto se crea mediante medios propios de la disciplina, como la definición de un interior y un exterior, la escala y dimensión, el contraste entre luz y sombra, el contraste en transparencia y opacidad, por nombrar sólo unos pocos. La Arquitectura también puede contribuir a centrar la atención en áreas específicas. Consideremos el papel fundamental del escenario en el teatro. La Arquitectura, de alguna manera, construye situaciones muy a menudo en estrecha relación con algunas cualidades clave de los materiales que utiliza, desde el ladrillo hasta el hormigón, desde la madera hasta el acero. La calidad del material, muy a menudo, constituye una parte integral del efecto arquitectónico. También es factible de considerar, por ejemplo, la forma en que Louis Kahn define la oposición entre luz y sombra en las áreas de lectura de la Biblioteca de Exeter. Estos lugares donde es posible disfrutar de la luz exterior mientras se lee un libro. Para él, toda la experiencia de la biblioteca es participar en una experiencia muy concreta de una serie de sensaciones.

La sensación y el efecto de la Arquitectura son parte de lo que la Arquitectura puede lograr. Muy a menudo constituyen el ritmo. Por ejemplo, todo el edificio de la Villa Savoye de Le Corbusier trata sobre una serie de experiencias físicas. Puedo mencionar la experiencia mecánica, cuando llegas a la villa en coche cuando aparcas, y luego vas a pie por la rampa hasta llegar a la cima donde estás en contacto con los elementos. Todo el edificio funciona como una función para permitirle pasar de la velocidad mecánica a la experiencia de la luz, del sol, del paisaje circundante, como si se tratara, de alguna manera, de la construcción de una situación como una serie de sensaciones. Lo que Le Corbusier llamaría *promenade*.

Estas sensaciones conducen a ciertas emociones, por lo que inducen algunos comportamientos. Schinkel, por ejemplo, la escalera que lleva a lo alto del *Altes Museum* es una sensación que te prepara para la experiencia de la cultura. La Arquitectura de alguna manera construye situaciones, y esta situación tiene un potencial político. Para tomar otro ejemplo, hay un edificio de Rahul Mehrotra, *The Porous*, en India que tiene una supuesta fachada inteligente, pero la fachada no es electrónica, es un jardín vertical trabajado por personas. Lo interesante aquí es que, en realidad, la Arquitectura es política porque las personas de un lado y otro del vidrio, son de estratos muy diferentes de la sociedad. Las personas que trabajan en el jardín vertical son de orígenes muy modestos, los que están adentro son *yupis* que trabajan en la industria de la computación. Por lo general, estas personas no se ven, literalmente. Aquí, la Arquitectura no está igualando su condición, sino que los obliga a reconocer que el otro existe. La Arquitectura construye situaciones y éstas tienen un potencial político.

La Arquitectura utiliza la situación y el afecto como una forma de construir oportunidades políticas. Oportunidades de las personas para reconocer que existen, que existen unos y otros, posiblemente para conectarse. No es más que una sugerencia, pero una sugerencia ya es mucho. La Arquitectura es política como matriz de posibles situaciones sociales, a partir de la construcción de situaciones.

**Ornamento y *Decor***

Hoy en día tendemos a olvidar que el ornamento tradicional no se trataba solo de belleza, era político. En la medida en que tiene un contenido simbólico. Por ejemplo, al ver algo como el escudo de armas de Madruzzo sobre el balcón del Palazzo Roccabruna (siglo XVI), uno podía saber, al menos, dos cosas. Primero, que era una familia noble y por el sombrero en la parte superior del emblema que en realidad esta familia tiene una fuerte relación con la iglesia. De alguna manera, el contenido simbólico del ornamento tenía que ver muy a menudo con la jerarquía social.

Debido al posmodernismo, ahora nos hemos vuelto muy críticos de la idea de que el ornamento debe ser simbólico. Por supuesto, no se debe solo al posmodernismo, sino a que la ornamentación del siglo XIX era muy simbólicamente ornamental. Por ejemplo, la escultura de Jean-Baptiste Carpeaux que simboliza la Francia imperial protegiendo la agricultura y las ciencias. Está adornando uno de los pabellones del Museo D'Orsay en París y no es algo que podamos encontrar muy inspirador en la actualidad.

Además, hemos olvidado que el ornamento no era algo estático. El simbolismo de la Arquitectura no aparecía como un conjunto estático de cosas. El adorno no era algo que tuviera significado en un diccionario. Por ejemplo, se suponía que la columna jónica evocaba al cuerpo femenino, pero no se parecía a un cuerpo femenino, era como si la columna se estuviese convirtiendo en un cuerpo femenino. El simbolismo era un desarrollo. Lo que explica por qué la Cariátide es un caso extremo que nunca tuvo la intención de repetirse *ad infinitum*, porque la columna ya se había transformado en el símbolo estático de una mujer que era mucho menos interesante que convertirse en el cuerpo de una mujer.

Por lo general, es un error posmoderno creer que el adorno y el simbolismo son completamente fijos. El ornamento nunca tuvo la intención de funcionar como palabras en un vocabulario. Es un proceso de construcción de significación. El significado del ornamento no era estático y, además, el ornamento funcionaba en conjunto. Un ornamento generalmente se combina con otro. Para que crearan, lo que yo llamo *Decor*. El *Decor* tiene algo inmersivo, algo que orienta, algo que sugiere que hay un significado sin necesariamente un sentido completamente fijo. Por ejemplo, el gótico es típico de este tipo de *Decor*.

Al contrario de lo que dijo Víctor Hugo, las catedrales nunca fueron como los libros. Porque la mayoría de las personas de la Edad Media no eran necesariamente capaces de comprender todas las imágenes, las estatuas y sus significados. Pero lo que entendían era que, en general, esto tenía un significado religioso. Y tenían la impresión, porque estaban inmersos en ese *Decor*, de que su mundo era realmente significativo. Una de las cosas poderosas que hace la Arquitectura es sugerir que la presencia humana tiene un significado. Lo cual es una condición mucho más poderosa que simplemente decir lo que debes hacer. La Arquitectura sugiere que los humanos son bienvenidos, que tienen un lugar, que lo que hacen importa. Para volver al teatro, la Arquitectura es como un escenario, en cuanto estás en el escenario lo que dices es diferente, como si estuvieras en la sala. La Arquitectura enmarca la acción humana, y eso es lo que hace el *Decor*.

Versalles, por ejemplo, es completamente simbólico. Existe el salón de la paz, el salón de la guerra, etc. Pero lo más poderoso es el *Decor* general. La otra cosa profundamente política que hace la Arquitectura es sugerir una etapa donde la acción humana tiene sentido. Un arquitecto muy consciente de ello fue Charles Garnier. A mucha gente le encanta que la entrada de la Ópera sea tan grande como el propio teatro, porque Garnier entendió que en el siglo XIX la gente iba a la ópera no necesariamente para escuchar música sino como un ritual social. La sociedad que se mira a sí misma es tan importante como cualquier ópera que se esté representando. De ahí que el edificio de la ópera sea un *Decor* antes que una ópera.

**Política de la Materialidad**

Cuando decimos que algo parece más material que otra cosa, lo que realmente queremos decir es que tenemos una relación con eso que es diferente de la relación con esa otra cosa. Lo que consideramos material en un momento dado, define en parte quiénes somos. Una de las razones por las que se suponía que el aura de los santos era material en la edad media, tan material como otras cosas, era porque la gente creía que la prioridad de los seres humanos era ser creyentes. Iba a ser una criatura de dios. Una de las razones por las que hoy descubrimos cosas diferentes es porque somos diferentes. De alguna manera, la materialidad tiene que ver con qué es el mundo físico, cómo lo experimentamos y quiénes somos los que experimentamos este mundo físico.

Porque la materialidad se trata de nosotros, es política. Es profundamente política porque organiza la forma en que nos relacionamos con el mundo físico y la forma en que nos relacionamos con nosotros mismos. Si nos remontamos al Renacimiento, mencioné que estaba ligado a un mundo regido por las matemáticas, que se podía percibir a través de un sujeto activo, el sujeto del Humanismo, la Arquitectura Renacentista tiene que ver con todo eso, y también se relaciona con la formación de valores cívicos. El nuevo tema al que se dirige la Arquitectura es en realidad un tema que se adhiere a una serie de valores.

Hay, por ejemplo, un tema mucho menos agradable que es la Arquitectura nazi, la Arquitectura de Speer. Los edificios de Speer aparecen como propuestas sobre la relación entre el mundo material y la subjetividad humana y el hormigón crudo y la piedra y la oscuridad. Un esquema complejo destinado a exaltar las fuerzas de la naturaleza tiránica, alineado con la tecnología militar de vanguardia. Esto está destinado a elevar ciertos temas y disminuir otros. En cierto modo, la materialidad se utiliza en una especie de perspectiva totalitaria, que es muy diferente, por ejemplo, de lo que hizo Le Corbusier cuando intentó tratar a todos con la misma dignidad en su Casa del Jardinero en Poissy. Es más modesta que la villa de los propietarios, pero es igualmente refinada en términos de vocabulario arquitectónico. La Arquitectura digital de hoy probablemente trate de esta naturaleza cambiante de la materialidad y su significado.

Cuando digo que la Arquitectura es política, ¿podemos ir tan lejos como para decir, por ejemplo, que podría ser una posibilidad que la Arquitectura sea verdaderamente democrática? ¿A diferencia de los ejemplos totalitarios que acabo de dar? De hecho, es un poco más complicado.

Está claro que, si asumimos que a finales del siglo XVIII los arquitectos reinventaron o usaron algo que no se usaba desde hace un par de milenios, o al menos un milenio y medio, que es la forma del teatro grecorromano, la moderna sala de reuniones, en cierto modo, el salón de actos moderno va a dar forma a la democracia moderna y, de hecho, muchos de estos salones de actos basados en el teatro grecorromano siguen funcionando hoy en día.

Ahora podría argumentar que la Arquitectura crea situaciones y *Decor*, por ejemplo, es bien sabido que las expresiones comunes "izquierda" y "derecha" están en relación directa con quién está a la izquierda o a la derecha del orador en un teatro de este tipo. De manera más general, la Arquitectura ha constituido el *Decor* para las Democracias. El Capitolio de Washington está, por ejemplo, lleno de monumentos que crean *Decor* para la democracia. Aunque, en realidad, es muy sorprendente que la democracia más antigua del mundo, que es el Reino Unido, nunca haya cambiado al teatro grecorromano y se haya mantenido fiel al parlamento medieval. Esta sala constaba de dos filas de asientos enfrentados y en el centro, un trono en el que el rey o su representante se sentaba como árbitro del debate. Es decir, no existe una relación simple entre Arquitectura y democracia. Lo que hace la Arquitectura es, en realidad, crear posibilidades, pero no es necesario determinar por completo políticamente lo que ocurre en ella.

En otras palabras, la Arquitectura ciertamente puede facilitar el ejercicio de la democracia, pero no determina su forma de manera rigurosa. Y resulta más eficaz orientar en lugar de prescribir.

Puede que haya una tarea más urgente para la Arquitectura que ser democrática, no significa que la Arquitectura deba estar al servicio de los regímenes totalitarios, pero hay otras formas de que la Arquitectura sea política hoy. Todos sabemos que los desafíos ambientales son uno de los temas políticos más importantes de nuestro tiempo. "Cómo hacer un futuro sostenible" es una pregunta real hoy en día. ¿Cuál es la respuesta? ¿Las falsas promesas del enverdecimiento artificial? ¿Es la respuesta imaginar una frugalidad realmente magnífica?

Lo que necesitamos es construir la situación en *Decor* de un mundo que está cambiando extremadamente rápido, ¿cuál es la situación de la Arquitectura en *Decor*? Una Arquitectura de la época del Antropoceno. Aquí es donde aparece la cuestión de la utopía. La utopía como invención de un mundo diferente. Manfredo Tafuri en su libro *Architecture and Utopia* (MIT Press, 1976), explica que la relación entre arquitectura y utopía todavía está presente, porque el Modernismo no había logrado mantener su promesa. No estoy seguro de que esto sea tan cierto. Creo que en realidad lo que criticó Tafuri fue la pretensión de la Arquitectura de ser una herramienta, de ser una especie de ingeniería del futuro. Esto es lo que soñó la modernidad en algún momento.

¿Y si la Arquitectura se tratara más de crear posibilidades? Una vez más, lo que la Arquitectura hace mejor políticamente es sugerir posibilidades, en lugar de responder por completo y sobre determinadas personas. Deberíamos intentar imaginar una Arquitectura de infinitas posibilidades. Esto es lo que exploraron artistas como Constant Nieuwenhuys con, por ejemplo, *New Babylon*. Esa es una Arquitectura de situaciones y oportunidades. Una Arquitectura del *Decor* y encuentros podría ser, quizás, la cuestión política de la Arquitectura en la actualidad.

**Referencias Bibliográficas**

De Condillac, É. B. (1754). *Traité des sensations*.

Picon A. (2018). *La matérialité de l'architecture*. Marsella, Francia: Parentheses.

Tafuri, M. (1976). *Architecture and Utopia: design and capitalist development*. Cambridge, EEUU: MIT Press.

# Gabinete de curiosidades

Jesse Reiser y Nanako Umemoto

Conferencia dictada en abril de 2021 en la Maestría en Investigación Proyectual.

Hemos sido educadores, diseñadores y arquitectos en práctica durante más de 30 años. Hace dos años realizamos un esfuerzo por elaborar un libro que, aunque no fuera un resumen de todo nuestro trabajo, intentara abordar la estratificada y compleja relación entre cómo diseñamos, cómo teorizamos y cómo ejercemos la profesión. Para nosotros fue realmente sorprendente, porque en un principio pensamos que podría ser bastante sencillo, pero los enredos en los que uno se mete en cualquier tipo de proyecto arquitectónico sugirieron muchas maneras posibles y válidas de estructurar el libro, así que tratamos de capturar ese espíritu de posibilidad en él. Una de mis películas favoritas, "Ciudadano Kane", es un intento dentro del medio cinematográfico de abordar lo que significa representar la vida de alguien que, inevitablemente, se extiende a vidas colectivas (figura 1). Así que pasamos de un modelo enciclopédico a uno fílmico; más precisamente a un modelo Welles/Mankiewicz/Toland, algo que intuitivamente nos atrajo. El libro no tiene un esquema general o sistemático, sino que está relacionado a través de una serie de investigaciones paralelas y obsesiones, similares a un gabinete de curiosidades (figura 2). Y porque somos arquitectos y amamos vincular imágenes y cosas, buscamos fusionarnos en torno a material que nos inspirara, ya sea desde afuera, desde la disciplina, o desde nuestro trabajo, que sirviera como núcleo para comenzar a desempacar y desplegar los diversos hilos de la producción del estudio y de nuestros colaboradores. No existe un esquema general, sino un conjunto de núcleos para nosotros vitales a partir de los cuales trabajar. Una cosa que empezamos a identificar (y realmente comenzó a dar más claridad a 30 años de trabajo) fue que, en lugar de abordar la práctica de la Arquitectura como un ejercicio de resolución de problemas particulares en cada proyecto, hay ciertas consistencias que retrospectivamente se conectan a través de proyectos y a través de los años. Quedó claro que estos llamados "proyectos sostenidos" tienen formas y duraciones radicalmente diferentes, pero son concurrentes en el estudio.

### El Comienzo

Lo primero (que no voy a profundizar mucho hoy) tiene que ver con una tarea que nos dio John Hedjuk en *The Cooper Union* para comenzar la tesis. La tarea de John fue engañosamente simple: "elijan un instrumento musical y dibújenlo". Algunos dibujos realmente extraordinarios de instrumentos musicales fueron realizados por los estudiantes a principios de los años '80, y eso duró varios años. John nunca articuló con claridad cuál sería la intención de esos dibujos en relación con la tesis pero, siguiendo su camino intuitivo, debe haberse dado cuenta de que la lógica del instrumento musical, su relación con el cuerpo y su relación con la historia de la música y del sonido podría resonar profundamente con la Arquitectura. Era un misterio desconcertante para mí. Para ser claro, realmente yo no hice el ejercicio, pero observé cómo se hacía. Fui completamente cautivado por los dibujos; en principio sólo por su belleza, luego me di cuenta de que había algo que seguía reapareciendo en nuestro propio trabajo (figuras 3 y 4). Era un deseo, de alguna manera, alcanzar el mismo nivel de integración entre la máquina, el artefacto y el cuerpo. En definitiva, una biomecánica. Curiosamente, los estudiantes que habían realizado dibujos tan superlativos tuvieron problemas para trasladar esas ideas a sus propios trabajos de tesis. A Hejduk le gustaba decir que los dibujos de los instrumentos musicales estaban impregnados de arquitectura. Me atrevería a decir que pronto la tesis de Hejduk no fue satisfecha ni siquiera en su propio trabajo, pero intuyó muy bien hacia dónde debía ir. Gran arquitecto y profesor, sentó las bases, pero nos tomaría otros treinta años en comprender una parte.

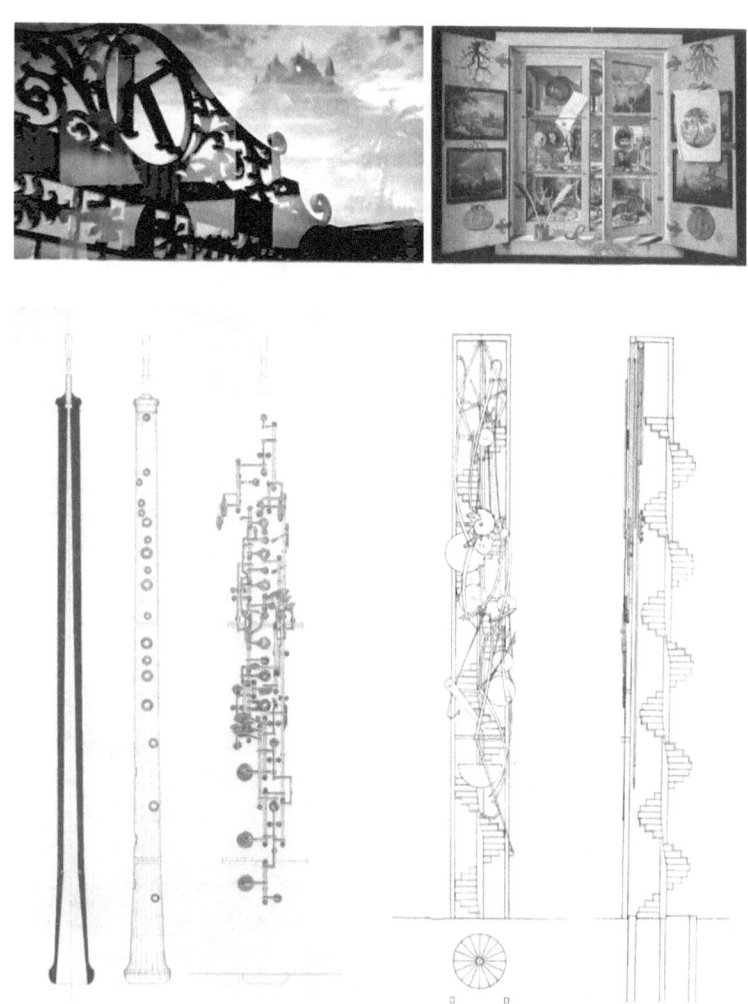

Figura 1 (arriba izq), Ciudadano Kane de Orson Wells; Figura 2 (arriba der), Andrea Dominico Remps, Gabinete de curiosidades con puertas de vidrio y varios objetos; Figuras 3 y 4 (abajo), Jesse Reiser y Nanako Umemoto, Dibujos de instrumentos musicales y proyecto de una escalera en caracol.

Otro interés sostenido desde temprano fue el "Proyecto Textual". No entraré en eso, pero tuvo una duración de unos 10 años, comenzando con nuestro primer trabajo a mediados de los '80, y finalizó aproximadamente a mediados de los '90.

El "Proyecto de Superficie" (que no era sólo un proyecto interno, sino algo que suscitó un gran interés entre muchos profesionales especulativos), comenzó con pioneros como Parent, Virilio y los situacionistas, pero se convirtió en algo más grande con el trabajo de OMA y luego con el trabajo de las personas salientes de OMA (figura 5). Fue algo que, particularmente, nos entusiasmó. Para mí, además, es interesante que existen proyectos internos en una oficina, pero también hay proyectos disciplinarios que, por su cierta duración, cautivan a la disciplina más amplia. El "Proyecto de Superficie" generó un proyecto interno en la oficina que duró 17 años, el "Proyecto *Rod-Net*"; el cual en su fase madura dejó por completo atrás el Proyecto de Superficie. Las vidas de los proyectos evolucionan y migran tanto dentro de una práctica particular como a través del tiempo y de múltiples prácticas.

Para dar una versión concisa de la persistencia de los proyectos a lo largo del tiempo y de cómo se trasladan los conceptos, uno podría señalar un conjunto de bocetos seminales de Cecil Balmond y su equipo para la geometría estructural del "Pabellón *Serpentine*", de Toyo Ito. El boceto estructural de Balmond se centró, sobre todo, en las líneas y en cómo esas geometrías podrían crear una red de curvas estructurales superpuestas para el pabellón. Envía el boceto por fax a Toyo Ito, quien deliberadamente malinterpreta la red de líneas; Ito está mucho más interesado en todo lo que hay en el medio. Así que, literalmente, colorea los espacios entre las líneas y los representa como volúmenes tangenciales, mapeándolos a lo largo y alrededor de la envolvente del pabellón. Luego, nueve años más tarde, Sou Fujimoto (quien ayudó a Ito durante el "*Serpentine*") revisita la geometría de Balmond para su propuesta de la Torre de Taiwán, un proyecto mucho más grande y programáticamente diferente al *Serpentine*. Esencialmente, Fujimoto resucita la red estructural original de Balmond, pero la amplía monstruosamente y la adapta al terreno triangular del concurso. Uno puede ver claramente la migración de una serie de conceptos geométricos y estructurales muy precisos, y cómo motivan a múltiples autores de maneras radicalmente diferentes y, curiosamente, en gran medida independientes de la escala, el programa y el sitio.

## Década de 1990

En los años '90, los concursos eran sumamente importantes para los arquitectos jóvenes, y especialmente cruciales para nosotros y nuestros colegas en la facultad de Columbia. Recuerdo estar completamente impresionado por el esquema de concurso de FOA para la "Terminal Portuaria de Yokohama". Lo habían hecho mejor que OMA al combinar la topología con el proyecto de superficie y, como serios competidores, nuestro éxtasis pronto se convirtió en envidia productiva. Sentíamos que la topología fluida de las losas de FOA era demasiado vacía -demasiado ideal-. Convincente, sí, porque creaban una liberadora sensación de infinitud visual; pero también teníamos un sentimiento de, como diría Degas, "si todo es posible, entonces nada es posible". Steven Holl resolvió el problema cuando comentó qué desafortunadas se veían las barandas con pasamanos en su esquema. Con eso entendí que se refería a que el encanto del espacio creado por una variedad topológica ligeramente curva, que unía perfectamente el piso con la pared y con el techo, se rompía abruptamente por una baranda superficial: ¡un choque espacial-ontológico si alguna vez hubo alguno! Irónicamente, ¡una generación antes esta disyunción se hubiese celebrado! El espíritu de diseño de los '90 era todo lo contrario: todo debía unirse suavemente a todo lo demás. Nuestra intuición sobre cómo abordar este enigma se corrió hacia lo anti-intuitivo. Claramente, hubiese sido una batalla perdida transformar cada elemento físico exigido en un edificio, aunque había quienes intentaban precisamente eso. Nosotros tomamos el enfoque opuesto, guiados y animados por nuestro colega en teoría, Sanford Kwinter. Inspirados por su ensayo "*Landscapes of Change*", paisajes epigenéticos, etc., nos sumergimos profundamente en el universo materialista, considerando la topología no como un dominio idealmente suave y vacío de geometría pura sino un pleno, una plenitud. Arquitectónicamente, el problema no era la inclusión de una baranda con pasamanos, esa relación sólo reforzaba una dialéctica entre lo ideal (el espacio) y lo real (la baranda). El problema era que no había suficientes "barandas" o, mejor aún, cosas en esa arquitectura animada y nuestra vida/mundo habitando la topología. Arquitectónicamente, la superficie (y la profundidad) de tal variedad sería inclusiva, fuertemente caracterizada, permitiendo y albergando muchas conexiones, humanas y no humanas, a la vez. Reconociendo lo inhumano como, a menudo, más humano que los espacios "humanizadores" del siglo XX. Es por eso que los humanos se sienten inevitablemente atraídos por el mar, las montañas y los bosques para recrearse. Los impulsos arcaicos desafían la existencia cotidiana en la ciudad y en los suburbios. El esquema FOA nos atrajo por sus promesas incumplidas igual que por lo que dejó. En suma, encontramos una manera de hacer algo más con el "Proyecto de Superficie". Un año después del concurso de Yokohama, el concurso para la Biblioteca de Kansai nos ofreció la oportunidad de dar una respuesta a la versión de la superficie de FOA.

Tuve que pensar más claramente sobre esta relación muchos años después, cuando fuimos invitados a un panel en el Museo de Arte Moderno, el cual giraba en torno a una exhibición llamada "La Constelación Japonesa". El programa ponía en primer plano a una selección de arquitectos japoneses contemporáneos, la conexión entre ellos, y sus respectivos linajes. MoMA tiene una larga historia en la curaduría de muestras temáticas nacionales e internacionales. Los linajes históricos de arquitectos, que van de maestro a discípulo, son extremadamente claros en el caso de Japón, y son especialmente atractivos para MoMA y el público occidental. Así que ese fue, en mayor o menor medida, el enfoque de la muestra del MoMA. Sin embargo, el denominador común entre la mayoría de los arquitectos de la exposición era el compromiso con el Proyecto de Superficie y, por otra parte, el trabajo de un ingeniero estructural en común, Mutsuro Sasaki. Considerando la prevalencia de los proyectos de superficie en la exhibición, dijimos: "Esto es correcto si circunscribes este proyecto dentro de Japón pero, de hecho, existe un linaje mucho más prolongado del Proyecto de Superficie que comienza en Europa, cruza

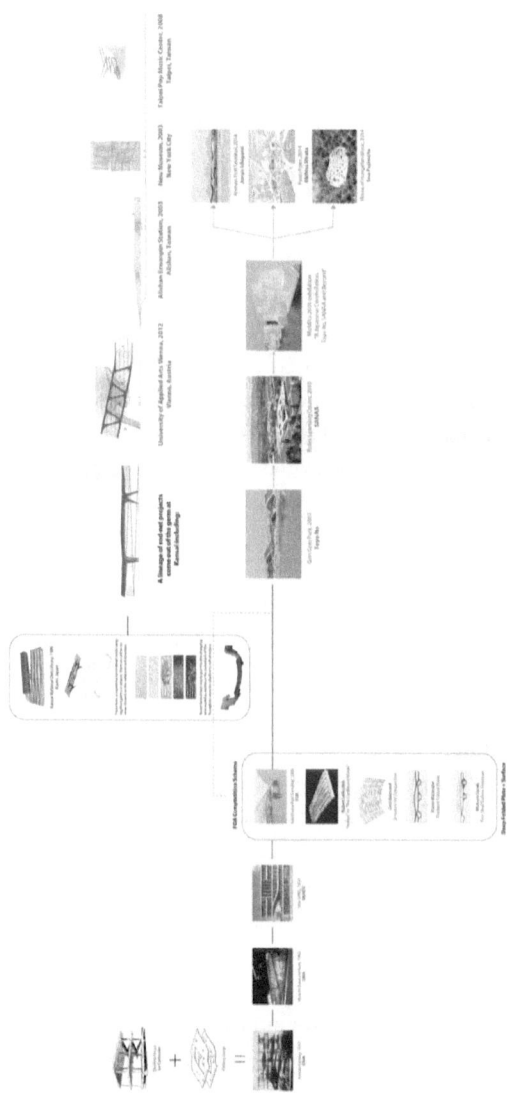

Figura 5, RUR Architecture DPC, cuadro del proyecto de la superficie.

América del Norte y mucho más tarde llega a Japón, y permite que este último tramo suceda". Nosotros habíamos preparado un diagrama aproximado de estos linajes. Uno podría decir que OMA fusionó el "modelo Dom-Ino" de Le Corbusier con la superficie continua típica de determinadas tipologías de estacionamiento para crear un museo del movimiento, o una biblioteca del movimiento, a partir de la losa inclinada y de la superficie continua. Esos intereses fueron desarrollados más tarde por los ex miembros de OMA, MVRDV, y, por supuesto, FOA. Es ahí donde ingresa nuestro trabajo. Si miramos un poco más de cerca el esquema de concurso que configuró FOA (hay una brecha de años muy interesante desde la competencia hasta el edificio real), Alejandro Zaera-Polo y Farshid Moussavi colaboraron inicialmente con Cecil Balmond en Londres sobre el esquema ganador del concurso, pero cuando llegaron a construir realmente el proyecto se dieron cuenta de que el "modelo de cartón" (que derivaba del estudio de Balmond sobre el sistema de plataforma corrugada cruzada 'isoflex', del ingeniero estructural Robert Le Ricolais) no iba a salvar las distancias necesarias en la terminal. Las curvaturas de FOA eran demasiado suaves y las distancias demasiado largas. FOA se pasó al ingeniero Kunio Watanabe quien, básicamente, aplicó un sistema de placas plegadas debajo de las losas, para estructurarlas, dando como resultado el "modelo origami", una híbrida estructura/superficie; ese fue el sistema que finalmente fue construido. Lo interesante es que los ingenieros también son competitivos: Mutsuro Sasaki vio el edificio terminado por FOA y dijo: "Las losas son demasiado gordas". Quería "resolver" el problema de la superficie estructural haciéndolas lo más delgadas posible, pero con una extensión similar a las representaciones iniciales de FOA. La reacción de Sasaki ante el edificio de FOA inició una trayectoria de investigación en diseño en su oficina, y colaboró con varios arquitectos japoneses para finalmente refinar el concepto de superficie estructural, que era el proyecto común no anunciado en "La Constelación Japonesa". Personalmente, desde una perspectiva arquitectónica cuestiono los beneficios estéticos de la solución final de Sasaki al problema de la superficie. Sí, resuelve el problema estructural y de manera mínima, pero hay mucho que apreciar arquitectónicamente en el híbrido FOA/Watanabe.

## El Proyecto Rod Net

Volviendo a nuestra respuesta a FOA y su proyecto de superficie, se produjo durante el concurso para la "Biblioteca de Kansai", un año después de que ganaran la "Terminal Portuaria de Yokohama" (figura 6). Le presentamos un conjunto similar de problemas de superficie a nuestro ingeniero, Ysrael Seinuk (un maravilloso cubanoamericano neoyorquino quien también había sido nuestro profesor de estructuras en *Cooper Union*). En lugar de fortalecer las losas continuas de nuestra biblioteca adjuntándoles una placa doblada, como lo había hecho Watanabe con FOA, él dijo: "Separaremos la estructura principal de las losas, usaremos una placa doblada, pero realizará el trabajo estructural como una superestructura y luego colgaremos las losas de una malla variable de cables tensados, y esa será la manera para mantener delgadas y elegantes las superficies continuas": una intuición muy similar sobre el uso de placas plegadas de un ingeniero de la misma generación que Watanabe, pero una forma muy diferente de concebir su uso.

La lógica de la solución de Seinuk inició una serie completa de proyectos que, en realidad, en nuestra oficina se han desplazado más allá de la superficie continua, y continúan haciéndolo (figura 7). Para nosotros, esa intersección entre proyectos generales en el campo disciplinar y proyectos internos en la oficina es la que aporta cierta vitalidad a nuestro trabajo. Todos los proyectos se agotan después de una cierta cantidad de tiempo. Lo difícil es mantener la vida de los proyectos desafiando constantemente el modelo; la escala, el programa y el sitio ofrecen molestias específicas y útiles así como una lógica de reemplazo. Por ejemplo, cuando el proyecto de superficie se agotó y ya estábamos cansados de él, lo descartamos del modelo *Rod Net* y lo reemplazamos por otra planta y otros tipos de secciones. Básicamente, trajimos la lógica de la *"Rod-Net"* -superestructura y losas colgantes- a toda una gama de escalas y demandas.

Habiendo ensayado exhaustivamente todas las variaciones posibles que podríamos haber pensado con este sistema, finalmente dejamos a un lado el proyecto global. En general, es el arsenal de lógicas arquitectónicas, que traes a un emplazamiento particular y a un programa particular, lo que otorga consistencia general al trabajo. No es diferente a la forma en que trabajaría Mies van der Rohe cuando, por ejemplo, sólo tenía dos lógicas para edificios de grandes dimensiones (la grilla clásica y el marco en serie) y luego trabajaba sistemáticamente a través de sus permutaciones en varias escalas.

La versión más pequeña del proyecto rod net, la Casa Sagaponac, nos permitió trabajar hacia adelante y hacia atrás entre el diseño y la especulación para generar teoría retrospectivamente (para nosotros es el único método válido) (figura 8). Yo estaba leyendo a Deleuze en ese momento, y su distinción entre el ajedrez y el go realmente resonó con la forma en que podríamos abordar este proyecto. No solo aspirábamos a reconciliar los modelos domésticos de Mies y de Le Corbusier, sino también a luchar un poco con la tradición clásica. En otras palabras, podría decirse que la arquitectura clásica occidental sigue (de alguna manera) las reglas del ajedrez; la identidad de las piezas es estable y existe un número limitado de movimientos posibles dentro de esas reglas (figura 9). Las piezas de go son muy interesantes porque no tienen una identidad estable; más bien son piezas genéricas, blancas y negras, y a partir de sus relaciones locales adquieren un significado provisorio. Nosotros hemos realizado un paralelismo entre las pequeñas piezas de go y las varillas (*rods*) de la *rod-net*. Del mismo modo en que Mies se alejaría de su análisis de una arquitectura clásica de piedra (afirmando que la sección de acero es la encarnación de la columna clásica en tecnología moderna), nuestras 'piezas de go' eran un conjunto genérico de varillas de acero que, dependiendo de su densidad en el edificio, podría pasar de un comportamiento similar a una columna, física y ópticamente, a un comportamiento puramente óptico (decorativo) (figura 10). Parte de la especulación que surge en nuestro "Atlas de Novel Tectónicas" es que otra arquitectura emerge cuando opera entre dos lógicas, saliendo de dialécticas vinculadas históricamente al modernismo tecnocrático y sumergiéndose profundamente en las expresiones de la propia materia. Por ejemplo, en un edificio miesiano existe una clara distinción entre estructura y vidrio de relleno, y una tecno-síntesis actualizada fusionaría los términos y los materiales para llegar al vidrio estructural. Descubrimos que el territorio más

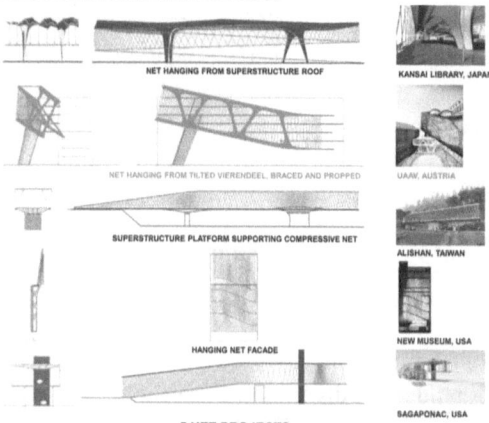

Figuras 6, 7 y 8 (de arriba a abajo), RUR Architecture DPC, Kansai Library, Japón, 1996.

interesante se encuentra entre la estructura y el vidrio (modernismo) y el vidrio estructural (*high tech*), donde el relleno y la estructura son lo mismo que el vidrio estructural, aunque óptica y materialmente no son homogéneos. Ahí es donde vive la *rod-net*.

En la Casa Sagaponac estábamos explorando las formas en que podíamos navegar entre desempeño óptico y estructural al movilizar la red de varillas. En la escalera de entrada exterior, entre los soportes estructurales, hay pantallas puramente decorativas, pero cuando te mueves hacia el volumen cerrado de la casa la red de varillas funciona como estructura al igual que como decoración (óptica). La cantidad también influye en este efecto óptico-material. Un ingeniero estructural normalmente entregaría una solución determinada (básicamente, la mínima cantidad de varillas que uno pudiera colgar del techo para sostener la losa inferior). A fin de extender el rendimiento estructural a lo óptico, deliberadamente aumentamos el número de varillas en juego lo que, técnicamente hablando, logra que la estructura sea más indeterminada pero, al mismo tiempo, desencadena subproductos ópticamente muy interesantes. La cantidad tiene una cualidad propia, y la redundancia engendra cualidades.

Pero también hubo estancamientos interesantes en Sagaponac, donde la sensibilidad del diseño entró en conflicto con los principios del diseño. Yo converso mucho con mis estudiantes de tesis sobre estas situaciones (particularmente difíciles, porque una cosa que los estudiantes de tesis de Princeton aborrecen es que la contradicción comprometa sus conceptos). Trabajando de un modo muy puro con *rod-net*, había momentos (como girar en esquina con la malla de varillas) que, intuitivamente, se sentían inadecuados. Deliberadamente inserté una columna de esquina miesiana de una manera no funcional para completar la esquina con mayor énfasis visual (figura 11). Durante años me sentí culpable por ello, hasta que comencé a pensar que probablemente lo que estaba haciendo estaba más en línea con la lógica de Venturi, quien abraza la contradicción. Fue un shock darme cuenta de que estábamos realizando posmodernismo en el razonamiento, pero no en la forma. Para mí, los argumentos de Venturi son realmente convincentes, cuando los separo de su forma pop historicista. Nuevamente, esto no es algo con lo que comenzaría un diseño -sería imposible- pero, en retrospectiva, fue evidente, una vez que se completó el diseño. Entonces, en cierto modo, estamos trabajando con dos lógicas en nuestros edificios: un lado *presentacional*, que sería la presencia inmediata y directa del edificio y su física inmanente, y también existe un lado *representacional*, y se trata de trabajar otra vez entre esas dos lógicas. En medicina, lo presentacional se relaciona con los síntomas. Sus presentaciones son universalmente recibidas y son sentidas por cualquier persona en cualquier lugar -como una sonrisa, un forúnculo o un ojo morado, que es un signo mudo pero elemental-. Sin embargo, el modo en que esos signos son interpretados puede variar ampliamente según la cultura, el conocimiento, la historia, etc. La interpretación de lo presentacional es representacional. La división y la articulación entre presentación y representación en Arquitectura es algo con lo que hemos estado luchando durante años. Es un rompecabezas. En la vida, por ejemplo, no hay contradicción entre los cosméticos bien aplicados y el sustrato humano que los lleva. Uno simplemente aumenta el otro.

Entonces, como ejercicio para mis alumnos, pensé que sería interesante comparar los fundamentos de la Casa Sagaponac con los cinco puntos de Le Corbusier (figura 12). Fue una confrontación muy reveladora. Mientras que Corbu, implacablemente, separa y articula la estructura y todos los elementos de su arquitectura, la nuestra siempre se encuentra entre su definición de lo nuevo y su definición de lo antiguo. La Casa Sagaponac se encuentra tanto sobre *piloti* como sobre construcción tradicional, por lo que está tanto en el aire como en tierra. La estructura es inseparable de lo decorativo, no existe una ventana corrida corbusierana articulada de forma diferente, sino que la ventana horizontal en sí misma es estructuralmente atmosférica, absorbiendo así las discretas columnas del modelo de Corbu, y así sucesivamente. De una manera realmente misteriosa, y en todos los niveles, Sagaponac se relaciona con el espíritu de Venturi de "tanto como".

En última instancia, la pregunta que persiste es si nuestra culposa columna de esquina, en realidad, contradice el concepto *rod-net* "puro", o si nuestro concepto en sí mismo ha sido una idea desarrollada de manera equivocada. Después de todo, un compositor no tendría problemas en terminar un glissando enfáticamente con cualquier cantidad de técnicas, ya sean inherentes al sistema si son clasicistas, o incluso externas a él si son modernos. Los arquitectos, entre otros artistas, han sido perseguidos por una linealidad conceptual que ha salido de las demás artes en el siglo XIX. Contribuye a esto la demanda de justificar nuestro trabajo de manera simple ante clientes y otros interesados, algo que las otras artes no tienen que lidiar en tal grado; la retórica necesariamente simple en una arena política como la presentación arquitectónica es una cosa; el diseño es completamente otra cosa.

Ha habido muchas discusiones respecto al cambio de estado de la imagen, especialmente en estos días. Basta decir que nosotros también hemos comenzado a desarrollar una manera diferente de pensar sobre la imagen. Primero, cuando la Arquitectura es examinada dentro de sus peculiares lógicas disciplinarias, o cuando, como en muchos proyectos arquitectónicos políticamente orientados, se convierte en otro vehículo para comunicar el tema que se aborde. En ese modo la Arquitectura resulta intercambiable con otros medios. Consecuentemente, la Arquitectura en sí misma no suele ser el foco sino más bien un vehículo para la representación de cualquier compromiso político que esté siendo promovido; por lo general, es tratada como lista-para-usar o como una categoría finalizada, como, por ejemplo, puede ser percibida por un pintor. Pienso que esto es especialmente visible en los Estados Unidos, dado el auge de todo tipo de asuntos sociales. ¿Cómo ubicar la Arquitectura? ¿Es puramente una práctica material? ¿Posee alguna forma de autonomía? ¿Está completamente subsumida por la política? Particularmente, la política de representación. Incluso cuando en una conversación disciplinaria y no disciplinaria más amplia los términos de la cultura de la imagen cambian, hemos tratado de navegar en estos temas y aprovechamos la ocasión del diseño para considerar sus respectivas relaciones. Advierto que yo no estoy en contra del contenido político *per-se* pero, a menudo, se produce a expensas de que la Arquitectura avance según sus propias posibilidades e incluso en su capacidad para mejorar el mundo. Existe, por ejemplo, una noción fuera de lugar de que una arquitectura impulsada formalmente es

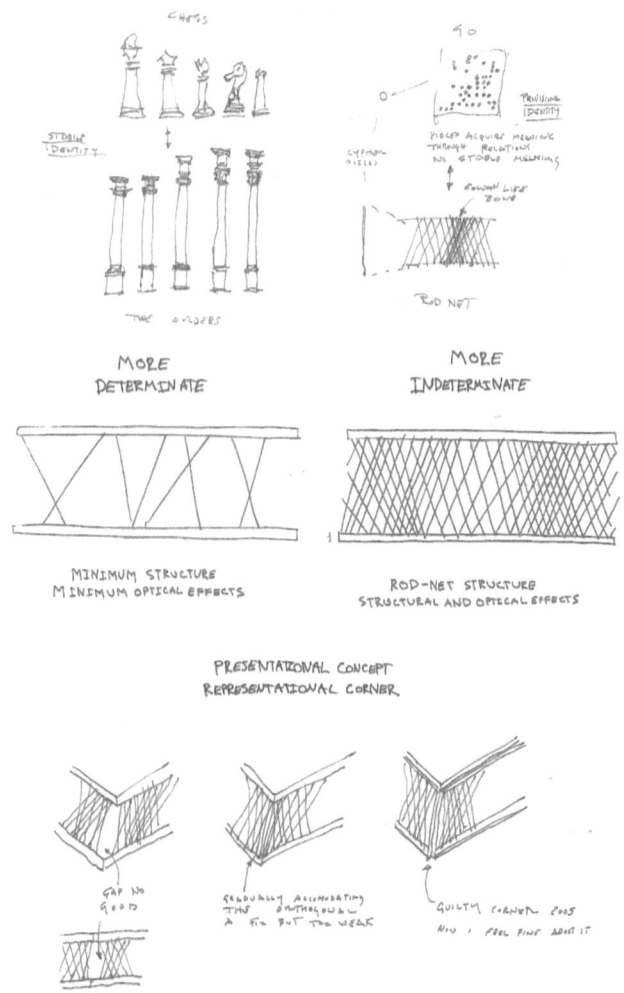

Figura 9 (arriba), comparativa entre el ajedrez y el go; Figura 10 (centro), mínima estructura, mínimos efectos ópticos y estructura Rod-Net, efectos estructurales y ópticos; Figura 11 (abajo), tres modalidades de construir la esquina Rod-Net.

apolítica o completamente reaccionaria. Por eso el recurso a lo cotidiano, lo banal y lo normativo en la mayoría de los proyectos impulsados políticamente. Después de todo, Picasso no recurrió al realismo cuando pintó, posiblemente, su obra política más poderosa: 'Guernica' (figuras 14 y 15). De hecho, la arquitectura de 'Guernica' se desarrolló durante muchos años a través de muchas obras bastante independientes del tema en cuestión. Incluso podría decirse que la potencia política de las pinturas es la consecuencia directa de la abstracción figurativa en oposición a la fijación de tiempo y lugar que ofrece el realismo. En última instancia, las empobrecidas posiciones realistas que acompañan a las prácticas normativas y "cotidianas" están basadas en la negatividad. Sería necesario un teólogo para diagnosticar adecuadamente esta actitud y sus orígenes, pero basta decir que, desde una perspectiva psicológica, el tráfico de pobreza y abyección no ayuda a nadie excepto al arquitecto quien, identificándose con el sufrimiento, de alguna manera mágica, prueba la seriedad de sus compromisos y los absuelve, de alguna manera, de mejorar las cosas. Lo que es olvidado en este recurso a la pobreza y a lo banal es la capacidad singular de la Arquitectura para realzar la vida, no sólo representando hasta la saciedad las contradicciones sociales o proporcionando un ni-blanco-ni-negro.

Incluso para quienes la disciplina es un foco central la imagen ha adquirido una nueva y provocativa resonancia. Los arquitectos han comenzado a explorar IA (inteligencia artificial) a través de programas de transferencia de estilo y similares. Imágenes notablemente complejas e integradas de posibles arquitecturas han sido creadas mediante el injerto de diferentes imágenes juntas (arquitectónicas y de otro tipo). Sin embargo, ya puede observarse que se avecina un *impasse* cuando tales procedimientos son utilizados de manera exclusiva. Se remonta a la distinción entre lo representacional y lo presentacional que comentaba anteriormente (figura 13).

El historiador Reyner Banham describió tal estancamiento (así como su posterior progreso) en el espacio gráfico correspondiente a De Stijl en "Teoría y Diseño en la Primera Era de la Máquina". En el relato de Banham, la 'Silla roja y azul' de Rietveld representa el pináculo del diseño

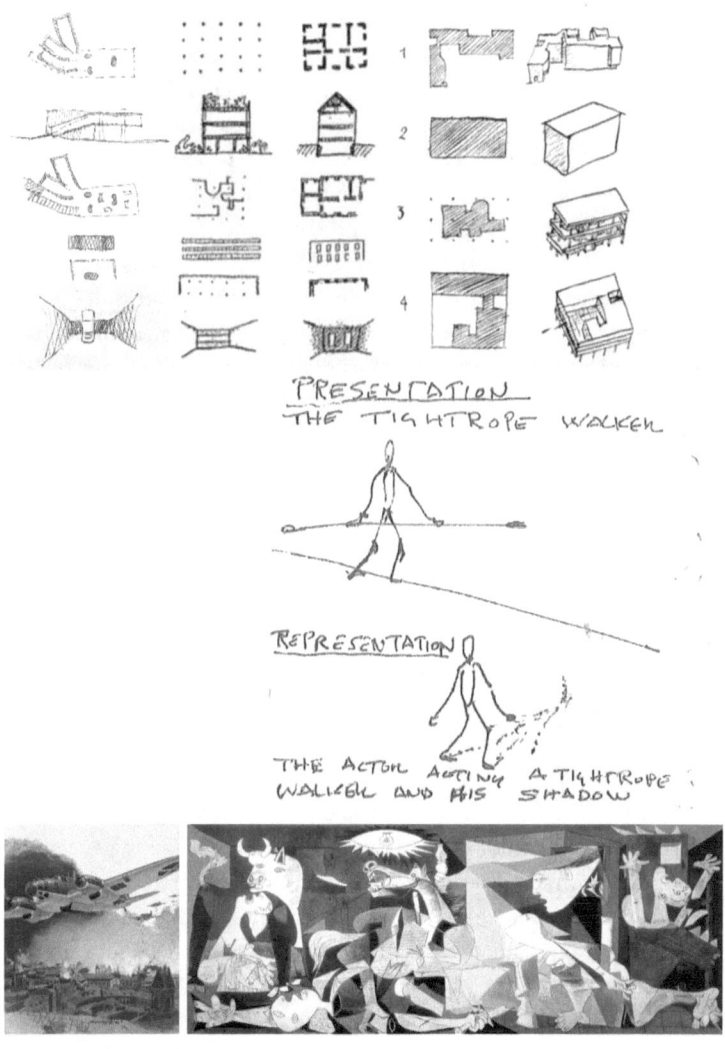

Figura 12 (arriba), comparativa de los fundamentos de la Casa Sagaponac con los cinco puntos de Le Corbusier; Figura 13 (centro), presentación vs representación; Figura 14 (abajo izq), representación del bombardeo en Guernica; Figura 15 (abajo der), Pablo Picasso, Guernica, 1937.

De Stijl en su universo gráfico así como también su límite. Incluso las habilidades de Rietveld como ebanista no pudieron desarrollar el proyecto, pareciendo haberse topado contra una pared de piedra. El gran avance se produce cuando Mart Stam lleva la agenda de los 'aviones flotantes' de De Stijl a los Vkhutemas, en Moscú. La radical disposición materialista de esa escuela provocó un cambio fundamental en la orientación de la imagen (representación) al comportamiento material (presentación). El resultado es la elástica silla cantilever de Mart Stam, y todas las famosas sillas cantilever que siguieron a continuación. Para nosotros, la lección es que existe una manera beneficiosa de intercambio entre apariencia y comportamiento en el proceso de diseño; una paralización en un ámbito puede superarse, a menudo, cambiando a otro.

Entonces, presentaré una serie de proyectos en los que hemos estado involucrados.

## O-14

Nuestra primera gran obra construida (teníamos muchas pequeñas hasta ese momento y, por supuesto, proyectos de concursos) surgió, indirectamente, de un concurso (figura 16). Es una torre de 22 pisos en Dubái llamada "O-14", porque el lugar es denominado "O-14". Fue muy emocionante trabajar de forma remota con un distribuido equipo de colaboradores: el desarrollador era nativo de Dubái; el contratista general era palestino; encofrado y acristalamiento, de China; arquitectos libaneses para registro; y un ingeniero estructural cubano-estadounidense, Ysrael Seinuk. Menciono su nombre porque en ese momento (no ahora, afortunadamente) Ysrael no podía mencionarse en Dubái, así que era conocido como YAS. Ha sido un proceso realmente gratificante y muy interesante resolver problemas sobre los que habíamos estado especulando internamente, pero que ahora podían hacerse realidad. Pero, ¿cómo hacerlos reales y cómo lidiar con ellos de una manera realmente pragmática, dadas las limitaciones de presupuesto, tiempo, etc.? ¿Qué nos trajo este proyecto? Uno de los principales actores, el desarrollador Shahab Lutfi, nos invitó a un concurso para la torre central, en un área de Dubái llamada "Business Bay". Perdimos el concurso frente a Zaha Hadid, pero luego, cuando Shahab comenzó su propia práctica como desarrollador (él estaba trabajando con "Dubai Properties" cuando dirigió el concurso), nos seleccionó para trabajar con él.

Formalmente, la torre es bastante simple: una planta cruciforme suave y un exoesqueleto de hormigón que cambia de espesor, de 60 a 40 centímetros, desde la base hasta la parte superior. Todas las fuerzas gravitatorias y laterales son absorbidas por el tambor del exoesqueleto; por lo tanto el núcleo podía ser relativamente ligero. Era similar al caparazón de una vasija de contención de un reactor nuclear, una estructura muy delgada pero rígida. Luego, el desarrollo del estacionamiento subterráneo y el diseño urbano que desarrollamos en el proceso de diseño. Una de las cosas que es bastante típica en Dubái es que construirían una estructura de estacionamiento al aire libre, a nivel, en el lote detrás de la torre. Al principio, esto fue alentado, pero fuimos capaces de argumentar con éxito que la estructura de estacionamiento debería colocarse en el subsuelo, ya que el emplazamiento es muy destacado y eso también nos permitiría crear un espacio público debajo de este podio flotante, el cual permitiría a las personas conectarse de una calle secundaria a una explanada frente al mar. Shahab estaba muy interesado. Era un espacio muy valioso pero, potencialmente, un espacio muy agradable, por lo que podría justificar la inversión adicional. Estábamos constantemente trabajando a favor y en contra de un *masterplan* que regía todo el desarrollo. Las pautas de inspiración posmoderna exigían que las torres tuvieran una base, un desarrollo y un remate. La tarea, desde nuestra perspectiva, era promover un edificio que no se viera "posmo" pero que lograra los efectos urbanos deseados. Argumentamos con éxito a favor de un podio "base" que flotara dos niveles sobre el suelo; querían arcadas en la base del edificio, y argumentamos que la cáscara de O-14, si reducíamos el tamaño del vestíbulo, actuaría como una arcada. Todo esto estaba al servicio de intentar, realmente, efectuar conexiones públicas debajo y a través del edificio.

Figura 16, RUR Architecture DPC, O-14, Dubai, Emiratos Árabes Unidos, 2010.

También fuimos inspirados por algunas sugerencias que hizo OMA. Por un corto período, OMA tuvo el control del plan maestro de Business Bay. Finalmente fue arrebatado a ellos por un conglomerado británico que tenía antiguas raíces en Dubái, pero pensamos que la idea de OMA de crear un segundo nivel de espacio verde continuo era excelente. Eso fue incorporado a nuestro plan (aunque no estamos seguros si los propietarios realmente conectaron los edificios, de esa manera, alguna vez). De todos modos, dentro del podio flotante, las losas están unidas por puentes a la planta libre de oficinas dentro de la torre, así que realmente es una expansión de las oficinas, y todo está levantado para permitir el movimiento a través del edificio y por debajo. La gente usa este espacio al aire libre para hacer ejercicio todas las noches. Sopla una brisa continua, generada por el espacio vertical entre la torre y el exoesqueleto. Un club descubrió esto y de manera oportunista programó clases ahí, compuestas principalmente por expatriados que intentan mantenerse en forma.

La geometría edificable ha sido una gran parte del proyecto. El proceso de diseño no fue lineal, y en las primeras iteraciones del edificio habíamos pensado en colocar cristales en los agujeros. No era bueno por varias razones; hubiese significado tener una enorme cantidad de piezas de vidrio dobladas a medida, dependiendo de dónde cayeran las ventanas en la geometría del volumen de la torre. Pensé que la estética del exoesqueleto puro sería mucho más fuerte sin vidrio; además, los marcos de las ventanas eran feos y cerrarían aún más las aberturas de los huecos. Así que pasamos a una solución donde un simple muro cortina dividía el interior del exterior; el exoesqueleto realmente se convertiría en *exo*. Perdería todas esas ventanas problemáticas pero, debido a que el muro cortina debía limpiarse, necesitábamos 90 cm libres entre el exoesqueleto y la torre. Este espacio intermedio generó un beneficio ambiental, induciendo un fuerte efecto chimenea. Nuestros ingenieros MEP nos dijeron que reduciría los costos de enfriamiento en aproximadamente un 30%. En resumen, la característica del efecto chimenea surgió indirectamente como resultado de consideraciones estéticas y financieras. Los biólogos evolucionistas denominarían a ese fenómeno una exaptación.

Por otro lado, razonablemente existe un gran interés por la creación de edificios sustentables y, por extensión, arquitectura sustentable. Diría que tenemos que ser muy cuidadosos con lo que entendemos por *sustentable*. Para ser estrictos, casi cualquier arquitectura puede hacerse sustentable. No existe un "estilo sustentable", y pienso que eso es realmente algo bueno. Un mundo sustentable es inseparable de una cuestión escalar. Quiero decir, la sustentabilidad sólo se vuelve significativa cuando tienes cantidades estadísticamente relevantes de edificios que funcionan de manera sustentable. En ese sentido, esos valores cuantitativos quedan fuera de la especificidad de la Arquitectura; eso es realmente más un valor de *rendimiento* que un valor de *arquitectura*. Los valores de rendimiento concedidos son importantes, pero se ven hasta la saciedad edificios que, podría asegurarse, tienen más que ver con publicitar sus características sustentables. Si es necesario o no señalar la sustentabilidad para hacer un edificio sustentable es una cuestión completamente diferente. Por extensión, y no pretendo sonar perverso, desde una perspectiva arquitectónica, la propaganda en torno al aspecto sustentable sobredetermina la expresión arquitectónica a expensas de un amplio espectro de arquitecturas que funcionarían igualmente bien. En última instancia, es una política, una cuestión de libre expresión arquitectónica (figuras 17-19).

Entonces, para volver a O-14, trabajamos en muchos tipos de ejercicios relacionados con la geometría específica de todos los encofrados, determinados por cómo se colocarían en la cáscara, y si serían reutilizables o no. En última instancia, se decidió que estos serían todos moldes de desecho, que sería demasiado costoso reutilizar las formas vacías, y simplemente mucho más rápido fabricar otras nuevas en el lugar. Los primeros pisos demoraron aproximadamente tres semanas en completarse y, al final del proyecto, alrededor de una semana para realizar un piso. Hubo muchos desafíos de construcción que resolver. Eso hablaba de la voluntad de todo el equipo de asumir riesgos, de probar algo nuevo y del entusiasmo de trabajar juntos en algo que no era estándar. Algunas de las aberturas son grandes, portales de varios pisos; otras se reducen a la escala de la cabeza de una persona.

## Geoscopio 2

Ahora voy a ir a una escala de proyecto completamente diferente (figura 20). Este ha sido un proyecto en el que estuvimos involucrados con el historiador Daniel López, quien es profesor en la Universidad de San Diego. Diseñamos para él una muestra en Princeton, basada en su libro sobre Buckminster Fuller, "Pattern Thinking". Fuller construyó toda una serie de construcciones en varias escuelas de arquitectura llamadas "geoscopios", una de las cuales fue construida en la Escuela de Arquitectura de Princeton, a principios de los años '60. Estos iban a ser los primeros pasos en representar, en tiempo real, información dinámica de todo tipo ocurriendo a escala global, pero también (debido a la ideología y los intereses de Fuller) los paralelismos y analogías de sus conceptos geodésicos hasta la micro escala. Por supuesto, en ese entonces no existían computadoras o medios que pudieran lograr estas hazañas: el geoscopio de Princeton era una gran esfera geodésica de vinilo transparente, con calcomanías de colores representando los continentes; claramente, sólo un marcador de posición como anticipación de los avances tecnológicos que vendrían. Nos contactaron en el último minuto para diseñar y montar la muestra. Sólo tuve un fin de semana para absorber una mera fracción del libro de Daniel López y, además, había una enorme cantidad de material fotocopiado que Daniel quería presentar.

Así que, ignorantes de la mayor parte de los contenidos del libro (particularmente de los geoscopios), básicamente, reinventamos uno. Sería esférico porque sabíamos lo suficiente como para saber que a Fuller le gustaban las esferas, y por el interés de Daniel en mostrar tantos documentos del archivo, muchos más de los que podían contener las paredes de la galería. El movimiento lógico fue transformar el papel en proyecciones digitales que pudieran modificarse durante una visita a la exposición. Se convirtió en una esfera hueca, compuesta de almohadas infladas donde podría utilizarse la proyección trasera. Al mismo tiempo recordaba referencias biológicas de la embriología: la blástula, una bola hueca de células que se produce en una determinada etapa del desarrollo.

Figuras 17, 18 y 19 (arriba), arquitecturas contemporáneas consideradas sustentables; Figura 20 (abajo) RUR Architecture DPC, Geoscope 2, 2021.

Creamos gráficos, también. Entonces se nos ocurrió la idea de elevar la esfera sobre patas, como un módulo de aterrizaje lunar. La idea era que los estudiantes pudieran arrastrarse adentro, tres o cuatro de ellos a la vez, recostarse en un brillante sofá perimetral, y luego ver la exhibición proyectada sobre las almohadas, en el interior. No queríamos repetir una geodésica *fulleresca*, así que partimos de su interés por los sólidos primarios, y luego comenzamos a superponer el dodecaedro con el icosaedro. Luego los redujimos a un campo de puntos y produjimos un diagrama de Voronoi, que reflejamos. El diagrama de Voronoi, más como una pelota de fútbol compleja, también sería menos regular que una geodésica Fuller, y más cercano al modo en que funcionan las reticulaciones en las formas naturales, como un caparazón de tortuga. Esa sería la geometría del campo de almohadas contra el que proyectaríamos. También nos inspiraron esas asombrosas fotografías de la primera bomba atómica. De la esfera brotaban cables y sensores, y todas las demás cosas necesarias, y nosotros íbamos a lograr un efecto similar montando 46 pequeños proyectores digitales en el exterior de la esfera, con toda la parafernalia electrónica imprescindible. La parte superior de Geoscopio 2 era inflable, y la parte inferior era, en realidad, una cuna de alambre acolchada que podía soportar el gran peso de las personas en su interior (figura 21). También exploramos rápidamente varios materiales translúcidos para iluminar el interior desde arriba y desde abajo. Se realizaron ojos de buey con cierre hermético con filtros fotográficos, y finalmente fuimos capaces de proyectar imágenes de muy alta resolución a través de las almohadas, hacia el interior. Había luz y sonido, y una película sobre Fuller. Fue realmente bastante efectivo. Lo diseñamos en menos de una semana y lo fabricamos en menos de tres. Por supuesto, contamos con la ayuda experta de la compañía de medios suiza IART, un maravilloso arquitecto/experto en inflables, Pablo Kobayashi, y la experiencia en la tienda Princeton SoA junto con nuestros estudiantes. Aún así, no estuvo lejos de fracasar.

Hemos sido invitados a la "Bienal de Venecia" (que debería inaugurarse en poco menos de un mes) y, debido a las restricciones por COVID, el geoscopio tuvo que dividirse a la mitad, para que la gente pudiera caminar a través de él, no arrastrarse adentro. En eso estamos trabajando ahora y, en vez de proyectar una muestra de Fuller, Daniel y nosotros le pedimos a un amplio rango de arquitectos y pensadores -voces contemporáneas desde Kazuyo Sejima a Timothy Morton- que hablaran sobre qué es importante, ahora, para ellos (será un grupo hablando todos al mismo tiempo y también individuos por separado) como balbuceos, al principio, pero finalmente articulados. Es realmente una colaboración interdisciplinaria sobre el presente.

**Centro de Música de Taipei**

Pasando al proyecto más grande que hemos emprendido, el "Centro de Música de Taipei", que está casi finalizado (la Sala Principal está terminada), fue un concurso que ganamos hace unos 10 años (figura 22). El pedido, sobre todo, era crear un área nueva de Taipei dedicada a la música popular; en particular, a su producción y recepción. Realmente nos atrajo el contexto natural, no los edificios existentes (era una antigua zona de fábricas, todo estaba programado para ser demolido). Existe una notable relación con la naturaleza, característica del borde de Taipei, al estar tan cerca de las colinas y montañas que rodean la ciudad. Nosotros buscamos relacionarnos con ese aspecto del contexto físico. A diferencia de la mayoría de las ciudades occidentales, no existe una zona periférica profunda, o suburbios, alrededor de Taipei. Mejor dicho, existe una yuxtaposición radical, de lo urbano a lo natural. La industrialización colonial de los japoneses, previo a la Segunda Guerra Mundial, seguida por el rápido desarrollo de los Nacionalistas después de la guerra, resultó en el cambio abrupto de valles agrícolas a extensiones industriales e infraestructura entre colinas verdes. El sitio de construcción era una cicatriz marrón envuelta en un paraíso verde. Se encuentra en un área de Taipei que actualmente está experimentando mucha restauración y desarrollo, llamada Nangang. El sitio del Music Center es, en realidad, dos sitios: un terreno muy largo y angosto que tendrá un gran espacio al aire libre similar a un circo flanqueado en un extremo por "The Cube", que es un museo y archivo, y en el otro extremo por el " Industry Shell",

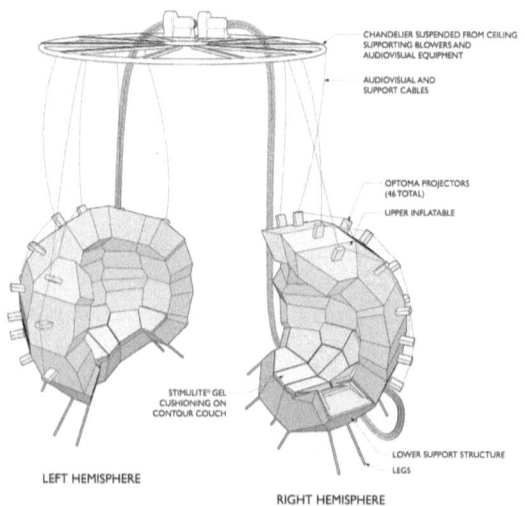

Figura 21 (arriba), RUR Architecture DPC, Geoscope 2, 2021; Figura 22 (abajo), RUR Architecture DPC, Taipei Pop Music Center, Taipei, China, 2020.

que es una planta de producción. Al otro lado de la calle se encuentra el terreno poligonal del Main Performance Hall. La idea para la sección fue pensar en este proyecto como si tuviera dos horizontes. Uno es el suelo, y el otro es un suelo artificial elevado sobre el que se asientan tres edificios. Los dos espacios se encuentran vinculados por un puente. Hay un mandato de planificación en Taipei, para circulación elevada en todas las carreteras principales, lo que sugirió pensar en la ciudad como ocupando dos planos de referencia diferentes.

Como dije, existe una plaza al aire libre muy grande, rodeada de locales comerciales, restaurantes y cafés; así como cuatro clubes de música en vivo que rodearán el espacio de presentaciones al aire libre, y una Sala Principal de 5000 asientos, al otro lado de la calle. En general, el proyecto demandó un alto grado de definición volumétrica. Trabajamos a través de muchos modelos físicos, no es algo que hayamos abandonado en absoluto; el modelado artesanal al igual que el digital se encuentran realmente mezclados en el estudio. La Sala Principal, en términos de escala, es muy similar a la "Sala de Conciertos de Limoges", de Bernard Tschumi (ambas salas de 5000 asientos).

La sala de espectáculos posee un programa pesado y es volumétricamente grande, especialmente cuando se enfrenta a todas las funciones de la parte trasera de la sala. No deseábamos diseñar un edificio vertical que saliera del suelo, como en el proyecto de Tschumi, pero vimos una oportunidad para dividir el edificio, deliberadamente, en secciones, entre un edificio de suelo y un edificio de objetos. Esto redujo radicalmente la masa aparente del edificio. El edificio de suelo flanqueado por banquinas de tierra contiene todas las funciones de servicio (especialmente la parte trasera de la sala), todos los muelles de carga para decorados y otros tipos de equipos que alimentarían la parte trasera de la sala. El edificio de objetos, que encierra el auditorio, se posa en la parte superior. A nivel cuenta con una entrada principal para eventos de alfombra roja; el público general utiliza ese nivel si se acerca por tierra y el nivel elevado si cruza el puente desde el otro lado de la calle (figura 23).

La silueta de los tres edificios-objetos en el complejo fue realmente crucial; como íconos, para la orientación y como destinos aspiracionales. No es que nosotros estuviéramos tratando de imitar deliberadamente los edificios japoneses o chinos clásicos, pero estoy fascinado por la presencia de los aleros alzándose hacia el cielo; curiosamente, sin estilo, y presentando un motivo gestual sólo cuando se aplanan en dibujos y fotografías. La Sala Principal no es un objeto simple, sino que es concebida como volúmenes anidados: una "cáscara exterior" externa y un "cristal interior" (que encierra la sala de espectáculos). La idea es que el puente que une los dos espacios sea coextensivo con la circulación dentro del Salón Principal. Entonces, mientras cruzas el puente, atraviesas el sobre exterior hacia el vestíbulo vertical, y sin inconvenientes te conectas a todos los entrepisos que envuelven el volumen de la sala de espectáculos. El Centro de Música es tan grande que crea su propio contexto, pero lo hace en relación con su posición única entre la ciudad y el terreno.

Al considerar el revestimiento de la Sala Principal, nos fascinaron los tratamientos especiales para metal disponibles en Asia. Específicamente, hay un tipo de anodizado llamado "alumita", que se utilizaba y se utiliza en Japón para objetos cotidianos como cajas de bento y teteras. Fue desarrollado por primera vez para aviones militares, porque se afirmaba que su color dorado pálido, que refleja la luz de forma diferente al aluminio plateado, podía funcionar como camuflaje, cambiando constantemente dependiendo del estado del clima. Entonces pensé que podría ser una manera realmente interesante de pensar el color del revestimiento del edificio. De hecho, el efecto funciona. El color de la Sala Principal varía enormemente dependiendo de las condiciones de iluminación. Además, dado que estoy obsesionado con la aviación, y porque el metal corrugado es omnipresente en Taipei - asociado principalmente con la construcción económica-, estaba interesado en usar revestimiento direccional, pero llevándolo al límite. Observando precedentes en la construcción de aeronaves, desde inicios hasta mediados del siglo XX, las técnicas se han perfeccionado para dar forma al aluminio corrugado, más allá de las pieles de los aviones hasta elementos como tabiques y asientos, particularmente en los aviones Junkers de la década de 1930 (diseñados en muchos casos por graduados de la Bauhaus que estaban ubicados al otro lado de la calle de la fábrica de Junkers). El metal corrugado fue llevado a sus límites, ha sido desafiado para adaptarse a las complejas geometrías de los aviones. Como resultado, fueron desarrollados todo tipo de detalles hermosos, pero funcionales. Finalmente, cambiamos de corrugado a revestimiento con junta. Sin embargo, la direccionalidad de la junta era análoga al material corrugado, así que las lecciones de Junkers podían aplicarse muy directamente a la piel de la Sala Principal.

La escala urbana del Centro de la Música me permitió revisitar algunos de los argumentos de mis maestros, específicamente de Aldo Rossi, con quien había trabajado a fines de los '70 y mediados de los '80. Una de las cosas que recuerdo que relataba era la persistencia de la forma en la ciudad. Como ejemplo, el *"Circus Agonalis"* demoró 1500 años en convertirse en la "Piazza Navona", pero la huella persistente del circo ha determinado la forma de la plaza (figuras 24-25). Realizamos una versión acelerada de esa lógica para el "Centro de Música de Taipei", donde en el transcurso de veinticuatro horas el proyecto pasaría de ser un circo para espectáculos, por la noche, a una plaza con restaurantes, cafés, etc., durante el día, rodeando el espacio oblongo. Así fue, en el espíritu de Rossi, tocando cosas muy nuevas y cosas muy viejas, también.

**Terminal Portuaria de Kaohsiung**

Ahora hablaré un poco sobre un proyecto que, probablemente, estará finalizado para fines del próximo año: la "Terminal Portuaria de Kaohsiung" (figura 30). Era, como muchos concursos en Taiwán, un proyecto de planeamiento al tiempo que un proyecto arquitectónico específico. El puerto de Kaohsiung es el puerto de contenedores más importante y activo de Taiwán. Su Autoridad Portuaria deseaba tanto una nueva torre como una importante terminal de cruceros. En cierto modo, sería un edificio hermano de la "Terminal Portuaria de Yokohama": los cruceros que atracan en Yokohama también visitarían este edificio.

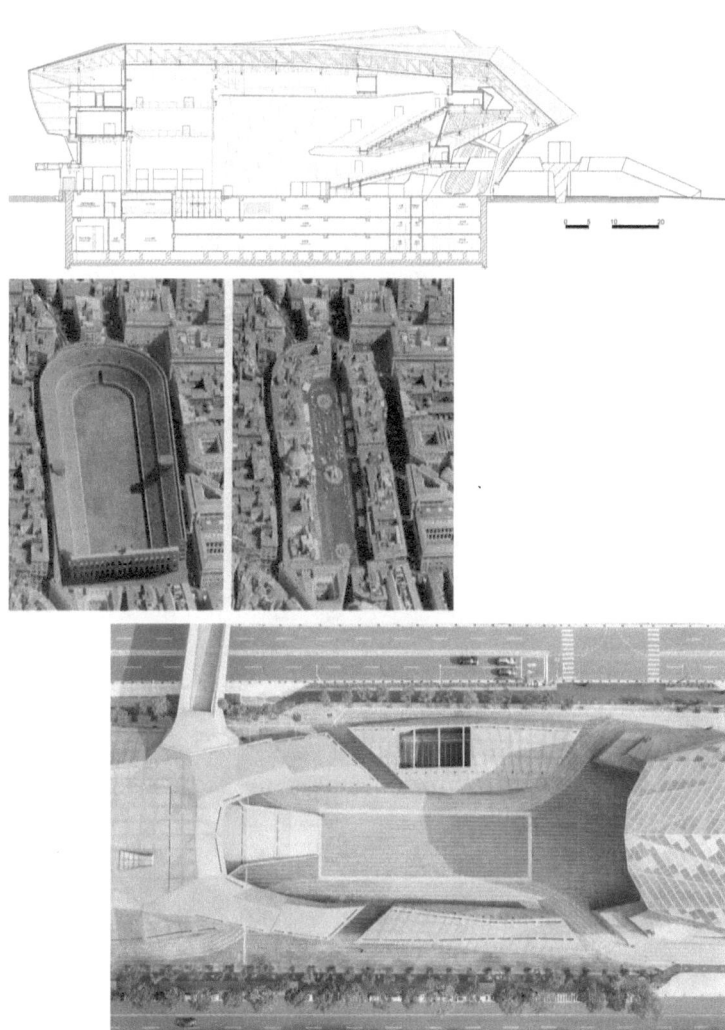

Figura 23 (arriba), RUR Architecture DPC, Sección del Taipei Pop Music Center, Taipei, China, 2020; Figura 24 (centro), Circo Agonalis y Piazza Navona; Figura 25 (abajo), RUR Architecture DPC, Taipei Pop Music Center, Taipei, China, 2020.

Estábamos interesados en el objeto específico de la arquitectura, digamos, pero también en su ubicación en el borde del puerto y la importancia urbanística de mantener ese borde continuo. La demanda de la competencia era atraer al público general a este lugar y utilizar el borde, pero el problema es que aún es un puerto muy activo; no es un área post-industrial. Entonces, volvimos a argumentar a favor de dos datos principales: uno que canalizaría al público general en un nivel superior y otro a nivel para manejar las funciones del puerto y todos los usos industriales. Uno de los principales argumentos espaciales que utilizamos fue que todo debería ser claramente visible cuando ingresaras a la terminal: lo mismo los diferentes muelles de cruceros que la explanada pública elevada que, idealmente, continuaría más allá del edificio a lo largo de todo el borde del puerto.

Diferentes escalas y tipos de barcos utilizarán esta terminal, desde embarcaciones domésticas hasta grandes cruceros internacionales. Eso representa una gran inversión para la ciudad, y es parte integral del *masterplan* para este paseo marítimo. En las vistas aéreas puedes ver otros edificios (incluyendo un centro de música pop) que ahora están siendo construidos a lo largo de esta zona costera. Por supuesto, nosotros no tenemos control sobre ninguna construcción fuera de nuestro sector, pero la idea extendida de nuestro plan es que esa explanada elevada continúe a lo largo del borde y realice conexiones peatonales a estos programas públicos.

Una vez que comenzó la construcción un importante inconveniente fue detectado, y descubrimos que era parte de la historia material profunda del lugar. Durante la excavación de los cimientos se localizó una capa saturada de petróleo, debajo de la capa superior del suelo. Resultó que, históricamente, este lugar había sido una instalación de almacenamiento de petróleo. El primero había sido construido por Mitsubishi para la Armada Imperial Japonesa, cuando ocuparon Taiwán desde principios del siglo pasado hasta el final de la Segunda Guerra Mundial. Existía una granja de tanques de almacenamiento de petróleo en el terreno que filtraba petróleo al suelo. Encontramos fotografías de los tanques Mitsubishi originales construidos durante los años '20 y '30 para la marina. Incluso pude hallar las fotografías de reconocimiento de preparación para el bombardeo del sitio por parte de la Marina de los Estados Unidos. Las imágenes habían sido tomadas antes, durante y después de los bombardeos (todas están disponibles en los Archivos Nacionales de Estados Unidos). Sin duda, la mayor parte del derrame ocurrió durante esos eventos. China Petroleum colocó nuevos tanques después de la guerra; aquellos también filtrados en el suelo. Por lo tanto, toda esa sopa histórica tuvo que ser removida, y el suelo remediado antes de que pudiera continuar la construcción. Demoró tres años (figuras 28 y 29).

En corte, la terminal es un sandwich. Hemos realizado distinciones muy claras entre las funciones de servicio a nivel, el nivel de la terminal que se encuentra en el medio del sándwich y el paseo marítimo público encima. Esa sección tripartita atraviesa el proyecto (figura 27).

Habíamos estado explorando el modelo espacial del trilóbulo durante años; comenzó con el diseño teatral, pero notamos que realmente podríamos utilizarlo a la inversa, girando las flechas de visión en la otra dirección desde un teatro (donde convergerían en el escenario). Si uno estuviera mirando hacia afuera desde el escenario podrías, fácilmente, como en la óptica, invertir las flechas y las vistas, y la gente podría ver y moverse en la otra dirección. Entonces, lo que comenzó como un plan teatral, realmente nos brindó la lógica espacial y de circulación para la terminal portuaria. También aprovechamos los muros gruesos, de *poché*, colocando toda la circulación vertical entre los muros para mantener los espacios públicos relativamente despejados. (figura 26).

En la terminal abogamos por un espacio dirigido (a diferencia de un espacio con grilla de columnas), y que en cada nivel que ingreses al espacio puedas ver lo que está sucediendo, pero no siempre conectado físicamente. Ese es un elemento de seguridad crucial del proyecto, debido a las zonas limpias que necesariamente separan a los pasajeros con boleto del público general. Entonces uno podría ir, como en la sección de un aeropuerto, directamente de la bajada al barco y, si tuvieras más tiempo,

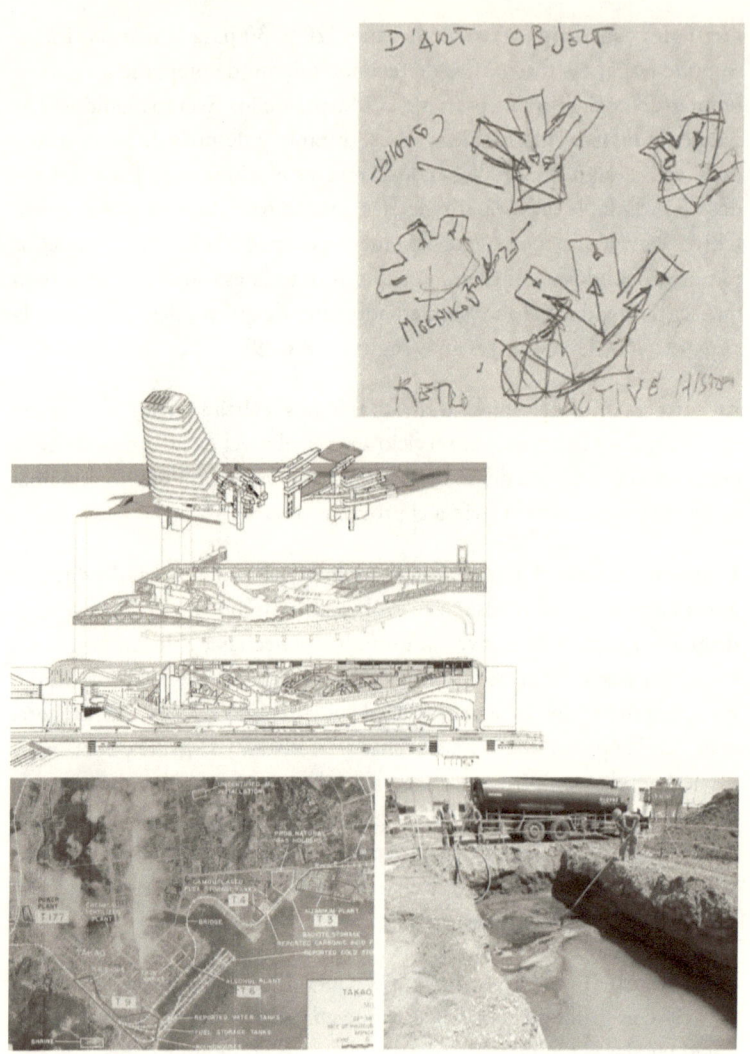

Figura 26 (arriba), RUR Architecture DPC, esquemas de la Terminal Portuaria de Kaohsiung, Kaohsiung, 2020; Figura 27 (centro), RUR Architecture DPC, axonometría explotada de la Terminal Portuaria de Kaohsiung, Kaohsiung, 2020. Figuras 28 y 29 (abajo), locación de la Terminal Portuaria de Kaohsiung y fotografía de desechos químicos en el sustrato.

podrías subir a un restaurante (que también sería accesible para quienes se encuentran en el muelle), y si estás desembarcando, bajas y sales, como en un aeropuerto.

Terminaré con una paráfrasis de Sir Peter Cook. Él pregunta retóricamente: "¿De qué sirve hacer diseño si no descubres algo que no sabías antes?" ¡Exacto! Siempre les digo a mis alumnos que si no comienzan su diseño, sus especulaciones de trabajo quedarán en nada. No se trata de perfeccionar tu concepto antes de empezar, porque si eres inteligente y receptivo con tu trabajo reconocerás que el diseño siempre resulta diferente de lo que pensabas que sería. Así que deja de pensar y empieza a diseñar, recordando que el dibujo y la maqueta SON pensamiento arquitectónico por excelencia. Y en cuanto a la teoría del diseño, se deduce naturalmente que es mejor elaborada de forma retrospectiva; la crítica y el rigor analítico son importantes, pero vienen después, no antes. Escribimos nuestros libros de esa manera. Me encanta la formulación de Borges de que "cada escritor (arquitecto) crea sus propios precursores" y así reescribe la historia en cada obra nueva. Mi exhortación final, el adagio del escritor, lo expresa sucintamente: "Componer en la furia, corregir en la flema".

¿Alguna pregunta?

Figura 30, RUR Architecture DPC, fotografía de la construcción de la Terminal Portuaria de Kaohsiung, Kaohsiung, 2020.

# Referencias Bibliográficas

Reiser, J., Umemoto, N. (2006). *Atlas of Novel Tectonics*. New York, EEUU: Princeton Architectural Press.

López-Pérez, D. (2014). *R. Buckmunster Fuller: World Man*. New York, EEUU: Princeton Architectural Press.

# Intraestructuras

Roberto Bogani

Seminario dictado entre agosto y septiembre de 2020
en la Maestría en Investigación Proyectual.

Sistemas que intervienen en la construcción del proyecto arquitectónico; fabrican relaciones entre elementos y componentes, generan emergentes espontáneos y producen singularidad.

## Introducción

La idea clásica de sistema define a un objeto como una organización compleja cuyos componentes se relacionan con al menos algún otro componente. Las intraestructuras, en tanto sistemas dinámicos y complejos, se constituyen en el interior de ese objeto a través de operaciones elementales que determinan en su accionar organizaciones crecientes, que aumentan en complejidad a medida que sus relaciones internas, es decir las variaciones de los atributos que participan de la generación de las transformaciones, se integran mutuamente en un proceso secuencial, evolutivo, no-lineal, que adquiere en su desarrollo consistencia interna produciendo singularidad.

Los emergentes, se reproducen y se mueven en el interior del sistema, se conforman desde adentro hacia afuera, en un proceso de retroalimentación continuo y diverso, iterativo, redundante y circular, que reacciona una y otra vez a fuerzas heterogéneas; que lo determinan en su interior, diferenciándolo, y lo sensibilizan en su exterior facilitando coexistencias con otros sistemas, es decir, con el entorno donde opera.

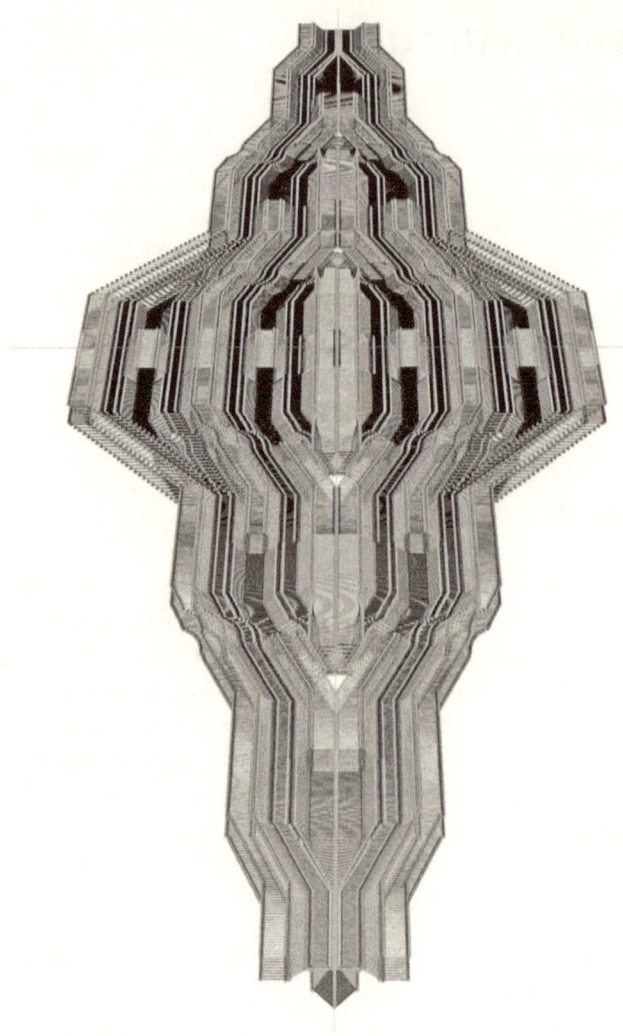

Prototipo hidrológico. Sistema virtual. Converger Bifurcar. Universidad de Buenos Aires. Facultad de Arquitectura, Diseño y Urbanismo. Teoría de la Arquitectura. Cátedra Bogani. Alumna Sofía Dome. 2017.

## Elementales

La noción de sistema[1], más allá (o más acá) de su convencionalidad, puede ser descripta como un objeto cuya organización es compleja y cuyos componentes se relacionan con al menos algún otro componente; este puede ser material o conceptual, o ambos. Todos los sistemas tienen conjuntos ordenados según disposiciones específicas en relación a una estructura interna y un entorno, pero sólo los sistemas materiales tienen la capacidad de producir o de realizar una actividad, y sólo algunos sistemas materiales tienen una forma exterior singular. Es decir, qué, cualquier sistema es un compuesto de elementos diversos, ordenados y organizados según relaciones específicas entre ellos y con el entorno; y solo algunos, los sistemas materiales, tienen la capacidad de transformar sus relaciones internas en efectos concretos constituyendo estéticas diversas. Por lo tanto, un sistema material más allá de entenderse abstractamente, puede ser descripto como un objeto complejo, cuyos elementos están relacionados entre sí por medio de vínculos pertenecientes a un nivel determinado, pero que en su generalidad se caracterizan por poseer cualidades que sus componentes no poseen, generando propiedades singulares que los exceden.

Según el sistemismo[2], todos los objetos son sistemas o componentes de otro sistema. Por ejemplo,

*un núcleo atómico es un sistema material físico compuesto de protones y neutrones relacionados por una interacción nuclear fuerte; una molécula es un sistema material químico compuesto de átomos relacionados por enlaces químicos;*

---

1 Fuentes: https://dle.rae.es/sistema?m=form. https://es.wikipedia.org/wiki/Sistema. https://educalingo.com/es/dic-es/sistema. https://www.wordreference.com/definicion/sistema.
2 El sistemismo es una corriente filosófica desarrollada por el epistemólogo argentino Mario Augusto Bunge (1919-2020), quien sostenía que el mundo es un sistema de sistemas, es decir que toda cosa concreta es un sistema o un componente de algún sistema.

*una célula es un sistema material biológico compuesto de orgánulos relacionados por enlaces químicos no-covalentes y rutas metabólicas; una corteza cerebral es un sistema material biológico compuesto de neuronas relacionadas por potenciales de acción y neurotransmisores; un ejército es un sistema material social y parcialmente artificial compuesto de personas y artefactos relacionados por el mando, el abastecimiento, la comunicación y la guerra; el anillo de los números enteros es un sistema conceptual algebraico compuesto de números positivos, negativos y el cero relacionados por la suma y la multiplicación; una teoría científica es un sistema conceptual lógico compuesto de hipótesis, definiciones y teoremas relacionados por la correferencia y la deducción*[3];

una arquitectura es un sistema material complejo y compuesto de estructuras diversas relacionadas por el proyecto, el cual responde a requerimientos heterogéneos, internos y externos.

En las definiciones más estereotipadas se identifican a los sistemas como conjuntos de elementos que guardan estrechas relaciones entre sí, que mantienen al sistema directo o indirectamente unido de modo más o menos estable y cuyo comportamiento global persigue, normalmente, algún tipo de objetivo [4].

El concepto de sistema, a lo largo del tiempo y a través de las distintas vertientes que lo han utilizado, ha padecido cambios, tanto estructurales como de significado. Entendiendo esta condición en forma positiva y bajo el presupuesto de que toda variable que participa en la construcción de los sistemas materiales puede ser desplazada a través de sus variaciones, pensamos los sistemas con forma dinámica, ya no como un dispositivo que debe cumplir un objetivo, un rol especifico univoco producto de un accionar direccional a priori, sino, como un material susceptible a transformarse, a convertirse en algo que no necesariamente era para lo que había sido creado, dado que a lo

---

3 Ejemplos. Fuentes: https://es.wikipedia.org/wiki/Sistema.
4 Cathalifaud, Marcelo Arnold / Osorio, Francisco (1998), *Introducción a los conceptos básicos de la teoría general de sistemas. Cinta de Moebio*, abril, número 3 Facultad de Ciencias Sociales-Universidad de Chile, Chile.

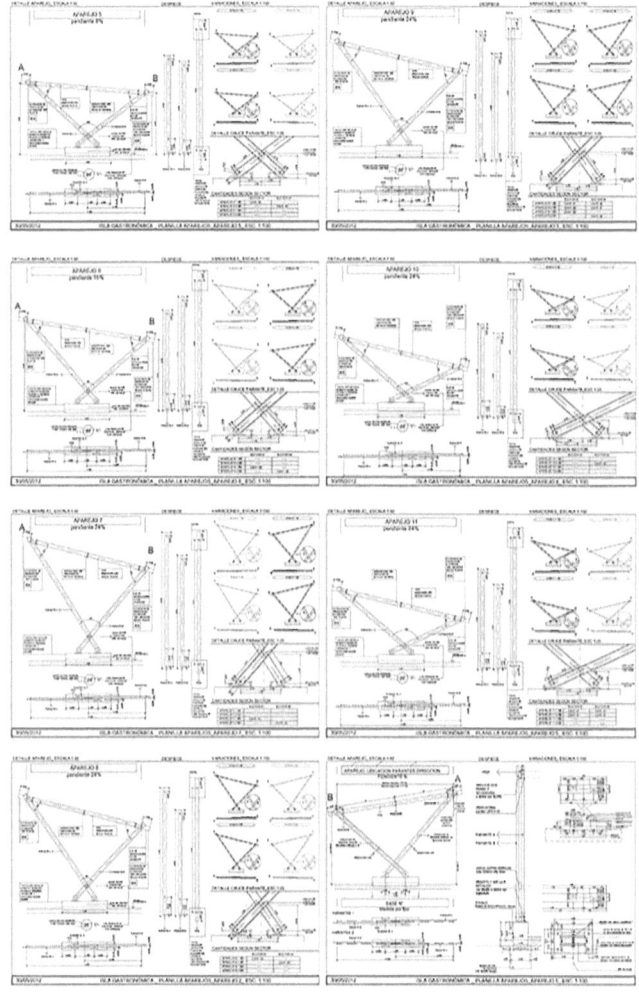

Prototipo Tecnópolis. Megamuestra de ciencia, tecnología, industria y arte. Unidad Bicentenario - Presidencia de la Nación. Villa Martelli, Vicente López. Provincia de Buenos Aires. Sector de gastronomía y servicios. CsO Arquitectura. Proyecto, documentación y dirección de obra. Roberto Bogani, Sergio Forster, Joaquín Ardissone, Gastón Encabo. Equipo de trabajo: Marina Masciottra. Aldana Garcia Ferrer. Julia Nowodworski. Juan Pablo Porta. Elizabeth Menta. Superficie: 4500 m2. 2012.

largo de su historia y en su estructura interna mantiene oculto, tanto en su significado como en su utilización estereotipada, ciertas capacidades, ciertos atributos que pueden ser desplazados, incluso desnaturalizados con propósitos menos frívolos, que trascienda su condición original.

Los sistemas arquitectónicos, en tanto sistemas materiales, pueden ser definidos según sus atributos internos; es decir, a través del control sobre las variaciones que intervienen en su determinación; y según la especie que conforman. Un sistema material, es abstractos en cuanto que despliega una teoría, donde las variables no son representaciones de cosas, sino características relacionales entre ellas; y es extremadamente concreto en lo especifico de las relaciones que establece, en cuanto que desarrolla una técnica operativa determinada. En este contexto, una arquitectura de este tipo puede ser definida como un sistema material conformado por tramas superpuestas de relaciones y sustancias complejas entre materias, componentes, medios y campos muy diversos, que a su vez, se constituyen en sistemas mayores de una red sistémica donde la variación en el atributo de cualquier sub-sistema se encadena múltiplemente con las variaciones en los atributos de los demás en grados diferentes, desplegando cada una de estas nociones, internamente, series específicas de relaciones constituidas por múltiples elementos que tienen que responder a diversos requerimientos; cómo, habitabilidad, secuencia funcional, morfología, resolución programática, solución técnica, economía constructiva, orientación, utilización de la luz y distribución espacial con sus distintos componentes: escala, proporción, distancia, dimensión, peso, materia, textura, sonido, ritmo y color. Además, esta red de relaciones forma parte de un sistema dinámico y complejo aun mayor, conformado por múltiples variables que exceden el orden disciplinar provocando cambios relevantes en el contexto físico, social, político y cultural.

## Consistencia Interna

En las áreas vinculadas al proyecto arquitectónico no ha habido en las últimas décadas; salvo raras excepciones, como es el caso del tratado de dos volúmenes: La Autopoiesis de la Arquitectura de Patrik Schumacher[5]; un desarrollo explícito de una teoría general de los sistemas arquitectónicos y urbanos. Probablemente porque existen demasiadas barreras en las distintas especialidades como para poder formular una teoría global y general.

En un contexto, donde cierta parte de la disciplina cada vez más, se aleja de su experticia, autonomía e intraestructuras son conceptos fundamentales para la formación de proyectos. Autonomía es sinónimo de autodeterminación en el discurso, por lo tanto, un proyecto que busca singularizarse, concentra esfuerzos por mantenerse relevante y productivo; pero al mismo tiempo, debe sobrevivir, necesita permanecer activo frente al mundo que lo contiene. La disciplina tiene que observar e interpretar su medio ambiente social y cultural para responder con sus propios términos, es decir, desde su interior. La abstracción autorreferencial de la autopoiesis, a la que hace referencia Schumacher, es una condición inherente a la disciplina que tiene la capacidad de construir problemas complejos y productivos frente a la sociedad.

Si bien, la idea de sistema y autonomía fue de gran relevancia en diferentes momentos de la historia reciente de la arquitectura, es necesario abrir el concepto de sistema más allá de la propia disciplina. Deconstruir su etimología, por más arcaica que se presente, permite construir un primitivo sobre el cual testear los desplazamientos a producir. La palabra sistema, y todo el entorno inmediato que gira a su alrededor, en tanto

---

5   La autopoiesis de la Arquitectura, tal vez, sea el aporte más importante a la teoría del proyecto arquitectónico. Aquí, la autonomía se presenta como modalidad de coexistencia entre arquitectura y entorno, evitando la clásica disputa dialéctica entre autonomía y heteronomía. Patrik Schumacher, basándose en Maturana y Varela, propone una arquitectura que puede establecer intercambios con su entorno en tanto sea capaz de mantener su consistencia interna.

conceptos que definen, o significan, o determinan algo, contienen antes de ser operados, capacidades latentes, que aún no han sido develadas, que no han sido aprovechadas, en este caso por las disciplinas del proyecto.

Sin embargo, para expandir las estructuras internas de las teorías proyectuales, eventualmente, es preciso recurrir a otras categorías, a otras formas de sistemas, a desarrollos teóricos de otras naturalezas, como los de la música, la matemática, la sociología, la biología, el cine o la filosofía, todas disciplinas que han tenido a lo largo de su historia trayectorias sistémicas opulentas, fundamentadas, formuladas, y actualizadas, en, y desde su interior. La interdisciplinaridad y la transdisciplinariedad, no solo aumenta el campo cultural disciplinar, sino que permite especular con la posibilidad de transformar ciertos ordenes instaurados que no hacen más que anquilosar los procesos por los cuales las disciplinas del proyecto constituyen individuaciones singulares.

La arquitectura, el urbanismo y todo el campo proyectual no debe excluirse del desarrollo intelectual general. Sin embargo, cuando la disciplina, adopta conceptos y argumentos, lo hace sobre la base de sus propias necesidades, intereses y criterios de relevancia. En este contexto es necesario notar, que más que adoptar o interpretar, interesa producir agenciamientos que construyan sentido dentro del dominio disciplinar. Es decir, dentro del discurso de la disciplina, sin apelar a representaciones de referencias externas. En lugar de representar o adoptar una forma que exclusivamente se adapte a las condiciones existentes en un contexto extraño, interesa emular condiciones activas para que esto suceda desde el interior del sistema, es decir, con herramientas y saberes de la disciplina.

Tanto la arquitectura como el urbanismo, en su totalidad o parcialmente, es decir en cada uno de los campos de saberes que los constituyen; la formación, la investigación, la profesión y los procesos de producción [6]; son

---

6   La idea de consistencia versus la idea de trascendencia que aquí se propone es originalmente desarrollada por Gilles Deleuze y Felix Guatari en *El Anti Edipo. Capitalismo y esquizofrenia* y su continuación: *Mil mesetas. Capitalismo y esquizofrenia.*

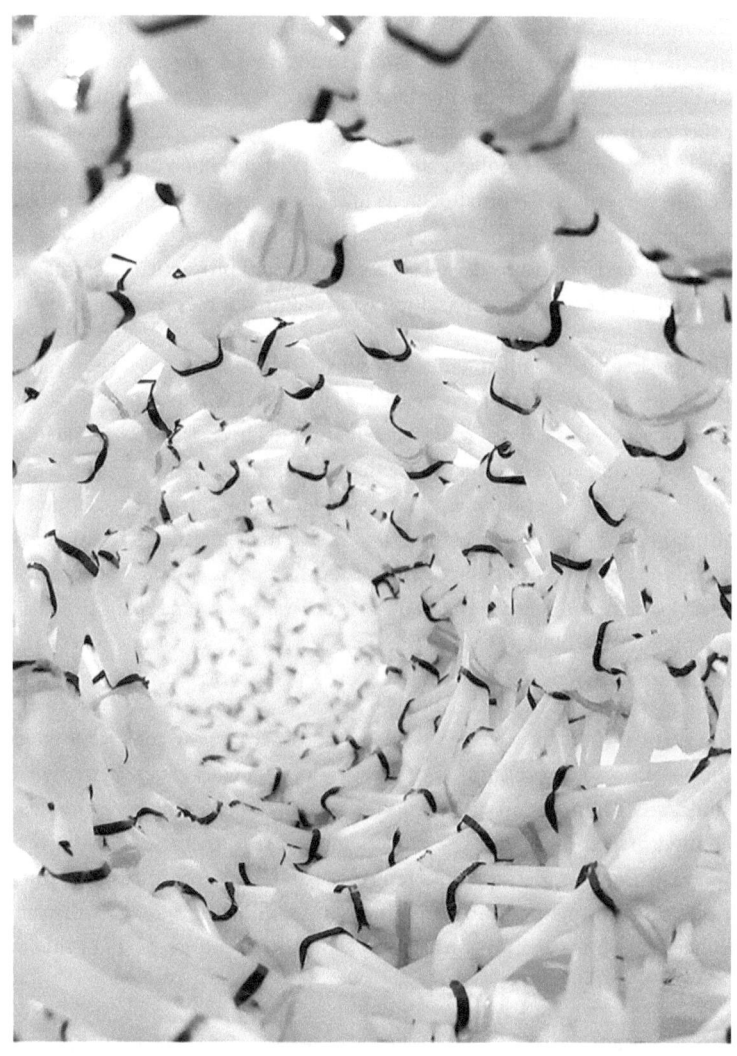

Prototipo hidrológico. Convergencias tubulares. Universidad de Buenos Aires.
Facultad de Arquitectura, Diseño y Urbanismo. Teoría de la Arquitectura.
Cátedra Bogani. Trabajo realizado por alumnos y alumnas. 2017.

sistemas interdeterminados. La manera de construir, la forma de entender, describir y visualizar el espacio, la construcción del proyecto arquitectónico, entre otros, son todas producciones, en mayor o menor medida, de procesos de sistematización dinámicos, parciales y globales. Como es sabido, la disciplina ha elaborado a lo largo de la historia postulados y teorías de diferentes tipos. Eventualmente la idea de sistema no es la única posible, ni es homogénea al exponerse, pero interesa y es imprescindible dado que forma parte del universo donde las construcciones proyectuales, en mayor o menor medida, son sistemas de relaciones entre las partes.

Una posición a-sistémica, en este contexto o bajo estos postulados, solo puede ser elaborada por un observador cuyo sistema ético este basado en percepciones aleatorias y representativas de los hechos. La observación, según Humberto Maturana, no se desarrolla de manera arbitraria, dado que la teoría de los sistemas cerrados autogenerados parte del presupuesto fundamental de que la operación de los sistemas, al estar determinados estructuralmente, dependen de su estructura y de su pasado. Observar es una operación, mientras que el observador es un sistema que utiliza las operaciones de observación de manera recursiva como secuencias para lograr una diferencia de un sistema con respecto a otro sistema.

Con este argumento y exagerándolo, un proyecto que se constituye en el propio proceso de producción que lo produce, puede ser descripto según su organización, según las relaciones que establece entre sus unidades, elementos y componentes. Estas relaciones, al integrarse, construyen nuevas complejidades, que difieren de naturaleza, y qué, mediante múltiples procesos, no siempre simultáneos, no siempre lineales, constituyen coherencias que generan consistencia [7]. Siendo la consistencia la eviden-

---

7   El plan de consistencia, del que habla Gilles Deleuze y Félix Guattari, no tiene forma, ni sujeto; ni organización, ni desarrollo; es abstracto y real, ya que mantiene relaciones de intensidad entre elementos no formado, entre la longitud y la latitud. Se constituye de aparejos de naturalezas diferentes, es heterogéneo y heteróclito, se opone a todo plan de principio o de finalidad, de duración, estabilidad y solidez; construye coherencias entre las partículas de una masa y está formado por lo que se expresa. La línea no tiene dimensión superior al punto, la superficie no tiene dimen-

cia de una sistematización cargada de relaciones recíprocas entre elementos y componentes disímiles.

Finalmente, la noción de sistema se desenvuelve, se expande o se repliega. Mientras se ensancha y se robustece, los objetos, las entidades que la confirman, se reorganizan, se inter-conectan y se afectan mutuamente, según reglas, pautas y normativas, que se construyen en el propio proceso de producción.

Un sistema de este tipo es un plan de variación continua de variables de contenido y de expresión, es abstracto, singular y creativo. La materia no formada no es una materia bruta, homogénea, sino una materia-movimiento que implica singularidades, cualidades e incluso operaciones. La función no formal, el diagrama, no es un metalenguaje inexpresivo y sin sintaxis, sino una expresividad-movimiento [8].

Las intraestructuras, en tanto sistemas arquitectónicos, construyen relaciones materiales que, bajo diferentes circunstancias, operan de forma simultánea en múltiples niveles lógicos, lo cual implica desplazamientos naturales o forzados, de las definiciones llanas y convencionales de sistema, convirtiendo la concepción sistémica en algo más complejo que la idea original, basada en la homeóstasis, en la unión de cosas organizadas en busca de equilibrio.

Los sistemas complejos arquitectónicos se diferencian de algunas nociones básicas y convencionales, aunque a veces las incluyen, pero no como

---

sión superior a la línea, el volumen no tiene dimensión superior a la superficie, sino, siempre es un número de dimensiones fraccionarias, es anexacto y construye diversas modalidades al conectar las partes del plan. Las reglas concretas de construcción del plan solo son válidas en la medida en que ejercen un papel distintivo. Deleuze, Gilles; Guattari, Félix. (1980). *Mil mesetas. Capitalismo y esquizofrenia*. Valencia, España: Pre-Textos.

8   El concepto de consistencia que aquí se plantea no es original de las teorías de sistema, ya que procede del campo de la filosofía y tiene un enfoque estrictamente materialista. Deleuze, Gilles; Guattari, Félix. (1980). *Mil mesetas. Capitalismo y esquizofrenia*. Valencia, España: Pre-Textos.

totalidad, sino como recursos de un proceso sistémico dinámico o cambiante: 1- es la noción desarrollada en los años sesenta por las vanguardias arquitectónicas urbanas, que se caracterizaban por generar sistemas esquemáticos y estáticos, aunque muy productivos y creativos; 2- los que continuaron con esta vertiente, solo que desarrollaron representaciones simbólicas basada sobre las anteriores, pero de manera ficticia; 3- las desarrolladas a partir de mediados de los años noventa por una generación de arquitectos y urbanistas que se comprometieron con la teoría de la información, la cibernética y la teoría de sistemas. Estas, más flexibles y dinámicas, sentaron las bases para una nueva forma de pensar y desarrollar proyectos en un mundo inestable, diferente al del ultimo milenio.

### Acción es Sistema

Talcott Parsons[9], se preguntaba: ¿qué espacio temporal y que cambios era necesario identificar para que un observador pudiera afirmar que una sociedad había pasado a ser un sistema distinto?, ¿Cuántos cambios era necesario identificar para que todo observador coincidiera en asentir que ciertas sociedades habían tenido unas estructuras que ya no operaban ni emergían en las sociedades actuales?

En el marco de la Teoría de Sistemas de Talcott Parsons, podemos probar que no alcanza con una descripción externa, y por supuesto, subjetiva de los hechos, dado que los criterios por los cuales un sistema puede ser descripto, debe ser una operación que surja desde el interior del sistema, ya que este debe decidir, si en el curso de su historia sus estructuras han cambiado tanto que él ya no es el mismo.

---

9   Talcott Parsons fue un sociólogo estadounidense de la tradición clásica de la sociología, conocido por su teoría de la acción social y su enfoque estructural-funcionalista, aunque a partir de la década de los sesenta condujo conscientemente todos sus esfuerzos para distanciarse de ese tipo de funcionalismo.

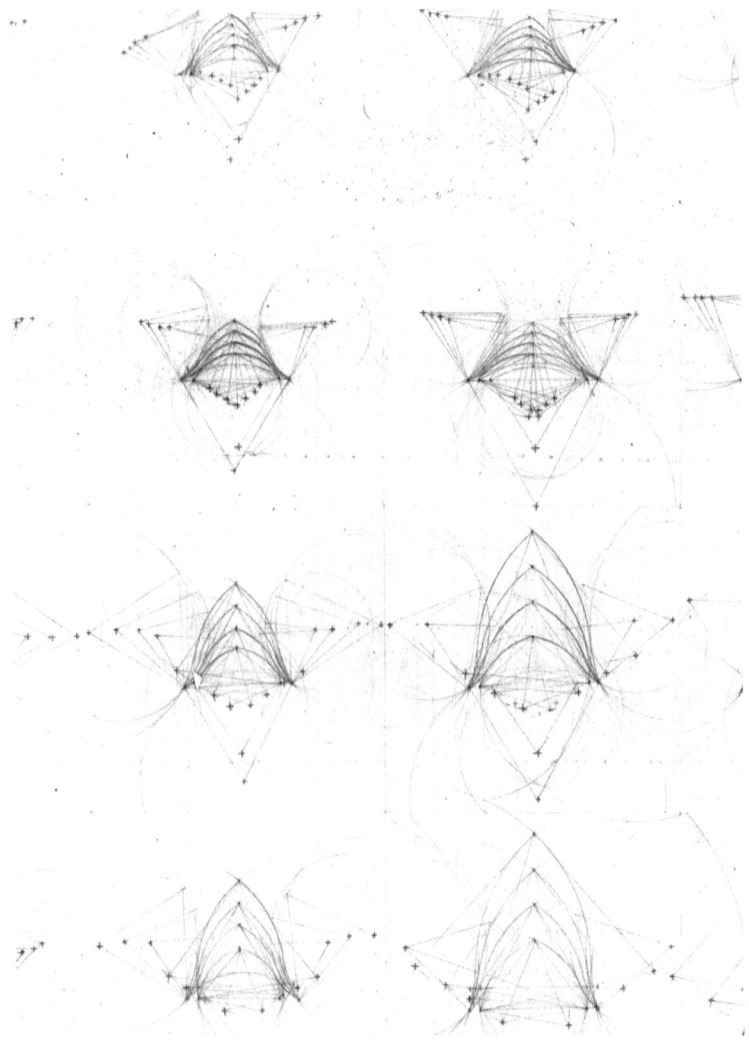

Prototipo vial. Modalidad de intercambio abstracta. Variación de variables a nivel de los componentes del sistema. Universidad Torcuato Di Tella. Escuela de Arquitectura y Estudios Urbanos. Introducción al proyecto urbano. Profesor titular Roberto Bogani. Asistente Victoria Bradbook. Trabajo realizado por alumnos y alumnas. 2017.

El funcionalismo estructural descendiente de ciertas teorías desarrolladas durante la Segunda Guerra Mundial construyo una ética, se alió con una idea de planificación desde arriba entendiendo que la idea de sistema era un instrumento de racionalización y robustecimiento de las estructuras de poder, por lo cual Parsons sostenía que un sistema debía conservar sus estructuras.

*La estructura de la acción social* (Talcott Parsons, 1937), revela la expresión *action is system*, y no tanto como una definición explicita de que sería un sistema para Parsons, sino y como advierte Niklas Luhmann en sus charlas, artículos y estudios sobre Parsons, que acción y sistema no pueden entenderse por separado, dado que la acción es sólo posible bajo la forma de sistema.

En este contexto decimos, que una construcción proyectual solo puede ser realizada bajo la forma de sistema y la operación basal sobre la que se construye dicho sistema es la acción. La acción es una propiedad emergente del propio sistema, ya que se inscribe en su constitución a través de la determinación de sus componentes. Estas estructuras, antes que sus elementos pasen a la acción, ya están integradas por ciertas pautas y normativas. Por tanto, una estructura proyectual no es posible si previamente no está integrada bajo la forma de sistema.

Para que una o varias acciones puedan ser realizadas, debe haber fuerzas que permitan desplazamientos de los elementos que constituyen al sistema, es decir, deseos que se exteriorizan a través de fuerzas, acciones subordinadas al actante. Esto no sería posible, si una acción se lleva a cabo cuando ya está establecida la diferencia entre fines y medios. Por lo tanto, para que una acción se realice, debe existir una concatenación de valores colectivos, que se hacen presentes en el momento en el que el actor está decidido a actuar, siendo el actor un elemento dentro del entramado de la acción, siendo el sujeto un accidente de la acción, ya que cualquier deseo queda subordinado a ella y no únicamente al actante. Por lo tanto, para que una acción se realice es necesario determinar los componentes que la constituyen.

Parsons describe cuatro componentes básicos, en una relación horizontal desarrolla las variables *instrumentales y consumatorias*, y en una relación vertical distingue entre *externo e interno*. Las variables instrumentales son todas aquellas relacionadas con el medio por el cual se produce la acción, las variables consumatorias tienen que ver con la capacidad de actualización del sistema, más allá de cualquier fin preestablecido, en un estado determinado, mientras que las variables verticales, externo e interno, establecen la relación del sistema hacia afuera y con respecto a sus propias estructuras.

Según Niklas Luhmann, Parsons sostuvo hasta el final, que solo en el marco de estas cuatro relaciones elementales era posible la acción, es decir: el sistema de la acción, y que todas las posibles relaciones que pudieran derivarse no eran más que una articulación desarrollada en el marco de estas cuatro funciones.

Siendo la teoría de la acción el nivel más abstracto y general del sistema, es imprescindible estipular los niveles intermedios adecuados, lo que Parsons llamo referencias sistémicas, garantizando las condiciones para que se lleve a cabo la acción. Mediante una técnica de diagramas cruzados, este tipo de sistemas puede cerrarse, ya que, a través de determinar las relaciones entre las variables, los componentes se diferencian constituyéndose definitivamente en un sistema.

Finalmente, el aporte de Parsons que interesa a la teoría del proyecto, es la idea de diagramas cruzados, donde el diagrama original invierte las relaciones verticales generando una doble jerarquía entre los componentes que los constituyen, entendiendo que la cultura, que para Parsons se ubica en el mantenimiento de los patrones latentes dentro del primer diagrama, conduce al sistema de manera cibernética con un mínimo de energía para influir en las personas, los organismos, mediante la información, y de esta manera transforma el máximo de energía que corre de abajo hacia arriba.

Tabla 1

|  | Instrumental | Consumatorio |
|---|---|---|
| Exterior | A. Adaptación | G. Obtención de Objetivos |
| Interior | L. Mantenimiento de Patrones latentes | I. Integración |

|  | Instrumental | Consumatorio |
|---|---|---|
| Interior | L. Mantenimiento de Patrones latentes | I. Integración |
| Exterior | A. Adaptación | G. Obtención de Objetivos |

Tabla 1: Epígrafe de la tabla:
Los diagramas desarrollan cuatro relaciones elementales, considera cada entrecruzamiento como rangos plausibles de relación de variables. Esquema de cuatro funciones cruzadas de Talcott Parsons. Fuente: Luhmann, N. (2007). *Introducción a la Teoría de Sistemas*. Parsons, T. *Funcionalismo Estructural*. Pág. 51. México: Universidad Iberoamericana / Colección Teoría Social.

Si bien el esquema que plantea Parsons muestra cierto hermetismo, es interés poner en relieve el esfuerzo más que obsesivo de Parsons por dar fundamentos verosímiles y plausibles a un esquema básico de cuatro funciones, que entre muchas cosas jerarquiza la idea de que la acción es la condición fundamental de la diferencia, tanto de las relaciones internas como externas, entendiendo que un proceso es pura diferenciación.

**Sistemas Abiertos**

El concepto de homeostasis [10] alude al equilibrio de un sistema. Cuando se produce una perturbación en alguno de los elementos del sistema, todo el sistema se modifica, si luego de la perturbación el sistema vuelve

---

10  La palabra homeostasis está conformada por dos vocablos griegos claramente delimitados: homo, que puede traducirse como "similar", y estasis, que se ejerce como sinónimo de "estabilidad" y de "estado".

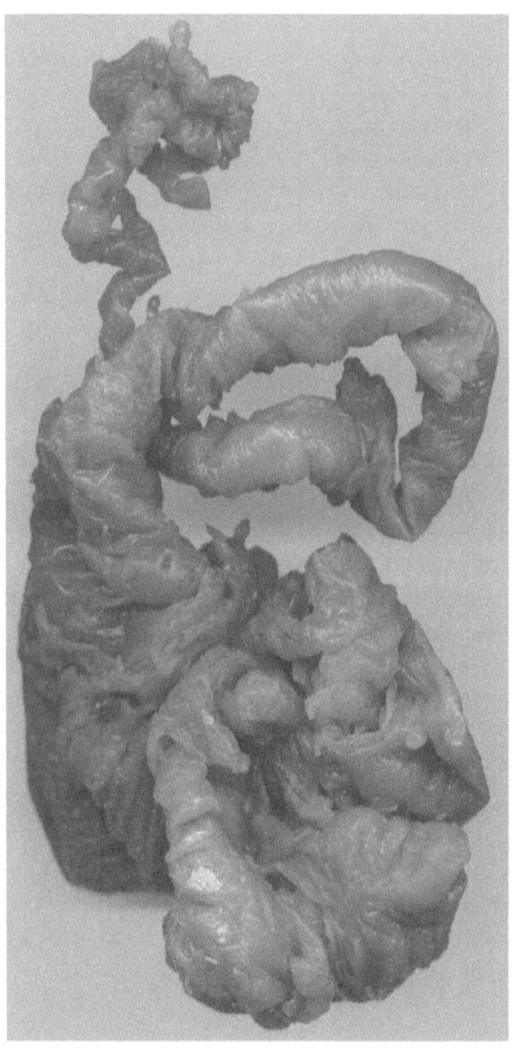

Testeo material. Cera en diferentes fluidos a diferentes temperaturas. Universidad de Buenos Aires. Facultad de Arquitectura, Diseño y Urbanismo. Teoría de la Arquitectura. Cátedra Forster. Profesor a cargo Roberto Bogani. Alumnos Martin Encabo, Esteban Hetenyi. 2002.

al estado original, se dice que el sistema ha recuperado su homeostasis. También es posible que luego de una perturbación el sistema recupere su equilibrio u homeostasis, pero en un estado diferente al original.

La homeostasis es una propiedad de los organismos vivos que consiste en la capacidad de mantener una condición interna estable compensando los cambios en su entorno mediante el intercambio regulado de materia y energía con el exterior (metabolismo). Se trata de una forma de equilibrio dinámico que se hace posible gracias a una red de sistemas de control realimentados que constituyen los mecanismos de autorregulación de los seres vivos [11].

La idea de equilibrio se ha utilizado a lo largo de la historia de múltiples maneras, su significado presupone una distinción entre estabilidad y perturbación, de tal manera que con el termino equilibrio se enfatiza el aspecto de la estabilidad. La noción de equilibrio conduce a pensar que se trata de una reacción a estados inestables, pero solo con el objetivo de alcanzar cierta armonía en el que el sistema se encontraba en su estado anterior u original. También se puede pensar que la noción de equilibrio remite a un estado de fragilidad en la medida en que cualquier perturbación conduce al desequilibrio. Aquí se está frente a un modelo que muestra con claridad la relación entre equilibrio y perturbación.

La idea de que un sistema tiene que estar en equilibrio para mantener su consistencia, por lo menos es un poco anticuada, dado que sabemos, que muchos sistemas cuando entran en desequilibrio adquieren su estabilidad. Por lo tanto, la perturbación potencializa al sistema en la medida en que este puede quedar expuesto permanentemente a las alteraciones y seguir siendo estable. Ejemplo de esto son los sistemas regidos por la entropía [12] como la termodinámica. También es verdad que la física ha

---

11  https://es.wikipedia.org/wiki/Homeostasis.
12  En termodinámica, la entropía es una magnitud física para un sistema termodinámico en equilibrio. Mide el número de microestados compatibles con el macroestado de equilibrio, también se puede decir que mide el grado de organización del sistema, o que es la razón de un incremento entre energía interna frente a un incremento de temperatura del sistema. https://es.wikipedia.org/wiki/Entropia.

llegado a la comprensión de que el universo es un sistema cerrado, que no puede aceptar ningún tipo de entrada (input) de un orden que no esté contenido en el mismo y que, allí, la ley de la entropía es inexorable.

Hoy sabemos, que algunos sistemas cerrados no verifican para el mundo de la biología o para el orden social, y mucho menos para el urbanismo, por lo cual se pensó en otros sistemas, en principio distintos, fundamentalmente abiertos, capaces de desarrollar neguentropía [13]. Esto significa negociación e intercambio, entre sistema y entorno. Para los seres orgánicos se piensa en intercambio de energía, para los sistemas de sentido, intercambio de información, para los sistemas urbanos intercambio entre lógicas de hecho y derecho. Por ejemplo, la teoría de la evolución, desde Darwin y Bergson, toma como consigna explicar la multiplicidad de las especies biológicas como cambios continuos que se diferencian y que probablemente provengan del mismo suceso original.

Los sistemas abiertos responden a esta referencia teórica en la medida en que los estímulos provenientes del entorno pueden modificar la estructura del sistema: una mutación genética no prevista, una infraestructura desplazada de su función original, un edificio reciclado, etc.

La idea de sistema abierto no deja de ser demasiado genérica, ya que interpela desde su propia lógica, acerca de qué tipo de relación de intercambio debe darse entre sistema y entorno. Los sistemas abiertos operan

---

13  La neguentropía, negentropía o negantropía, también llamada entropía negativa o sintropía, de un sistema vivo, es la entropía que el sistema exporta para mantener su entropía baja; se encuentra en la intersección de la entropía y la vida. Para compensar el proceso de degradación sistémica a lo largo del tiempo, algunos sistemas abiertos consiguen compensar su entropía natural con aportaciones de subsistemas con los que se relacionan. Si en un sistema cerrado el proceso entrópico no puede detenerse por sí solo, en un sistema abierto, la neguentropía sería una resistencia sustentada en subsistemas vinculados que reequilibran el sistema entrópico. La neguentropía se puede definir como la tendencia natural de que un sistema se modifique según su estructura y se plasme en los niveles que poseen los subsistemas dentro del mismo. Por ejemplo: las plantas y su fruto, ya que dependen los dos para lograr el método de neguentropía. https://es.wikipedia.org/wiki/Entropia.

bajo lógicas indeterminadas de entorno y no distinguen la relación genérica entre sistema y entorno, de la relación más específica entre sistema y sistema en el entorno.

En este sentido, el esquema tradicional de entradas y salidas (*input/output*) opera sobre la relación específica entre sistemas y sistemas en el entorno. Sin serlo, puede ser confundido con un sistema cerrado, ya que el modelo no es capaz de dar cuenta de la complejidad externa, convirtiéndose, en lo que para mucha proyectista es la idea de sistema, un modelo tecnocrático, dado que éste, más allá de que pueda subdividirse y complejizarse a medida que se bifurca, en todas sus interfases vuelve a reproducir relaciones de entradas y salidas.

Estos sistemas tienen la particularidad de ser previsibles, ya que el modelo establece predicciones y no tendencias susceptibles a ser interferidas. El sistema responde a diferentes estímulos del entorno con la misma reacción. Decide, a pesar de la diversidad del entorno, una forma homogénea de reacción, es decir, puede reducir complejidad del entorno. Por otra parte, un sistema puede reaccionar de manera diversa a situaciones homogéneas o constantes; es decir, se puede condicionar a sí mismo, se puede regir según condiciones internas que no tienen ninguna correlación inmediata con el entorno. En este sentido es superior al entorno, en aspectos específicos, respecto de su complejidad. En definitiva, podemos decir que estos sistemas son genéricos.

**Cibernética**

La investigación realizada por Philip Beesley, según el mismo la presenta, se centra en la capacidad de construir entornos arquitectónicos receptivos y distribuidos, según sistemas interactivos, que desarrollan estructuras flexibles, que integran funciones cinéticas, a través de procesos de micro-procesamiento, que utilizan sistemas de sensores y actuadores.

*Hylozoic Ground* es una arquitectura experimental que explora las cualidades del desierto contemporáneo. Es un bosque artificial, una red in-

Prototipo de pórtico. Sistemas de encofrados de madera convencional. Universidad Torcuato Di Tella. Escuela de Arquitectura y Estudios Urbanos. Introducción a las construcciones. Profesor titular Roberto Bogani. Asistente Federico Papandrea, Pilar González. Trabajo realizado por alumnos y alumnas. 2020.

trincada hecha de pequeños acoplamientos transparentes de una malla acrílica, cubiertos con una red de frondas, de filtros, y de bigotes mecánicos interactivos. Decenas de miles de componentes livianos fabricados digitalmente fueron equipados con microprocesadores y sensores de proximidad para reaccionar a la presencia humana. Este ambiente sensible funciona como un pulmón gigante que respira dentro y fuera, alrededor de sus habitantes. Las matrices de sensores táctiles y actuadores de aleación con forma de memoria (un tipo de mecanismo cinético no motorizado) crean ondas de movimiento empático, atrayendo a los visitantes hacia las misteriosas y brillantes profundidades de un paisaje mítico, un bosque frágil de luz.

Las aplicaciones de la cibernética [14], por ejemplo, en el campo de la ingeniería; como la generalización de los termostatos en los aparatos de uso industrial y doméstico; el piloto automático en la aeronavegación; los robots en el campo de la industria; o los edificios inteligentes (domótica) vinculados a la arquitectura, es decir las máquinas que controlan a otras máquinas, implican entre otras cosas, la renuncia a la simplificación en pos de una mirada a favor de pensar la complejidad del sistema, a través de entender las regularidades de sus relaciones externas, dado la imposibilidad de acceder al interior del mismo. Los sistemas mencionados reaccionan ante determinadas entradas bajo condiciones específicas, lo cual implica la posibilidad de acceder a las estructuras del sistema. Este modelo, conocido como caja negra representa ciertos aspectos de la teoría estructural de sistemas, aunque tiene la ventaja de ser menos rígido, al deshacer la idea estricta de maquina en pos de intentar atender a la interrelación entre entradas y salidas.

---

14   Cibernética de Niklas Luhmann en *Introducción a la teoría de sistemas*. "De las raíces griegas del nombre se desprende la representación de quien conduce un barco de manera estable, frente a las situaciones variables de viento y mareas. Entonces la cibernética originalmente entendida como arte de conducir la navegación se transforma, de forma generalizada, en el arte de conducción de los sistemas técnicos." Podríamos agregar de los sistemas urbanos.

Por un lado, tenemos el esquema de entradas y salidas de Talcott Parsons, el cual en los años sesenta perdió vigencia al ser considerado extremadamente tecnocrático, y fue reemplazado por otro razonamiento que se preguntaba que es el sistema para que pueda transformar relaciones en entradas y salidas, es decir: ¿qué relación hay entre estructuras y operaciones?

Según Niklas Luhmann, a partir de ciertas exigencias de la segunda guerra mundial, se empezó a pensar en entender cierta capacidad de un emisor para recoger reacciones de los receptores y modificar su mensaje, de acuerdo con lo recogido, es decir un esquema de *feedback* basado en la cibernética. La expresión formal del modelo consistía en cómo lograr salidas relativamente estables frente a un entorno inestable o de situación variable, es decir construir mecanismos mediante el cual el sistema pueda medir ciertas informaciones que expresen la distancia que se abre entre el sistema y el entorno. El prototipo de esta innovación teórica fue el termostato, que sirvió, además, para la comprensión de innumerables fenómenos biológicos: como el mantenimiento constante de la temperatura en la sangre, o la necesidad también constante de un nivel de azúcar en el organismo. Es decir, como entra en funcionamiento una disposición del sistema cuando se produce una distancia considerable en el entorno y que obliga al sistema a reaccionar para lograr estabilidad.

Finalmente, la cibernética pudo plantear, mucho mejor que la teleología, que condiciones son necesarias para que determinados estados del sistema, a pesar de la variabilidad de las situaciones del entorno, se mantengan estables, y a su vez puedan ser dirigidos por medio de regulaciones técnicas apoyadas en los elementos de la acción.

La idea de generar mecanismos de control que permitan dirigir un sistema no implica anticipar todos los estados concretos que un sistema pueda experimentar en el futuro, se trata de reducir al máximo la distancias entre sistema y entorno, conjeturando que cuanto mayor sea esa distancia el sistema corre peligro, tiende a desviarse, y finalmente colapsa. Por lo cual no debe olvidarse el significado original de cibernética que pretende reducir distancias, y sobre todo disminuir efectos que se producen fuera del sistema y que solo se pueden controlar desde el sistema, es decir adentro del sistema.

A finales de los años sesenta se podía distinguir dos tipos de *feedback*, uno negativo con el propósito de aminorar o disminuir distancias, y otro positivo tendiente a aumentar las distancias, lo cual no llevaría como se suponía al colapso del sistema, sino a un cambio sustancial del estado original. Podríamos agregar que el sistema de *feedback* negativo busca la eficiencia y el sistema de *feedback* positivo, además, construye una estética. Ya no se trata, únicamente, de conservar la estabilidad del sistema, sino de los cambios que puede soportar un sistema sin que colapse. La pregunta que no podemos evitar, finalmente es si mediante el modelo de *feedback* positivo los sistemas pueden desarrollar mecanismos consistentes para controlar la tendencia al aumento de la distancia sin que por ello fracasen.

El modelo de *feedback* positivo no intenta explicar las causas, sino construir mecanismos que integren las derivas y las desviaciones independientemente de las consecuencias en relación a los fines programados. Este modelo es sensible a atractores, ya que se deja llevar por fuerzas que lo transforman, pero no debe perder de vista el control sobre la evolución del sistema.

La crítica a la teoría de sistemas de los años cincuenta y sesenta, como ya se ha mencionado, estuvo principalmente dirigida a calificar a estas teorías de tecnocráticas y de ser susceptibles a preferir los estados de estabilidad, por cierto, artificiales. Pero hoy se sabe, dado la distancia, que esas críticas siempre carecieron de fundamentos teóricos suficientes, fueron más ideológicas que operativas.

Los sistemas abiertos incorporaron como transformación relevante, tanto los procesos de entradas y salidas, como la regulación de las distancias respecto del entorno, incluso de otros sistemas, por medio del *feedback* y de la cibernética, pero nunca se preguntaron a cerca de qué características los sistemas deben incorporar para operar en un ámbito que no es el de la sociología, ni el de la biología, sino uno estrictamente material y urbano, donde un sistema no es simplemente un objeto o la manera de ver un objeto, sino fundamentalmente la distinción entre sistema y ambiente, es decir sistemas en el ambiente, ya que en esa distancia se constituye una consistencia de mayor complejidad, que solo es posible a través de ciertas operaciones conscientes de dicha diferencia.

**Distinciones**

Resulta que ciertas teorías de sistemas conciben la cerradura de operación, la recursividad, la autorreferencia y la circularidad como condición de apertura, todas características de sistemas cerrados, pero que ahora funcionan para abrirlo. Se entiende que estas características requieren de cierta autonomía que distinga al sistema respecto de sí mismo y del entorno en el que opera, diferenciando que el tipo de operación que el sistema reproduce es fundamental para reconocer que cosas pertenecen al sistema y cuáles no.

*Con esta versión de que la operación pertenece al sistema y no al entorno se coloca a una altura sobresaliente el problema de la observación y la capacidad de distinción de los sistemas. Esto quiere decir, por tanto, que existen sistemas que pueden observar y distinguir. En ello hay que presuponer una capacidad de observación, lo cual designa un tipo de operación que se lleva efecto en el sistema mismo.* [15]

Por lo tanto, los sistemas son capaces de distinguir entre su estructura interna y su exterior, ya que desde su interior son capaces de llevar adelante un proceso por medio del cual diferencian los elementos y componentes con la finalidad de aumentar su capacidad frente al entorno. El sistema a través de sus componentes, incluso desde sus elementos y unidades más

---

15 Luhmann, Niklas; (1996), *Introducción a la Teoría de Sistemas*. Lecciones publicadas por Javier Torres Nafarrate, Universidad Iberoamericana/Colección Teoría Social.

básicas, construye destrezas, operativas y racionales, que, en el mejor de los casos, van más allá de su especificidad, demostrando que no todos los sistemas son organizaciones que se construyen desde arriba hacia abajo o desde afuera hacia adentro. Por lo tanto, este tipo de organizaciones no construyen únicamente sistemas jerárquicos, dado que los rangos de variación son independientes de las valoraciones externas que impliquen superioridad o disminución entre ellos.

En este contexto, podemos encontrar al sujeto, en tanto sistema que observa, fuera o dentro de un sistema mayor. Un sujeto externo construye una estrategia, establece una teoría analítica, evalúa lo que designa desde afuera, distingue sistema de entorno y determina los limites; en cambio una visión concreta del sistema, es decir desde el interior del sistema, parte del presupuesto de que en realidad los sistemas ya se encuentran constituidos siendo la tarea describirlos a través de las relaciones entre los elementos y componentes que lo constituyen. En el primer caso lo que se ve está determinado por la manera de ver del observador, dado que este tipo de sistema está atravesado por una condición de previsión; en el segundo caso el observador esta imbuido en lo que investiga, ya que presupone que lo que proyecta esta antes de que se interesara y va a seguir estándolo independientemente de lo que investigue. Esta segunda visión, implica un tipo de destreza que basa sus esfuerzos en los procesos de construcción, en tanto estados dinámicos del proyecto, presuponiendo que la novedad emergerá de la intensificación del mismo proceso.

Dado que esto presenta cierta controversia, ya que en ambos casos el sujeto se ubica en lugares análogos y confrontados, por un lado se dice; que un sujeto externo tiende a construir ficciones, que no tienen autonomía para determinar el objeto porque necesita mayor control de la realidad; y los que se ubican dentro del sistema, nunca terminan de determinar el sistema como unidad por estar atravesados de exceso de realidad, lo cual no le permite distancia e independencia a la hora de hacer una valoración. Ni estrictamente desde afuera, ni únicamente desde adentro, una cuarta posición, menos radicalizada en su ideología, y más comprometida en su capacidad productiva, permite las condiciones para que el ob-

Prototipo hidrológico. Bifurcaciones. Universidad de Buenos Aires.
Facultad de Arquitectura, Diseño y Urbanismo. Teoría de la Arquitectura.
Cátedra Bogani. Trabajo realizado por alumnos y alumnas. 2017.

servador, en tanto sistema que observa, se constituya en un componente más del proceso de creación, estableciéndose como sujeto en condiciones de colectividad.

Tanto el proyecto como el proyectista deben ser considerados, previamente, como sistemas, y esto debido a que proyectar no es un acto único y aislado, sino que siempre emerge en un entramado de conocimientos, en un espacio de memoria, en una limitación de perspectivas, con restricciones de enlace con respecto a otras operaciones.

**Información y Diferencia**

Una metodología de trabajo que se compromete con una ética sistémica, se basa en parte en una teoría de sistemas sustentada en la diferencia, por lo cual cualquier proceso sistémico puede ser pensado como variaciones entre sistema y entorno, o variaciones entre sistemas y sistemas en el entorno.

Cuando imaginamos sistemas abiertos pensamos en sistemas que están sujetos a las leyes de la entropía, y sistemas que están en condiciones de construir equilibrio a través de crear divergencias en la relación entre sistemas y entornos. En este contexto el sistema solo puede entenderse en relación al entorno y solo de manera dinámica, siendo el entorno el campo por donde se conducen las causalidades del propio sistema.

Al mismo tiempo es necesario preguntarse cómo es posible establecer la diferencia entre sistema y entorno, y mantener las estructuras que constituyen al sistema sin cerrarlo, diferenciando si el problema es mantener las estructuras o su generación.

Una primera aproximación a esta pregunta es comprender que el sistema y el entorno constituyen diferencias, y que el sistema, finalmente, es la diferencia que resulta de la diferencia entre sistema y entorno, por lo tanto, y como bien explica Niklas Luhmann:

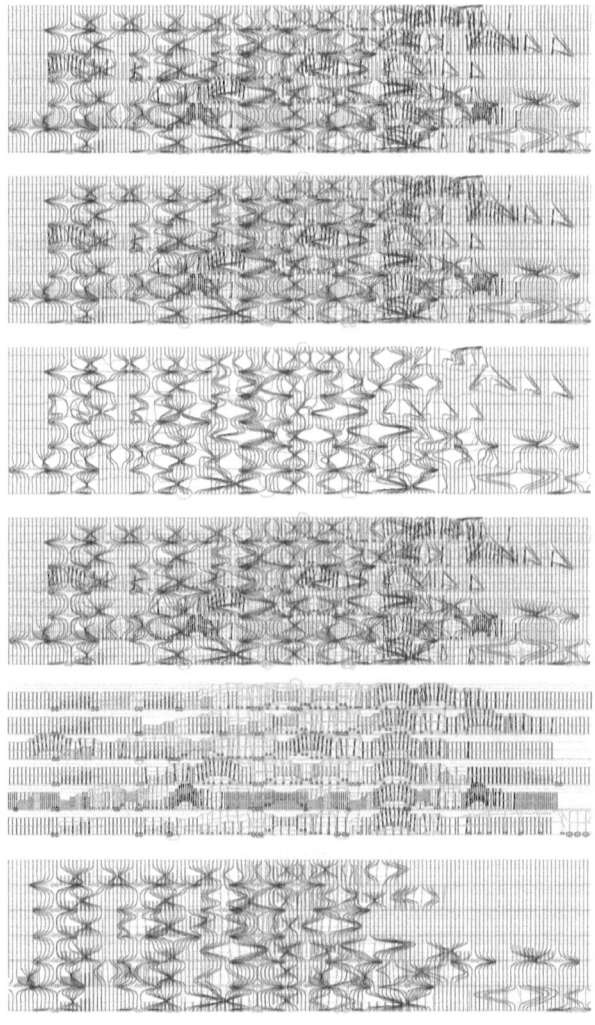

Organización abstracta. Diagrama, Cánones y fugas. Universidad de Buenos Aires.
Facultad de Arquitectura, Diseño y Urbanismo. Teoría de la Arquitectura.
Cátedra Forster. Profesor a cargo Roberto Bogani. Alumno Ariel Soto. 2003.

*(...) estamos frente a una paradoja, donde el concepto de sistema aparece en la definición, duplicado en el concepto de diferencia. En este punto cabe destacar, que la teoría de sistema basada solamente en la diferencia entre sistema y entorno, se sustenta en la diferencia, dejando de lado la unidad como categoría de origen.*

Según Gregory Bateson [16], la información es la diferencia que hace a la diferencia, por lo tanto, la información es una diferencia que lleva a cambiar el estado mismo del sistema, por el solo hecho de acontecer transforma. La teoría de la información va de un sustrato de la diferencia a un campo de la diferencia, la diferencia informa la diferencia.

Gregory Bateson se planteó cuál es la pauta que conecta a todas las criaturas vivientes; cuáles son las configuraciones, las formas y las relaciones que pueden ser observadas en todos los fenómenos. Descartó conceptos tales como materia y sustancia en relación a los seres vivos, priorizando los conceptos de forma, patrón y pauta para buscar una concepción totalizadora de la mente. Propuso la noción de contexto como elemento fundamental de toda comunicación y significación, planteando que no se debe aislar el fenómeno de su contexto, pues cada fenómeno tiene sentido y significado dentro del contexto en que se produce.

Gregory Bateson propone conceptos tales como información y relación, para lo cual es fundamental encontrar un nuevo lenguaje que permita describir la recursividad de todos los elementos que se mueven conjuntamente en un proceso. Propone una concepción totalizadora sobre la naturaleza del orden y la organización en los sistemas humanos.

*El mapa no es el territorio, y el nombre no es la cosa nombrada* [17]. La relación entre mapa y territorio es la diferencia. Son solamente nociones de

---

16   Gregory Bateson. Biólogo, antropólogo, epistemólogo, sus ideas han influido y seguirán influyendo los más diversos campos del pensamiento científico moderno. La diversidad de temas que atraparon su interés incluye, entre otros, una vasta erudición en zoología, psiquiatría, antropología, estética, lingüística, educación, evolución, cibernética y epistemología.
17   Bateson, Gregory (1979), *Espíritu y naturaleza*, Buenos Aires, Amorrortu.

diferencia las que pueden llegar del territorio al mapa, y este hecho es la afirmación epistemológica básica sobre la relación entre toda la realidad allí afuera y toda la percepción aquí dentro; la mente sólo puede encontrar información de fronteras, información de contextos de diferencias [18].

La forma en que percibimos el espacio es a través de los sentidos, no podría haber percepción sin sentidos, y no podría haber percepción de los sentidos sin algo que los conecte, los decodifique y los transforme en aquello que percibimos.

Gregory Bateson habla de la pauta que conecta al cangrejo con la langosta y a la orquídea con el narciso, y a los cuatro conmigo. Y a nosotros seis con la ameba en una dirección, y con el esquizofrénico retardado, en la otra. Habla de la división del universo percibido en partes y totalidades, y habla de la conveniencia de que esto puede ser necesario, pero también dice que ninguna necesidad determina de qué modo debe ser practicada[19].

Friedrich Nietzsche va a decir, que no hay hechos, hay interpretaciones, ya que los hechos no se enuncian en sí mismos. Los hechos en el mundo se dan a través de percepciones físicas, no podríamos decir que es, si no interpretamos. La experiencia física es una interpretación como la matemática, la ciencia, la religión, etc., determinadas cosas que son demostradas por repeticiones pueden ser entendidas como interpretaciones compartidas. Mis ojos son individuales, mis pensamientos no, son parte de algo mayor, son colectivos.

En ese sentido, podemos agregar, a partir de Nietzsche, que está es una civilización determinada, pero no la única posible. La verdad absoluta no existe, sino que existen interpretaciones múltiples de los hechos. Michel Foucault va a decir; que la verdad es una conquista de la voluntad de po-

---

18   El proceso de las ideas sistémico-cibernéticas. Lic. Sara B. Justoran.
19   Bateson, Gregory (1979), *Espíritu y naturaleza*, Buenos Aires, Amorrortu.

der, sosteniendo que el poder crea la verdad, es decir, ante un hecho, cada individuo crea su interpretación del hecho, su verdad, pero el poder es el que dispone de los medios para imponer su interpretación a los demás.

Volviendo a Bateson y siguiendo con la lógica de la pauta que conecta, es pertinente considerar que una información es una noticia acerca de una diferencia. Para que exista información tiene que haber diferencias, y una decodificación de las diferencias. Para que haya decodificación tiene que haber alguien o algo que perciba o detecte las diferencias, una sensibilidad que diferencie las informaciones. Los sentidos humanos sólo operan de esta forma; olfato, gusto, oído, vista y tacto perciben diferencias, de olor, sabor, sonido, luz y textura. La información recibida es en sí ya una relación entre dos elementos, puesto que no puede existir diferencia entre un elemento y sí mismo. Las analogías son interesantes, pero menos que las diferencias. Que se hace con las diferencias al percibirlas y al procesarlas es un problema que excede al mecanismo por el cual son detectadas.

### Teoría de la Forma

George Spencer Brown en su libro *The Laws of Form*, desarrolla un método basado en operaciones de distinción en función de diferencias. Si bien su objetivo es demostrar mediante un cálculo matemático como reducir el álgebra de dos valores de *Boole*[20] a un único cálculo de operación, nuestro

---

20 George Boole [buːl] (Lincoln, Lincolnshire, Inglaterra, 2 de noviembre de 1815 - Ballintemple, Condado de Cork, Irlanda, 8 de diciembre de 1864) fue un matemático y lógico británico. Como inventor del álgebra de Boole, que marca los fundamentos de la aritmética computacional moderna, Boole es considerado como uno de los fundadores del campo de las Ciencias de la Computación. En 1854 publicó *An Investigation of the Laws of Thought on Which are Founded the Mathematical Theories of Logic and Probabilities*, donde desarrolló un sistema de reglas que le permitían expresar, manipular y simplificar problemas lógicos y filosóficos cuyos argumentos admiten dos estados (verdadero o falso) por procedimientos matemáticos. Se podría decir que es el padre de los operadores lógicos simbólicos y que gracias a su álgebra hoy en día es posible operar simbólicamente para realizar operaciones lógicas. https://es.wikipedia.org/wiki/George_Boole.

Prototipo vial hidrológico. Modalidad de intercambio concreta. Entrelazar Cefalópodos. Universidad Torcuato Di Tella. Escuela de Arquitectura y Estudios Urbanos. Introducción al proyecto urbano. Profesor titular Roberto Bogani. Asistente Pilar González. Trabajo realizado por alumnos y alumnas. 2020.

interés se enfoca en el método y no en la resolución del problema. Lo que llama la atención del método de Brown, es la expresión *draw a distinction*, qué, fácticamente es lo que hacemos los arquitectos, los proyectistas cuando intervenimos en nuestros proyectos. Para Spenser Brown la forma es forma de una distinción, por tanto, de una diferencia. Cuando se realiza una distinción, se establece una diferencia, se indica una parte de una forma, pero al mismo tiempo, se da la otra parte, la que no está indicada, la que no está distinguida. Esta simultaneidad es la que establece la diferencia entre dos partes, por lo cual estamos en condiciones de afirmar qué ninguna parte es algo de sí misma, no podemos distinguir algo de el mismo, no hay información sino percibimos una diferencia.

Si se quiere efectuar una distinción, debemos tener en cuenta lo que se quiere distinguir. Una cosa es marcar en la distinción lo que ha de tomarse en cuenta del otro lado de lo que se distingue, y otra es, si queremos indicar algo, por ejemplo, un objeto, en un marco donde no se necesita de la distinción ya que está enmarcada por un fondo o espacio neutro. Por lo tanto, una cosa es caracterizar algo al distinguirlo de todo lo demás, sin especificar el otro lado de la distinción; y otra cosa es que la distinción limité lo que ha de tomarse en cuenta respecto de lo que queda afuera de lo que se distingue. Si se quiere, está podría ser la diferencia entre indicar y distinguir.

Hacer una distinción no trata de cualquier distinción, trata, como menciona Niklas Luhmann en sus escritos sobre Spencer Brown, de diferenciar sistema y entorno desde el lado del sistema y no del entorno, ya que este queda afuera de lo que se distingue, mientras que el sistema es lo que se separa, lo que finalmente constituye el material de trabajo. Este postulado de ninguna manera afirma que el contexto no es tenido en cuenta como información, ya que la totalidad de la que participa la distinción está compuesta tanto por el sistema, como por el contexto. Según la teoría de la forma de Spencer Brown, podemos afirmar que el sistema es una forma, que por lo menos, tiene dos aspectos principales, y que uno de esos aspectos, precisamente el del sistema, se puede definir mediante un único tipo de operación.

La operación que distingue al sistema está establecida desde el comienzo de su ejecución, es un acto inaugural, y se constituye en el tiempo a través de otras operaciones interrelacionadas, no necesariamente en forma lineal, que se propagan en un proceso que requiere de iteraciones y redundancias. Por tanto, la diferencia entre sistema y entorno que planteara Niklas Luhmann, no es otra cosa que la interfase que emerge de operaciones de operaciones del mismo tipo, que por exceso e insistencia producen cambios en su constitución fundacional.

En este sentido Humberto Maturana y Francisco Varela, mediante el concepto de autopoiesis que se desarrollara más adelante, señalan que lo vivo es un tipo de operación, única y autónoma, que se produce a sí misma en forma circular en un momento determinado de la evolución. Por lo tanto, una interfase, es decir, una intraestructura, es una diferencia que se produce constantemente a partir de un solo tipo de operación que lleva a efecto el hecho de reproducir la diferencia entre sistema y entorno.

Otro aspecto a considerar, también proveniente de la noción de sistema planteada por Spencer Brown, es la reentrada de la forma otra vez en la forma, es decir la distinción dentro de lo que ya ha sido distinguido. La distinción lleva inscripta la operación que realiza y que al mismo tiempo la distingue. El sistema se separa del contexto, mediante una operación que lleva a cabo el propio sistema, independientemente de donde provenga la causa que impulsa la operación.

Las fuerzas intervinientes en las operaciones que realiza un sistema son múltiples, diversas, y coexistentes respecto de otros factores, que pueden o no intervenir en el proceso de desarrollo del mismo. Por tanto, un sistema de este tipo construye capacidades de autoevaluación al contemplar nuevas entradas respecto del acto original. En este caso, el sistema posee un tipo de recursividad con la que se puede volver a construir, ir hacia atrás, aumentando su complejidad. Esta nueva distinción no se produce por fuera del sistema sino en el interior del mismo, el sistema puede oscilar de un lado a otro, pero solo a través de operaciones internas.

## Unidad y Diferencia

*La teoría de sistemas toma como punto de partida un principio de diferenciación: el sistema no es simplemente una unidad, sino una diferencia. La dificultad de esta disposición teórica estriba en poder imaginar la unidad de dicha diferencia. Para poder ubicarlo un sistema (unidad) necesita ser distinguido. Por tanto, se trata de una paradoja: el sistema logra producir su propia unidad en la medida en que lleva a efecto una diferencia.* [21]

La diferencia entre sistema y entorno, es, a su vez, la diferencia mediante la cual el sistema se encuentra ya constituido. El concepto de clausura operativa propuesto por Humberto Maturana y Francisco Varela establece que el sistema, es el que construye tal diferencia a través de operaciones exclusivas: por ejemplo, *un ser vivo que reproduce la vida que lo mantiene vivo, mientras puede permanecer con vida* [22]. Según Spencer Brown, el sistema opera en el lado interno de la forma; produce operaciones solo en el lado interno, es decir en el sistema y no en el entorno. Pero al operar dentro del sistema y no por fuera de él, presupone que el entorno existe, por lo tanto, afecta al sistema. Ahora, el sistema no puede operar en el entorno, porque si lo hiciera, interferiría con la diferencia que construye, es decir con la Interfase sistema/entorno. Según Humberto Maturana el sistema no puede emplear sus operaciones para conectar con el entorno, ya que las operaciones son acontecimientos que emergen del propio sistema.

No se trata de volver al problema de la entropía que trazaban los sistemas cerrados, ya que en la clausura operacional que plantea Maturana y Varela se distingue entre operación y causalidad, entendiendo que las operaciones propias del sistema se vuelven recursivamente posibles por los efectos de las

---

21 Luhmann, Niklas; (1996), *Introducción a la Teoría de Sistemas*. Lecciones publicadas por Javier Torres Nafarrate, Universidad Iberoamericana/Colección Teoría Social.
22 Niklas Luhmann menciona varios ejemplos al respecto. Este particularmente es tomado de la tesis de Huberto Maturana y Francisco Varela. Luhmann, Niklas; (1996), *Introducción a la Teoría de Sistemas*. Lecciones publicadas por Javier Torres Nafarrate, Universidad Iberoamericana/Colección Teoría Social.

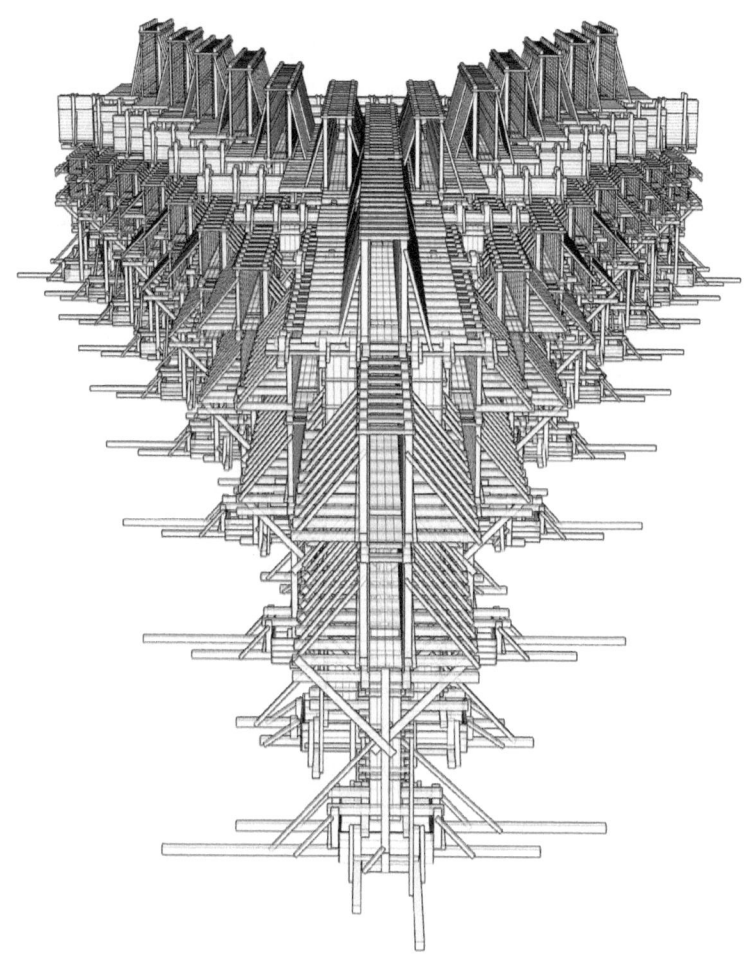

Prototipo de Portico. Sistema de encofrados de madera convencinal. Universidad Torcuato Di Tella. Escuelade Arquitectura y Estudios Urbanos. Introducción a las Construcciones. Profesor tTitular Roberto Bogani. Asistente Federico Papandrea, Pilar González. Alumnas: Emilia Conde y Milagros Gaya. 2020

operaciones propias del sistema. Cuando se describe un sistema se deben determinar con precisión las operaciones que lo conforman, lo cual dará cuenta que tipo de sistema es y cuál es su relación con el entorno donde opera.

Las intraestructuras son sistemas que marcan diferencias, dado que se distinguen de otros sistemas y del entorno donde operan. Reconocer esta distinción permite que una Intraestructura emerja, evolucione y se constituya como unidad. Este tipo de sistemas construye distancias donde antes había ausencias, reconoce movimientos donde antes había fragmentos inertes, produce singularidades activas en un ambiente rebasado de complejidad enmarañada.

**Causalidad**

La causalidad para la teoría de sistemas, según Niklas Luhmann, es una relación selectiva que establece un observador, un juicio que resulta de la observación llevada a cabo por un observador.

La causalidad es un esquema de observación del mundo: siempre es posible buscar más causas de las causas, y más efectos de los efectos, ya que el mecanismo entre causas y efectos que establece un observador depende de los intereses con los que ordena el objeto, es decir, mediante la jerarquización de determinados efectos por sobre otros. Un proyecto causal puede ser definido como una práctica selectiva de una operación de atribución.

Es posible establecer relaciones causales entre operaciones sistémicas, pero es necesario atender que en los distintos niveles de operación no se produce la causalidad como si se tratara de un acto reflejo, dado que la causalidad y la operación son dos conceptos que operan en niveles lógicos distintos, quedando separados en la especificación de las operaciones que constituyen al sistema. En este sentido se diferencia la clausura operativa de los sistemas cerrados ya que estos encadenan las relaciones de causa y efectos.

Testeo material. Sistemas de trenzados. Universidad Torcuato Di Tella.
Escuela de Arquitectura y Estudios Urbanos. Lab009 Jesse Raiser. Profesor titular
Roberto Bogani. Asistente Franca Ferraris. Trabajo realizado por alumnos y alumnas.
2018.

Los sistemas cerrados, aquellos constituidos únicamente por la técnica y que solo en determinadas circunstancias reaccionan a los estímulos provenientes del contexto, se diferencian de los sistemas abiertos, ya que estos tienen la capacidad de construir sentido, es decir, tienen la capacidad de ser sensibles respecto del contexto al reproducir al contexto dentro de ellos sin que tengan que producir efectos causales, ya que la información que provienen del contexto puede producir efectos en el sistema, mientras que, por el contrario, el sistema acciona mediante operaciones que no pueden producir efectos en el contexto.

En este sentido, Heinz Von Foerster [23], diferencia las maquinas triviales de las no triviales. Las maquinas triviales, en tanto sistemas técnicos o cerrados, se definen como aquellas en las que determinadas entradas (*inputs*), supuestas reglas de transformación específicas, deben producir salidas (*outputs*) determinadas, siendo estos sistemas muy predecibles. Las máquinas no triviales, sistemas de sentido o abiertos, las entradas tienen que pasar por la prueba del estado momentáneo, que refuerza las desviaciones en que se encuentra el sistema, regulando los efectos de las salidas, siendo estas estrictamente autorreferenciadas, ya que el sistema es quien refuerza las operaciones de maneras no previstas, desde el momento que utiliza una salida como entrada. Estos sistemas son recursivos y cada vez que operan cambian sus reglas de transformación. Los sistemas técnicos o cerrados, en cambio, son más fáciles de evaluar, son más sencillos de observar ya que lo único que se necesita es comprobar el correcto funcionamiento de la transformación de una entrada en una salida acorde.

---

23    Heinz Von Foerster, *Observing systems*. Seaside, California, 1981.

## Clausura Operativa

La idea de *clausura operativa* [24], desarrollada por Humberto Maturana y Francisco Varela, describe la forma que tienen algunos sistemas al generarse, reproducirse y comunicarse. Este tipo de sistema se define por las operaciones mediante las cuales los sistemas se producen y se reproducen; todo lo que no suceda dentro del marco de estas operaciones pasará automáticamente a formar parte del entorno del sistema. Bajo este presupuesto, los sistemas se cierran operativamente respecto de sí mismos, reaccionando solamente a operaciones internas; operaciones que dan lugar a otras operaciones, que dan lugar a otras operaciones, y así sucesivamente, pero siempre dentro de los límites del propio sistema.

En este contexto, los sistemas se definen por aquellos modos de operación mediante los cuales el sistema se produce y se reproduce a sí mismo, constituyéndose así, su condición constructivista. Los sistemas construyen su realidad, en cuanto operan de forma cerrada y autogenerativa. Una especie determinada de sistema se realiza por medio de una determinada operación. La unidad del sistema corresponde a la unidad de la operación que lo establece. De ese modo queda excluida la posibilidad de caracterizar un sistema por una pluralidad de operaciones. Por consiguiente, partimos de una relación circular entre los conceptos de sistema y de operación. Sólo puede operar un sistema y sólo las operaciones pueden producir sistemas.

Las operaciones que pueden conectarse entre sí conforman el sistema. Aquello que queda excluido pasa a ser el entorno del sistema. Dicho de otro modo, las operaciones condensan una diferencia entre el sistema y el entorno. Producen una forma que, por lo menos, tiene dos lados: un lado interior que es el sistema y un lado exterior que es el entorno. Si no se llega a esa separación entre sistema y entorno, la forma que es el sistema no puede emerger.

---

24  Maturana, Humberto; Varela, Francisco, *De Máquinas y seres vivos. Autopoiesis: La organización de lo vivo*. Buenos Aires, Lumen, 2003.

La clausura operativa trae como consecuencia que el sistema dependa de su propia organización. Las estructuras internas del sistema se pueden construir y transformar únicamente mediante operaciones que surgen en el interior del mismo. La clausura operativa hace que el sistema se vuelva altamente compatible con el desorden en el entorno o con entornos ordenados fragmentariamente, pero sin formar una unidad. Niklas Luhmann advierte que la evolución lleva necesariamente a la clausura de los sistemas, la cual a su vez contribuye para que se instaure un tipo de orden general respecto al cual se confirma la eficacia de la clausura operativa.

El sistema solo puede disponer de sus propias operaciones, las cuales logran conformar dentro del sistema dos acontecimientos fundamentales: la autoorganización y la autogeneración. Según Niklas Luhmann, los conceptos autoorganización y autogeneración deben ser diferenciados y separados, ya que cada uno trabaja sobre aspectos específicos de la clausura de operación, pero siempre sustentados en la diferencia y en un mismo principio de operación.

La autoorganización implica la construcción de agenciamientos dentro del sistema, ya que al estar clausurado no pueden importar otras estructuras. Por lo tanto, la autoorganización es la producción de estructuras propias, mediante operaciones propias. La autogeneración o la autopoiesis, es la determinación del estado siguiente del sistema a partir de la limitación anterior a la que llego la operación. Es decir, es un estado que se produce por iteración de materia y energía en el interior del sistema, a través de procesos de proliferación de los elementos y componentes que intervienen en la acción. Por lo tanto, al construir un agenciamiento concreto, un sistema adquiere la suficiente dirección interna que hace posible la autoreproducción. Así, una estructura es la limitación de las relaciones posibles en el sistema, pero no es el factor productor, no es el origen, de la autogeneración [25].

---

25   Niklas Luhmann, *Introducción a la Teoría de Sistemas*. Clausura de operación/autopoiesis.

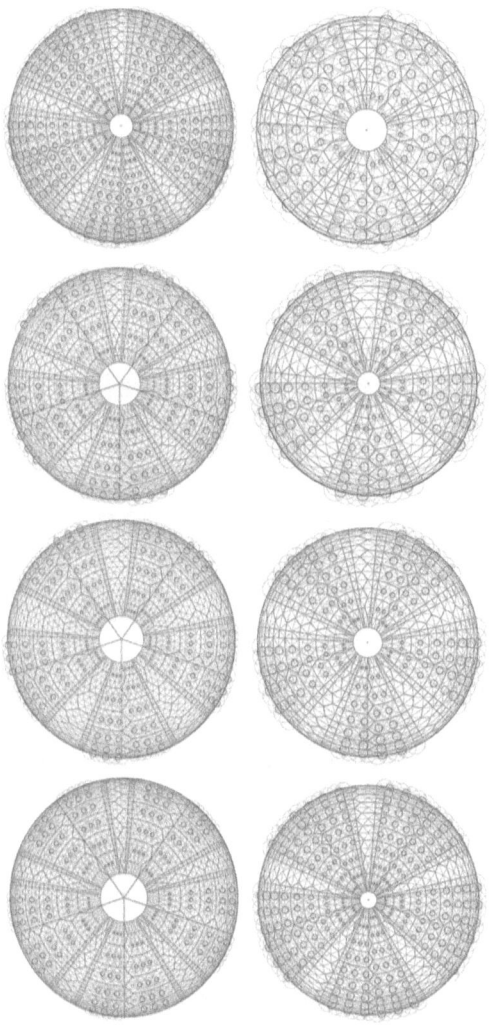

Prototipo hidrológico. Estructura de crecimiento. Universidad de Buenos Aires.
Facultad de Arquitectura, Diseño y Urbanismo. Teoría de la Arquitectura.
Cátedra Bogani. Trabajo realizado por alumnos y alumnas. 2019.

Una máquina autopoiética es una máquina organizada (definida como una unidad) como una red de procesos de producción (transformación y destrucción) de componentes que, a través de sus interacciones y transformaciones continuamente regeneran y realizan la red de procesos (las relaciones) que los han producido, y la constituyen (la máquina) como una unidad concreta en el espacio en el que ellos (los componentes) existen especificando el dominio topológico de su realización como tal de una red [26].

El espacio que describe un sistema que se autoproduce se contiene a sí mismo, por lo tanto, no puede ser descripto mediante dimensiones que definen otro espacio. No obstante, cuando se producen acciones concretas proyectamos un sistema cargado de manipulaciones, por lo cual la descripción incluye a las proyecciones.

Los sistemas que construyen redes de procesos y operaciones imbricadas en las mismas, permiten definirlos como tales, ya que se diferencian de otros sistemas. Estos sistemas tienen la capacidad de crear o prescindir de los elementos que lo conforman, generando así respuesta a las perturbaciones del medio. Aunque el sistema cambie estructuralmente, dicha red permanece invariante durante toda su existencia, manteniendo la identidad de este. Según Maturana y Varela, los seres vivos son en particular sistemas autopoiéticos moleculares, y están vivos solo mientras están en autopoiesis.

Esta propiedad de los sistemas de producirse a sí mismos es producto de la autoorganización y de la autoreproducción, es lo que Maturana y Varela definen como acoplamiento de un sistema a su entorno. Para que un sistema se acople a su entorno debe suceder, por lo menos tres cosas: a- que se constituya un límite, un umbral semipermeable que permita, por un lado, discriminar entre el interior y el exterior del sistema en relación con los componentes relevantes del mismo, y que a su vez admita

---

26 Maturana, Humberto; Varela, Francisco, *De Máquinas y seres vivos. Autopoiesis: La organización de lo vivo*. Buenos Aires, Lumen, 2003.

el intercambio de información con su entorno; b- que se construya una red de acciones en el interior del sistema capaces de procesar información provenientes de otros ámbitos; c- constatar que la red de acciones es accionada a través de la membrana y por condiciones preexistentes en el interior del sistema. Si se constituye interdependencia entre el umbral y la red de acciones, se puede decir que el sistema es autopoiéticos.

La autogeneración es una propiedad que depende de la determinación interna de la estructura de un sistema, y de la capacidad de proliferación que esta estructura produce. Es decir, son sistemas que cuando algo incide sobre ellos, los efectos dependen de ellos mismos, de su estructura en ese momento, de las relaciones que construye, y no de lo externo. De esta manera los sistemas construyen autonomía, en tanto que son autorreferenciales, y se constituyen como cerrados en su dinámica de sistemas en continua producción de sí mismos. Aunque un sistema de este tipo, entre en desequilibrio, es capaz de conservar consistencia interna absorbiendo permanentemente energía de su medio. Al igual que la célula y los seres vivos, los sistemas autopoiéticos tienen la capacidad de conservar la unión de sus partes e interactuar con ellas. Los sistemas autopoiéticos son autónomos, lo cual los hace un sistema cerrado, que se autorregula continuamente. La autopoiesis designa la manera en que los sistemas mantienen su identidad gracias a procesos internos en que autorreproducen sus propios componentes.

Es importante destacar, que la noción de sistema cerrado que ahora se plantea, dista mucho de la que planteaba Parsons en los años cuarenta. Estos sistemas están abiertos a su medio porque intercambian materia y energía, pero simultáneamente se mantienen cerrados operacionalmente, pues sus operaciones son las que los distinguen del entorno. No obstante, son autónomos en sus operaciones debido a la capacidad que tiene cada sistema de reaccionar y amoldarse según los estímulos que inciden desde el medio exterior.

Este enfoque es sistémico, dado que explica los sistemas por la consistencia de sus relaciones y no por las propiedades en sus componentes, y es exageradamente materialista, en tanto que las influencias y las fuerzas que participan son físicas y concretas. Este tipo de sistemas, nos interesa, no tanto por las propiedades de sus componentes, sino por los procesos y las relaciones entre procesos realizados por medio de los elementos y componentes que lo conforman.

**Operación y Observación**

Las condiciones son establecidas más por pautas que por normas, son criterios de derivación, discernimientos anexactos, sensibles, pero con alto grado de intuición que forman parte de poblaciones muy variadas, que invariablemente anduvieron juntas. Sin jerarquías previas o preestablecidas son plurales y capaces de atravesar como un haz de luz a todas las capas en simultáneo, ocasionando corrimientos y alteraciones controladas en un nivel muy próximo y cercano, pero controladas de una manera muy especial: a fuerza de perderse, de ya no ver el campo, de estar demasiado cerca de él, sin narración, pura variación continua de las orientaciones, de sus referencias y de sus conexiones, espacio concreto de conexión. Claro está que existe otro nivel de complejidad, tan interesante y apasionante, que no es entendido en los mismos términos pero que también está en contacto con el mundo, que no es fiscalizado ni tiene que serlo. Es producto de las resonancias y las repercusiones, una lejanía que cambia sin ser operada a distancia, una globalidad que se modifica sin ser momificada por un organismo o institución, un sistema en desarrollo que se transforma y muda de comportamiento por efecto de operaciones menores sucesivas; ya que cuando creemos que movemos al conjunto siempre hay algo más lejano que no podemos alcanzar y éste se particulariza como una masa nueva a trabajar que a su vez está compuesta de otras no más pequeñas en dimensión aunque si en tamaño, que son alteradas y desarticuladas, desestabilizadas y desarmadas; separadas en divergencia aparentemente aleatoria desde un exterior, a veces demasiado insólito, desde un sistema que opera desde los bordes buscando por derecho formalizar un comportamiento. Un sistema de partículas

Sistema de organización. Diagrama territorial. Universidad de Buenos Aires.
Facultad de Arquitectura, Diseño y Urbanismo. Teoría de la Arquitectura.
Cátedra Bogani. Trabajo realizado por alumnos y alumnas. 2013.

que funcionan en serie comercial y natural es alterado por obstáculos que permiten vínculos de conexión con otro mundo necesario para el desarrollo interno. Las contradicciones entre las fuerzas y las oposiciones direccionales engendran choques y esfuerzos que no siempre tienen como recorrido la optimización horizontal y el crecimiento productivo.

La diferencia entre operación y observación es la base de la concepción constructivista y uno de los pilares terminológicos de la teoría. En este contexto se entiende por operación a la reproducción de un componente de un sistema autogenerado a cargo de los elementos del mismo sistema.

Un sistema emerge y se reproduce en la medida que sus operaciones den lugar a otras operaciones. El ensamblado de operaciones está limitado únicamente a operaciones del mismo tipo y determina, a su vez, la autogeneración y la condición de clausura operativa del sistema, es decir la condición que permite la existencia del sistema. Por ejemplo: si procesos estructurales se empalman con otros procesos estructurales surge un sistema estructural; si los pensamientos dan lugar a otros pensamientos sigue un sistema psíquico y cuando las comunicaciones ensamblan con otras comunicaciones surgen los sistemas sociales. Una arquitectura es un sistema, y puede ser entendido en términos de sistema solo en la medida que un observador la piensa en esos términos, dado que pensar conduce las interacciones de los elementos y componentes que la constituyen.

Las operaciones solo pueden ser realizadas por un sujeto, un observador, un proyectista. La observación es una operación en sí misma, ya que permite marcar diferencias y hacer designaciones. Toda observación comienza con una diferencia y se convierte en una red de diferencias, en donde todas dependen de la diferencia original. La observación es una operación específica que utiliza una diferencia para marcar una parte u otra de la diferencia. La observación se produce cuando un sistema opera en base a distinciones para obtener y manipular información.

## Sistemas No Lineales

Norbert Wiener [27] utilizo el termino *sistema no lineal* no para excluir los sistemas lineales, sino para ampliar la clasificación de sistema. Diferencio dispositivos que realizan operaciones concretas sin una información precisa sobre la estructura que se efectúa dicha operación y dispositivos con planes estructurales concretos que aseguran una relación de entradas y salidas con anterioridad a la operación.

Junto con Arturo Rosenblueth [28] trabajo en diversos campos, encontrando una serie de redes conceptuales capaces de ser aplicadas para la comprensión de problemas específicos en dichos campos. Norbert Wiener estaba interesado en construir maquinas que pudieran tener un propósito, y que al operar pudieran corregir su propio funcionamiento como para mantener y cumplir ese objetivo. Estas máquinas, para poder llevar a cabo dicha operación, deberían tener la capacidad de autorregularse.

Una máquina que tuviera estas capacidades debería, por lo menos, tener tres atributos fundamentales; efectores de entrada y salida, un sensor que informe a la propia maquina sobre el estado de los efectores, y un elemento que compare dicho estado con un estado ideal o meta estado. Esta relación permitiría generar correcciones para disminuir discrepancias entre un estado actual de los efectores y un meta estado. La relación entre la información provista por el sensor y el propósito implica un enlace circular de los elementos de la máquina, generando retroalimentación con los datos de los efectores.

---

27  Norbert Wiener (1894-1964) fue matemático y cibernetista. Inventor del término cibernética. Propuso construir una maquina procesadora de información digital, electrónica, que trabajara con números binarios mucho antes de la primera computadora moderna.
28  Arturo Rosenblueth (1900-1970) fue uno de los más destacados neurólogos y fisiólogos mexicanos. El rigor que aplicó a sus investigaciones le condujo al descubrimiento de ciertos mecanismos de funcionamiento neurológico y al establecimiento de las bases de una matemática biológica, considerándose, así como uno de los pioneros de la cibernética. https://www.notimerica.com.

La diferencia entre un sistema lineal y un sistema no lineal radica principalmente en el rol que juegan las causalidades, fundamentalmente provenientes desde el exterior. Cuando los elementos de una serie están causalmente enlazados de forma circular, podemos encontrar dos niveles diferentes de causalidad puestos en juego. Por un lado, los efectos de la serie se producen linealmente como causas eficientes, del pasado al futuro, generándose unas a otras, las cuales podríamos definirlas como relaciones de primer orden. Y por otro, en forma simultánea, lo que llamaríamos relaciones de segundo orden, a nivel de todo el sistema, al cerrarse sobre sí mismas, es decir en el momento que se cristaliza la circularidad, se genera un nivel de autonomía con respecto al entorno expresado en el hecho de que el sistema completo muestra un propósito en el futuro, que actúa como una intracausalidad en un nivel diferente al de las causas anteriores. Cuando el sistema es perturbado, principalmente, desde el exterior, lo que pasa no depende únicamente de lo que ese estimulo genera en sus componentes y en la interacción entre ellos, sino que también depende de lo que todo sistema tiene como meta, lo cual actúa como una causalidad desde el interior del sistema.

Cuando los componentes del sistema construyen circularidad y redundancia generan una nueva dimensión, ya no opera solamente el campo de la física, de las causas eficientes, sino que también aparece un proceso de información, dado que, la relación circular nutre no solo la materia y la energía, sino también a un proceso de información y organización.

Los sistemas no lineales, se desarrollan a través de procesos de circularidad, para lo cual deben tener en cuenta su historia, dado que lo que pasa en ese momento está restringido por el operar pasado del sistema. La historia está inscripta en la estructura del sistema, por lo tanto, es determinante en la evolución del mismo.

La evolución no lineal del sistema y sus transformaciones internas, si bien dependen de su constitución inaugural, de las propiedades de los elementos del sistema y de las relaciones de primer orden que lo constituyen, no predicen el rumbo del sistema. El control de las relaciones

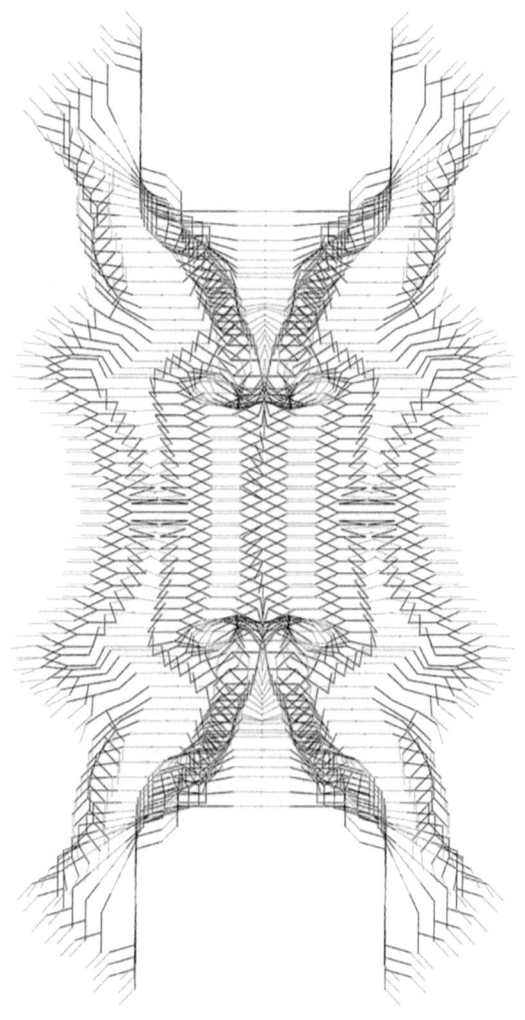

Sistema de organización. Diagrama territorial. Universidad de Buenos Aires.
Facultad de Arquitectura, Diseño y Urbanismo. Laboratorio de prácticas evolutivas.
Cátedra Bogani. Alumno Gabriel Mafei. 2018.

entre los elementos y componentes del sistema se construye a través de las regulaciones que generan restricciones en las variables que lo conforman. *Regular es generar niveles de meta estabilidad más allá de, y producto de, un cambio constante en otros niveles de funcionamiento del sistema* [29].

Una máquina (un proyecto), como ya hemos mencionado en más de una oportunidad, se define por las operaciones mediante el cual el sistema se produce y se reproduce; todo lo que no suceda dentro del marco de estas operaciones pasa automáticamente a formar parte del entorno del sistema. En este contexto, los procesos de regulación, al generar organización interna, responden reintroduciendo información proveniente de otros ámbitos en el proceso de producción del propio sistema, una y otra vez, con el objeto de realizar transformaciones, ya sea para controlar el sistema, o bien para optimizar su comportamiento. En estos casos el sistema reacciona dependiendo de las consecuencias que tenga dentro de su ejercicio la información recibida.

La retroalimentación es un mecanismo de control de los sistemas, en el cual los resultados obtenidos de una actividad son reintroducidos en el sistema con el propósito de incidir o actuar sobre las decisiones o acciones futuras, bien sea para mantener el equilibrio en el sistema, o bien para conducir el sistema hacia uno nuevo. *Cuando deseamos que un movimiento siga un patrón determinado, la diferencia entre este patrón y el movimiento realmente efectuado se utiliza como nuevo impulso para que la parte regulada se mueva de tal modo que su movimiento se aproxime más al previsto por el patrón* [30].

La finalidad del proceso de retroalimentación está enfocada, no solo en optimizar el comportamiento del sistema, sino, y fundamentalmente en

---

29 Introducción de Marcelo Pakman. Foerster, Heinz von (2006), *Las semillas de la Cibernética. Obras escogidas*. Edición de Marcelo Pakman. Presentación de Carlos Sluzki. Barcelona, España: Gedisa Editorial.
30 Wiener, Norbert; (1948.1961), *CIBERNÉTICA o El control y comunicación en animales y máquinas*. Barcelona, España: Tusquets Editores.

transformar el mismo mediante el desplazamiento forzado de las variables que lo constituyen, entendiendo que estos mecanismos, al producirse, construyen en su accionar emergentes no previstos por el sistema original.

Según Magoroh Maruyama todo sistema depende para su supervivencia de dos procesos: morfostasis y morfogénesis. El primero se refiere al mantenimiento de la constancia de un sistema a través de mecanismos de retroalimentación negativa (*feedback*), y el segundo, por el contrario, a la desviación, es decir, a la capacidad de variación del sistema a través de mecanismos de retroalimentación positiva (divergencias). Según Maruyama, en cada situación, los procesos de desviación y de amplificación se equilibran mutuamente.

**Técnicas de Producción**

Los sistemas organizados, en general, son capaces de juntar y mantener, como un organismo, su necesidad de subsistencia, luchan contra la modificación, que por otro lado es inexorable, tratan por todos los medios de mantenerse, de moverse en parámetros reconocibles. Sin embargo, una visión más lejana acepta el cambio, tanto como transformación o necesidad, no sólo de adaptación, sino como evolución en términos de intercambio, siempre operante.

Una ética sistémica necesita una teoría proyectual que construya una práctica metódica, que tenga la capacidad de generar nuevos sistemas de organización. Una técnica de este tipo, necesita de un mecanismo sensible que reconozca en el objeto que estudia un sistema de variables, las diferencie y trabaje intensamente con el desplazamiento de esas variables, a través de sus variaciones en grado, mediante acciones de perturbación en un proceso secuencial, evolutivo, no-lineal, que adquiera en su desarrollo consistencia interna produciendo singularidad.

Según Gilles Deleuze [31], el diagrama vendría a ser el intento de hacer visibles fuerzas que no lo son. El diagrama no es una idea general, es algo más bien operatorio, es una instancia operatoria. Y por lo tanto es algo completamente distinto de un código. Un código en principio es binario, es en esencia digital, un diagrama es ante todo analógico. En este sentido el diagrama opera por analogía, mientras que el código opera por convención. El código opera por modulación, el diagrama por proliferación.

Hay una voluntad, unas ganas, un deseo, de pasar por el diagrama para que emerja algo nuevo, algo que no estaba antes, sentencia Deleuze sobre el proceso de producción en Francis Bacon. Sería un nuevo hecho pictórico.

En este contexto, creciente de información, el diagrama es una herramienta transformadora, un dispositivo capaz de integrar datos propios y no propios a la arquitectura, dejando atrás la hegemonía de las teorías de la representación. Un diagrama es incontrolable en sus efectos, pero no en sus causas, ni en las condiciones en las que operan. Y es ahí, donde el control disciplinar debe operar. El diagrama no es el hecho, es una contingencia de hecho. Es la construcción del hecho.

El diagrama o la máquina abstracta [32] es el mapa de las relaciones de fuerzas, es un mapa de densidad o de intensidad, que procede de uniones primarias no localizables y que en cada instante pasa por cualquier punto o más bien en toda relación de un punto a otro.

El diagrama contiene información no como una representación del problema, sino incluyendo las cualidades presentes y sus grados de influencia. Aglomera campos de información heterogéneos y permite así conexiones a niveles lógicos compatibles. Los diagramas construyen una capacidad interna, una inteligencia propia, son abstractos, en cuanto que

---

31  Deleuze, Gilles. (2002). *Francis Bacon. Lógica de la sensación*. Buenos Aires, Argentina: Arena Libros. Deleuze, Gilles. (2007). *Pintura. El concepto de Diagrama*. Buenos Aires, Argentina: Cactus.
32  Deleuze, Gilles; Guattari, Félix. (1980). *Mil mesetas. Capitalismo y esquizofrenia*. Valencia, España: Pre-Textos.

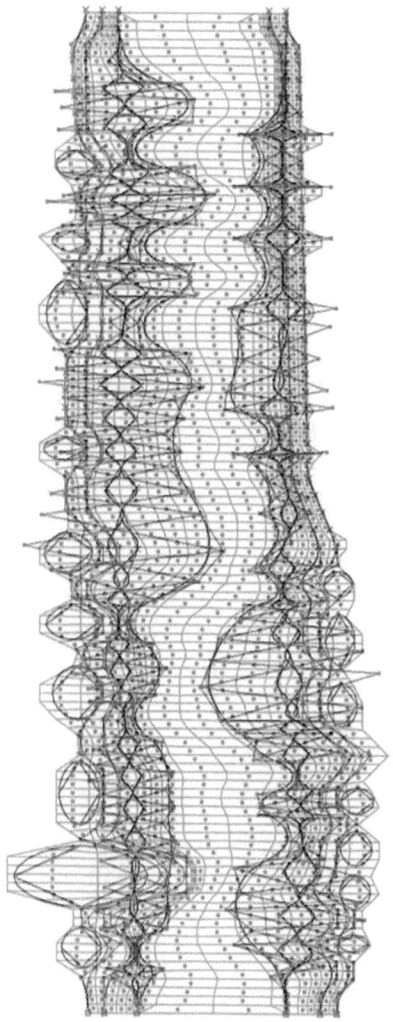

Diagrama de organización de puestos y flujos múltiples en condiciones de topografía variable realizado por Roberto Bogani para el Mercado Buenos Aires. Ciudad de la Paz, Bolivia. 2008. Integraciones Heterogéneas, Investigación proyectual en áreas centrales superpobladas de la ciudad, sobre la relación entre planificación formal y organizaciones espontaneas informales, para compatibilizar lógicas heterogéneas en integración y convivencia. Roberto Bogani, Sergio Forster, Gastón Gallardo.

los parámetros que utilizan para actualizarse no son enteramente representativos, simplemente suceden y afectan. Al mismo tiempo que definen la cosa, definen su capacidad. La consistencia se produce en su propio plano de inmanencia, en sus propias estrategias de producir diferencias cuantitativas y cualitativas. Las decisiones son locales e integrales simultáneamente, es decir que el diagrama como material reactivo contiene grados de sensibilidad que son extensivos hacia fuera y hacia dentro de una organización material.

El diagrama se podrá definir de varias maneras que se encadenan: es la presentación de las relaciones de fuerzas propias de una formación; la distribución de los poderes de afectar y de los de ser afectado; las mezclas de las puras funciones no formalizadas y de las puras materias no formadas.

También se podría decir, es una distribución de singularidades. A la vez locales, inestables y difusas, las relaciones de poder no emanan de un punto central o de un núcleo único de soberanía, sino que constantemente van de un punto a otro en un campo de fuerzas, señalando inflexiones, retrocesos, inversiones, giros, cambios de dirección, resistencias. Por eso no son localizables en tal y tal instancia.

El diagrama pone aquí de manifiesto su diferencia con la estructura, en la medida en que las alianzas tejen una red flexible y transversal, perpendicular a la estructura vertical, define una práctica, un método o una estrategia, distintos de cualquier combinatoria, y forman un sistema físico inestable, en continuo desequilibrio, en lugar de un ciclo de intercambio cerrado.

**Intraestructuras**

Las intraestructuras son relaciones internas que determinan las estructuras de una maquina (proyecto) en funcionamiento. Son sistemas materiales definidos por la naturaleza de sus elementos componentes y por la misión que cumplen en su operar como maquinas humana. Las intraestructuras son las determinaciones internas de las relaciones de un proyecto.

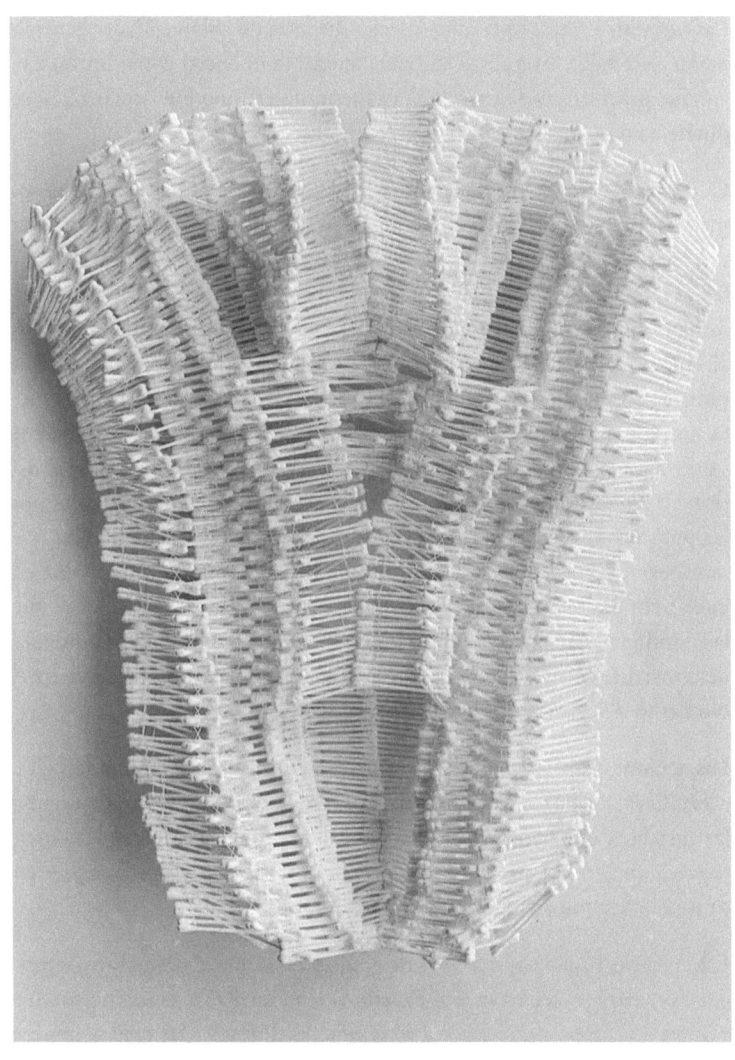

Prototipo hidrológico. Sistema físico. Converger Bifurcar. Universidad de Buenos Aires. Facultad de Arquitectura, Diseño y Urbanismo. Teoría de la Arquitectura. Cátedra Bogani. Alumna Sofía Dome. 2017.

Las intraestructuras operan en niveles diversos de complejidad y generalmente ascienden en múltiples direcciones. No lo hacen como un fractal, aunque practican cadencias análogas o similares, sino que, desarrollan su dinámica propia.

La dinámica es construida, elaborada, determinada por acciones que someten a determinadas variables, a moverse por lugares no conocidos, no tan cómodos, extraños. Los lugares no son los campos, siempre preexisten al igual que las variables, aunque también son construidos, son transformados por las acciones que repercuten los componentes al desplazarse, al salir del estado en que estaban dispuestos. Retorcer, extender, retroceder son verbos no personales que expresan una idea de forma abstracta, son movimientos, desplazamientos muy precisos, no necesariamente trasgresiones, sino operaciones que, a fuerza de ser muy regladas, se constituyen en naturalezas diferentes. Las acciones están condicionadas por las propiedades de las entidades, por los modos convencionales en que se mueven y se disponen, por su propia historia material. La forma en que se condicionan no está prevista con anterioridad a las acciones que las condicionan. En general no hay previsibilidad, hay oportunidades de construir con todo lo que está dispuesto en tiempo presente, en el momento del accionar.

Las acciones son invenciones que organizan misiones extremadamente específicas, muy simples y básicas, aunque potentes, que importunan a las variables, que han sido redefinidas por la propia acción que la constituye en un sistema que varía incesantemente, casi hasta agotarse, que en su insistencia puede o no cambiar de naturaleza.

Las acciones ocasionan cambios de grado y clase, determinan rangos productivos para su accionar, y al hacerlo colaboran con la construcción del campo. El campo de acción no determina los límites y las reglas, aunque genera las condiciones para los sucesos. El campo de acción, a veces, funciona como sustrato, y otras como campo minado.

Un cambio de naturaleza no necesariamente es positivo o negativo, no está valorado de antemano, no debe estarlo. Las intraestructuras cambian producto de las iteraciones, de la intensidad con la que itera. La iteración no es un proceso aleatorio, esta prescripta por una serie de acciones que la identifican, la constituyen como tal, le dan forma y estructura, ritmo y cadencia.

Una infraestructura está compuesta por unidades o entidades originales, elementos, componentes y aparejos. La determinación de la relación en las variables de los elementos y componentes son fundamentales para la constitución de la identidad de un prototipo o de una máquina. La forma en que se constituyen los elementos y componentes es producto de la iteración de las acciones, de las variables, y de los atributos del material con el que opera. Los materiales tienen propiedades intrínsecas que benefician en mayor o menor medida las variables susceptibles de ser variadas. Es necesario aclarar que no se trata de una mirada romántica del material sino de una visión oportunista y especuladora.

Los elementos componentes de cualquier sistema estructural por definición tienen determinadas relaciones internas, que son definidas por pautas específicas de comportamiento que solo responden a un estado de las posibilidades del sistema.

Las estructuras interiores son construcciones no menos complejas que las que conforman como componentes, estas estructuras se definen por el máximo de síntesis que se autopermiten en relación a un propósito que no terminan de conformar, dado que lo construyen a través de un proceso evolutivo, no necesariamente lineal.

Los propósitos no son anteriores a las estructuras que conforman, no es más importante la unidad que da forma a los elementos, que las pautas de relación entre una y otra, ya sea de la misma o de diferente especie.

Los elementos de una misma especie tienen la capacidad de reproducirse y de cambiar las pautas de relación original. Las pautas son estados definidos, aunque provisorios.

Cuando elementos de diferentes especies forman parte de un sistema, los elementos construyen jerarquías y estipulan roles, cediendo los modos de conexión unos respecto de otros.

Las propiedades físicas de los elementos, su forma, su constitución y capacidad son menos importantes que las relaciones que las constituyen como sistema. Un simple ejemplo: un prisma, de determinado ancho, largo y profundidad, como podría ser un ladrillo, prolifera en función de las pautas de relación que establece entre ellos, lo cual permite que se constituya en obra de arquitectura o en mera construcción.

La forma y la organización que lo determina responden a la propiedad material del sistema, a las pautas de relación que operan en diferentes niveles del sistema y al propósito que construye en su devenir.

El devenir de un sistema está directamente relacionado con la capacidad de recibir una información, modificarla y devolverla. Los estímulos son traducidos en informaciones, que bajo procesos de evaluación son insertados con forma de acción a nivel de la relación entre unidades, elementos y componentes. Las acciones modifican las variables puestas en juego, quienes son reguladas por mecanismos de control que se autoimponen.

Los dispositivos de control son normativos y se construyen bajo procesos experimentales de testeos de capacidades del material disponible. Las normativas establecen rangos de aplicación que permiten dispositivos de regulación a otra escala del sistema.

En una intraestructura la singularidad emerge en diferentes escalas y tiempos de producción, unas son solo visibles a nivel de los componentes y aparejos, otras en la constitución de prototipos y máquinas. En determinados casos los prototipos o las máquinas son producto de proliferaciones interiores, actos terroristas de iteración de variables. Las proliferaciones presentan distintos grados de complejidad y se diferencian por la cantidad y el tipo de variables con la que opera, y por las estrategias metodológicas que establece. Un acto de proliferación no es indefinido, ni inespecífico. Las proliferaciones se constituyen en géneros diversos; monoproliferantes, multiproliferantes y heteroproliferantes, entre otras.

La actualización se da a nivel de los sistemas, e intervienen los cuatro tipos de medios (interior, exterior, anexionado e intermediario). Los procesos de actualización se diferencian de las distintas categorías de integración. Las integraciones presentan ordenes distintos según sus niveles de complejidad. Las actualizaciones se dan en todos los niveles en forma simultánea, son transversales a las integraciones y las variaciones. Permiten la diferenciación de grado a nivel de la variabilidad de las variables, como así también operan a nivel de las integraciones, ya sea de primer orden: construyendo secuencias de simultaneidad, o de segundo orden: constituyendo estrategias de afectación entre variables de distinta naturaleza. La actualización trabaja a nivel de los sistemas de información, mientras que las integraciones trabajan a nivel de las variabilidades mediante el control y regulación de las acciones. La actualización se conecta con el mundo exterior a través de procesos de transducción que establecen relaciones de causa efecto en uno y otro lado del sistema. La integración construye mecanismos sucesivos desde su interior, no tanto como respuesta a un input, sino más bien como un mecanismo homeostático, aunque inestable y de doble salida.

Las intraestructuras constituyen un aporte específico a los modos proyectuales existentes. Se propone y encuentra en su desarrollo, nuevas modalidades operativas, a través de una práctica inteligente y sensible, basada en una metodología del proyecto abierta y flexible, que relaciona directamente variables y atributos productivos en un marco donde la organización se presenta como problema fundamental en el desarrollo del proyecto.

Las intraestructuras constituyen modos diversos de hacer proyectos, permiten el desarrollo de una teoría proyectual singular, vinculada a una práctica metódica y rigurosa, que admite emergentes creativos en su desarrollo. Propone un sistema de trabajo, donde las variables, mediante acciones específicas y sucesivas se desplazan a través de diferentes tipos de procesos; progresivos, secuenciales, evolutivos, no-lineales, iterativos, redundantes y circulares; generando estados de consistencia interna en la producción de singularidades.

Las intraestructuras construyen proyectos realizados bajo una forma de sistema, donde la operación principal es la acción. Acción y sistema no pueden entenderse por separado, dado que la acción es sólo posible bajo la forma de sistema. La acción es una propiedad emergente del propio proyecto, ya que se inscribe en su constitución a través de la determinación de sus componentes. Toda estructura que participa de un ecosistema, antes que sus elementos pasen a la acción, ya está integrada por ciertas pautas y normativas. Por tanto, una estructura proyectual no es posible si previamente no está integrada bajo una forma de sistema.

**Referencias Bibliográficas**

Bateson, G. (1979). *Espíritu y naturaleza*. Buenos Aires, Argentina: Amorrortu.

Bergson, H. (1987). *Memoria y vida. Textos escogidos por Gilles Deleuze*. Madrid, España: Alianza Editores.

Brown, G. S. (1960). *Laws of Form*. USA: Bohmeier, Joh. Editores.

Deleuze, G. (2002). *Francis Bacon. Lógica de la sensación*. Buenos Aires, Argentina: Arena Libros.

Deleuze, G. (2007). *Pintura. El concepto de Diagrama*. Buenos Aires, Argentina: Cactus.

Deleuze, G., Guattari, F. (1980). *Mil mesetas. Capitalismo y esquizofrenia*. Valencia,

España: Pre-Textos.

Deleuze, G., Claire, P. (2013). *Diálogos*. Valencia, España: Pre-Textos

De Landa, M. (2012). *Mil años de historia no lineal*. Barcelona, España: GEDISA.

Luhmann, N. (1996). *Introducción a la Teoría de Sistemas. Lecciones publicadas por Javier Torres Nafarrate*. México: Universidad Iberoamericana/Colección Teoría Social.

Maturana, H., Varela, F. (1972). *De máquinas y seres vivos: una teoría sobre la organización biológica*. Buenos Aires, Argentina: Grupo Editorial Lumen.

Parsons, T. (1951). *El Sistema social*. Madrid, España: Editorial Revista de Occidente S.A.

Parsons, T. (1968). *Hacia una teoría general de la acción*. Buenos Aires, Argentina: Editorial Kapelusz,.

Reiser, J., Umemoto, N. (2006). *Atlas of Novel Tectonics*. New York, EEUU: Princeton Architectural Press.

Sarquis, J. (2003a). *Itinerarios del proyecto/1: Ficción epistemológica. La investigación proyectual como forma de conocimiento en arquitectura*. Buenos Aires, Argentina: Nobuko.

Sarquis, J. (2003b). *Itinerarios del proyecto/2: Ficción de lo real. La investigación proyectual como forma de conocimiento en arquitectura*. Buenos Aires, Argentina: Nobuko.

Schumacher, P. (2010). *The Autopoiesis of Architecture, Volume 1, A New Framework for Architecture*. Londres, Inglaterra: John Wiley & Sons.

Schumacher, P. (2012). *The Autopoiesis of Architecture, Volume 2, A New Agenda for Architecture*. Londres, Inglaterra: John Wiley & Sons.

Von Foerster, H. (2006). *Las semillas de la Cibernética. Obras escogidas. Edición de Marcelo Pakman*. Barcelona, España: Gedisa Editorial.

Wiener, N. (1948). *CIBERNÉTICA o El control y comunicación en animales y máquinas*. Barcelona, España: Tusquets Editores

Wiener, N. (1958). *Cibernética y sociedad*. Buenos Aires, Argentina: Editorial Sudamericana.

# Parte 3

# Dibujo

# Diagrama como Comportamiento

Santiago Miret

Seminario dictado en junio de 2020 en la Maestría en Investigación Proyectual.

La noción de diagrama en arquitectura, si bien aparece como una discusión académico-intelectual relativamente nueva, sienta sus bases en una visión abstracta de la disciplina en la que las ideas más fundamentales de la Arquitectura resultan centrales.

En este sentido, el diagrama emerge como una modalidad proyectiva capaz de operar en el plano de la contemporaneidad disciplinar al tiempo que lo relaciona con sus problemáticas originales. Lejos de resultar un instrumento para la idealización, el diagrama congrega una gran capacidad de abstracción con una estrecha y activa relación con la materialidad compleja del mundo.

Este escrito propone una aproximación a la noción de diagrama como fuerza activa, con el objeto de definir al mismo como comportamiento organizativo. Toda organización apropiada como diagrama contiene, en estado de latencia, un comportamiento organizativo. Esto es, la posibilidad de engendrar variaciones, transformaciones y proliferaciones, determinadas por una normativa, de un modo que defina su singularidad como proyecto arquitectónico.

**Definición**

La definición de diagrama en Arquitectura tiene que, indudablemente, ser una construcción cuyo sentido sea abordado desde las interpretaciones y aproximaciones que el término ha tenido en el transcurso de la historia reciente de la disciplina. Esto es, desde la década de 1970 en adelante. Si bien podemos interpretar como diagrama el dibujo del pueblo de Konya en Turquía datado hacia el 6200 AC [1], los petroglifos Amerindios grabados en la roca o, incluso, como veremos más adelante, aquellos dibujos desarrollados por Jean Nicholas Louis Durand en su *Precis de Lecons*, para una construcción contemporánea de la noción de diagrama, será necesario abordar el problema desde las elaboraciones teóricas y prácticas de los arquitectos y pensadores que, en las últimas décadas han construido conocimiento en función de nombrar y consolidar un cuerpo literario al respecto.

Si bien este cuerpo de literatura en relación al diagrama es escaso y, frecuentemente, en formato de artículos y ensayos, resulta lo suficientemente amplio como para conformar un recurso valioso y considerable en la construcción de la noción de diagrama en Arquitectura. Enfocados en este campo, es decir, en la Arquitectura y buscando evitar desviaciones demasiado grandes hacia otras disciplinas, como puede ser la informática en general o la visualización de datos [2], abordaremos el problema del

---

1  El caso del diagrama del pueblo de Konya, es interpretado como un diagrama y no sólo el dibujo de un mapa, dado que el mismo (originalmente grabado en las paredes de piedra de un muro de una ruina) representa de manera abstracta las relaciones entre las edificaciones y sectores del pueblo y no literalmente cada uno de los elementos del mismo. Autor desconocido. *The Earliest Known Map* en http://www.myoldmaps.com/maps-from-antiquity-6200-bc/100title-the-earliest-known/100the-earliest-known-map.pdf visitado en enero 2020.
2  Es el caso del artículo de Michael Friendly *A brief history of data visualization*, el cual representa un formidable estudio de la visualización de la información desde el medioevo hasta la actualidad, pero que, como lo indica el título, el enfoque está orientado hacia una aproximación más general del problema de la visualización. Por lo que este tipo de artículos serán considerados lateral o complementariamente al problema del diagrama en Arquitectura. Ver https://www.academia.edu/12910677/A_Brief_History_of_Data_Visualization visitado en enero 2020.

diagrama haciendo foco en una selectiva literatura enfocada en la interpretación contemporánea del diagrama que, en definitiva, es la que más atención ha recibido por parte de los arquitectos. En este sentido, Peter Eisenman resulta la figura central, dado el sistemático abordaje al problema del diagrama desde diversos planos, ya sea desarrollando proyectos [3], construyendo edificios o escribiendo y teorizando incansablemente con el objeto de construir definiciones que permitan abordar con precisión el diagrama en arquitectura [4].

Podríamos definir la noción de diagrama como la abstracción literal de un sistema material. Sin embargo, un diagrama es mucho más que eso, puesto que esa definición sólo involucra sus aspectos representacionales, visibles. Pero, fundamentalmente es una modalidad material de presentación de un sistema cuya organización posee, en estado de latencia, un comportamiento.

El diagrama es el soporte material de un sistema de relaciones entre elementos. Esto implica que no es una representación, sino que, como soporte material, es el sistema en sí mismo. Este problema de la representación es uno del cual no podremos librarnos fácilmente, puesto que el diagrama es también un dibujo, y los dibujos claramente son representaciones. Para poder ampliar el registro de la noción de diagrama, lo primero que deberíamos postular es que la categoría de dibujo es mucho más amplia de lo que creemos, puesto que un dibujo puede incluir a un diagrama, esto es, los diagramas se dibujan.

---

3   Veremos más adelante que el caso de la serie de proyectos de *Houses* desarrollados entre 1967 y 1988, representan el primer cuerpo compacto de proyectos que problematizan la idea de diagrama en arquitectura como comportamiento organizativo. Ver https://eisenmanarchitects.com/1960s visitado en enero 2020.
4   El libro que este trabajo entiende como central respecto del diagrama en Arquitectura es *Diagram Diaries* (Thames & Hudson, 1999), sin embargo, será ineludible la referencia a textos también de autoría de Eisenman que forman la idea compleja del diagrama en Arquitectura como *Diagram: An Original Scene of Writing, Maison Dom-ino and the Self Referential Sign* y *Diagram and the Becoming Unmotivated of the Sign*.

### Etimología y Significado Contemporáneo

Abordaremos una aproximación etimológica comparativa entre gráfico, dibujo y diagrama [5] con el objeto de que, por medio de las diferencias, encontremos el significado de la palabra diagrama más claramente.

Si bien, más allá del significado general del término, la etimología de "gráfico" (la palabra más antigua de la triada expuesta) proviene del griego *graphikós*: referente a la escritura o al dibujo, nos llega transformada por la apropiación del latín *graphicus*: dibujado magistralmente. Es decir, "gráfico" está más relacionado con la habilidad de dibujar algo con pericia, que con el tipo de objeto dibujado en concreto. Esta sutil divergencia etimológica parece suficiente para diferenciar radicalmente éste término respecto de los otros dos, puesto que los otros, sí hacen referencia (en su sentido epistemológico y en su modo de apropiación actual) sustantivamente al objeto de lo trazado, lo marcado.

Moussavi y Zaera Polo exponen que el gráfico opera en un grado de abstracción tan alto, que su plano de actuación es siempre virtual:

> Un gráfico es una línea de información que no se actualiza en el espacio real. (...) Es un instrumento para desvelar virtualidades en determinado ámbito, o para poder extender la capacidad que tienen las organizaciones materiales de influir en procesos que ocurren en los espacios virtuales, o bien para ser influidos por ellos. La integración de un gráfico en el espacio real siempre requiere una técnica de transferencia específica. [6]

De este modo, los gráficos no son instrumentos de la literalidad, sino que la información con la que trabajan, para que se vuelva operativa, debe

---

5    Lo expuesto aquí, en gran parte, se basa en el apartado De los instrumentos: diagramas, dibujos y gráficos del Código *FOA* de Farshid Moussavi y Alejandro Zaera Polo, aunque con algunas diferencias. Ver Moussavi, Farshid y Zaera Polo, Alejandro. *Nexus Código FOA 2000* en *2G Revista Internacional de Arquitectura*, N16. 2000.
6    Moussavi, Farshid y Zaera Polo, Alejandro. *Nexus Código FOA 2000* en *2G Revista Internacional de Arquitectura*, N16. 2000. p 140.

ser traducida, decodificada, transformada radicalmente y, de ese modo, poder volverla información concreta. El ejemplo más directo para este tipo de informaciones es el que se da en los gráficos de barras o tortas, en donde la información numérica es codificada y abstraída enormemente respecto de la muestra material a la que hacen referencia los datos. Esto es, un grupo de personas es codificado en una barra de una medida determinada, puesta en comparación con una barra de similares características pero que ésta puede representar, por ejemplo, cantidad de personas que fueron infectadas con una enfermedad.

Para poder apropiarse y entender de qué está hablando un gráfico, será necesario referirse a una leyenda que, usualmente, indica las normativas del mismo. Los colores suelen demarcar tipos de muestras o grados de intensidades de las muestras, y éstos suelen acompañarse de leyendas que, por medio de la palabra escrita, exponen el tipo de código, por ejemplo: personas o dinero.

Dibujo, es una palabra mucho más nueva (siglo XII) que, etimológicamente, proviene del francés *déboissier*: labrar en madera, que a la vez deriva de *bois*: bosque, madera [7]. Su origen, la convierte en una palabra que, primero, implica una acción directa sobre un material, una marca. A diferencia de "gráfico", el dibujo emerge como la necesidad de explicar marcas sobre la madera, lo cual la pone en directa conexión con la necesidad de expresión y representación. Es un modo de mostrar algo de otro modo, de exponer una idea, de comunicar. A la vez, en segundo lugar, la etimología hace referencia al objeto, a la cosa en sí misma, a la acción de dibujar y no a un adjetivo.

El término se enfoca en una acción que, si bien es precisa respecto de sus objetivos: marcar para comunicar, para expresar una idea; es a la vez ambigua respecto de cómo este mensaje puede ser interpretado o leído. Es decir, no necesariamente, la marca tiene que ser de un tipo en particular. Podemos abordar esta cuestión de dos maneras diferentes o, dicho más

---

[7] Diccionario etimológico castellano de Ricardo Soca en elcastellano.org. entrada "Dibujar". Visitado en enero 2020.

específicamente, podemos entender el término dibujo de un modo más general o de un modo más concreto, el cual involucra el uso contemporáneo del término centralmente en el campo de la Arquitectura.

En su acepción más general, podríamos decir que toda marca es un dibujo, sea este representacional, es decir, que busca presentar un fenómeno nuevamente, o sea este más abstracto, apelando a códigos y traducciones ad hoc, o cualquier otra modalidad. De este modo, podríamos interpretar que tanto un gráfico, como un diagrama son dibujos, ya que de algún modo para poder construirlos es preciso marcar o contornear figuras, líneas, trazas. Pero quedarnos con esta definición podría resultar un poco ambigua, ya que no involucra el sentido más generalizado que se la ha dado al término en los últimos tiempos.

Otro modo de apropiarnos del término, podría involucrar la idea más actual de entender que un dibujo es una representación. No necesariamente tiene que tener un código de interpretación demasiado complejo; de modo que cualquiera puede entenderlo; y tampoco resulta en una construcción material literal de los objetos que en él se referencian. Esta aproximación podría emparentarse con la de JNL Durand cuando dice:

> Drawing serves to render account of ideas, whether one studies architecture or whether one composes projects for buildings, it serves to fix ideas, in such a way that one can examine anew at one's leisure, correct them if necessary; it serves, finally to communicate the afterwards, whether to clients, or different contractors who collaborate in the execution of buildings: one understands, after this, how important it is to familiarize oneself with it. [8]

---

[8] Durand, Jean Nicolas Louis. *Précis des Lecons D'Architecture Données à L'Ecole Royale Polytechnique 1805*. París, 1819. p 32 (traducción de Anthony Vidler). Traducción libre propia: "El dibujo sirve para dar cuenta de ideas, ya sea que se estudie arquitectura o que se componga proyectos de edificación, sirve para fijar ideas, de tal manera que se pueden examinar de nuevo a su antojo, corregirlas si es necesario; sirve, finalmente, para comunicar el después, ya sea a los clientes, o a los diferentes contratistas que colaboran en la ejecución de los edificios: se comprende, después de esto, lo importante que es familiarizarse con él."

El dibujo en arquitectura ha sido el centro del debate disciplinar desde tiempos inmemoriales[9], y es la herramienta más concreta para la fijación y transmisión de las ideas. Es un instrumento fundamental del proyecto arquitectónico. Según Durand, es la herramienta central no sólo para la presentación de las ideas a otros, sino para poder fijarlas durante el proceso proyectual.

Ambas modalidades, nos hablan de que el dibujo es una herramienta de carácter altamente instrumental. Durante el proceso del proyecto, no es "el proceso" en sí, sino el dispositivo que permite la fijación de las ideas en su transcurso. Lo cual implica un cierto distanciamiento material respecto del proceso en sí mismo y, por consiguiente, del proyecto en general. El dibujo, a diferencia del diagrama, admite una distancia respecto de las relaciones materiales sistémico-literales que operan en el segundo. No existe la necesidad de linealidad de sentido, de conexión directa y evidente que con el diagrama es central, sino que el dibujo admite divergencias, estilismos, síntesis ad hoc, derivas y ocurrencias, que pueden contribuir a un proceso proyectivo rico en indeterminaciones.

Diagrama proviene etimológicamente del griego *diágramma*: dibujo, trazado. Lo cual posiciona a la palabra, a diferencia de "gráfico", directamente sobre el material de trabajo y, distintamente de "dibujar", es una palabra más antigua, cuya relación no construye una parábola material (como labrar la madera), sino que alude directamente al dibujo y el trazado. Pero lo más interesante es que, a su vez, es una derivación de *diagráphein*: trazar líneas, y éste de *gráphein*: escribir. Estas dos segundas derivaciones, hacen foco en las dos ideas centrales que hacen al objetivo de la construcción del diagrama contemporáneo. Por un lado, el diagrama presenta el dibujo, la materia prima por excelencia del proyecto arquitectónico y, por otro, contiene la palabra, el campo descriptivo textual.

---

9    Es aquí invocada la figura de lo inmemorial, debido a que podríamos considerar un dibujo arquitectónico los dibujos "historietísticos" en los muros de los templos y tumbas egipcias, como así también los grabados en piedra describiendo organizaciones espaciales desarrollados por las civilizaciones en el continente americano previo a la colonización europea.

Así, la palabra diagrama, se involucra directamente con el dispositivo de trabajo, el objeto. No representa tanto un adjetivo (como si se utilizara diciendo: "...es algo diagramático"), sino que sus orígenes hacen referencia al sustantivo. Y, además, pone en relación directa y contiene los dos planos centrales de la acción proyectiva, el dibujo y la palabra.

Nuevamente, Moussavi y Zaera Polo, sintetizan esta cuestión claramente al especificar que el diagrama, implica una organización material y, a la vez, debe cumplir el objetivo de prescribir un comportamiento:

> Un diagrama es esencialmente una organización material que prescribe un comportamiento. (...) Un diagrama es capaz de absorber y encarnar niveles crecientes de complejidad e información, sin alterar necesariamente la naturaleza de su comportamiento. Pero es crucial que este comportamiento esté claramente determinado. [10]

La normativa del diagrama que, si bien es un dispositivo que se dibuja, contiene la palabra. Es decir, no es preciso escribir las normativas, sino que basta con dibujar el diagrama de modo que las mismas estén contenidas en el. Esto es, el diagrama, como dibujo, contiene tanto la palabra normativa, como los bordes del trazo que determinan su forma.

**La Construcción de la Definición de Diagrama**

Mark García define al diagrama como "*la espacialización de una selectiva abstracción y/o reducción de un concepto o fenómeno. En otras palabras, un diagrama es la arquitectura de una idea o entidad*".[11]

---

10  Moussavi, Farshid y Zaera Polo, Alejandro. *Nexus Código FOA 2000* en 2G Revista Internacional de Arquitectura, N16. 2000.
11  García, Mark. *Histories and Theories of the Diagrams of Architecture* en García Mark (ed). *The Diagrams of Architecture*. West Sussex, John Wiley & Sons Ltd, 2010. p 18 (traducción del fragmento propia).

Varios puntos en esta definición son importantes de estudiar detenidamente. Es correcto considerar que el diagrama implica una selectiva abstracción, pero el uso del término "espacialización" (*spatialisation*), induce a considerar que el diagrama involucra únicamente la visión abstracta de la forma según la categoría espacial. Es por esto que consideraremos más adecuado referirnos a la "presentación", en lugar de la "espacialización". Cuando García utiliza el recurso "y/o" genera una ambigüedad que podría inducir a confusiones o faltas de determinación.

De todas maneras, se entiende este recurso dado el perfil heterogéneo y múltiple del libro en el que aparece [12]. Luego, se refiere a que el diagrama implica la reducción de un concepto o fenómeno; y es aquí donde nos diferenciaremos fundamentalmente de esta definición, ya que abordaremos la visión del diagrama centralmente materialista y como comportamiento organizativo [13].

En lugar de interpretar al diagrama como la reducción de un concepto, nos referiremos al mismo como la síntesis organizativa de una forma, esto es, el diagrama no reduce o codifica información respecto de una exterioridad, sino que es la síntesis de la organización material de sí mismo. Más adelante, veremos las implicancias concretas de esta aproximación desde la postura deleuziana de la teoría de agenciamientos [14] pero, a los fines de este primer acercamiento y desde una visión arquitectónica para con el término diagrama, diremos que la síntesis no implica una reducción de información, ni una codificación respecto de un contexto otro, sino más bien, la formulación de series de relaciones entre elementos y sistemas que hacen sentido en sí mismas.

---

12   El libro es una recopilación de artículos de arquitectos y pensadores respecto del diagrama desde 1998 hasta 2010. A diferencia de una tesis, no está buscando construir un caso, sino la cohesión de las diferentes visiones expuestas en el libro.
13   Abordaremos el problema del comportamiento con mayor detenimiento en el capítulo sobre el Poder. Allí veremos por qué es importante entender las organizaciones como potencialmente activas de cara a una teoría del diagrama en el proyecto arquitectónico.
14   Abordaremos este problema desde la *Assembalge Theory* de Manuel de Landa.

Un aspecto de gran relevancia a la hora de definir al diagrama es la necesidad que el mismo tiene de construir consistencia interna, esto es, que su forma y relaciones sistemáticas (su arquitectura) sea coherente internamente y postule una tesis lógica cuyos argumentos emerjan de su misma coherencia interna, sin la necesidad de recurrir a una exterioridad. Esto es, el diagrama se explica por sí mismo.

Finalmente, García sintetiza la definición argumentando que *"el diagrama es la arquitectura de una idea o entidad"*, y aquí podríamos intervenir diciendo que, en verdad, *"el diagrama es la entidad arquitectónica de una idea"*. Utilizando aquí el término "arquitectura" del mismo modo que lo aplica García, no como la disciplina de la Arquitectura, sino como los mecanismos de sentido que articulan una configuración lógica. Arquitectura aquí, puede ser sinónimo de estructura interna o lógicas de relación.

Sintetizando, entonces, ante esta primera aproximación, de carácter disciplinar, a la definición de diagrama, podríamos arriesgar una definición provisoria: El diagrama es la presentación material abstracta y sintética de un comportamiento organizativo. En otras palabras, un diagrama es la entidad arquitectónica de una idea.

### El Diagrama como Signo Desmotivado

Peter Eisenman es, posiblemente, el arquitecto que más se ha dedicado a conceptualizar la idea de diagrama en Arquitectura, tanto en sus aspectos proyectuales como teóricos. Es justamente el aspecto semiótico del diagrama, en donde Eisenman se ha explayado con mayor lucidez.

Su constructo teórico del diagrama basado centralmente en tres pilares intelectuales como son la epistemología integral de Gilles Deleuze y Félix Guattari; las teorías respecto del diagrama como signo de Charles Pierce; y las ideas asociadas a la deconstrucción de Jacques Derrida, ha significado una fuente ineludible para el desarrollo del linaje arquitectónico emergente de las tendencias digitales con su origen en las experimentaciones cibernéticas de las décadas de 1960 y 1970. Tal es así que muchos de los arquitectos considerados "digitales" se han apoyado tanto consciente como inconscientemente en sus teorías.

El interés de Eisenman en el diagrama se funda en la posibilidad de disociar forma, función y significado.

> Diagrams are presented as being able to work to separate or distance the architect from the process of design and to blur the relationship between the object or place and the subject, moving both towards an unmotivated condition.[15]

Veremos cómo su posición tiene que ver con una suerte de "distorsión" o "desenfoque" de esta relación, más no una actitud absolutamente transgresora. La idea de motivación, la extrae de las ideas de Pierce respecto del signo. Eisenman se ocupará de trabajar la idea de la Arquitectura como disciplina que opera desde el signo, ya sea simbólica o indéxicamente.

> Charles Peirce defines two categories of the sign: the indexical sign and the symbol or iconic sign. These are distinguished by what he calls their motivation. Indexical signs possess motivation in that they have a natural or intrinsic relationship between the sign and the signified. A symbol or iconic sign, on the other hand, is one where there is no direct link or motivation present between the sign and the signified; the relationship is artificial and external. Architecture can be considered a motivated sign system because the sign and the signified are one and the same thing. In Architecture, a structural element such as a column is both a real column and the sign of a column. (...) the physical co-

---

15  García, Mark. Introducción al texto Eisenman, Peter. *The Diagram and the Becoming Unmotivated of the Sign* en García Mark (ed). *The Diagrams of Architecture*. West Sussex, John Wiley & Sons Ltd, 2010. p 205. Traducción libre propia: "*Los diagramas se presentan como capaces de separar o distanciar al arquitecto del proceso de diseño y para difuminar la relación entre el objeto o el lugar y el sujeto, desplazando a ambos hacia una condición desmotivada*".

lumn is simultaneously an object and the sign of the object. (...) the column is a sign of itself, it can be considered as an indexical sign in that it receives its motivation from an internal, prior condition – the interiority of its being.[16]

La Arquitectura, a diferencia de otras disciplinas, no necesita de externalidades para "referenciar" o simbolizar otra cosa más allá de lo que es. Este es un tema por demás complejo si consideramos las ideas y teorías desarrolladas en torno al carácter. Esto es, cuando los edificios buscan representar, por ejemplo, una institución. La práctica arquitectónica funciona simbólicamente cuando una institución académica utiliza un frontis griego en su fachada, simbolizando "el saber". Esta propuesta de Eisenman podría entenderse como una reacción a las ideas del Movimiento Moderno referidas a una cercana relación con la abstracción, la ausencia de ornamento y, por ende, la falta de un mensaje claro respecto del destino de los edificios.

Entendiendo a la necesidad de simbolizar tal o cual institución como una necesidad externa a la disciplina, podría interpretarse a este proceso como uno ligado a la construcción de un signo que es motivado por una externalidad, por una construcción artificial de la relación entre signo y significado.

(...) in the discursive interiority of Architecture, the column, the wall, the floor, and the ceiling can initially be considered motivated signifiers; that is, nothing more than what they are or what

---

16  Ibídem. p 207. Traducción libre propia: "*Charles Peirce define dos categorías del signo: el signo indéxico y el símbolo o signo icónico. Estos se distinguen por lo que él llama su motivación. Los signos indéxicos poseen motivación porque tienen una relación natural o intrínseca entre el signo y el significado. En un símbolo o signo icónico, por otro lado, no hay un vínculo directo o motivación presente entre el signo y el significado; La relación es artificial y externa. La arquitectura puede considerarse un sistema de signos motivados porque el signo y el significado son una misma cosa. En Arquitectura, un elemento estructural como una columna es tanto una columna real como el signo de una columna. (...) la columna física es simultáneamente un objeto y el signo del objeto. (...) la columna es un signo de sí misma, puede considerarse como un signo indexado en el sentido en que recibe su motivación de una condición interna previa: la interioridad de su ser*".

they look like they are. This idea of 'looking like' is a self-referential or indexical condition of the sign (...) it does not refer and point to a signified other than itself.[17]

Muchas veces, sin embargo, los arquitectos se esfuerzan por hacer que las columnas, paredes, o losas, se parezcan a una externalidad, a otra cosa que no es lo que son. Columnas que parecen personas, paredes que parecen hojas. Esta intención por comunicar de los arquitectos, comunicar algo más allá que lo que la Arquitectura es, dice Eisenman, es externa. Es un deseo externo que le es asignado a la Arquitectura. Su motivación es externa, artificial y, por lo tanto, se alinea con una idea del signo, según Pierce, simbólica o icónica. Eisenman dice que el uso tradicional del diagrama en Arquitectura ha tomado la motivación interna y la ha transformado en externa.

Eisenman argumentará que el diagrama puede ser utilizado de otro modo, es decir, como una modalidad de desmotivación de la Arquitectura. Propone un modo por el cual superar la idea del signo motivado en Arquitectura. El diagrama aquí, operaría como un desmotivador. Ni como un índice intrínseco, ni como un símbolo externo. Sino como un medio por el cual la Arquitectura no tenga que significar, necesariamente, una interioridad (un significado interno a la disciplina, como que la columna es estructural), ni una exterioridad (un significado externo a la disciplina, como que la columna se parezca o tenga alguna reminiscencia con la figura humana).

Sin embargo, Eisenman no dice que el diagrama tenga que extraerle a la Arquitectura su significado o sentido:

---

17  Eisenman, Peter. *The Diagram and the Becoming Unmotivated of the Sign* en García Mark (ed). *The Diagrams of Architecture*. West Sussex, John Wiley & Sons Ltd, 2010. p 207. Traducción libre propia: "*En el discurso de la interioridad de la arquitectura, la columna, la pared, el piso y el techo pueden considerarse inicialmente como significantes motivados; es decir, nada más que lo que son o lo que parecen ser. Esta idea de 'verse como' es una condición auto-referencial o indexada del signo (...) no se refiere o apunta a un significado distinto de sí mismo*".

> (...) since Architecture is a productive discourse in that it must structure, enclose, shelter, etc, these motivations can never be completely negated. What the diagram can do, however, is destabilize such motivated conditions as site, programme, function and meaning; in doing so, the diagram introduces the project of the negative.[18]

Si bien Eisenman alude a Massimo Cacciari al referirse a la Arquitectura como un "discurso productivo", no explica con claridad a qué se refiere con este término. Se infiere que puede querer determinar a la Arquitectura como, en última instancia, una práctica que debe servir a un fin. Los edificios cumplen la función de dar cobijo (más allá del destino o programa concreto).

> (...) This introduces the strategy of the diagram as a negative or resistant agent. In this context, the diagram begins to separate form from function, form from meaning, and architect from the process of design. The diagram works to blur the relationship between the desiring subject – the designer, the user – and the desired object in order to move both subject and object towards an unmotivated condition.[19]

La sola idea del diagrama de grilla de 9 cuadros, presente en Palladio y en los primeros proyectos de *Houses* de Eisenman, hace referencia a lo secundario del "deber" arquitectónico por el cobijo, el resguardo o, incluso, la presencia humana. Así como Wittkower posiciona en un segundísimo lugar la cuestión funcional:

---

18   Ibídem. p 210 – 211. Traducción libre propia: "*Como la arquitectura es un discurso productivo en el sentido en el que debe estructurar, encerrar, albergar, etc., estas motivaciones nunca se pueden negar por completo. Sin embargo, lo que puede hacer el diagrama es desestabilizar condiciones tan motivadas como el sitio, el programa, la función y el significado; Al hacerlo, el diagrama presenta el proyecto de lo negativo*".

19   Ibídem. p 211. Traducción libre propia: "*Esto introduce la estrategia del diagrama como un agente negativo o resistente. En este contexto, el diagrama comienza a separar la forma de la función, la forma del significado y el arquitecto del proceso de diseño. El diagrama funciona para difuminar la relación entre el sujeto que desea (el diseñador, el usuario) y el objeto deseado para mover tanto el sujeto como el objeto hacia una condición desmotivada*".

Since centrally planned churches appear to be unsatisfactory from a liturgical point of view – how can one separate in such a church clergy and laity? Where is one to place the altar, etc? – it is usually held that the craving for beauty was here given preference over the necessities of the service.[20]

Posición que es reforzada por Rossi:

(...) nos puede parecer sorprendente que un edificio con tanta importancia en la vida social de todo un período de la historia de Occidente prescinda de sus características funcionales y distributivas.[21]

Es decir, la posibilidad de desmotivación del signo por parte del diagrama, es una que debería, según lo previamente dicho por el mismo Eisenman, tergiversar todo significado. Ser radicalmente revolucionario respecto de la posibilidad de desmotivar al proyecto de Arquitectura respecto tanto de sus relaciones internas y naturales, como de las indirectas y artificiales entre signo y significado. Sin embargo, Eisenman opta por una posición más sutil, cuando se refiere a que el diagrama cumple el rol de difuminar, o desdibujar[22] la relación entre el objeto que el sujeto de deseo, el diseñador y el objeto deseado, de modo de desplazar a ambos, objeto y sujeto, hacia la desmotivación. Este desplazamiento nunca es completo, dice Eisenman, y es justamente esta incompletud la que motiva al diagrama. Esto es, en función de la implementación del diagrama en Arquitectura como instrumento para la desmotivación del signo (tanto indéxico, como simbólico), la motivación ahora se desplaza del binomio planteado por Peirce y emerge como la motivación del diagrama, cuya completitud nunca es alcanzada, dada la condición de discurso productivo de la disciplina.

---

20  Wittkower, Rudolf. *Architectural Principle in the Age of Humanism*. Nueva York, Norton. 1971. p 2. Traducción libre propia: "*Las iglesias centrales parecen ser insatisfactorias desde el punto de vista litúrgico, ¿cómo se puede separar el clero (aquellos que dictan la misa) de los legos (creyentes, que presencian la misa) en una iglesia así? ¿Dónde se puede colocar el altar, etc.? - Por lo general, se sostiene que el anhelo de belleza se dio aquí por sobre las necesidades del servicio*".
21  Rossi, Aldo. Posicionamientos. Barcelona, Gustavo Gili. 2018. p 53.
22  El término en inglés empleado por Eisenman es "*blur*".

En segundo lugar, el diagrama, según Eisenman, obtiene una motivación propia, emergente del proceso de desmotivación en el que se ve inmerso. Es justamente la imposibilidad de cumplimentar en su totalidad esta desmotivación, lo que lo motiva. En algún sentido, la motivación que antes operaba en el signo como indéxico o simbólico, ahora opera en el proceso diagramático como fin inalcanzable. La fuerza positiva, creativa y proyectiva del diagrama, entendida desde la epistemología Deleuziana, se ve contravenida por una falta, la imposibilidad de completitud de la desmotivación. Además, la fuerza diagramática aquí está siendo utilizada negativamente, como factor de distorsión, confusión, con el objeto de desmotivar: El proyecto del negativo. En una práctica proyectual, esto puede ser peligroso desde el punto de vista que las energías depositadas en la construcción diagramática se ven neutralizadas por una acción de confrontación, negatividad y oposición a fuerzas preexistentes. Cuando el diagrama, en verdad, podría posicionarse como una fuerza de pura constructividad. Así, se conspira con la idea de completitud. Un acto absolutamente autodestructivo. Si bien el proceso proyectivo es uno que se presenta como continuo (y esto es algo que la filosofía deleuziana ha dejado en claro), la idea de incompletud constante (e insatisfacción), no hace más que contravenir los deseos proyectivos de concreticidad. Todo el aspecto actual del diagrama es puesto en pausa y su condición virtual es la dominante.

Finalmente, Eisenman no expone, en términos concretos, cómo es el accionar del diagrama en este proceso de desmotivación del signo. Esta es la cualidad más importante del trabajo de Peter Eisenman, ya que es esta ambigüedad, esta inestabilidad práctica lo que vuelve al diagrama un instrumento versátil y, a la vez, inagotable en términos de su alcance proyectivo.

**La Trinidad del Diagrama**

Antony Vidler construye la noción contemporánea de diagrama a partir de tres autores que, si bien no son centrales para Eisenman, resultan de una consulta constante de su parte e, incluso, una implícita presencia a través de sus escritos. Vidler hace foco centralmente en Charles Peirce, del cual emerge la noción de diagrama como signo y, más específicamente, un tipo particular de ícono. Pero también encuentra una fuente ineludible en la construcción intelectual y posterior pasaje y reformulación de la idea de diagrama, primero en Foucault, centralmente respecto del panóptico, y luego en Deleuze, y su ampliación del término al estatuto de máquina abstracta.

Primero, Vidler hace referencia a que el diagrama es la ilustración de una definición, es decir, representa simbólicamente:

> (a diagram) illustrates a definition, aids in the proof of a proposition, it represents the course or results of any action or process. (…) First, it doesn't, like a picture, represent the 'exact appearance of an object'. Rather it represents 'symbolically'. In this sense, it is an abstraction of what it represents, giving only 'an outline or general scheme of it'; it exhibits "the shape and relations of its various parts" without imitating them. Through this abstraction it is able to signify variations, actions, or even mental processes.[23]

En esta primera aproximación vemos que Vidler hace referencia a la posibilidad, no sólo de variación del diagrama, sino a la posibilidad de significar acciones. Recordemos que las acciones podrían ser entendidas como posibilidades de comportamiento. Es decir, la normativa del comportamiento del diagrama podría entenderse como la capacidad del mismo de desarrollar determinadas acciones.

Además, determina al diagrama como una abstracción de lo que representa. Es decir, no es implica el reconocimiento de lo que representa en

---

23 Vidler, Anthony. *What is a Diagram Anyway?* En Cassara, Silvio (ed.). Peter Eisenman, Feints. Milano, Skira. 2006. Traducción libre propia: *"(Un diagrama) ilustra una definición, ayuda a demostrar una proposición, representa el curso o los resultados de cualquier acción o proceso. (...) Primero, no representa, como una imagen, la "apariencia exacta de un objeto". Más bien representa "simbólicamente". En este sentido, es una abstracción de lo que representa, dando solo "un esquema o visión general"; exhibe "la forma y las relaciones de sus diversas partes" sin imitarlas. A través de esta abstracción puede significar variaciones, acciones o incluso procesos mentales"*.

su totalidad, sino que construye una abstracción, propiciando un esquema general de la cosa a la que refiere. En este sentido, Vidler posicionará al diagrama como una externalidad respecto del mundo, es un artificio que representa "cosas" (o fenómenos) que están en el mundo.

Vidler construirá en profundidad la noción de diagrama apoyándose casi absolutamente en Peirce. Incorporará nociones de Foucault y Deleuze posteriormente, pero el perfil semiótico del término heredado de Peirce influenciará cualquier otra definición de su parte.

> For Peirce, all thinking took place with signs, things which served 'to convey knowledge of some other thing' which they were 'said to stand for, or represent'. A sign therefore always has an object. (...) Peirce distinguished three kinds of signs: the Icon, the Index, and the Symbol.
>
> The Icon is that kind of sign that is most like its objects -'a sign which stands for its object because as a thing perceived it excites an idea naturally allied to the idea that object would excite'. Most icons indeed are likenesses. In this definition, a photograph, or even a fragment of audio mimicry would be an icon. An Index, by contrast, holds no resemblance to its object, it simply points to it, 'An index stands for its object by virtue of a real connection with it, or because it forces the mind to attend to that object'. Peirce cites the barometer, that indicates the temperature, the weathervane that indicate the direction of the wind, or the pole star, from which we derive our sense of direction in nature. And finally, the Symbol, which unlike the Icon or the Index, which are 'non-declarative' signs, 'is a sign naturally fit to declare that the set of objects, which is denoted by whatever set of indices may be in certain ways attached to it, is represented by an icon associated with it'.[24]

---

24   Ibídem. Traducción libre propia: *"Para Peirce, todo pensamiento tiene lugar con signos, 'cosas que sirven para transmitir el conocimiento de otra cosa' que 'significan o representan'. Por lo tanto, un signo siempre tiene un objeto asociado. (...) Peirce distingue tres tipos de signos: el ícono, el índice y el símbolo. El ícono es ese tipo de signo que se parece más a su*

Esto implica, en otras palabras, que el ícono es un dibujo que se asemeja en forma a su objeto asociado; el índice no necesariamente se asemeja a su objeto asociado, pero no requiere de un código o traducción del mismo, cualquiera debería poder identificar al objeto al que refiere sin necesidad de decodificación; mientras que el símbolo, definitivamente no se parece en nada a su objeto de referencia y es preciso interpretar un código para acceder a su referencia.

Aquí es cuando la diferencia central entre Eisenman y Peirce se vuelve clara, ya que Eisenman asociará la idea de Índice (*Index*) al diagrama, dada su no relación necesaria a la imagen del objeto de referencia (los diagramas arquitectónicos no tienen por qué verse iguales al proyecto que construyen como los íconos), pero tampoco necesitan de un código específico para poder ser interpretados (como los símbolos del lenguaje, por ejemplo). Este aspecto resulta de particular interés, dado que la noción de diagrama como índice lo vuelve una definición que tiende a lo universal. Pero Peirce, enfocado en las cuestiones de la mente humana y el comportamiento referido a la semiótica, apelará a que el diagrama no se relaciona ni con un índice, ni con un símbolo:

> For Peirce, the diagram is neither Index nor Symbol, but rather a special kind of Icon. Here he distinguishes between three kinds of Icons: those that are more properly called images, or 'hypoicons', that, as in the case of paintings, resemble their objects in many particulars; those that represent the character of their ob-

---

objeto: *'un signo que representa su objeto porque, como algo percibido, implica una idea naturalmente aliada a la idea de que ese objeto implicaría'. De hecho, la mayoría de los íconos son parecidos. En esta definición, una fotografía, o incluso un fragmento de imitación de audio, sería un ícono. Un índice, por el contrario, no se parece a su objeto, simplemente lo señala: 'Un índice representa su objeto en virtud de una conexión real con él o porque obliga a la mente a atender ese objeto'. Peirce cita el barómetro, que indica la temperatura, la veleta que indica la dirección del viento, o la estrella polar, de donde derivamos nuestro sentido de dirección en la naturaleza. Y finalmente, el Símbolo, que, a diferencia del Ícono o el Índice, que son signos "no declarativos", 'es un signo naturalmente apto para declarar que el conjunto de objetos, que se denota por cualquier conjunto de índices, puede ser de cierta manera adjunto a él, está representado por un icono asociado con él"*.

jects through parallelism, which he calls 'images'; and those that mark out the internal and external relations of their objects in a more abstract way, analogously, that he calls 'diagrams'. [25]

Esta visión de la idea de diagrama, emerge de una aproximación más bien utilitaria, práctica del término, ya que se aboca a cumplir la función de interpretar acontecimientos. Para Peirce, el diagrama sirve para poder enfocarse "más fácilmente" en los aspectos importantes:

> (The diagram is) a useful sign for thinking: 'A diagram is a kind of icon particularly useful', he writes, 'because it suppresses a quantity of details, and so allows the mind more easily to think of the important features'.[26]

Sin embargo, la posibilidad que plantea Peirce de volver al diagrama una especie de planificación a futuro lo acerca a la idea de proyecto. El diagrama como fuerza proyectiva de Peirce comienza a volverse un concepto que vincula la epistemología deleuziana del diagrama como máquina abstracta:

> Peirce gives examples of thought processes that, using diagrams, are transformed into 'resolutions', or 'determinations': a 'plan' is a diagram, which is no more than a program for future action, based on the ideas and principles embodied in it. For Peirce, then, the diagram is, finally, a mental formula, a schematic device, by means of which we move from one thought to another. It is, by reason of its 'general' nature, its abstractions, a vehicle for the

---

[25] Ibídem. Traducción libre propia: "*Para Peirce, el diagrama no es ni un índice, ni un símbolo, sino más bien un tipo especial de icono. Aquí distingue entre tres tipos de íconos: aquellos que se llaman más apropiadamente imágenes, o 'hypoíconos', que, como en el caso de las pinturas, se parecen a sus objetos en muchos detalles; aquellos que representan el carácter de sus objetos a través del paralelismo, que él llama 'imágenes'; y aquellos que marcan las relaciones internas y externas de sus objetos de una manera más abstracta, de manera análoga, que él llama 'diagramas'*".

[26] Ibídem. Traducción libre propia: "*(El diagrama es) un signo útil para pensar: 'Un diagrama es una especie de icono particularmente útil', escribe, 'porque suprime una cantidad de detalles y, por lo tanto, permite que la mente piense más fácilmente en las características importantes'*".

production of new, and developing diagrams. (...) 'The diagram itself is not what reasoning is concerned with', but rather it operates as a vehicle of transmission and production of reasoning.[27]

Esta idea del diagrama como vehículo, como fuerza que permite pensar a futuro, es una idea que tendrá mucho que ver con las ideas de Deleuze sobre el dispositivo Deleuziano. Deleuze, entenderá al dispositivo en términos, obviamente, mucho más amplios que en los que Peirce entiende el diagrama, dado que la cuestión semiótica en Deleuze no tendrá el peso que sí tiene para Peirce. Deleuze impulsará la idea de que los dispositivos son aquellos mecanismos que nos habilitan a pensar, lo cual, de algún modo, acerca esta idea a la idea de diagrama en Peirce como vehículo para las ideas.

Para Foucault, el diagrama tendrá consecuencias mucho más materialistas y concretas que para Peirce. Será Foucault que, desde las ideas del poder y cómo éste se vincula a la noción de dispositivo, impulsará una noción de diagrama mucho más asociada a lo material. Según Foucault, el diagrama es utilizado para entender la expansión del poder entendido en sentido moderno:

> In Foucault, the diagram is the icon of an epistemological shift. Hence the celebrated example of Bentham's Panopticon, for Foucault less an architectural project than an icon of 'panoticism', the generalized dissemination of modern power through the optical and spatial mechanisms of surveillance. [28]

---

27   Ibídem. Traducción libre propia: "*Peirce da ejemplos de procesos de pensamiento que, utilizando diagramas, se transforman en 'resoluciones' o 'determinaciones': un 'plan' es un diagrama, que no es más que un programa para acciones futuras, basado en las ideas y principios embebidos en él. Para Peirce, entonces, el diagrama es, finalmente, una fórmula mental, un dispositivo esquemático, mediante el cual nos movemos de un pensamiento a otro. Es, en razón de su naturaleza 'general', sus abstracciones, un vehículo para la producción de diagramas nuevos y en desarrollo. (...) 'El diagrama en sí no es lo que concierne al razonamiento', sino que funciona como un vehículo de transmisión y producción de razonamiento*".
28   Ibídem. Traducción libre propia: "*En Foucault, el diagrama es el ícono de un cambio epistemológico. De ahí el célebre ejemplo del Panóptico de Bentham, para Foucault, menos un proyecto arquitectónico que un ícono del 'panoticismo'*, la difusión generalizada del poder moderno a través de los mecanismos ópticos y espaciales de vigilancia".

La idea del diagrama como fuerza proyectiva de Peirce es retomada en Deleuze de un modo mucho más direccionado y totalizante. El diagrama para Deleuze, es el modo en el que lo potencial es explicitado y, de este modo, se evidencia que no existe diferencia entre el objeto y el signo. El diagrama, ya está construyendo algo nuevo, se consolida como una forma nueva que ya no necesita, necesariamente, referenciar al objeto que contiene.

> (...) The diagram, unlike the expressive drawing, provides no depth of meaning beyond its surface – what Gilles Deleuze calls 'insight' into its object – and as it, in itself, displays the formal features of its object, it substitutes for and takes the place of its object. This is why Peirce sees the diagram in some way eliding 'the distinction between the real and the copy' a distinction which Peirce claims, disappears entirely in the diagram.[29]

Esto es parte fundamental en la epistemología deleuziana y de cómo es entendido el diagrama desde esa perspectiva. El diagrama en Deleuze es un modo de volver explícitos los flujos continuos de información que nos atraviesan continuamente. Un modo de asir la realidad de forma precisa y concreta. El diagrama no resulta en un medio para dotar de significado a un objeto, sino que es el objeto en sí mismo. El diagrama involucra al infinito y es una entidad en sí misma.

> For Deleuze, the panoptical diagram generalized, was the specific prison diagram generalized to an entire society: 'It is the map, it is cartography coextensive with the entire social field'. For Deleuze the importance of the diagram is that it 'specifies' in a particular way the relations between unformed/unorganized matter and unformalized/unfinalized functions, that it joins the two powerful regimes of space (the visible) and language (the invisible, but ubiquitous system).

---

[29] Ibídem. Traducción libre propia: "*El diagrama, a diferencia del dibujo expresivo, no brinda más significado que el que muestra en su superficie – lo que Giles Deleuze denominada 'visión' – y, como tal, el mismo despliega las características formales de su objeto, sustituye el lugar de su objeto. Es por esto que Peirce ve al diagrama como un modo de eludir 'la distinción entre lo real y la copia', una distinción que, según Peirce, desaparece por completo en el diagrama*".

The diagram, then, in Deleuze's tenos is a kind of map/machine, a spatio-temporal abstraction that 'refuses every formal distinction between a content and an expression, between a discursive and a non-discursive fondation. It is, he writes 'an almost silent/ dumb and blind machine, even though it is that which causes sight and speech': 'If there are many diagrammatic functions and even materials, it is because every diagram is a spatio-temporal multiplicity'.[30]

Y aquí aparece un tema central del diagrama. El diagrama como creador de mundos. El diagrama deja de ser un instrumento de la representación de algo que ya existe (del objeto de un signo) y pasa a ser un creador nato, un creador de mundos y realidades.

Thus for Deleuze, the diagram's importance is that 'it never functions to represent a pre-existing world, it produces a new type of reality, a new model of truth. It is not subject to history, nor does it hang over history. It creates history by unmarking preceding realities and significations, setting up so many points of emergence or creativity, of unexpected conjunctures, or improbable continuums. It doubles history with a becoming [avec un devenir]'.[31]

---

30   Ibídem. Traducción libre propia: *"Para Deleuze, el diagrama del panóptico, era el diagrama de la prisión específico generalizado a toda una sociedad: 'Es el mapa, es una cartografía coextensiva con todo el campo social'. Para Deleuze, la importancia del diagrama es que 'especifica' de manera particular las relaciones entre la materia no formada / no organizada y las funciones no formalizadas / no finalizadas, que une los dos más poderosos regímenes del espacio (el visible) y el lenguaje (el invisible, pero ubicuo). El diagrama de Deleuze, entonces, es una especie de mapa / máquina, una abstracción espacio-temporal que 'rechaza toda distinción formal entre un contenido y una expresión, entre una determinación discursiva y no discursiva. Es, escribe 'una máquina casi silenciosa / tonta y ciega, a pesar de que es lo que causa la vista y el habla': 'Si hay muchas funciones esquemáticas e incluso materiales, es porque cada diagrama es una multiplicidad espacio-temporal'".*

31   Ibídem. Traducción libre propia: *"Así, para Deleuze, la importancia del diagrama es que 'nunca funciona para representar un mundo preexistente, produce un nuevo tipo de realidad, un nuevo modelo de verdad'. No está sujeto a la historia, ni se cierne sobre la historia. Crea historia al desandar realidades y significados anteriores, estableciendo tantos puntos de emergencia o creatividad, de coyunturas inesperadas o continuos improbables. Desdobla la historia con un devenir [avec un devenir]'".*

Finalmente, Vidler hace referencia a la ambigüedad, la incompletud del diagrama como oportunidad para la productividad, similar al postulado de Eisenman en tanto motivación del diagrama como signo.

> (...) the status of neither this/nor that does allow for a certain diagrammatic productivity built up on the interference – what Norbert Wiener would call 'noise' of the oscillation between the two poles. And mention of Norbert Wiener, returns us to the domain of semiology, but in the manner of information theory, of cybernetics, as developed after the Second World War.[32]

Sin embargo, Vidler relaciona este aspecto referido a la ambigüedad con la cibernética, cosa que Eisenman jamás haría. Esto lo hace justamente, para reconstruir el linaje histórico del diagrama y, como apuntaba Mark García, su estrecha relación con la emergencia de las herramientas digitales de dibujo y programación. Este hecho no es menor si pretendemos entender la relevancia del diagrama y su reciente influjo de autoridad respecto de prácticas contemporáneas.

> (...) what is remarkable about the development of digital diagrams in the last decades, is the extent to which they depend on information and communication theory, and even more, to which they reveal the processes working behind the diagram itself. Indeed, software iteration, linked to the input of certain information, when animated, provides a map that is neither quite 'mental' nor purely iconic, a map that can be manipulated at will to produce other maps.[33]

---

32  Ibídem. Traducción libre propia: "*(...) el estado de ni esto ni lo otro permite una cierta productividad esquemática construida sobre la interferencia, lo que Norbert Wiener llamaría 'ruido' de la oscilación entre los dos polos. Y la mención de Norbert Wiener, nos devuelve al dominio de la semiología, pero a la manera de la teoría de la información, de la cibernética, tal como se desarrolló después de la Segunda Guerra Mundial.*"

33  Ibídem. Traducción libre propia. "*(...) Lo que es notable sobre el desarrollo de diagramas digitales en las últimas décadas, es la medida en la que dependen de la teoría de la información y la comunicación, y aún más, hasta revelan los procesos que funcionan detrás del diagrama. De hecho, la iteración de software, vinculada a la entrada de cierta información, cuando se anima, proporciona un mapa que no es ni 'mental' ni puramente icónico, un mapa que puede manipularse a voluntad para producir otros mapas*".

## El Proceso como Tendencia al Infinito

Moussavi y Zaera Polo definen la noción de Diagrama desde una postura mucho más pragmática, dando cuenta de su instrumentalidad como herramienta para la proyectación de edificios, pero entendiendo que para poder materializar estas ideas existen muchas instancias intermedias:

> Usamos los diagramas de un modo muy literal, como instrumentos para determinar y explorar el comportamiento arquitectónico. Los diagramas no contienen las determinaciones formales definitivas del proyecto: ha de haber varios mecanismos de mediación entre la forma del diagrama y la forma final del edificio.[34]

La concepción de la práctica arquitectónica como una práctica material de Alejandro Zaera Polo y Farshid Moussavi vuelve al diagrama un instrumento que opera en múltiples planos de acción. Podríamos utilizar el ejemplo paradigmático de la Terminal de Yokohama como un caso testigo de la multiplicidad de aplicación de la noción de diagrama.

Por un lado, explicitan que *"El proyecto está generado a partir de un diagrama funcional que trata de evitar esa organización lineal tan característica de los muelles. Sea cual sea la dirección en que atravesemos el muelle, siempre tendremos la sensación de que no volvemos."*[35] Esta aproximación implica una apropiación del diagrama como instrumento vectorial de orden general. En donde su aplicación está más relacionada con un gráfico de relaciones que con la noción de diagrama material.

Siguiendo esta idea, explican que *"Un gráfico es una línea de información que no se actualiza en el espacio real. Puede considerarse una especie de diagrama que siempre describe o prescribe información actuando fuera del*

---

34 Moussavi, Farshid y Zaera Polo, Alejandro. Código *FOA* en *2G Foreign Office Architects* N16, 2000. p 140.
35 Ibídem. p 140.

*espacio real.*" ³⁶ Esto resulta interesante para poder entender un plano del diagrama en donde su condición de gráfico puede contribuir a disociarlo de la similitud con el espacio real. Si bien explícitamente anuncian que es una "especie" de diagrama, es decir, que no es un diagrama, podríamos construir la idea de que el proyecto de Yokohama es un gran diagrama compuesto por outputs gráficos con grados diferenciados de actualización. A veces, más próximos a un gráfico, otras más cercanos a la idea de diagrama como máquina abstracta.

Esto es particularmente singular cuando vemos la placa de secciones constructivas del proyecto, en donde, en su continuidad sucesiva ponen de manifiesto el comportamiento organizativo del proyecto. Sus subidas y bajadas, sus desplazamientos laterales y profundidades variables. Así, la idea de dibujo en Yokohama, es más próxima a la de diagrama como "la presentación material abstracta y sintética de un comportamiento organizativo".

Para Moussavi y Zaera Polo el diagrama no es un solo objeto, sino que se constituye como un proceso profundamente imbricado con múltiples aspectos que involucran al proyecto, los cuales pueden relacionarse con requerimientos del cliente, coyunturas contextuales y el mismo proceso de construcción de la obra:

> Un diagrama es capaz de absorber y encarnar niveles crecientes de complejidad e información, sin alterar necesariamente la naturaleza de su comportamiento. Pero es crucial que este comportamiento esté claramente determinado. La operación diagramática no debería confundirse con la arbitrariedad o la falta de control; todo lo contrario: el diagrama consiste en saber en cada momento, con la mayor precisión, cuál es el nivel de determinación que podemos aplicar. En un proceso diagramático, el proyecto desarrolla una constante capacidad de desencadenar nuevas virtualidades, nuevas posibilidades, para seguir desarrollándose potencialmente hasta el infinito.³⁷

---

36   Ibídem. p 140.
37   Ibídem. p 140.

Esto último se conecta directamente con, al menos, dos cuestiones que veíamos anteriormente respecto de Deleuze. En primer lugar, respecto de la capacidad del diagrama de constituirse como una 'multiplicidad espacio-temporal', es decir, una entidad que se despliega en múltiples espacios y temporalidades diferentes al mismo tiempo. El diagrama de Yokohama no es ni el primer dibujo en planta del 1 de enero de 1996, ni el último del 24 de noviembre de 1999[38]. Y, en segundo lugar, respecto de que el diagrama 'crea historia al desandar realidades y significados anteriores, estableciendo tantos puntos de emergencia o creatividad, de coyunturas inesperadas o continuos improbables'. Esto es, el diagrama es implica una fuerza creativa en función de su pasado. Mientras se constituye como objeto, se deconstruye como el objeto anterior. Esto lo hace en un continuo (o *continuum*) devenir, el diagrama es un proceso.

## La Máquina Abstracta

Volviendo sobre las ideas planteadas por Anthony Vidler respecto de lo que Deleuze entiende como diagrama al afirmar que el diagrama *"substitutes for and takes the place of its object"* [39] y aquellas postuladas por Peter Eisenman cuando dice que *"the diagram works to blur the relationship between the desiring subject (...) and the desired object"* [40] ya que Kwinter, propondrá la figura del "disfraz", en donde el diagrama es sujeto y objeto simultáneamente.

> The diagram – or topologised schema – represents the plastic aspect of reality: subject and object can virtually masquerade as one another.[41]

---

38   Ver imagen de las plantas desplegadas cronológicamente en *Verb Architecture Boogazine N1*, Barcelona, 2001. p 46-47.
39   Traducción libre propia: *"sustituye y toma el lugar de su objeto"*.
40   Traducción libre propia: *"el diagrama trabaja para difuminar la relación entre el sujeto deseante (...) y el objeto deseado"*.
41   Kwinter, Sanford. *"The Genealogy of Models: The Hammer and the Song"* en *ANY: Architecture* New York, No. 23, *Diagram Work: ATA Mechanics for a Topological Age*. 1998. p 57. Traducción propia: *"El diagrama, o esquema topologizado, representa el aspecto plástico de la realidad: el sujeto y el objeto pueden disfrazarse virtualmente entre sí"*.

La relación entre el diagrama y el objeto real ya es superada por la misma idea de que eso es irrelevante. Esto es, el diagrama tiene un vínculo con el objeto real, tanto como autónomo es respecto del mismo. Esta es la condición 'difusa' del diagrama. Es innecesario volver sobre la intensión de construir vínculos entre diagrama, realidad o abstracción, puesto que, en una palabra, da lo mismo. Esta propuesta busca poner el foco en las propiedades activas del diagrama como entidades capaces, no tanto de interpretar la realidad, sino de construir una.

Más allá de la exploración epistemológica del diagrama, la condición más significativa respecto de ellos, es que son fundamentalmente geométricos. Esto es, construyen y se construyen por, geometría. Determinan bordes que, a la vez, son cambiantes y construyen rangos de variación que es, a la vez, continua.

*These diagrams I would claim are fundamentally geometric in nature, though the word geometry here refers to the modern non-Euclidean or 'rubber sheet' variety that deals with transitions and their logic. (...) Diagrams are active, and the view that sees them as mere blueprints to be translated or reproduces is outdated. The diagram is the engine of novelty, good as well as ill.* [42]

Una condición singular que Kwinter plantea respecto del diagrama es que los diagramas no 'crean' forma, sino que inducen a la creación de forma. En este sentido, y siguiendo a Deleuze, los diagramas podrían entenderse como agentes de transformación de la realidad habilitando que las fuerza vayan en uno u otro sentido, intensificando una organización o volviéndola más ambigua. Pero enfocándose centralmente en problemas de índole organizativos por medio de la determinación de geometrías concretas.

---

42 Ibídem. p 58. Traducción libre propia: "*Yo diría que los diagramas son fundamentalmente de naturaleza geométrica, aunque la palabra geometría aquí se refiere al tipo de geometría moderna no euclidiana o de "lámina de goma" que se ocupa de las transiciones y sus lógicas. (...) Los diagramas son activos, y la posición que los ve como simples planos para traducir o reproducir está desactualizada. El diagrama es el motor de la novedad, ya sea esta buena o mala*".

*From Goethe then, we were supposed to have learned that diagrams do not themselves produce form (at least in no classical sense of the word) but rather that diagrams emit formative and organizational influence, shape-giving pressure that cannot help but be 'embodied' in all subsequent states of the given region of concrete reality upon which they act.* [43]

Kwinter apela al concepto de Máquina Abstracta Deleuziano con el objeto de especificar el modo en el que los diagramas operan. Puesto que no son construcciones discursivas únicamente, pero tampoco geometría pura, los diagramas se debaten entre la abstracción y la materialidad concreta.

*Abstract machines are precisely what they claim to be: abstract because they are conceptually and ontologically distinct from material reality, yet they are fully functioning machines, that is, they are agencies of assemblage, organization, and deployment.* [44]

Si entendemos al diagrama literalmente como una máquina, con partes que se relacionan entre sí para llevar adelante un determinado trabajo[45] podríamos inferir que, para que esto tenga lugar, es preciso determinar una normativa de acción, esto es, definir con precisión cómo estas partes interactúan y cuál es el fin de esta(s) interacción(es).

---

43   Ibídem. p 58. Traducción libre propia: "*De Goethe entonces, se suponía que habíamos aprendido que los diagramas no producen por sí mismos la forma (al menos en el sentido clásico de la palabra) sino que los diagramas emiten influencia formativa y organizativa, una tensión que da forma y que no puede evitar estar 'encarnada' en los estados posteriores del plano de la realidad sobre la que actúan*".

44   Ibídem. p 59. Traducción libre propia: "*Las máquinas abstractas son precisamente lo que dicen ser: abstractas porque son conceptualmente y ontológicamente distintas de la realidad material, pero son máquinas que funcionan, es decir, son agenciamientos, organización y despliegue*".

45   De Google Significados: "*Objeto fabricado y compuesto por un conjunto de piezas ajustadas entre sí que se usa para facilitar o realizar un trabajo determinado, generalmente transformando una forma de energía en movimiento o trabajo*". Consultado en junio de 2020.

> To every organized entity there corresponds a micro-regime of forces that endows it with its general shape and program. Every object is a composition of forces, and the compositional event is the work or expression of an abstract machine.[46]

Esta normativa, a la que Kwinter denomina 'micro-régimen' es lo que define cómo la máquina abstracta opera, pero también, determina la forma y las condiciones programáticas internas del mismo. Es decir, la forma del diagrama es plausible de ser determinada como un régimen de fuerzas las cuales pueden ser explicitadas literalmente. A la vez, Kwinter hace referencia a la máquina abstracta no como el objeto en sí, sino como el 'evento' que determina la composición de fuerzas. Una vez más, el diagrama aparece como un conjunto de procesos, más no como un objeto único determinado. A la hora de definir sus bordes el diagrama es esquivo.

Si el diagrama, como máquina abstracta, es factible de ser determinado por medio de una normativa que define un 'micro-régimen' de fuerzas, es central en el problema del mismo, la posibilidad de determinarlo, no sólo como fuerza afirmativa, sino también, como entidad capaz de ser absolutamente explicitada y determinada. Alejándose de la creencia de que el diagrama es producto de procesos oscuros o faltos de precisión.

Kwinter afirma la idea de diagrama como un proceso de migración de información, esto es, como un proceso en el cual el dibujo del diagrama (su explicitación material) nos presenta los indicios concretos de la información. Es más, esta migración, según Kwinter, es de índole material. La información contenida e invisible de la materia migra por medio del diagrama a información visible y activa. El diagrama nos habilita a visibilizar la organización material de la realidad.

---

[46] Ibídem. p 59. Traducción libre propia: "*A cada entidad organizada le corresponde un micro-régimen de fuerzas que le otorga su forma y programa general. Cada objeto es una composición de fuerzas, y el evento compositivo es el trabajo o la expresión de una máquina abstracta*".

It is best not to bury novelty too deeply in the murky mysticism of 'invention' but to rise it affirmatively as a product of spontaneous – or deliberate – migration. The migration I am refferring to here is the migration of what current philosophical parlance calls the diagram.[47]

Y agrega:

The diagram is an invisible matrix, a set of instructions that underlies – and most importantly, organizes – the expression of features in any material construct. The diagram is the reservoir of potential. (...) It is, in short, the motor of matter, the modulus that controls what it does.[48]

La noción de matriz es interesante para asociarla a la idea de organización y de geometría. El diagrama se define como una matriz geométrica (invisible) que subyace y organiza la materia. Es decir, no sólo es utilitaria en el sentido en el que expone la organización material, sino que efectivamente opera como una fuerza organizadora. Como una estructura que define cómo se relacionan las fuerzas contenidas en la materia.

Kwinter ahonda en esta problemática al punto de identificar una doble agencia. Por un lado, la forma de expresión tectónica y por otro la química de los materiales es puesta en relación gracias a una matriz geométrica propiciada por el diagrama:

When a tree is configured to function as a wood column or beam, it is one set of properties of cellulose that is selected for expression

---

47 Kwinter, Sanford. *"The Judo of Cold Combustion"* en Reiser, Jesse y Umemoto Nanako. *Atlas of Novel Tectonics*. New York, Princeton Architectural Press, 2006. p 12. Traducción libre propia: *"Es mejor no enterrar la idea de novedad demasiado profundo en la oscuridad mística de la 'invención', sino plantearla afirmativamente como un producto de la migración espontánea o deliberada. La migración a la que me refiero aquí es la idea de migración que la filosofía actual llama: diagrama"*.
48 Ibídem. p 12-13. Traducción libre propia: *"El diagrama es una matriz invisible, el conjunto de instrucciones que subyace, y lo que es más importante, organiza, la expresión de características en toda construcción material. El diagrama es el depósito de potencial. (...) Es, en resumen, el motor de la materia, el sistema que controla lo que* hace*"*.

(...) when a tree is configured into a log for burning, it is the fire itself – that exists already inside the wood, only dormant or infinitely slowed – that is selected for expression or release. (...) It is a testimony of the diagram's action that such diverse properties can be called up and released.[49]

El diagrama 'descubre' o pone en funcionamiento ciertas propiedades específicas de la materia. Propiedades tectónicas o químicas. El diagrama, según Kwinter, funciona como catalizador de estas propiedades que, a simple vista, aparecen 'dormidas'. El diagrama, entonces, se configura como un dispositivo de lectura de las fuerzas contenidas o en estado potencial de la materia.

Esta afirmación de Kwinter es central si consideramos que el texto de donde han sido extraídas estas citas corresponde con el *Atlas of Novel Tectonics* de Reiser y Umemoto, en donde la interpretación del diagrama como fuerza de lectura literal, material y explícita es el quid de la cuestión de toda la práctica de RUR Architecture cuando dicen *"We assert the primacy of material and formal specificity over myth and interpretation."* [50]

Sin ahondar en materia estrictamente filosófica, cabe destacar cómo estas últimas definiciones de la noción de diagrama se emparentan directamente o, mejor dicho, encuentran su fuente epistemológica en las teorías deleuzianas del diagrama como máquina abstracta:

El diagrama ya no es el archivo, auditivo o visual; es el mapa, la cartografía, coextensiva a todo el campo social. Es una má-

---

49  Ibídem. p 13. Traducción libre propia: *"Cuando un árbol se configura para funcionar como una columna o viga de madera, implica un conjunto de propiedades de la celulosa que son seleccionadas para producir tal expresión (...) cuando un árbol se configura para ser quemado, es el fuego mismo, que ya existe dentro de la madera, solo latente o infinitamente aletargado, el que es seleccionado para tal expresión o liberación. (...) Es un testimonio de la acción del diagrama que es capaz de invocar y liberar propiedades tan diversas".*

50  Reiser, Jesse y Umemoto Nanako. *Atlas of Novel Tectonics*. New York, Princeton Architectural Press, 2006. p 23. Traducción libre propia: *"Afirmamos la primacía de la especificidad material y formal, por sobre el mito y la interpretación".*

quina abstracta. Se define por funciones y materias informales, ignora cualquier distinción de forma entre un contenido y una expresión, entre una formación discursiva y una formación no discursiva. Una máquina casi muda y ciega, aunque haga ver y haga hablar.[51]

Según Deleuze, y en continuidad con lo dicho anteriormente respecto de la indivisibilidad del diagrama y el objeto o la realidad, el diagrama no distingue entre objeto (contenido) y expresión (representación). Es injusto referirse al diagrama como un dispositivo de representación, ya que al tiempo que representa, presenta una novedad. Como vimos, la función del diagrama no es volver a presentar el objeto existente en el mundo, sino construir objetos como construir mundos.

Tal es la potencia del diagrama, que no se diferencia de conceptos aún más abstractos como la noción de poder. El poder es sintetizado, expuesto y explicitado en el diagrama. La posibilidad de construir mundos como procesos continuos absolutamente determinados y contenidos por fuerzas concretas y explícitas como normativa, lo vuelve la expresión misma del poder.

> ¿Qué es un diagrama? Es la exposición de las relaciones de fuerzas que constituyen el poder.[52]

---

51  Deleuze, Gilles. *Foucault*. Buenos Aires, Paidós. 2015. p61.
52  Ibídem. p63.

# Dibujos, Objetos, Edificios

Michael Young y Kutan Ayata

Entrevista llevada a cabo en marzo de 2021 en la Maestría en Investigación Proyectual.

**Santiago Miret (*SM*):** *Voy a empezar por presentar a Michael y Kutan. El trabajo de Michael Young y Kutan Ayata es absolutamente consistente. Su práctica produce dibujos, objetos y edificios como derivaciones unos de otros. Es bastante difícil diferenciar entre los diseños 2D y 3D y, de alguna manera, es muy difícil identificar escalas entre objetos y edificios. Los desafío a definir dónde termina un proyecto de Young & Ayata y comienza el otro. La consistencia es muy difícil de lograr, especialmente dentro de una práctica experimental y desafiante a las convenciones. Creo que esto se logra gracias a un enfoque magistral del problema de la representación. Cada proyecto explora una forma diferente de entender la arquitectura, desde la teoría hasta la técnica, y es exactamente este tema de la representación por lo que personalmente creo que Young & Ayata es una de las prácticas arquitectónicas más fascinantes y relevantes de la actualidad. Porque no están renunciando al poder de la Arquitectura para comunicarse tanto de manera tradicional como radicalmente experimental. Young & Ayata son los ganadores del premio* Design Vanguard 2016 *del "Architectural Record"; el edificio de apartamentos DL1310 diseñado en colaboración con Michan Architecture, el Premio de Arquitectura Progresiva 2019 de "Architect Magazine"; en 2015 fue uno de los dos primeros premios del Concurso Internacional del Nuevo Museo Bauhaus de Dessau; fueron finalistas del "Programa* MOMA YAP*" de 2015 en Estambul; en 2014 los socios fueron los ganadores del Premio Joven Arquitecto de la "Architectural League of New York"; y su participación en la competencia internacional abierta para el* Dalseong Citizen's Gymnasium *en Corea del Sur recibió una mención de honor; un manifiesto titulado* The Estranged Object:

Realism in Art and Architecture, *escrito por Michael Young con los proyectos de Young & Ayata fue publicado en la primavera de 2015 por la Fundación Graham; Recientemente, el trabajo de la firma se exhibió en el Museo de Arte Moderno, el* Istanbul Modern, *la Fundación Graham, la Universidad de Yale, SCI-Arc y la Universidad de Princeton. Es un honor para mí presentarles a Michael Young y Kutan Ayata. Muchas gracias por estar aquí, es un placer.*

**Michael Young (MY):** Gracias por recibirnos.

**Kutan Ayata (KA):** Gracias por recibirnos.

***SM:*** *Bueno, la conversación se titula Dibujos, objetos, edificios, así que empezaré con los dibujos. Al mirar sus dibujos, es posible identificar claramente una tradición que involucra tecnología digital a partir de las* Miralles's lines *publicado en el maravilloso artículo* Digital Remediation, *en 2013. Hay claramente un interés en problematizar el alcance de las geometrías del mundo digital, pero también está Miralles, cuyos trazos intuitivos parecen tener poco que ver con la precisión infinitesimal de las* splines. *Entonces, me preguntaba si Miralles es como una tradición anti-digital que les interesa o ¿por qué están mirando particularmente los dibujos de Miralles?*

**MY:** Es un buen lugar para comenzar. Empezaremos por el *Olympic Archery Range* de Miralles y Pinós. En primer lugar, tanto Kutan como yo somos fanáticos de su arquitectura, y no solo fanáticos de su arquitectura ya que fue desarrollada en diferentes etapas, sino fanáticos especialmente de los dibujos. Miralles fue un dibujante increíble, y los dibujos que él y Carme Pinós y Benedetta Tagliabue pudieron hacer son algunas de las obras maestras del dibujo de finales del siglo XX para regular curvaturas complejas a través de relaciones compuestas de rotaciones, centros, arcos. La forma en que una brújula describe la curvatura también funciona con tangentes y normales. Para nosotros, este experimento que se muestra aquí basado en el plano del *Archery Range*, este tipo de dibujos analíticos, fue interesante por dos razones. Primero, tratando de comprender un poco más las formas en que alguien como Miralles usaría la curvatura y, en segundo lugar, al mismo tiempo, tanto Kutan como yo estábamos comenzando nuestra carrera docente a fines de la primera década de este siglo. A partir de 2006 aproximadamente, estábamos impartiendo cursos de representación en Columbia, y una de las preguntas que nos hacíamos era cómo enseñamos dibujo con herramientas de modelado digital, y cuáles son los legados dentro de las historias del dibujo que sentimos que son resonantes, que se llevarían a cabo. Entonces, en cierto nivel, estos dibujos también tratan sobre las formas en que un software como Rhino, un modelador de *splines* de base no uniforme, construye curvaturas a través de los movimientos de tangentes y normales. Estos son los cálculos que operan dentro de las curvas. Normalmente, esta geometría no es visible y lo que se visualiza es la curva resultante, por lo que, en el nivel más contundente, estos dibujos son lo que sucede cuando se apagan las curvas y se activan las tangentes y normales. Son un registro gráfico del movimiento de curvatura pero, tan importante fue esto para nosotros que una vez que trabajas con la acumulación de miles de líneas ya no puedes pensar en términos típicos, es decir trazando líneas que denoten los bordes de las figuras, comienzas a pensar en algo más cercano a la pintura, es decir, mezclas de colores, varias intensidades de saturación, matices, luminosidad y profundidad que se produce a través de la densidad; estas son preguntas pictóricas en contraposición a preguntas lineales. Preguntas sobre sensaciones dentro y alrededor del campo, no figuras delimitadas en la parte superior del campo o del suelo ¿Es eso suficiente como para comenzar a interesarse en las técnicas de dibujo?

**KA:** Tal vez solo una cosa que agregar a lo que comentaba Michael, en retrospectiva, y estos no son necesariamente los términos que discutimos juntos, pero, de alguna manera, también existe el problema de los precedentes aquí, las formas en que uno trabaja como arquitecto, como diseñador, como un estudiante, a través de un análisis formal que, de alguna manera, establece potenciales de otros mundos a través de transformaciones de precedentes. Tal vez el precedente viva como un "fantasma", pero lo que se convierte en un nuevo tipo de estética, un nuevo tipo de potencial ha surgido de esa operación. Creo que este conjunto de, digamos, imágenes que estamos viendo, que inicialmente llamamos dibujos, comenzó a explorar la estética y los efectos de los que Michael acaba de hablar en términos de sus cualidades pictóricas. Y tal vez, de alguna manera, nuestra preocupación actual por las convenciones de los planes también apunta en esa dirección, el precedente sigue vivo como un fantasma, pero no como algo que sostenemos en un pedestal para vivir, lo involucramos de una manera particular para abrir otro mundo.

**SM:** *Es muy pertinente cómo trabajan con lo que hizo Miralles y cómo operaron con el material y no con el contexto del material. Michael mencionó algo como la densidad o la abundancia de líneas que producen algún tipo de efecto* moiré *que genera capas similares. Que tal vez esto sea a lo que Kutan se refiere con los "fantasmas". En esta imagen es que se pueden ver muchas imágenes en una. Entonces, en cierto sentido, es como si a través de la abstracción y a través de una técnica muy precisa que genera algún tipo de representación ornamental de algo que es bastante abstracto, y algunas imágenes pueden parecer algunas, tal vez, imágenes figurativas. Entonces, estaba pensando qué piensan sobre esa transformación en estos dibujos, de algo que es completamente abstracto a algo así que es bastante ornamental y tal vez relacionado con algún tipo de operación figurativa.*

**MY:** Creo que hay un par de preguntas ahí que se relacionan con una serie de cosas que funcionan a través de proyectos durante los últimos 12 años. Uno, debería decirse, que en cierto nivel nos interesa la abstracción, pero no nos interesa la abstracción como algo que se entiende en contra de una cuestión como el realismo. Nos interesan las formas en que la abstracción actúa como un alejamiento de lo real, que te permite pensar, nuestra relación con la realidad es como un constructo, construido sobre suposiciones. Si realmente queremos abrir estos temas y entrar en ellos seriamente, se necesita un poco más de tiempo y se pueden tomar de manera incorrecta. Hemos notado con bastante frecuencia que cuando decimos una palabra como realismo, la gente piensa inmediatamente en representaciones fotorrealistas para consumo comercial; y eso no es lo que queremos decir. Lo entendemos dentro de un legado estético que se remonta a las pinturas de Gustave Courbet, y la literatura de Zola

Young & Ayata. Miralles's Lines, Curvature Analysis. 2008.

y Tolstoi, tradiciones del siglo XIX donde la descripción del mundo comienza a tornarse extraña, en la forma en que la obra de arte permite notar aspectos de la realidad de una manera diferente.

Entonces, ahora esta puede parecer una conversación muy extraña en relación con estos dibujos abstractos que produjimos al principio de nuestra práctica. Estos divertidos dibujos de millones de líneas que se vuelven densas y vibrantes, fluctuando ópticamente, pero hay una parte en la que el realismo se relaciona con este trabajo: estas imágenes son un extrañamiento de las herramientas digitales con las que trabajamos y creo que todos los artistas y arquitectos atraviesan. Esos momentos en los que estás tratando de entender cuáles son los límites de tu medio y, si puedes desafiarte a ti mismo para verlos, usarlos, abusar de ellos para producir cosas inesperadas con ellos, eso, en sí mismo, se convierte en el inicio de otro proyecto.

También hiciste una pregunta sobre la figuración y cómo la figuración entra y sale de la atmósfera. Estos dibujos, estas imágenes también son intentos de construir una figura no por el contorno delimitador que la delimita como diferente del suelo sobre el que se asienta, sino por construir una figuración a través de la superposición de miles de marcas de colores, que es lo que hace la pintura cuando construye la figuración a partir de su fondo, a partir de su matriz, en lugar de demarcar una figura sobre un fondo como lo hace el dibujo. Una forma de crear una figura a través de esta técnica es comenzar a usar la simetría, en nuestras investigaciones comenzamos a usar organizaciones que son casi simétricas, o simétricamente aisladas en parches locales, donde la simetría crea la apariencia de un embudo, un vacío, cargando un movimiento de profundidad dentro de la página y fuera de la atmósfera, en oposición a la delimitación de la figuración determinada por un contorno. Esto es, nuevamente, una extensión de nosotros tratando de descubrir cómo enseñar, explorar, experimentar y, en cierto nivel, abusar de nuestros medios y nuestras herramientas.

Tu pregunta sobre el adorno también se relaciona con esto. Estamos interesados tanto en el adorno como en la decoración, y probablemente ambos por igual. Quizás una breve distinción para diferenciarlos, porque podría conducir a algunos de los objetos que producimos, es que el adorno es algo que requiere atención, algo que debe mirar con cierto grado de significado deseado por parte del arquitecto. Por lo general, es integral, en algún nivel, a la estructura, el material, el detalle, a una pieza de construcción, mientras que la decoración tiende a ocultar las costuras, confundir la materialidad, producir estados de ánimo y afectos, desafiar el *decor*, por lo que la decoración tiende a operar como una atmósfera generalizada. Nos interesan los momentos en los que la decoración se convierte en adorno o el adorno se convierte en decoración. Entonces, estas imágenes / dibujos / objetos que estamos viendo, tienen momentos en los que intentan guiar o atraer la atención, y otros momentos en los que intentan distraer o difundir la atención, para difuminarla en una actitud general o tonalidad, una especie de movimiento general a través de la superficie. Esto se volverá, quizás, un poco más específico si miramos algunos de los objetos que hicimos y también parte de la arquitectura. Pero, en cuanto a cómo se relacionan con los dibujos, esos primeros dibujos son la semilla de cosas que se explorarán con un poco más de especificidad más adelante.

**KA:** Solo para desarrollar sobre eso, tal vez la tensión entre abstracción y realismo de la que estamos hablando, uno podría argumentar que estos dibujos, imágenes, son descripciones literales de geometría incrustada. Si quisiera representar la geometría real que calculan nuestras máquinas, así es como se vería. Sin embargo, lo estamos viendo a través de una resolución de 72 ppp como mediado a través de nuestras pantallas creando interferencia adicional, otro ruido, otro conjunto de efectos a través de otra capa de mediación digital. Entonces, de alguna manera, creo que todos estos pasos intermedios a través de los cuales medimos la información son formas en las que uno podría comenzar a comprender lo que significa dibujar hoy y cómo puede abrir estéticas alternativas. Todos estos son dibujos planos, todos son 2D, nada aquí es información 3D. Pero creo que estos nos brindan formas de construir profundidad de maneras distintas de cómo se podría comenzar a construir perspectivas u otros métodos convencionales de cómo los arquitectos describían la profundidad en planos 2D. Entonces, creo que, a medida que pasamos de los Dibujos a los Objetos, esa traducción adquiere potencial en términos de cómo la información se convierte en algo más que simplemente 2D o 3D, porque no necesariamente pertenece a ningún plano, pertenece a los medios digitales de computación y visualización de píxeles iluminados. Hemos pasado por una década de, no sé, innumerables programas de dibujo donde todos interrogaban ¿qué es el dibujo? ¿es esto un dibujo? ¿No es un dibujo? ¿Importa el dibujo? Estas preguntas, en algún nivel, están agotadas y sentimos que hemos pasado del punto de siquiera debatir si podemos aceptar estas cosas como dibujos. Todos estamos mediando digitalmente. Creo que el último año, por lo que vale, pone mucha presión en cuestiones de representación, porque claramente todo lo que comunicamos como arquitectos con el mundo, con los clientes, con los constructores, con nuestros estudiantes o entre nosotros entre pares se ha basado en material digital, y decir que no hacemos eso, no es primordial en lo que hacemos, no es realmente involucrar el momento en el que vivimos.

**SM:** *Mencionaste lo que significa dibujar, y eso es bueno porque invito a la audiencia a que se acerque a la pantalla y mire este dibujo en detalle, y verán como identificaremos líneas, pero también identificaremos puntos, pero, si miras de cerca, esos puntos son como rosquillas, y luego tienes líneas que parecen luces, y las rosquillas también se transforman en líneas porque se repiten. Entonces, siendo más específico y más concreto, me preguntaba acerca de las técnicas que usan, qué técnicas específicas usan y, porque hay algunos dibujos que parecen muy precisos y hay otros dibujos que parece que no están tan bajo control. Entonces, ¿hay técnicas que se usan de una manera u otra y qué les hace decidir cuál usar para cada proyecto?*

**MY:** Buena pregunta. Específicamente de los proyectos que estamos viendo aquí, un trabajo que lleva ya más de una década, por lo que algunas de las técnicas han cambiado, ya que los tiempos han cambiado y la tecnología ha cambiado, y nosotros también hemos cambiado. Por ejemplo, con las tangentes y los dibujos normales, inicialmente los dibujamos uno

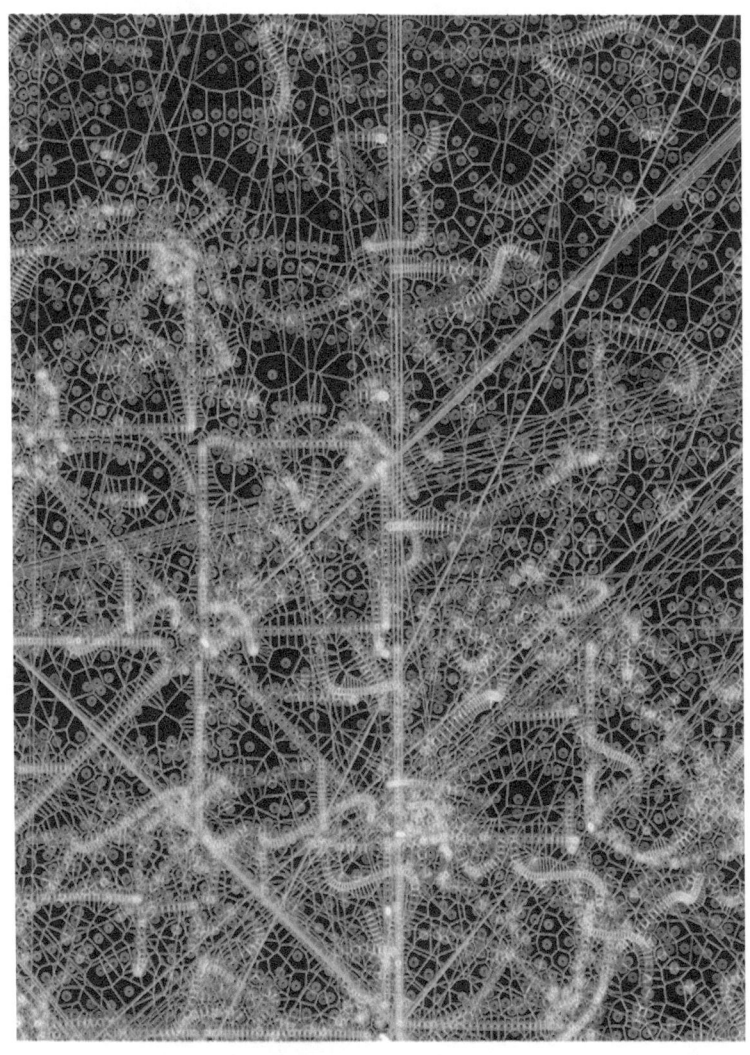

Young & Ayata. Spectra. 2016.

por uno hasta que apareció Grasshopper, y luego pudimos involucrar la variación con un grano de control mucho más fino. Y también, de diferentes formas que sintonizan y mezclan colores, densidades, intensidades de líneas como marcas, en contraposición a las líneas como demarcadores de bordes. Dentro de estos experimentos hay un par de fases diferentes. Una es que nos interesaron las historias del aguafuerte y el grabado, las formas en que la marca, cuando se imprime y se reimprime, produce cosas como un *moiré*. Algunas de las primeras conversaciones sobre el *moiré* provienen del maestro grabador Abraham Bosse, quien habla de los efectos del *moiré* en el aguafuerte y el grabado como algo realmente bueno para las nubes. Nos gusta eso, nos gusta el hecho de que se pueda animar algo visual y ópticamente a través de difracciones de interferencia, que se pueda controlar la apariencia de luminosidad al tener líneas que se vuelven más delgadas y más gruesas. Hubo un experimento de dibujo que hicimos para el concurso de la *Busan Opera House* en el que contorneamos la superficie, contorneando como la construcción de un barco, luego procesamos las líneas como puntos que cambiarían de tamaño. Con la resolución a la que se imprimirían, no verías puntos, solo verías líneas cada vez más gruesas y delgadas, y habría tantas que percibirías luminosidad. Estas preguntas son profundas dentro de la representación con respecto a las formas en que dejamos marcas en las tecnologías de los medios de reproducción. Estos efectos superan lo que la tecnología intenta reproducir, y nuestras preguntas comienzan a explorar este tipo de efectos con tecnologías completamente diferentes. Cuando decimos renderizado, no nos referimos al software como un motor de renderizado, nos referimos a cómo el mundo se vuelve sensible a nuestros ojos, a nuestras sensaciones.

El dibujo titulado MALI / LIMA / AMIL / ILAM es un axonométrico donde se dibujan miles de líneas para cumplir con los límites y luego, se rotan 45 grados una por una para crear la percepción de una profundidad superficial (eso parece un poco loco). Hay una cosa curiosa, muchos de estos dibujos que parecen automatizados tienen grandes etapas que son solo fuerza bruta hechas por Kutan y yo, y personas que han trabajado con nosotros a lo largo de los años. Y todo está al servicio de intentar

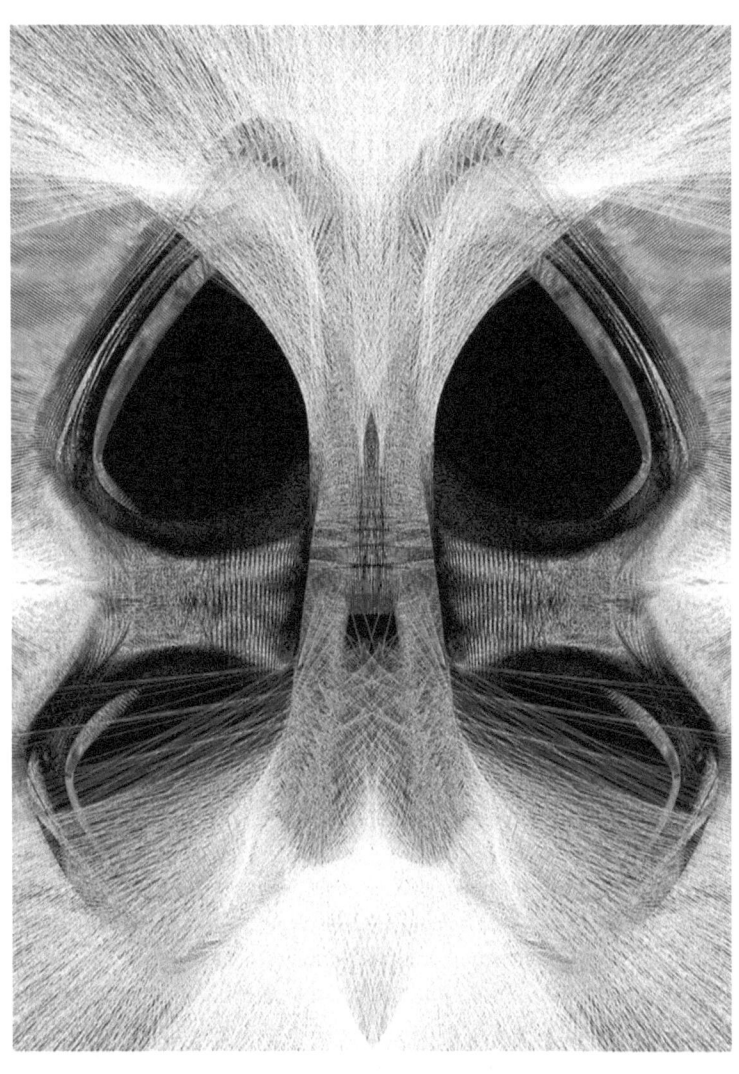

Young & Ayata. Busan Fields. 2011.

comprender un cierto efecto, una determinada idea espacial, una determinada idea organizativa, una determinada cuestión arquitectónica, una determinada relación con la representación, con los medios, con la estética. Todas esas cosas están envueltas allí. Y entonces (supongo que esta es una pregunta sobre la técnica), estamos interesados en conocer nuestra técnica, pero nunca como prueba o racionalización de las cualidades de lo que estamos tratando de lograr. La técnica está simplemente ahí como un medio para explorar una idea, para ver qué más podemos hacer.

**SM:** *Si quieren, podemos pasar a los Objetos. En particular, quiero hablar sobre la variación y la tradición en su trabajo sobre la variación en las citas. Durante la década de 1990 hubo una especie de explosión de arquitectos y arquitectura interesados en la variación del objeto genérico, y su trabajo también muchas veces opera de esa manera. Hay un objeto en particular que varía su genérico: las Base Flowers. ¿Cuál es el papel que le dan a la variación en sus objetos? ¿Por qué usan la variación? Porque, obviamente, no es algo relacionado con la optimización, es algo que se relaciona con otra cosa. Así que no quiero adivinar, solo quiero preguntarles si tienen algún tipo de idea de lo que hace la variación en su trabajo o tal vez es algo que ya no les interesa, pero tal vez puedan explicarlo con más detalle.*

**KA:** Es interesante ver todas estas imágenes juntas, supongo que rara vez hacemos esto. Y mirando hacia atrás, creo que ha habido dos fases de interés en diferentes tipos de variación y, la primera, es gracioso llamarla trabajo temprano en un lapso de 12 años, pero creo que esto ha sido interesante para nosotros porque, Ambos somos individuos que se sienten incómodos con conformarse con lo que hacemos como algo estable, sino que preferimos que lo que hacemos evolucione hacia territorios diferentes. Pero mirándolo todo junto hoy, también conlleva cierta sensibilidad, y la variación ha sido parte. Creo que el trabajo inicial demuestra, tal vez, más variación en el sentido geométrico que explora los efectos de degradado y *moiré*, los cambios de patrón y su residuo atmosférico en la forma en que brillan. Creo que eso es algo que dejamos atrás en gran medida y, quizás en el último trabajo, la variación es entre dos o tres cosas, como un acople donde se incrementan las tensiones entre ellas, quizás

Young & Ayata. LIMA/MALI/AMIL/ILAM. 2016.

hacia efectos de descontextualización, quizás hacia efectos que tratan de redefinirse en su colaboración, pero menos sobre el tipo de variación de campo geométrico que estaba en el trabajo inicial. Ese sería mi diagnóstico al ver este trabajo.

**MY:** Es bueno, de vez en cuando, mirar hacia atrás a través del trabajo y verlo en sus relaciones. Sin embargo, un tema general es la relación entre la continuidad y la discontinuidad o entre lo continuo y su discretización (que es una cuestión computacional). Esto está claramente presente en los primeros dibujos que hemos estado mirando y discutiendo. También está presente en los proyectos de objetos que estamos viendo ahora, que están en una tradición con la que varias personas estaban experimentando en la década de 1990 y principios de la década de 2000, eran la variación de una unidad celular discreta (un panel, una pieza de estructura, una pieza de geometría) que podría operar dentro de la continuidad de una geometría compleja. A medida que nos adentramos en algunos de estos proyectos, como en el jarrón *Base Flower*, estas preguntas se desarrollan a través de una expresión formal de cinco vasijas contenidas dentro de un solo saco de geometría. También hay decoración inscrita en la superficie como una impresión 3D de múltiples materiales relacionada con el mapeo de curvaturas. Pero, si nos dirigimos a una imagen donde vemos una de las propias flores, nos preguntamos algo diferente a través de este proyecto, una discontinuidad conceptual. Los jarrones han puesto tanto en su diseño y articulación, que la gente ve el proyecto como un extrañamiento del jarrón y de cómo se posicionan las flores. Pero también diseñamos e imprimimos las flores en 3D. Creamos sus colores, sus texturas, sus formas como algo semi-geológico, biológico, tecnológico, para que la gente no los notara al principio; lo que es real y lo que no es "real" cuestionando cuándo y cómo se trazan las líneas entre las diferentes manifestaciones físicas y esa discontinuidad, esa coyuntura, esa costura, es lo que nos interesó. Esto es muy diferente de las tangentes, las normales y los colores, pero existe un vínculo conceptual en las formas en que uno crea y gestiona las costuras dentro de la construcción material de cualquier entidad, ya sea un dibujo, un edificio o un objeto.

Young & Ayata. Base Flowers. Volume Gallery, Chicago, EEUU. 2015.

**SM:** *Estaba a punto de preguntarles sobre las flores, y es increíble (no me di cuenta de eso, pensé que eran como flores extrañas que eligieron) que algunas de ellas sean de diseño impreso en 3D y, bueno, respondiste algunas de mis preguntas sobre los efectos que están produciendo, que tiene mucho que ver con la distancia, como las flores o tal vez como este tipo de detalle en relación con la lámpara, ¿no? Me gusta que producen algún tipo de extrañamiento con respecto a la escala y cosas por el estilo. Entonces, voy a seguir adelante y tal vez podamos hablar un poco sobre Edificios porque, como dije en la introducción, estas cosas vuelven a suceder. Me interesan las tradiciones disciplinares con las que trabajan. Me refiero a elementos arquitectónicos. Claramente hay un interés en su trabajo por integrar y distorsionar elementos arquitectónicos, tal vez relacionado con esta idea de variación y esta relación entre elementos continuos y discretos, como si no hubiera uno u otro, como si estuvieran incrustados en la obra. Entonces, me preguntaba con qué autores se relacionan más, los autores históricos o trabajos específicos con los que pueden encontrar algún tipo de afinidad.*

**MY:** ¿Qué opinas, Kutan? Quiero decir, este es un buen tema de conversación entre nosotros dos porque hay un puñado de arquitectos que compartimos, con igual admiración. Hay otros en los que nos separamos. Creo que esas divisiones a veces son importantes dentro de una asociación, y pasamos mucho tiempo hablando de otros arquitectos y otras arquitecturas. Pero también deberíamos decir que dedicamos tanto tiempo también a hablar de fotógrafos, de pintores, de escultores, de cineastas. En cierto modo, la cuestión para nosotros sería tratar todas estas diferentes formas de mediación como influyentes en lo que hacemos. ¿Quieres que también comencemos a decir algunos nombres?

**KA:** Casi siento como que recientemente, tal vez en los últimos tres cuatro años, se ha tratado más de fotógrafos. En la forma en que se documenta el mundo o, tal vez, se vuelve a documentar. Creo que la disciplina de la fotografía, casi desde el principio, se vio como una alternativa a la pintura. Inmediatamente comenzó a reinventarse en cuanto a alternativas para representar lo real como evidencia. Y creo que ese tema, de alguna manera, quizás resalte todos nuestros intereses en términos de arquitectura y cuestiones de representación. La fotografía parece ser la que ha abordado esta cuestión durante la mayor parte de los últimos 150 años, y continúa reinventándose a sí misma a medida que pasa de las tecnologías analógicas a las digitales. Es asombroso ver dentro de esto que casi no hay fricción. Quiero decir, estoy seguro de que, por supuesto, hay debates internos, pero desde fuera parece que no hay miedo a lo nuevo. Hay nostalgia dentro, pero, de alguna manera, la evolución de, para nosotros específicamente, la Escuela de Dusseldorf, y cómo llevamos adelante una comprensión de cómo el realismo podría operar dentro de la fotografía como un dispositivo de ficción. Es algo de lo que hablamos mucho. Creo que estos fotógrafos y creadores de imágenes contemporáneos como Filip Dujardin y Philipp Schaerer, cuyos temas son los edificios en el mundo (como imágenes), continúan fascinándonos como construcciones arquitectónicas que influyen en muchas de nuestras discusiones sobre cómo podría ser la arquitectura, qué podría parecer que es una alternativa a la forma en que se ha practicado y visualizado.

*SM: ¿Y creen que mirar a la fotografía es una forma de, no sé, buscar algo que la arquitectura contemporánea no está produciendo? Porque cuando veo su trabajo, puedo pensar en una pequeña cantidad de oficinas en todo el mundo que están trabajando de esta manera. Es una forma especulativa y experimental pero absolutamente real y concreta. Hay mucha arquitectura blanda formalista que es solo una demostración de la técnica. La pregunta, creo, es: ¿por qué creen que están recurriendo a la fotografía o a otros campos y disciplinas para, no sé, inspirarse o conseguir algún tipo de referencia o algún tipo de modelo con el que trabajar? ¿Creen que al panorama actual de la Arquitectura le falta algo?*

**MY:** Esa es una pregunta difícil. Sin embargo, es una realmente buena. Creo que, para nosotros, los fotógrafos que nos interesan más, nuevamente, los fotógrafos que salen de Bernd y Hilla Becher de la Escuela de Dusseldorf, hay un realismo en la fotografía que aceptas como que de alguna manera documenta sucesos que existen en el mundo y luego, una vez que eso ha sido aceptado, te das cuenta de que hay algo mal, miras la fotografía un poco más y hay algo con la imagen, con el contexto, con la situación que se está presentando. Ese alargamiento de la atención, ese deseo de mirar más de cerca, comienza a revelar un alto nivel de artificio y abstracción, una extrañeza que ocurre dentro de las imágenes. Entonces, en lugar de, digamos, un proceso que regresa a la abstracción y luego se acumula hacia alguna novedad potencial, hay un deseo dentro de esos fotógrafos de tomar lo real como algo dado y supuesto, y luego perturbarlo, alterarlo, interferir con él, infectarlo, intervenir de una manera que comience a permitir que un observador piense en su mundo de una manera diferente. La arquitectura en su mejor momento también puede hacer esto.

Antes mostrabas una imagen de nuestro proyecto *"Wall Reveal"*, donde tomamos los *Fry Reglet wall reveals*, uno de los detalles de pared más comunes en la construcción contemporánea, y comenzamos a imprimir en 3D nuestras propias intervenciones que harían cosas extrañas en la pared. El típico detalle revelador es algo que hace que la realidad parezca abstracta. Nuestra pregunta era cómo tomar eso y llevarlo más lejos. En algunos casos va demasiado lejos y se convierte en una floritura expresiva. Pero cuando resulta mejor, es cuando hay una desfamiliarización sutil del mundo que nos rodea. Encontramos una calidad similar en nuestros fotógrafos. Creo que muchos de nuestros arquitectos favoritos también han podido hacer esto a lo largo del tiempo. Por ejemplo, Luigi Moretti sería uno para mí, que constantemente fue capaz a lo largo de su carrera de asumir ciertos supuestos sobre las formas en que el modernismo en un momento determinado, o la materialidad, o una relación entre una fachada y su interior, o incluso la disciplina antigua, cosas fundamentales como una base, una entrada, un frontón; cómo todas esas cosas se pueden poner en relaciones que nos permitan desafiar nuestras suposiciones sobre cómo esas cosas deberían relacionarse entre sí, deberían entenderse entre sí, deberían funcionar entre sí. Podríamos ir a muchos otros ejemplos arquitectónicos, pero primero, (y no sé si esto también es lo que estás preguntando, Santiago, porque podría ser este tipo de pregunta), tuvimos a Peter Eisenman y Jesse Reiser como profesores; Kutan y yo trabajamos para Jesse y Nanako en Reiser Umemoto; fui asistente de enseñanza de Peter Eisenman. Estos personajes fueron muy influyentes para nosotros y,

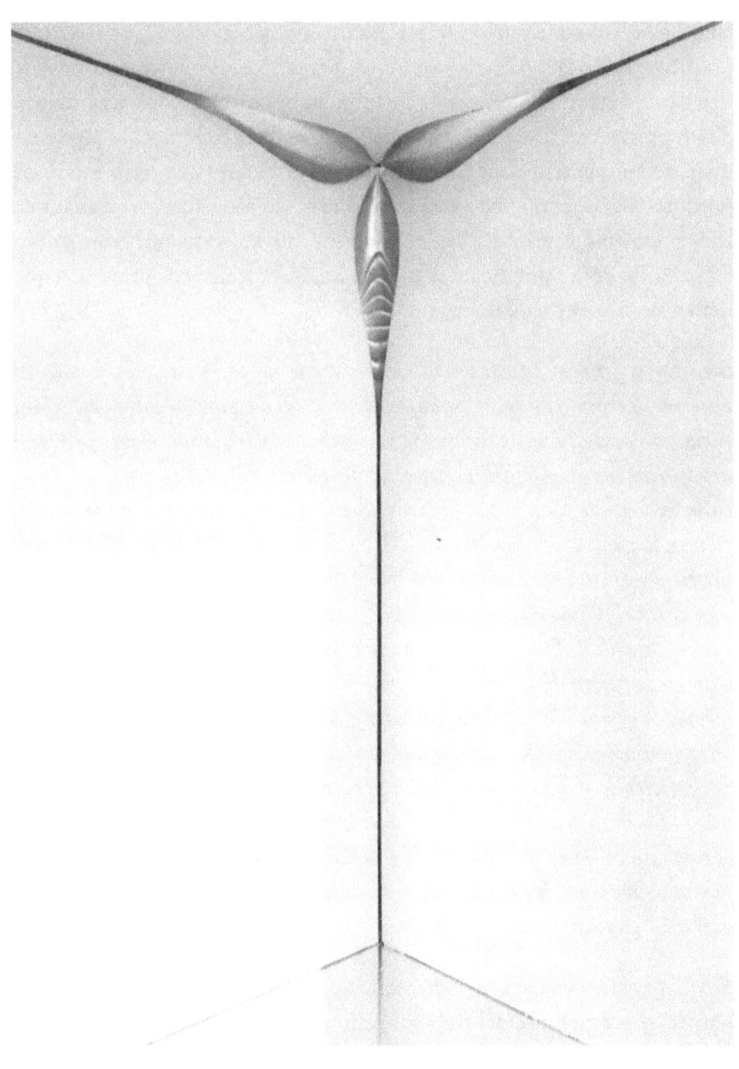

Young & Ayata. Wall Reveal. SCI-Arc Gallery, Los Angeles, EEUU. 2016.

aunque no creo que puedas mirar nuestro trabajo y decir "Oh, sí, parece un proyecto de Peter Eisenman", creo que hay cosas que aprendimos de Peter sobre las relaciones con la historia, la importancia del rigor dentro de un proceso de diseño y la atención a la representación como algo más que una simple representación de un proyecto, sino como un modo de producir argumentos. Eso está muy dentro de nosotros, y el trabajo de Reiser Umemoto también fue muy influyente en nosotros, tanto como estudiantes como practicantes principiantes, hay algunos proyectos que tienen su influencia de manera muy directa.

**SM:** *Eso es genial. Quizás voy a hacer una especie de hipótesis. Podría equivocarme, pero mirando su trabajo, preparándome para esta conversación, encuentro una especie de transición (por supuesto corríjanme si me equivoco) que quizás tenga algo que ver con, no sé, la técnica o los instrumentos que están utilizando para producir este trabajo. Y estaba pensando en la transición en el tiempo de proyectos lineales y densos a proyectos que son más volumétricos y continuos. Como en este proyecto que es una especie de transición: una entre el gimnasio y lo que están haciendo ahora. Eso es una especie de mezcla, ¿verdad? Como si hubiera un enfoque volumétrico de la forma, un enfoque sintético de la forma continua y algún tipo de enfoque suave de la forma, la geometría. Es como traducir el ornamento en una figura volumétrica continua similar. ¿Sienten que es una especie de transición como lo que estoy diciendo o alguna otra? Estoy pensando, tal vez en proyectos como el que publicaron en Antagonismos (no es que esté haciendo publicidad aquí), es como un proyecto que usa mucho al collage en superficies volumétricas tan potentes, ¿verdad? Todo el camino hasta los apartamentos DL1310. ¿Hay algo así o solo estoy imaginando cosas?*

**KA:** Creo que es acertado, y creo que nos sentimos muy cómodos con la naturaleza cambiante del trabajo. Justo antes del concurso del *Helsinki Guggenheim Museum* nos enojamos con el tipo de cosas que estábamos haciendo, había un agotamiento de los gestos generales a través de los cuales estábamos trabajando cuando se trataba de un edificio. Y creo que el concurso del museo fue un primer intento de intentar obtener un todo, no a través de la agregación de piezas de ensamblaje (tal vez como lo hicimos con la lámpara), o gestos con un enfoque singular, pero para ver si podíamos establecer una escala media de varios caracteres para definir el conjunto. Porque dentro de eso hay todo tipo de potenciales simetrías, asimetrías locales, múltiples frentes. Y nos sacó un poco de esa comprensión de arriba hacia abajo de lo que podría ser un edificio. Es posible rastrear algunas de las inclinaciones formales hasta el trabajo inicial (como la Sukkah) en la forma en que las cosas se acoplan. Pero creo que el efecto, la cualidad que buscábamos es negarnos una lectura singular de lo que representa el edificio. Nos situamos en un lugar que no residía necesariamente en un gesto, ni la atomización total de un volumen singular hacia gradaciones de un ensamblaje de partes, sino algo que podría abrir, tal vez, otra forma de entender las relaciones parte a todo fuera de cómo operamos normalmente.

**MY:** Sí. Solo para agregar a lo que Kutan estaba diciendo, tienes toda la razón: hay etapas y momentos en los que las cosas cambian más suavemente. Cuando estás en medio de eso, a veces no estás completamente consciente porque tal vez simplemente estás cansado de algo que estabas haciendo anteriormente, pero en retrospectiva, siempre hay conexiones. Si miras la imagen del *Helsinki Guggenheim Museum*, ¿ves esos patrones? Estos patrones son, literalmente, los dibujos que estábamos viendo anteriormente colocados en el edificio como adorno y decoración. Las ideas formales de las *Base Flowers*, en términos de miembros y cabezas, gargantas y cuerpos, también están aquí en la propuesta de Guggenheim. Ahora se parecen más a piernas y unas especies de cuernos, pero es una idea formal muy similar. Otro interés continuo son las superficies que van de un borde afilado a un cuerpo suave y voluminoso, esta idea está en un proyecto inicial para una casa en Sharjah, está en el concurso de la Ópera en Busan, está en cada proyecto de alguna manera. Pero también hay algo diferente en el proyecto del Guggenheim, y tienes razón en notarlo Santiago.

Ahora hay elementos distintos que se fusionan en el plano, y esto también se aparece en el *New Bauhaus Museum*. La diferencia más importante que ocurrió en el *New Bauhaus Museum* fue que los bordes y las continuidades

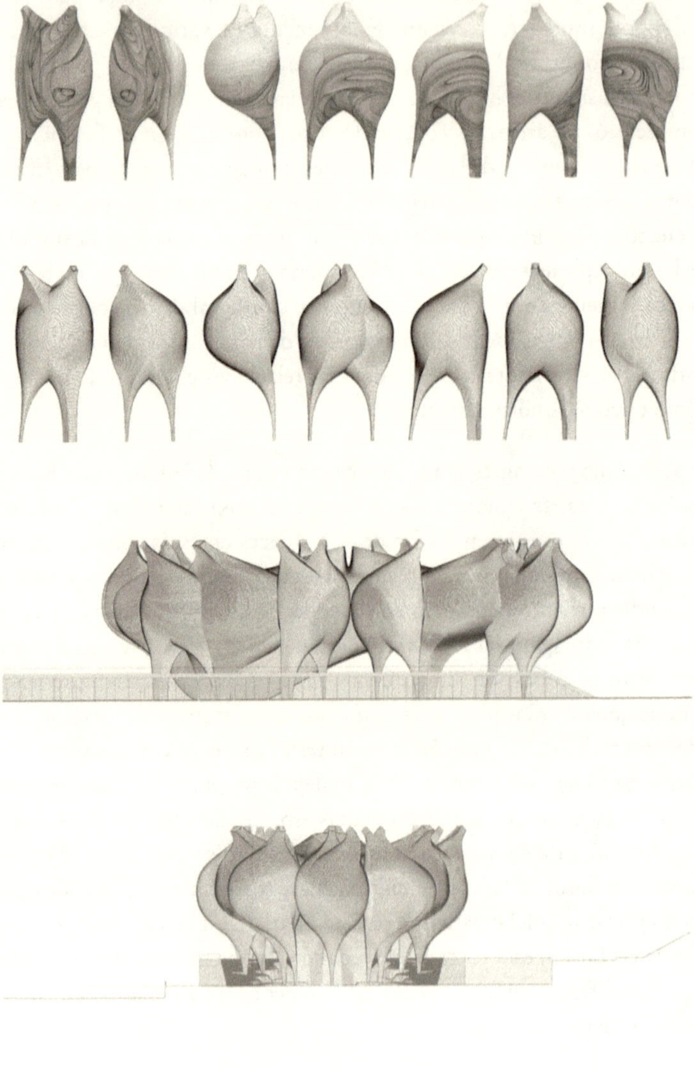

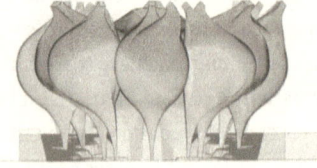

Young & Ayata. Guggenheim. Helsinki, Finlandia. 2014.

Young & Ayata con John Morrison. Sukkah. New York, EEUU. 2010.

comienzan a adquirir otros efectos arquitectónicos. Uno, es el *datum*, la línea horizontal que atraviesa todo el proyecto a nivel del piso y que une todo, permitiendo que el edificio flote, flote por debajo y por encima. La otra es una actitud diferente hacia la simetría, que se encuentra en todos los primeros dibujos, pero aquí y ahora, se realiza principalmente en momentos locales. Cada objeto del proyecto de la Bauhaus está emparejado, tiene un gemelo, a veces justo al lado, a veces en otros lugares. La coloración proviene de experimentos con los dibujos, pero ahora se canaliza a través de experimentos con mosaicos robóticos y estudios de diseños textiles de la Bauhaus. Así que es divertido ponerlo todo junto de esta manera porque a veces sientes que estás haciendo un cambio radical (no radical en la arquitectura, simplemente radical para nosotros). Pensamos "Hombre, sí, realmente estamos cambiando ahora" pero, de repente, te das cuenta de que "No, hay un hilo que atraviesa todo esto". Y, por si sirve de algo, si cortas uno de estos recipientes en el *New Bauhaus Museum* con un plano, obtendrás la figura del proyecto del *Kaunas Concert Center* en Lituania.

**KA:** Ya veo el proyecto del Sukkah.

**MY:** Correcto, u obtienes el Sukkah. Entonces, obtienes un proyecto que tiene 12 años, o un proyecto que tiene un par de años, y existen estas continuidades distintas entre ellos, pero tal vez para cambiar a un proyecto que hemos construido recientemente, el proyecto de apartamentos DL1310 en la Ciudad de México. Es posible que esto también sea una pregunta ahora, allí hay cambios dentro de ciertas líneas de investigación una vez que comenzamos a construir, y esa también es una pregunta interesante para nosotros. Vemos algunas continuidades, pero también hay cosas en las que estamos comenzando a cambiar la forma en que entendemos los deseos anteriores y encontramos otras manifestaciones arquitectónicas para ellos. No estoy tratando de liderar la conversación, Santiago, podemos hablar sobre lo que sea que quieras hablar a continuación, parecía que tal vez nos dirigimos hacia allí.

**SM:** *Está bien. Sólo me gustaría preguntar una cosa más que tiene que ver específicamente con este edificio, no precisamente con este edificio, pero este*

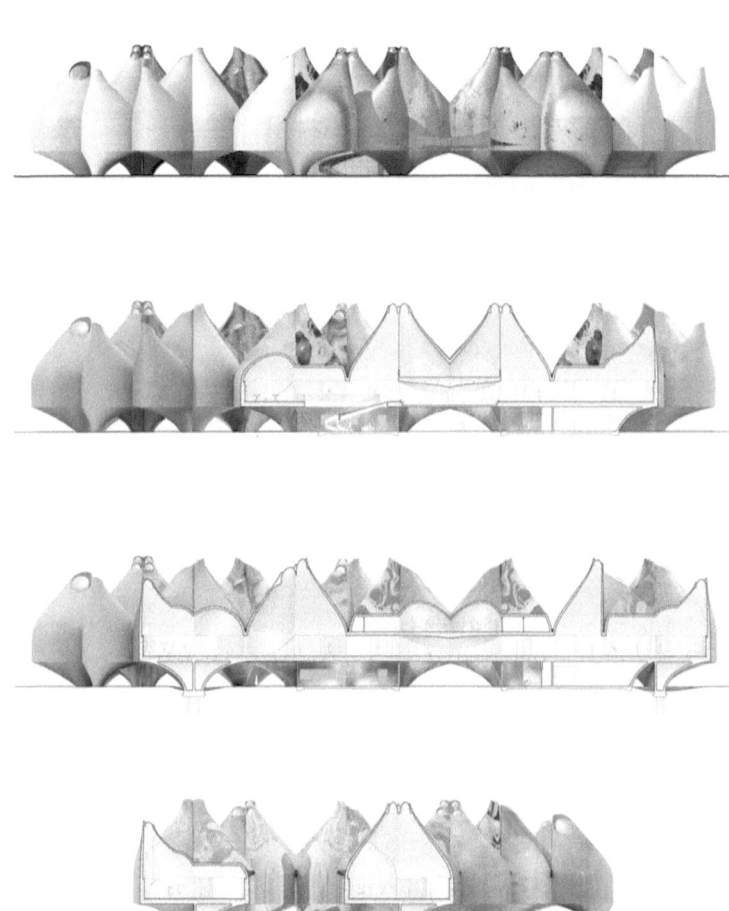

Young & Ayata. Bauhaus Museum, Vessel Collective. Dessau, Alemania. 2015.

*edificio tal vez complete la pregunta. Porque la pregunta es: ¿cómo entienden o cómo operan o cómo capitalizan de manera creativa el proceso del paso del dibujo a la materialidad o construcción? Trabajan mucho con la fabricación digital pero, obviamente, hay muchos más problemas en un edificio grande como este. Entonces, tal vez puedan comentar cómo experimentan con la posibilidad de, eventualmente, continuar y hacer estos grandes modelos. Porque, creo, que este edificio es como un gran modelo de uno de sus objetos y dibujos, y es posible verlo en ambos sentidos, ¿verdad? Entonces, tal vez, puedan desarrollar ese proceso o cómo experimentan esta transición de objetos, edificios pequeños y edificios grandes.*

**KA:** Creo que hay dos cosas a las que prestar atención respecto de lo que estás preguntando. Uno, es algo que pensamos desde el principio, entender que la Arquitectura opera en un esfuerzo de múltiples medios, no se trata solo de dibujar, modelar digitalmente o construir. También somos profesores y esto requiere un intercambio de ideas arquitectónicas a través de muchos medios diferentes, a través de formatos como esta discusión, a través de la escritura, la imagen, la cuenta de Instagram, etc. pero nunca vemos el edificio como un acto final de pensamiento arquitectónico. Estas son fases por las que nos movemos y que permiten que se produzcan traducciones específicas. Y creo que una cosa que aceptamos es que en esas traducciones en las que cambias de medio, se encuentran oportunidades y se abre un espacio potencial para la innovación. No por novedad, sino con una agenda estética específica.

Para nosotros, el edificio de apartamentos DL1310 fue interesante en ese sentido, porque iba a operar fuera de los límites técnicos a los que estábamos acostumbrados (en términos de nuestros entornos digitales), dentro de las técnicas de construcción de hormigón de baja tecnología de un edificio. Edificio de departamentos de nivel medio en la Ciudad de México. No hay robots, no hay impresión 3D, no hay computadora; están los constructores locales con su experiencia tradicional en la construcción de hormigón y nuestra versión idealizada de cómo se vería la arquitectura. Y fue increíble, en el sentido de que las traducciones empezaron a ofrecer oportunidades. Solo para ser específico, la traslación de las superficies regladas dentro de las ventanas (que es básicamente el único detalle en el proyecto), la cabeza y el alféizar de la ventana giran fuera del plano dando como resultado una superficie reglada, así era cómo este detalle iba a ser construido. Te equivocas, el proyecto es probablemente una de las peores cosas que puedes encontrar. Pero ese detalle lo es todo para un proyecto que tiene ciertas limitaciones, en términos de presupuesto, construcción, técnica, etc. Podrías usar un encofrado único para cada ventana, luego superas el presupuesto y rompes el concreto mientras intentas soltar el encofrado. Las limitaciones empujaron el proyecto.

El contratista de hormigón sugirió que trasladáramos la madera a otro material para preservar la madera del encofrado y mantenernos dentro de la tradición de los edificios de hormigón armado, pero que se pueda reutilizar en varias ventanas. Entonces, del encofrado de madera se fundió un molde como negativos de fibra de vidrio que preservaban las vetas de relieve de las tablas de madera en la cabecera y el alféizar. Este tipo de oportunidades las buscamos, donde hay algo que opera como una técnica familiar, como una condición familiar, digamos, una convención familiar, que podríamos subvertir y darle la vuelta un poco, llevarlo a un límite para producir otro tipo de potencial. Y creo que el esfuerzo de diseño del proyecto se dio en esos momentos. Y todo lo demás es una construcción típica, ya sean los planos de la unidad, la construcción de la otra pared, etc. Pero es en ese momento en el que reconocemos que existe ese potencial para definir todo lo que este edificio ha podido hacer. Sitúo eso en algún tipo de reconocimiento o explotación de lo que puede suceder dentro de una traducción. Ya sea dentro del ámbito material, ya sea en el ámbito digital, ya sea entre las convenciones de lo que asumimos como arquitectos.

**MY:** Sí, genial, bien dicho, Kutan. Tal vez, solo un par de cosas si deseamos vincularlo al trabajo más antiguo. Todos esos primeros dibujos son, básicamente, transformaciones y traslaciones de superficies regladas en línea recta. Entonces, esa geometría ha estado con nosotros desde el principio: cosas que son suaves y continuas y luego se rompen en discontinuidad y están aquí nuevamente en el dintel de la ventana y los alféizares de los apartamentos DL1310. Pero hay un par de cosas más que comenzamos a encontrar a través de estas ventanas. Por ejemplo, desde el exterior, no se puede decir si el edificio es muy grueso o muy delgado, lo que significa que estaba cuestionando disciplinarmente el poché. También, en diferentes momentos del día, se ve (debido a la oscuridad de las ventanas) casi como una ruina y luego, por la noche, con la reflectividad y la luminosidad proveniente del interior, parece más un cristal, algo más tecnológico y refinado, en cierto sentido. Entonces, se cierne de alguna manera entre algo que es estéticamente antiguo, sólido y tallado y luego, con un cambio de luz, se vuelve más tecnológico y refinado. Ese detalle también permite que la superficie se mueva entre algo muy rectangular y, sin embargo, de cerca, es algo suave, fluctuando en su profundidad, como un bajo relieve, nuevamente como las sensaciones de los dibujos.

Desde el interior, las ventanas hacen cosas muy extrañas con las vistas al contexto. Debido a que está mirando en dos direcciones simultáneamente: a través de una ventana y oblicuamente en otra ventana, está orientado a través de dos fachadas. Al girar en el mismo espacio y ser tan grandes como son, las ventanas tiran de tus ojos en dos direcciones al mismo tiempo. Y esto carga al interior por tener esos bolsillos donde te quieres sentar, donde no te quieres sentar, donde usas este espacio de otra manera, donde hacer otra cosa por aquí y, luego, extraños momentos de estar adentro mirando afuera a un adentro que mira a otro afuera. Algunos de estos efectos se investigaron, diseñaron y predijeron. Ocurrieron otras cosas que nos sorprendieron y estamos muy emocionados por eso; es asombroso cuando sucede. Y sucede con bastante frecuencia. Entonces, en cierto modo, hay temas que se continúan investigando, pero cambian y cambian, y se traducen cuando la escala se altera, cuando se altera el material, cuando todos estos otros factores que tienen que ver con la arquitectura entran en juego e influyen en el proceso.

**KA:** Una última cosa que agregar. Tomó como cinco años hacer este proyecto, así que si lo piensas, inicialmente, fue diseñado justo después del museo Guggenheim y del museo de la Bauhaus. Entonces, ya es un cambio para nosotros, justo después de esos dos proyectos, hacia un territorio donde ubicamos cuestiones de complejidad; no solo dentro de lo formal, sino también dentro de una comprensión estética de algo que puede resonar con la percepción de uno. Creo que este proyecto para nosotros se mueve hacia el trabajo de esa manera. A menudo nos hemos ocupado de formas simples (del proyecto de la casa en Sharjah o del hotel en Turquía). Nunca reclamamos un puesto en términos de un tipo de forma u otro. Se vuelve más específico para el proyecto y está guiado por ambiciones estéticas particulares que un proyecto puede llevar consigo. Porque reclamar un puesto dentro de una norma específica de "cómo debería ser la Arquitectura" nos parece muy poco interesante y, también como profesores que involucran a las nuevas generaciones año tras año, permanecer frescos e interesados en los temas que se nos presentan por diferentes locaciones que tienen otros deseos hacia la vida, creo que nos permite mantenernos frescos con los demás, pero también con el trabajo que hacemos.

**SM:** *Eso es genial, muchachos. Han sido tan generosos, de verdad. Muchas gracias por toda esta charla Michael, Kutan. tener la oportunidad de hablar en vivo con ustedes fue genial. Intercambiamos correos electrónicos en el pasado y yo estaba muy familiarizado con su trabajo, pero es increíble hablar con ustedes. Entonces, muchas gracias por tomarse el tiempo y hacer esto.*

**MY:** Santiago, gracias por invitarnos y también es un gusto conocerte. Y lo que estás haciendo con las publicaciones, con las conversaciones, con la implicación y el discurso es fantástico. Sigue así, y siempre que quieras que participemos de cualquier forma, te apoyaremos por completo. Y nos encantaría ir a Argentina. Tenemos todos estos amigos argentinos en Nueva York y Los Ángeles, y nunca hemos estado en Argentina, por lo que tenemos que ir, tenemos que resolver de alguna manera la situación Buenos Aires-Rosario que nos cuenta la gente. Soy de California, vivo en Nueva York, Kutan, de Estambul y ahora vive en Los Ángeles. Estamos interesados, tenemos preguntas, así que nos encantaría ir a Argentina en algún momento, emocionados de poder compartir un asado.

**KA:** Sí. Gracias, Santiago. Gracias también por la invitación. No sé si tienes la misma sensación, Michael, ha pasado un tiempo desde que vimos todo el trabajo de una vez. Lo hacemos periódicamente para los archi-

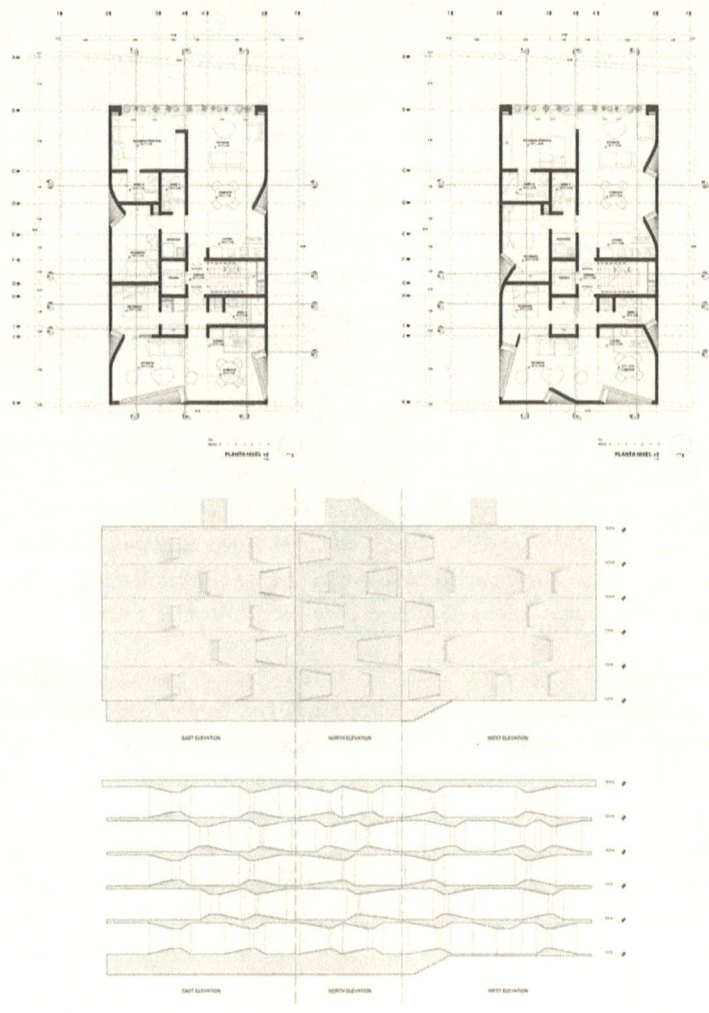

Young & Ayata con Michan Architecture. DL1310 Apartments. Ciudad de México, México. 2019.

Young & Ayata con Michan Architecture. DL1310 Apartments. Ciudad de México, México. 2019. Fotografías por Rafael Gamo.

vos y esas cosas, pero, tal vez sentados juntos a mirar y hablar sobre ello, es saludable para una asociación. Una pregunta se coló mientras Michael hablaba: ¿Cuál es el consejo para que los arquitectos jóvenes obtengan nuevos proyectos? Probablemente no seamos las personas más acertadas para responder cómo conseguir nuevos proyectos, de alguna manera, nos pelamos los codos, en términos de cómo queremos trabajar y si eso trae comisiones, estamos felices de hacerlo. Eso suena como un lujo, pero creo que eso significa que privilegiamos nuestras carreras docentes, para que podamos tener espacio para especular y explorar. Pero el único consejo que creo que ambos daríamos es que cuando empieces la práctica, consigue un amigo, consigue un compañero y no practiques en el vacío de tu propia mente donde verificas todo sin conversar, sin intercambio, sin que nadie más cuestione lo que piensas, sin que alguien más te diga que hay otro ángulo. Y creo que eso es algo que desarrollamos en nuestra práctica, que siempre hay otro ángulo que uno no ve. Y si dos personas que trabajan una frente a la otra pueden, a través de la conversación, realmente forjar otro camino en todo momento, ese es un camino que no conoces como persona en solitario. Así que el consejo es que no lo hagas solo.

**SM:** *Eso es genial, y con ese mensaje podemos cerrar. Así que muchas gracias, tanto a ustedes como a las personas que se unieron, y espero que podamos vernos pronto. Muchas gracias por su generosidad, estaremos hablando.*

**MY:** Gracias por invitarnos.

**KA:** Adiós, Santiago.

**SM:** *Nos vemos pronto.*

### Referencias Bibliográficas

Young, M. (2008). *Digital Remediation*. Consultado en https://cornell-journalofarchitecture.cornell.edu/issue/issue-9/digital-remediation.

--- (2015). *The estranged object: realism in Art and Architecture*. Chicago, EEUU: Graham Foundation.

Young & Ayata con Michan Architecture. DL1310 Apartments. Ciudad de México, México. 2019. Fotografías por Rafael Gamo.

# Clasicismo Sintético

Federico Garrido (con Mostafa El Hayani y Ahmed Shams)

Conferencia llevada a cabo en octubre de 2020
en la Maestría en Investigación Proyectual.

Este texto se centra en la aplicación de modelos de *Machine Learning* en el campo del diseño arquitectónico y la historia de la Arquitectura. Desde el giro digital hace dos décadas, los arquitectos y diseñadores tienen acceso a nuevas herramientas. Entre las aplicaciones las obvias en relación a las nuevas oportunidades de diseño y manufactura digital, estas novedosas herramientas están disponibles sino también para entender Arquitectura, creando enfoques y perspectivas novedosas sobre temas históricos o teóricos. Las herramientas digitales como el diseño paramétrico y la inteligencia artificial proporcionan nuevas formas de mirar y nuevos métodos para "leer" la Arquitectura, pero también proponen nuevos temas y nuevos campos de exploración en relación a Arquitectura histórica y cómo fueron pensados ciertos temas y proyectos. Estamos interesados en estudiar tópicos como la repetición, la variación genética o la deformación controlada y estudiar sus resonancias en la historia de la Arquitectura utilizando herramientas digitales.

Cuando se trata de Arquitectura Clásica y Clasicista el problema de los cánones y su variación sigue siendo relevante. En ambos períodos (Grecia y Roma antiguas, y siglos XVIII y XIX) la disciplina fue testigo de la explosión de la producción arquitectónica, las referencias históricas y una cierta relación con un orden canónico más o menos rígido. Esta investigación cree que una aproximación digital al canon y sus derivaciones podría convertirse en un enfoque fértil para ser abordado dentro del campo de las herramientas digitales.

## Predicciones Digitales

El objetivo principal de este trabajo es estudiar la aplicación de modelos de Inteligencia Artificial y *Machine Learning* en el diseño arquitectónico. Se llevaron a cabo varios experimentos en paralelo, a saber, modelos de *GANs* (Redes Adversarias Generativas) y *Pix2Pix* (traducción de Imagen a Imagen con Redes Adversarias Condicionales).

Un objetivo secundario está relacionado con la técnica. La intención es entrenar un modelo de *Machine Learning* para extrapolar sus capacidades a otras posibles aplicaciones, como la transferencia de estilo o la predicción de imágenes. La transferencia de estilo (*Style Transfer*) es una aplicación típica de los modelos de *Machine Learning* y muy popular desde hace un tiempo. Un ejemplo típico de esta aplicación se da cuando el algoritmo tiene suficientes imágenes de fachadas de un edificio, teóricamente sería capaz de "entender" e identificar ciertas características y transferirlas a otras fachadas. Para estos algoritmos, la cantidad y la calidad de la información es muy importante y muchas veces es imposible obtener imágenes lo suficientemente variadas por lo que pretendemos producir información sintética utilizando métodos digitales.

La característica interesante de estas nuevas herramientas es que no solo son útiles para leer o comprender la Arquitectura, sino también para producir y generar nuevas variaciones a partir de ella. De esta manera, un modelo de *Machine Learning* podría usarse en primer lugar para identificar un cierto tipo de fachada o tipología (como un pabellón circular) y, en segundo lugar, para producir más edificios o fachadas.

Al mismo tiempo, esta investigación pretende utilizar algoritmos *Pix2Pix* para predecir información arquitectónica de un subconjunto dado. Por ejemplo, si creamos una serie de pabellones que están representados en vistas superior, frontal e isométrica, proponemos predecir una imagen a partir de las otras dos piezas de información, es decir, dada una determinada vista superior y frontal, pretendemos generar una imagen isométrica para ese pabellón específico.

## Proyectos Familiares y Nuevas Estéticas

La hipótesis de este artículo se relaciona con una investigación más amplia que pretende desarrollar una metodología para digitalizar, racionalizar o parametrizar proyectos históricos mediante la exploración de la repetición y variación en términos de familias de proyectos o catálogos. Al producir cientos de copias alteradas o familias de proyectos, un modelo de aprendizaje automatizado podría usarlas como entrenamiento para identificar, analizar o generar aún más variantes y quizás, identificarlas dentro de otras imágenes o videos. Es decir, si un algoritmo produce cien mil columnas dóricas desde diferentes ángulos, esa información podría utilizarse para identificar columnas dóricas en imágenes históricas de la antigua Grecia.

La pregunta es cómo combinar información de proyectos reales y digitales como un conjunto de datos de entrenamiento para los algoritmos de Inteligencia Artificial. Esto generalmente se define como un conjunto de datos sintéticos, y la hipótesis implicaría entrenar (y educar) el modelo de *Machine Learning* utilizando ambos, para reconocer y generar proyectos similares.

Otra cuestión relevante en este tipo de investigaciones plantea si estas nuevas herramientas pueden producir una nueva estética para la Arquitectura en un sentido más amplio. ¿Qué características se pueden registrar con herramientas digitales que de otro modo serían invisibles para otras metodologías?

## Entrenando al Algoritmo

La metodología que propone este trabajo se compone de cinco fases. Primero se selecciona un caso de estudio. Seleccionamos una serie de pabellones, ya que la intención es explorar la variación en las estrategias de diseño y tipologías de edificios, es prudente partir de una tipología de edificio muy simple. El resultado de este paso es una serie de dibujos y modelos 3d. La mayoría de los pabellones se extrajeron del libro de arquitectura de Gibbs *An Eighteenth-Century Classic* (GIBBS 2008).

El segundo paso implica la racionalización de los pabellones, explorando la tipología, encontrando sus límites y posibilidades de variación. Técnicas de diseño paramétrico resultan útiles para esta etapa, creando un catálogo de edificios, similares pero diferentes entre sí. El resultado de esta fase es un modelo paramétrico, es decir, una representación abstracta del edificio, capaz de crear familias de edificios modificando determinadas variables.

La tercera fase consiste en la creación del catálogo de variantes, formado por cientos o miles de edificios. El objetivo de este paso es crear un conjunto de datos, que se utilizaría para entrenar el modelo de aprendizaje automático. En este paso varias características son cruciales, ya que cada edificio de la familia debe estar representado con las mismas técnicas, escala y características generales.

Sumado a este conjunto de datos sintéticos, también se incluyeron imágenes de pabellones históricos, como los de la publicación de Gibbs, con el fin de inyectar más variación en el proceso de entrenamiento.

El cuarto paso implica el entrenamiento del modelo de aprendizaje automático (*ML*). Se pueden explorar varios modelos de entrenamiento para estos problemas, los más populares son los *GAN* (*Generative Adversarial Models*) y *Pix2Pix*.

Para este paso, se utilizan múltiples modelos para testear los límites de lo que se podría lograr en esta investigación. Las más destacadas son las *GAN*, mediante las cuales se podría generar un pabellón sintético a partir de una entrada aleatoria, las *GAN* condicionales donde se podría generar ciertos tipos de pabellones que cumplan con determinadas características, y las *Pix2Pix GAN*, donde una imagen de entrada podría traducirse en otra imagen en función del proceso de aprendizaje.

Pabellones de muestra (Gibbs, J. (1728). Un libro de arquitectura).

Dataset de entrenamiento con pabellones sintéticos.

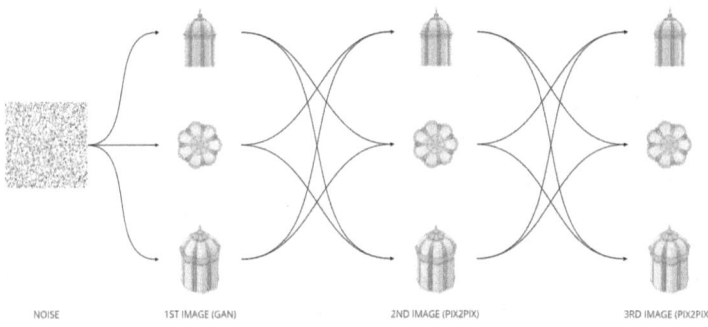

Resumen de la metodología. Del ruido a las imágenes sintéticas.

El último paso implica la exploración de resultados y la evaluación de su relevancia para la investigación de acuerdo con un criterio predefinido. El procedimiento de evaluación es importante porque podría y debería usarse para volver a entrenar a los algoritmos, con el fin de perfeccionar sus resultados. Los criterios deben tener una doble cualidad, por un lado, arquitectónica, es decir, si el resultado es creíble o no como output de un proyecto arquitectónico y, por el otro, si el resultado es innovador o al menos propone una estética o un modo de expresión novedoso.

**Acerca de los *GANs* y *PIX2PIX***

Las *GANs* (GOODFELLOW, 2018) se desarrollaron recientemente y son uno de los avances más interesantes en IA. Estos modelos utilizan un procedimiento competitivo de entrenamiento, que involucra a dos agentes: un Generador y un Discriminador. En este caso, el Generador crea, por ejemplo, una imagen isométrica y el otro (el Discriminador) decide si la creación se ve bien (es creíble o comparable con alguna imagen en su set de datos) o no. Después del proceso de entrenamiento, el Generador se vuelve lo suficientemente bueno como para engañar al Discriminador, creando imágenes isométricas artificiales con la calidad suficiente para pasar la evaluación.

Otro algoritmo útil de aprendizaje automático (*ML*) para esta investigación es el llamado *Pix2Pix*. En este caso, el modelo se entrena con dos o más conjuntos de información organizada (o etiquetada). Por ejemplo, definimos varios miles de proyectos, cada uno en vista superior, isométrico y en alzado. Después del entrenamiento, el modelo podría recrear un isométrico con solo leer la elevación. Obviamente, esta es una herramienta muy interesante para explorar en Arquitectura e investigación histórica, ya que muchas veces solo tenemos conjuntos parciales de información. Los algoritmos *Pix2Pix* pueden completar estos conjuntos de información con resultados interesantes, creando vistas isométricas artificiales de planos históricos. Por ejemplo, si entreno a un algoritmo

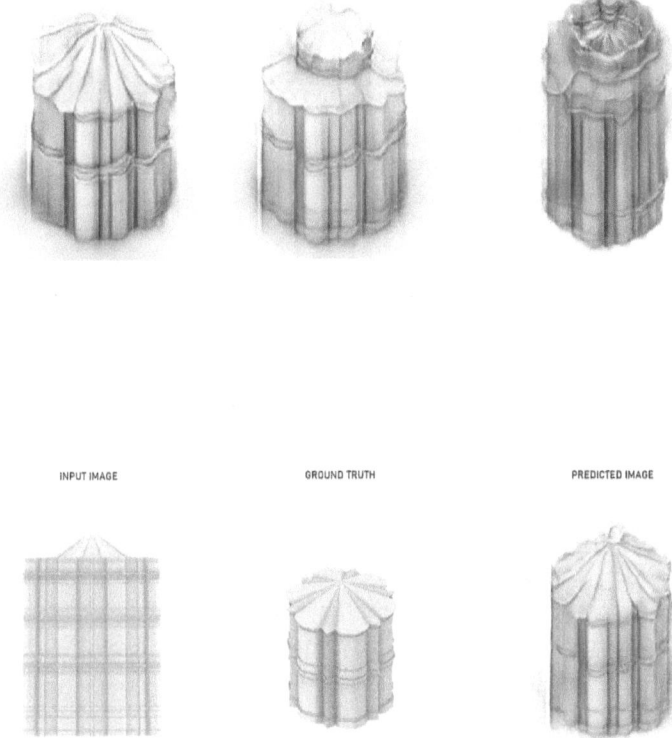

Arriba. Ejemplos de isométricos generados a través de GAN.
Abajo. Ejemplo de Pix2Pix. Vista isométrica generada a partir de la elevación como input.

con miles de templos circulares, éste podrá recrear una elevación a partir de la planta del Templo de Vesta en Tivoli.

Un aspecto interesante de los algoritmos *ML* como *GAN* y *Pix2Pix* es que podrían usarse como herramientas analíticas, pero también de forma creativa al alimentar conjuntos de datos incompletos y obtener resultados novedosos. La clave de estos modelos de aprendizaje es que cuando se trata de requisitos faltantes, incompletos o incluso contradictorios, el resultado seguirá siendo cualitativamente relevante. En nuestro caso, no obstante, tendrán una buena calidad arquitectónica. Este es el verdadero potencial de la inteligencia artificial cuando se utiliza en la investigación arquitectónica.

**Algoritmos de *ML* para Arquitectura Histórica**

Para un proceso de entrenamiento de *GAN*, la arquitectura del modelo consta, como vimos, de dos modelos internos: el Discriminador y el Generador. Partiendo de un conjunto de datos dado, el generador aprende a generar datos similares, mientras que el discriminador intenta aprender qué es parte del conjunto de datos y qué es generado por el generador. Después de cada iteración, ambos modelos mejoran en sus tareas: el Generador crea nuevas variaciones del conjunto de datos y el Discriminador identifica los productos falsos. Esta es la naturaleza contradictoria del procedimiento de capacitación y ha convertido a las *GAN* en una herramienta poderosa para lograr mejores resultados en la generación de datos.

En nuestro proceso de capacitación, se recopiló un conjunto de datos que consta de imágenes para las vistas frontal, isométrica y superior de un pabellón. Además, se ha generado un conjunto de pabellones con perfiles de línea propios. Se generaron tres perfiles de línea diferentes para cada pabellón para lograr la generalización. La figura 6 muestra un pabellón de vista frontal con su correspondiente perfil de línea utilizado para el proceso de formación. La idea objetivo del proceso de formación es una de dos:

1) Utilizar el *GAN* para crear un pabellón de vista frontal y para generar sintéticamente las vistas isométrica y superior del mismo pabellón.

2) Dado un dibujo de un perfil de línea, podemos generar un pabellón de vista frontal correspondiente y luego usarlo para construir sintéticamente vistas isométricas y superiores del mismo pabellón.

Para el primer paso, se creó un modelo *GAN* que entrena en la generación de pabellones a partir de entradas aleatorias. El modelo *GAN* construido consta de un total de seis capas convolucionales de muestreo ascendente para el generador y cinco capas convolucionales de muestreo descendente seguidas de dos capas densas para el generador como se indica en la figura 7.

El generador fue entrenado para crear las tres vistas del pabellón. El modelo se entrenó para 100 épocas con un tamaño de lote de 16, se usó una función de activación *Leaky ReLU* en todas las capas ocultas, mientras que se usó una función Tanh para la capa de salida del generador y una activación sigmoidea en la capa de salida del discriminador. También se agregaron capas de normalización de lote después de cada segundo bloque de muestreo para estandarizar la entrada a la capa para cada lote. Esto estabiliza el proceso de aprendizaje y reduce el número de épocas de entrenamiento necesarias para entrenar la red.

Después de poder generar pabellones a partir de una entrada aleatoria, se construye una *Pix2Pix GAN* para trasladar el perfil de la línea a un pabellón de vista frontal y traducir de una vista a otra.

Los modelos *Pix2Pix*, al igual que el *GAN*, siguen un proceso de entrenamiento contradictorio. Sin embargo, en este ejemplo, al Generador se le da una imagen en lugar de una entrada aleatoria y después de generar una imagen de salida, el Discriminador toma dos imágenes como entrada y su objetivo es intentar decidir si las dos imágenes se corresponden entre sí o no.

El Generador intenta engañar al Discriminador para que clasifique su salida como datos consistentes con el conjunto de datos. La figura 8 muestra una abstracción de un modelo *Pix2Pix*.

Perfiles extraídos de los pabellones de Gibbs y sus deformaciones mediante ruido..

**Generator**

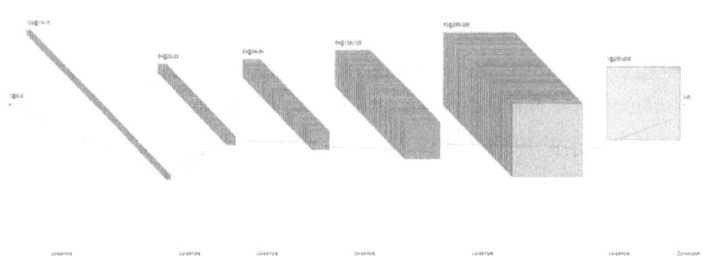

**Discriminator**

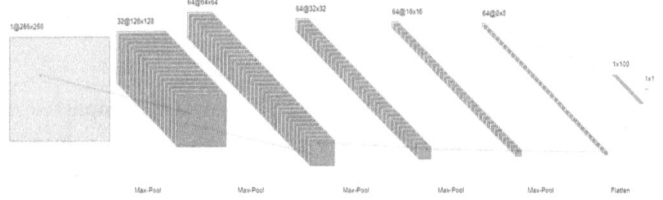

Procedimiento GAN.

El modelo del generador *Pix2Pix* en nuestra implementación usa la arquitectura *U-net*, usando tamaños de imagen de entrada y salida de 256 x 256. Consiste en cuatro bloques convolucionales de muestreo descendente y cuatro bloques de muestreo ascendente. Las líneas azules y el rectángulo azul muestran las capas de concatenación, que ayudan al modelo a generar datos en función de su entrada, ya que cualquier pérdida de información debida al muestreo descendente se compensa con el paso de concatenación.

El modelo discriminador consta de ocho bloques convolucionales, donde las imágenes de entrada pasan a través de dos pasos convolucionales y luego se concatenan con la imagen de destino, luego, el mapa de características de salida pasa por seis pasos convolucionales, la última salida se usa luego como un *patch-map* donde un *patch* de 16 x 16 clasificará los *patch* de 16x16 de la imagen de entrada como reales o falsos en lugar de clasificar la imagen completa. También se agregaron capas de normalización por lotes después de cada segundo bloque por la misma razón descrita anteriormente. Además, los modelos se entrenaron durante 60 épocas con un tamaño de lote de 1.

Una gran limitación del uso de *Pix2Pix GAN* es su costo computacional. Por lo tanto, el entrenamiento con imágenes de 256 x 256 o incluso más grandes llega a una limitación en la que no es posible entrenar un modelo con dicha entrada. Por lo tanto, se creó un modelo de solución alternativa, en el que *Pix2Pix GAN* se entrena en imágenes de 64 x 64 y luego se usa otro *Pix2Pix* para generar las 256 imágenes sustituyendo la pérdida de información de los factores de cambio de escala sintéticamente, de modo que la salida finalmente sea la misma. En este caso, la arquitectura del modelo *U-Net* se modifica como se muestra en la figura 9.

El proceso de formación es el mismo que el proceso de formación de *Pix2Pix* descrito anteriormente. Esto impulsó el proceso de capacitación para poder tomar más imágenes de entrada, así como un mayor tamaño de lote.

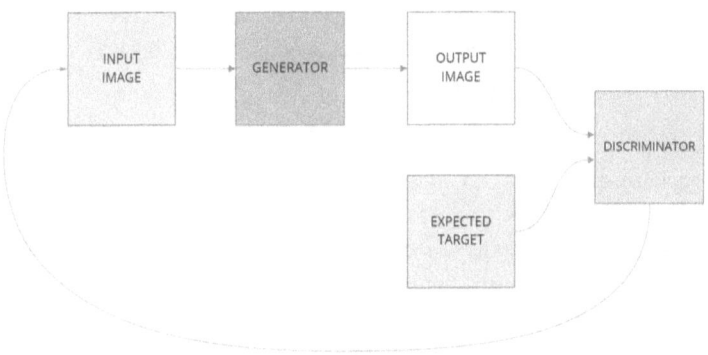

Modelo Pix2Pix.

## Precisión vs Flexibilidad

Los criterios de evaluación para esta investigación deben ser dobles. Por un lado, debería poder evaluar si el modelo puede generar imágenes lo suficientemente buenas como para ser identificadas como información arquitectónica, es decir, vistas isométricas, superiores o en alzado. Por otro lado, el modelo debería poder predecir las piezas de información que faltan de cada conjunto de pabellones, por ejemplo, dada una elevación, deberíamos obtener una vista superior e isométrica más o menos precisa sintetizada a partir del original. Estas evaluaciones técnicas deberían ser realizadas por el propio modelo, que es la base de la inteligencia artificial *per se*.

Sin embargo, existe otro nivel de evaluación que debe realizar esta investigación y es la relevancia arquitectónica de los resultados, tanto analíticos como generativos. La pregunta es entonces, ¿qué tan preciso o flexible debería ser un modelo paramétrico de un edificio? Un modelo preciso de un edificio generaría una familia de edificios muy similares, evitando la exploración de otras posibles variaciones. Por otro lado, un modelo más flexible puede producir una cantidad superlativa de proyectos, pero no estarían conectados ni serían percibidos como miembros de la misma familia. El equilibrio entre precisión y flexibilidad sigue siendo un tema interesante para explorar, no solo en un procedimiento digital sino también como un problema arquitectónico en sí mismo.

También se requiere un procedimiento de evaluación para el procedimiento de aprendizaje automático. ¿Cuál es el objetivo del modelo? ¿Producir múltiples variaciones del mismo edificio? ¿Predecir cómo se vería un edificio con solo leer un plano? ¿Cuán precisas deberían ser estas imágenes?

Esas son preguntas relevantes no solo para las herramientas digitales sino también para la investigación y exploración arquitectónica en general. Una vez más, el aprendizaje automático y el diseño paramétrico aparecen como una posible respuesta, en busca de una pregunta interesante.

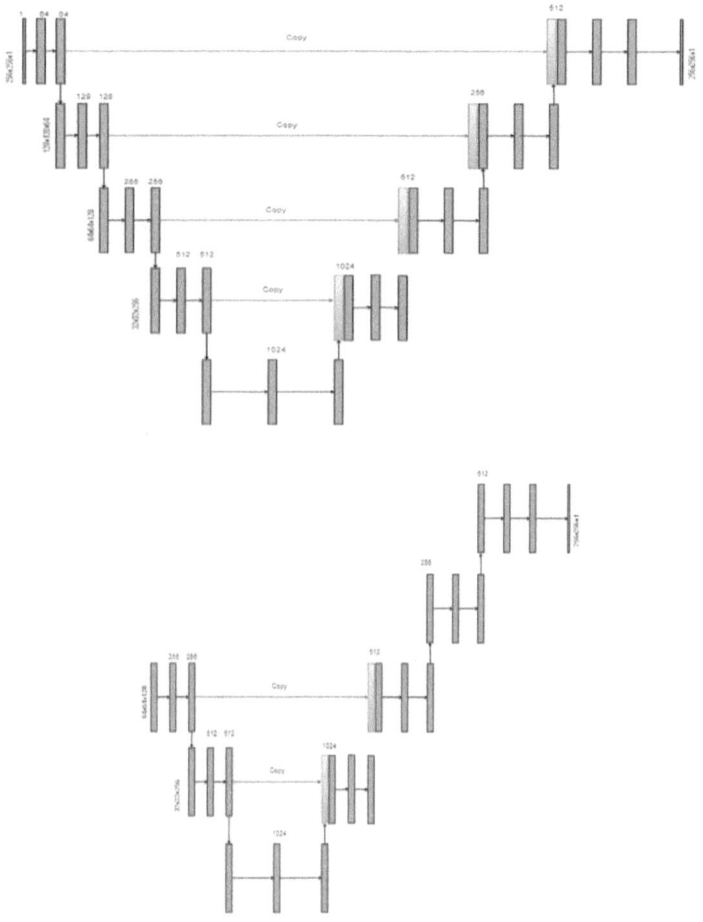

Arquitectura U-net para el generador Pix2Pix, versiones original y modificada.

Alzados del pabellón autogenerados.

Catálogo sintético. Vista en alzado, isométrica y superior.

## Un Campo Fértil para la Investigación Proyectual

Los temas y técnicas descritos en este artículo se están estudiando actualmente en varias escuelas de arquitectura, ya que poco a poco se están convirtiendo en parte de la caja de herramientas de nuestra disciplina. Prevemos que varias tareas de seguimiento continuarán, ya que se han convertido en un campo fértil de investigación.

Los resultados esperados de esta investigación son varios. El primer producto es un modelo de aprendizaje automático que se entrena con información arquitectónica. Se espera que en un futuro se pueda acceder al modelo en línea y que otros usuarios también puedan mejorar aún más la capacitación. Los repositorios públicos como GitHub podrían usarse para abrir el modelo para la colaboración de fuentes para desarrollos futuros.

Como posible continuación, se podrían organizar una serie de talleres o estudios en torno a los diferentes pasos de esta investigación. Por ejemplo, se podría organizar un primer curso en torno a los estudios de caso y la idea de variación en serie. Una vez finalizado el modelo $ML$, se podría organizar un taller en el que los estudiantes pudieran alimentar el algoritmo con nuevos conjuntos de información y creando nuevas variaciones de edificios históricos, así como sus contrapartes sintéticas. Dado que el algoritmo funciona con conjuntos de información etiquetados, los estudiantes podrían proporcionar fácilmente imágenes similares para entrenar el modelo y generar nuevos resultados.

Otro resultado interesante de esta investigación podría ser su uso en la investigación en el campo de Historia de Arquitectura, por ejemplo, al generar elevaciones y aislamientos a partir de planos de planta históricos. Los modelos de aprendizaje automático serán una herramienta interesante para explorar con el fin de generar información arquitectónica a partir de conjuntos de datos incompletos. Basta decir que el potencial de estas herramientas para la investigación proyectual y la reconstrucción histórica aún está desaprovechado y es muy prometedor.

La intención de esta investigación es no solo hacer un uso exhaustivo del extenso conjunto de recursos como archivos y bibliotecas, sino también integrarlo y convertirlo en una herramienta colaborativa para la comunidad académica en general.

**Referencias Bibliográficas**

Chaillou, S. (2019). *AI+ Architecture: Towards a New Approach*. Cambridge, EEUU: Harvard University Press.

Garrido, F. (2016). *Central floorplans and digital strategies. Archiving and Questioning Immateriality*, 405. Paris, Francia: Europia Productions.

Garrido, F. (expected 2021). *Innovative tools and design strategies. The case of Eclectic Architecture in Buenos Aires 1880-1930*. Phd dissertation.

Gibbs, J. (2008). *Gibbs' book of architecture: an eighteenth-century classic*. Massachusetts, EEUU: Courier Corporation.

Giedion, S. (1948). *Mechanization takes command a contribution to anonymous history*. Oxford, UK: Oxford University Press.

Goodfellow, I., Pouget-Abadie, J., Mirza, M., Xu, B., Warde-Farley, D., Ozair, S., ... & Bengio, Y. (2014). *Generative adversarial nets. In Advances in neural information processing systems* (pp. 2672-2680).

Isola, P., Zhu, J. Y., Zhou, T., & Efros, A. A. (2017). *Image-to-image translation with conditional adversarial networks. In Proceedings of the IEEE conference on computer vision and pattern recognition* (pp. 1125-1134).

Lu, D., & Weng, Q. (2007). *A survey of image classification methods and techniques for improving classification performance. International Journal of Remote sensing*, 28(5), 823-870.

Mirza, M., & Osindero, S. (2014). *Conditional generative adversarial nets*. arXiv preprint arXiv:1411.1784.

Radford, A., Metz, L., & Chintala, S. (2015). *Unsupervised representation learning with deep convolutional generative adversarial networks*. arXiv preprint arXiv:1511.06434.

Schmidhuber, J. (2015). *Deep learning in neural networks: An overview*. Neural networks, 61, 85-117.

Serlio, S. (1982). *The five books of architecture*. New York, EEUU: Dover Publications.

Serlio, S., & Rosenfeld, M. N. (1996). *Serlio on domestic architecture*. Massachusetts, EEUU: Courier Corporation.

Srivastava, A., Saini, S., & Gupta, D. (2019, June). *Comparison of Various Machine Learning Techniques and Its Uses in Different Fields*. En 2019 3rd International Conference on Electronics, Communication and Aerospace Technology (ICECA).

# Parte 4

Proyecto

# Habitar Singular Plural

Maximiliano Schianchi

El título "Habitar Singular Plural" tiene la voluntad de expresar una articulación abierta entre tres conceptos ambivalentes. Habitar es verbo y sustantivo. Así, define tanto una acción como una entidad (pudiendo ser asociada a una organización, una tipología, un dispositivo, etc.). Habitar es singularmente plural y pluralmente singular. Singular es sustantivo y adjetivo. Así, define tanto a un único elemento parte de un conjunto mayor como aquello que es único y extraordinario en su tipo. Plural es sustantivo y adjetivo. Así, define tanto a más de un elemento parte de un conjunto mayor como aquello que es múltiple, numeroso, que presenta más de un aspecto o que está compuesto por más de un elemento.

Por lo tanto, la tesis pretende no reducir en forma ligera ni lo singular a lo individual, ni lo plural a lo colectivo.

La tesis se inscribe en la temática general de los ámbitos singulares y los ámbitos plurales del proyecto de vivienda colectiva.

En el transcurso de la historia del proyecto de vivienda colectiva, éste ha sido conformado exclusivamente a partir de la composición de los elementos (habitaciones, unidades, edificios) quedando relegada la relación entre los mismos, conformando así una organización de unidades autónomas. Así, el interés proyectual siempre ha sido dirigido a la configuración específica de la parte en detrimento de los ámbitos intermedios, de las relaciones entre estas partes, conformando así un conjunto de entidades autónomas.

En la transición del habitar más singular al habitar más plural existe un campo de asociaciones complejas en las que el proyecto puede expandir los registros de aquello que asumimos como ámbitos individuales y colectivos. La tesis desarrolla, por tanto, la inversión de los términos tradicionales en el proyecto de vivienda colectiva, priorizando la forma entre las cosas por sobre las cosas mismas. De este modo, trabaja sobre la idea de la generación de ámbitos desde la singular individualidad hasta la plural colectividad.

El proyecto de vivienda colectiva ha sido asociado usualmente a la composición simple de múltiples elementos. A partir del desarrollo de un proyecto crítico, basado en la variación de casos de estudio, se pretende expandir este registro con la conformación de alternativas organizativas en diversos gradientes de ensamblaje, desde el más individual hasta el más colectivo, disolviendo los dispositivos disciplinares de vivienda colectiva.

La tesis propone la superación de las organizaciones consagradas disciplinarmente como los únicos modelos de agrupación humana. A partir de una nueva metodología en el proyecto de vivienda colectiva, se desarrollan formas alternativas de configuración arquitectónica, las cuales propician el surgimiento de nuevas categorías para los componentes y nuevas definiciones para las relaciones entre esos elementos.

La tesis se propone dos objetivos generales y dos objetivos particulares.

En primer lugar, construir nuevas maneras de hacer proyecto reduciendo la (aparente) distancia entre teoría y práctica, a partir de proyectos canónicos no construidos de la historia de la disciplina. En segundo lugar, generar organizaciones arquitectónicas nuevas que contemplen tanto lo singular individual como lo plural colectivo en toda su complejidad, dejando atrás las asociaciones consolidadas históricamente como las únicas formas posibles de habitar.

Por un lado, asumir el proyecto de vivienda colectiva como posibilidad para desplegar configuraciones organizativas que impliquen diversos gradientes de asociación. Por otro lado, desarrollar la lectura en detalle de determinados antecedentes disciplinares como material de proyecto, explicitando que no se tratan de proyectos aislados sino parte de un linaje común. Registrar el aporte de los casos de estudio, revirtiendo las concepciones consagradas canónicamente y proponiendo la superación de dichos modelos.

La tesis construye el proyecto, tanto en teoría como en práctica, en torno a una secuencia de escalas en seis esferas diferentes. Las esferas se corresponden con seis grados de aproximación al proyecto de vivienda colectiva. Esta estructura pretende construir el proyecto progresivamente, a fin de ir consolidando la coherencia interna de la tesis. Así, el proyecto se inicia desde la configuración relacional más pequeña y, conforme el procedimiento avanza, se consolidan en forma incremental las diferentes organizaciones.

Las esferas son diferentes escalas de asociación en el proyecto de vivienda colectiva que se corresponden son seis instancias de relación diferenciadas. Cada una de ellas define (y está definida por) una relación particular. Las seis esferas son: intra habitaciones (esfera 1), entre habitaciones y unidad (esfera 2), entre unidades (esfera 3), entre unidades y edificio (esfera 4), entre edificios (esfera 5) y entre edificios y ciudad (esfera 6). Las seis esferas despliegan, internamente, instancias de construcción de modelos. Los modelos, a su vez, desarrollan series de variaciones a partir de los elementos y las organizaciones estudiadas en cada uno de los casos.

Los casos de estudio son proyectos no construidos de vivienda colectiva, realizados en un marco epocal de 50 años, entre 1922 y 1972. La decisión de que los casos de estudio sean proyectos no construidos se explica por la voluntad de poner en valor al proyecto como dispositivo central de la disciplina para la construcción de conocimiento.

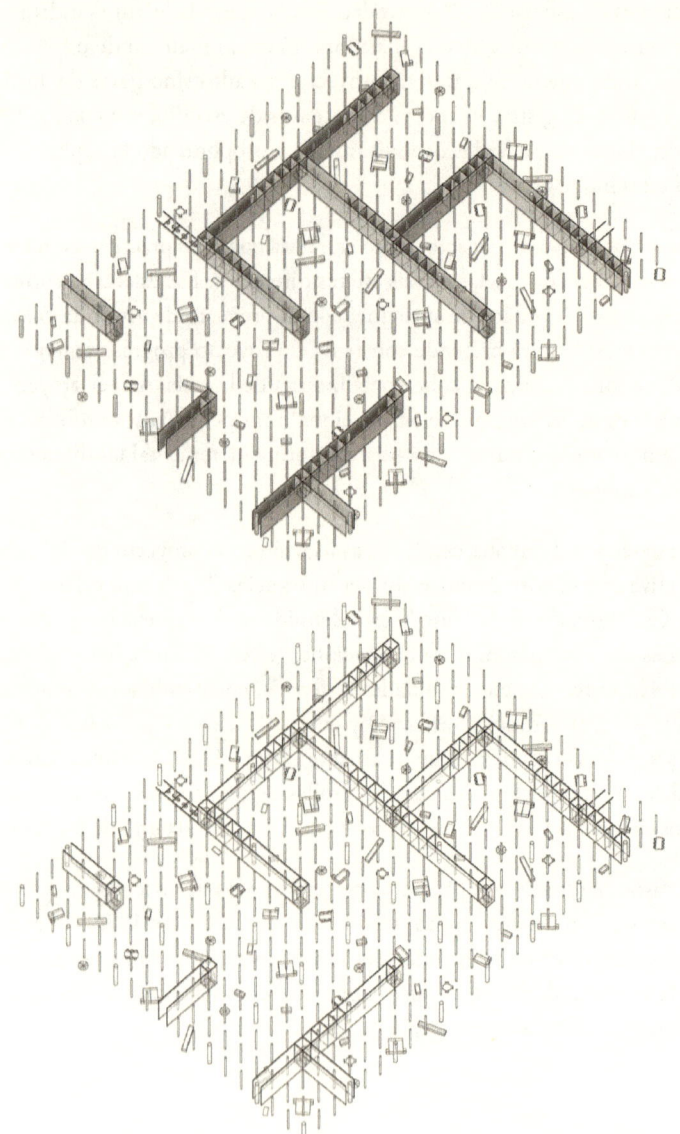

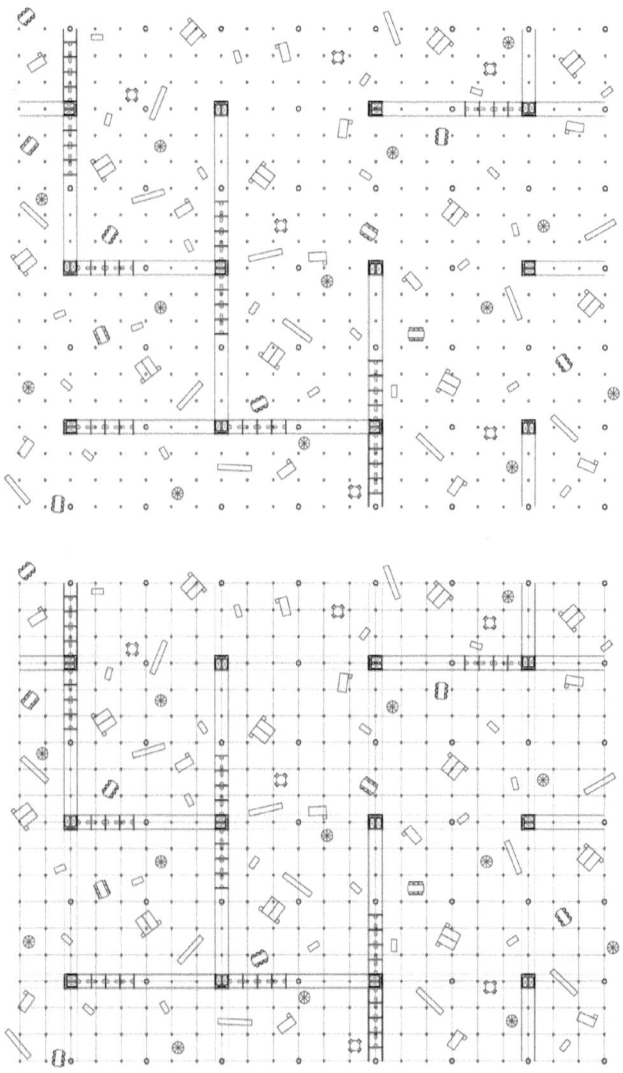

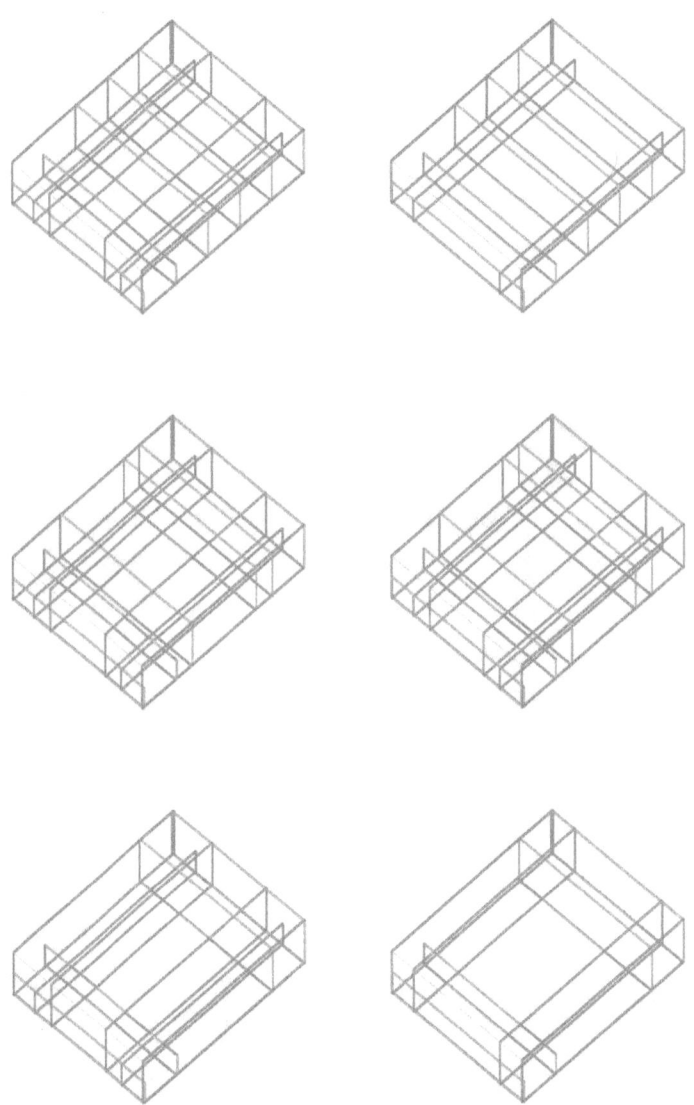

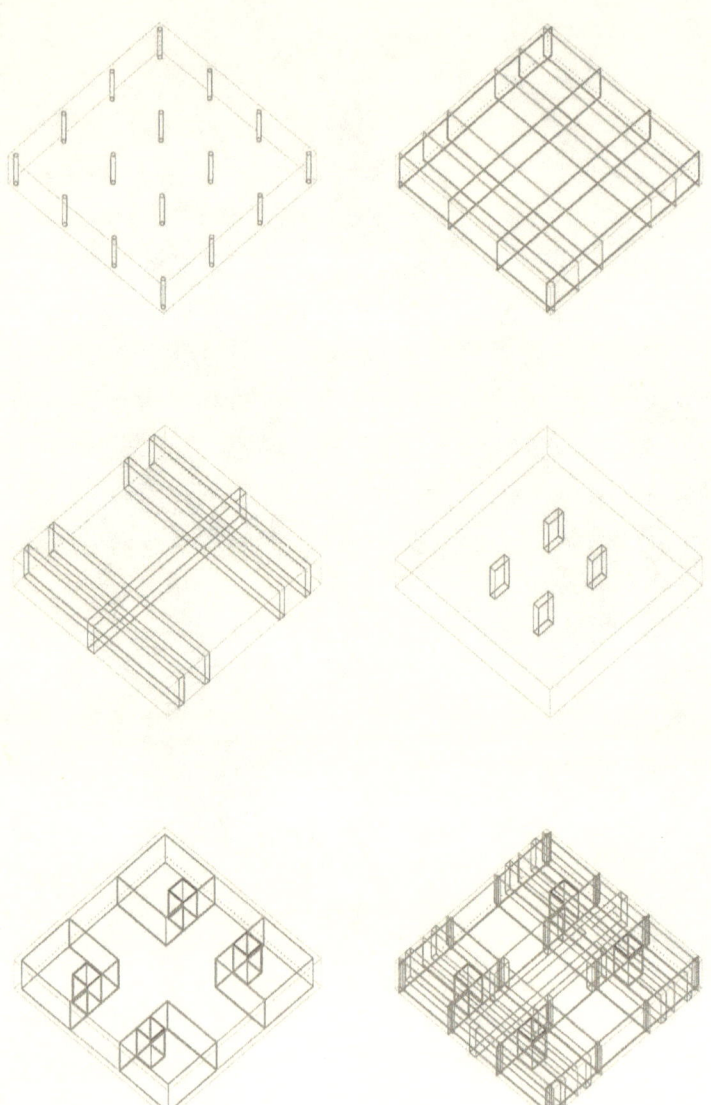

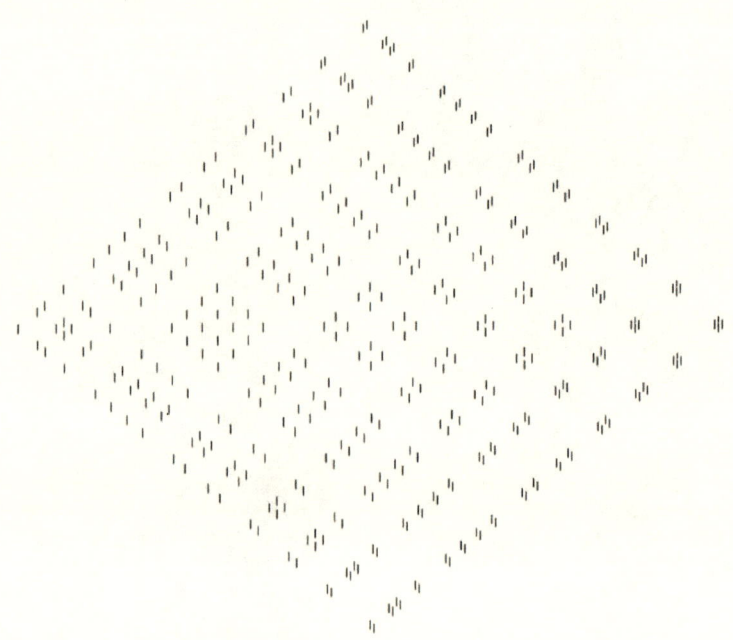

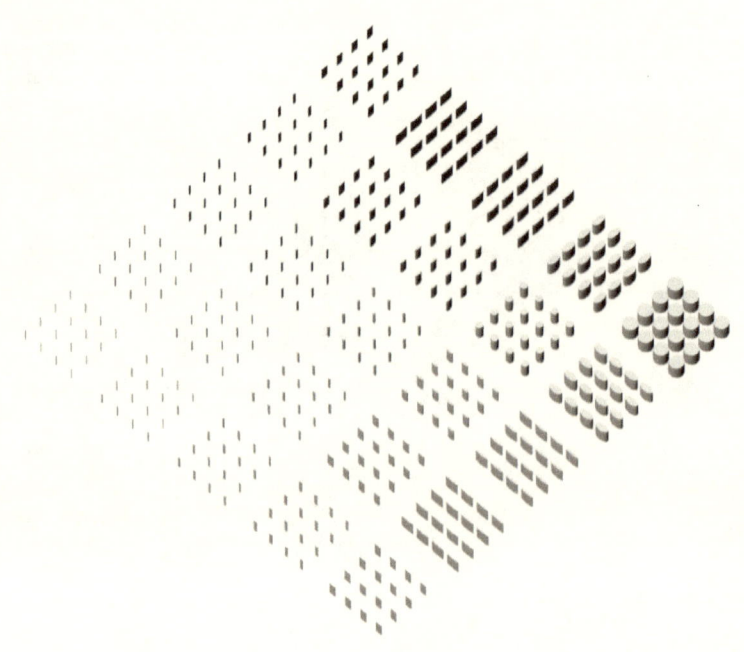

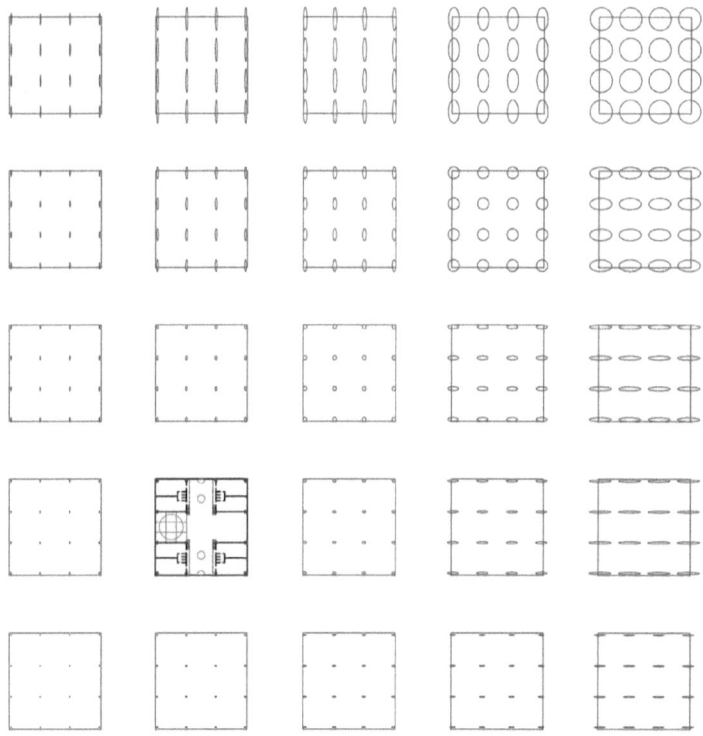

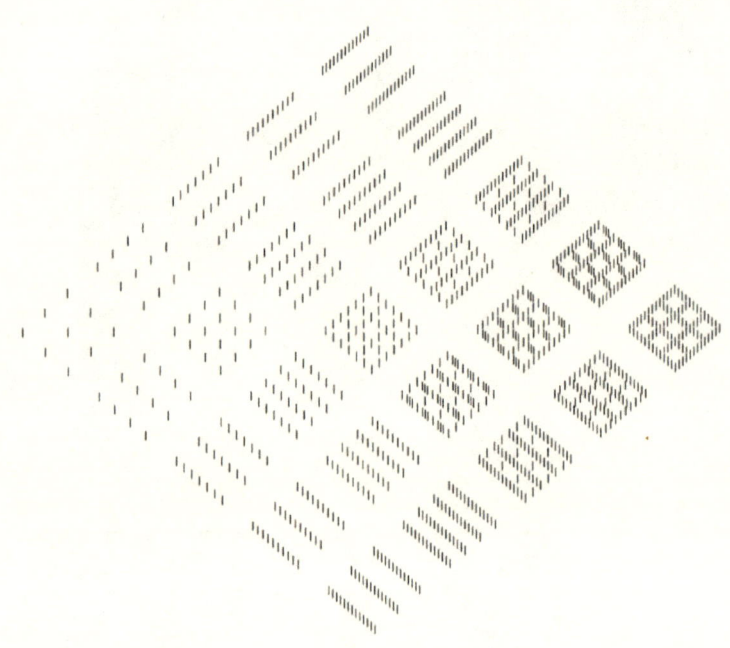

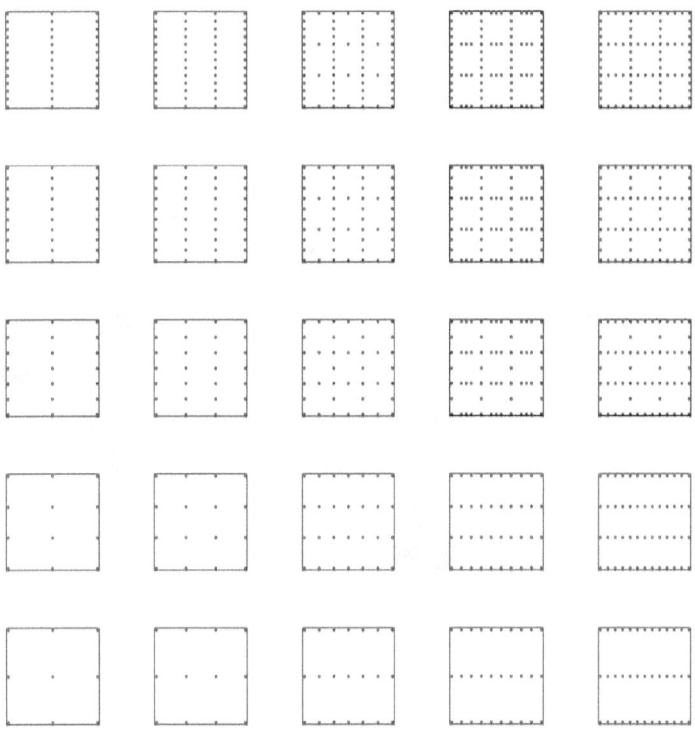

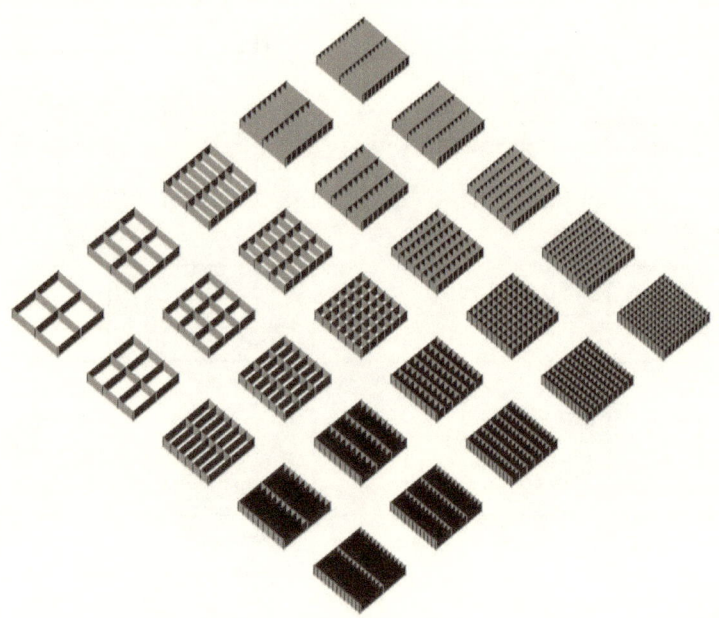

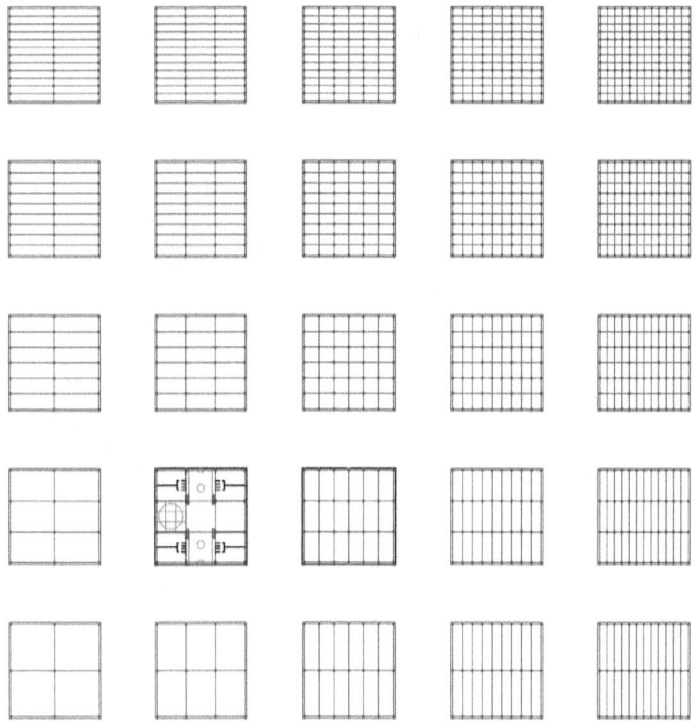

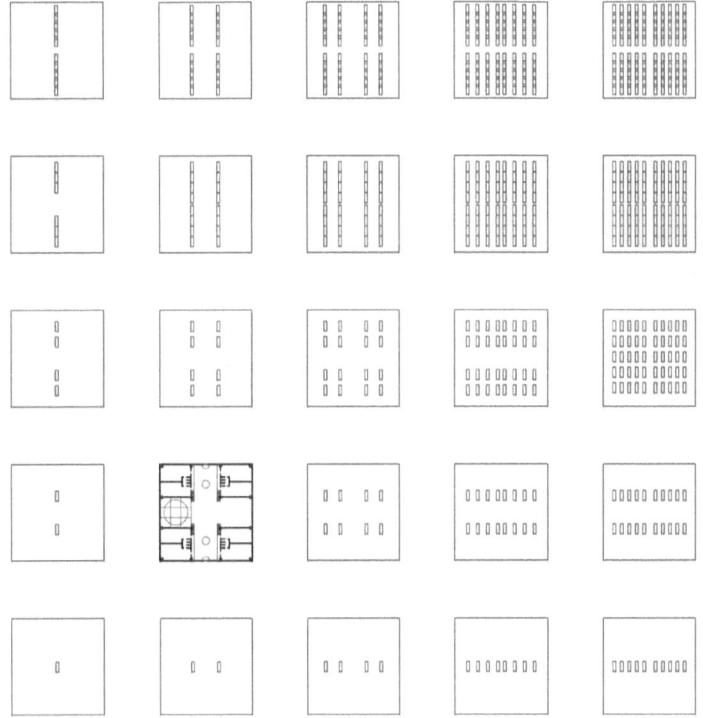

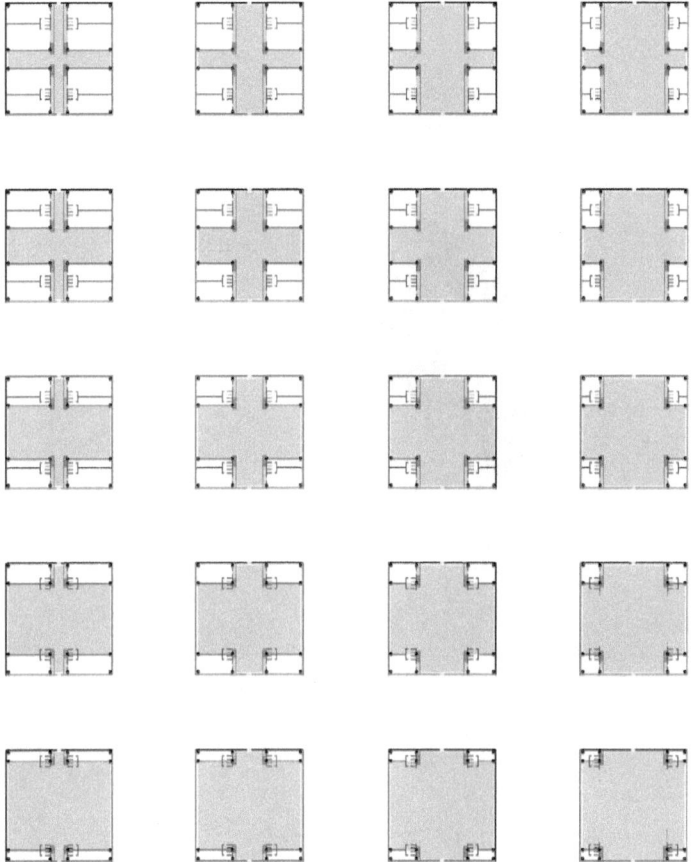

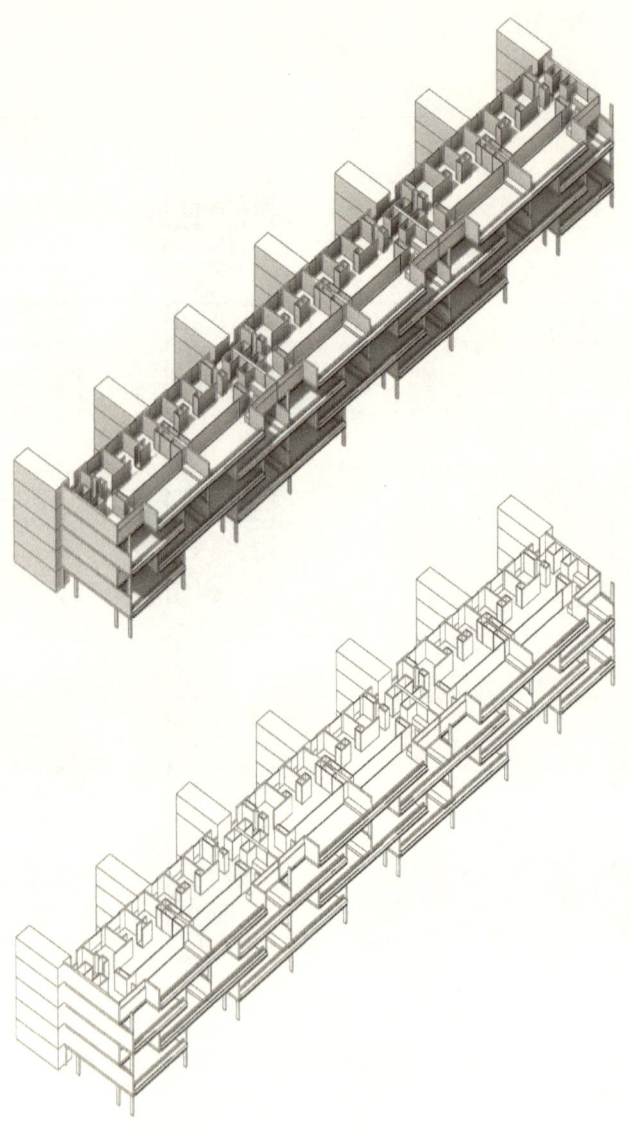

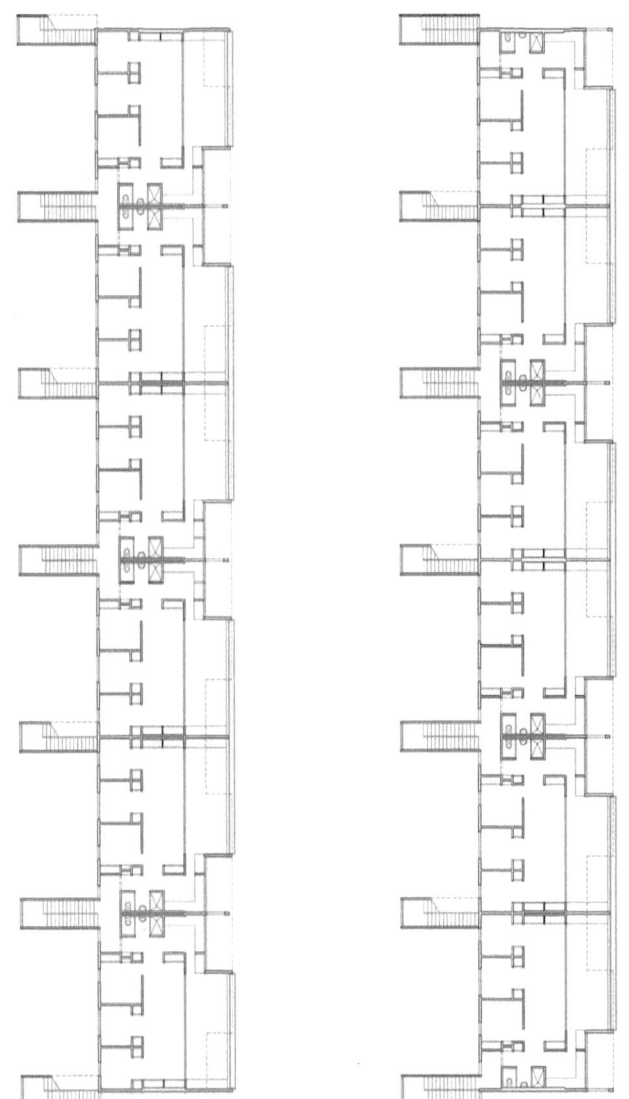

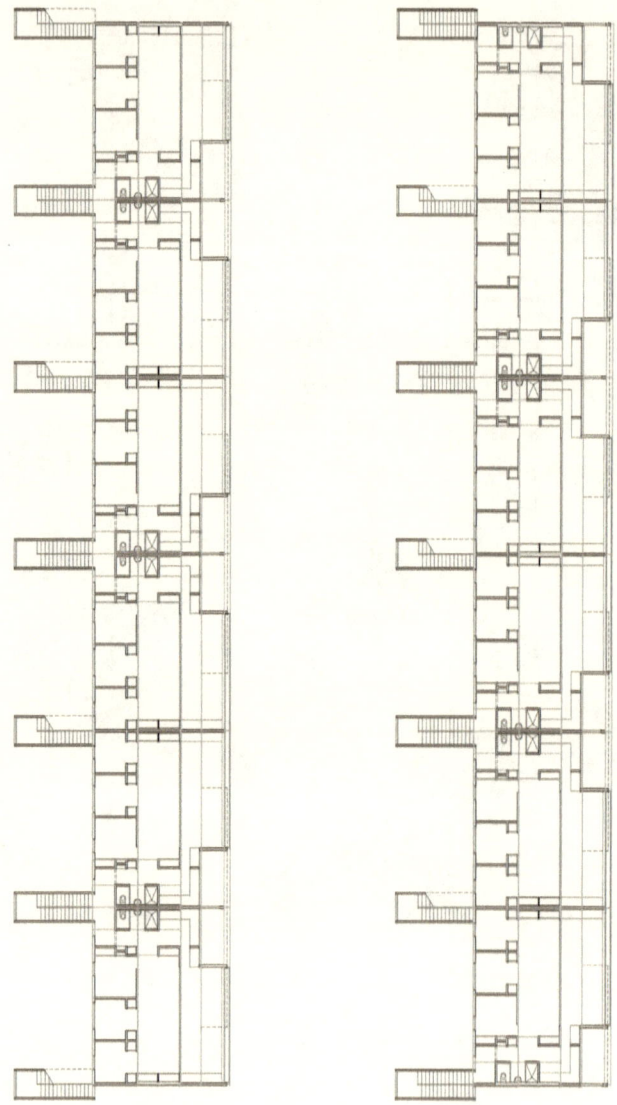

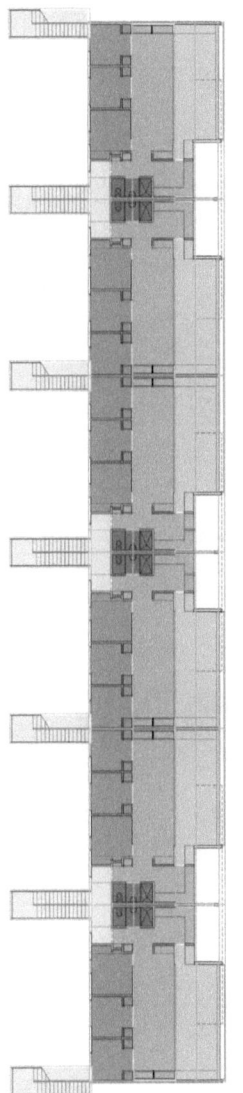
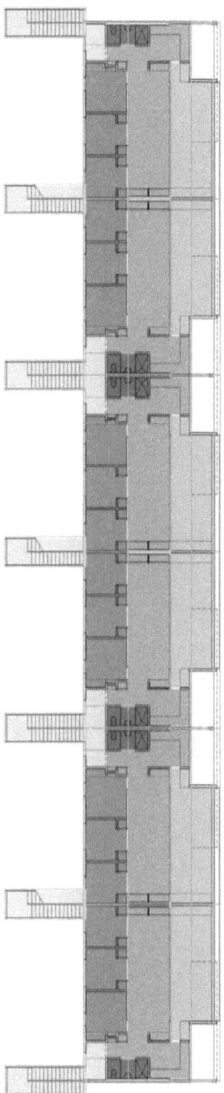

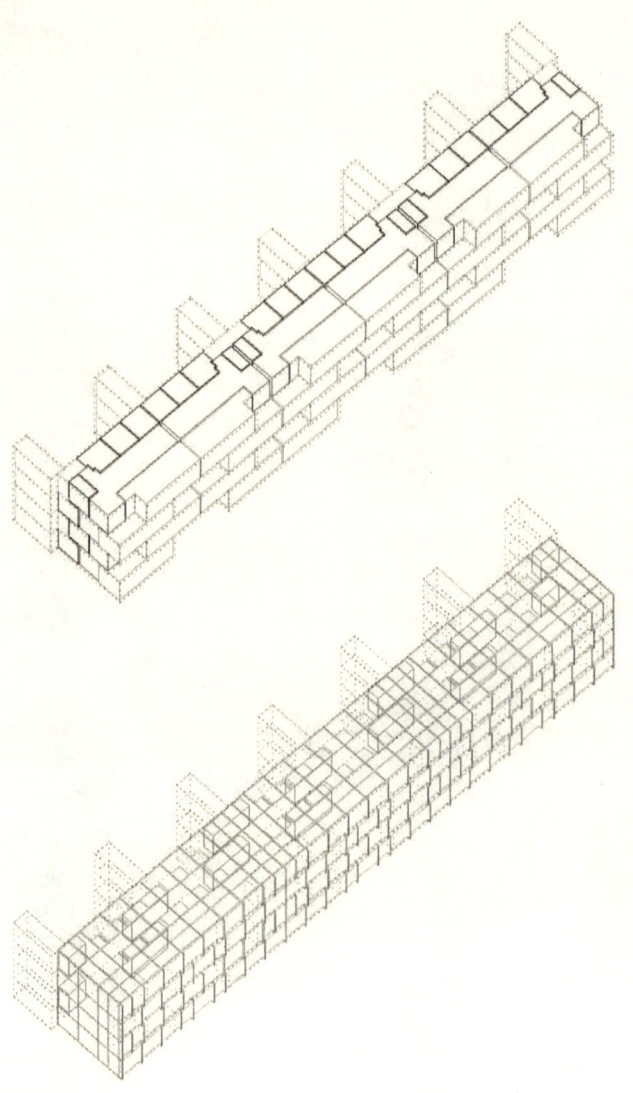

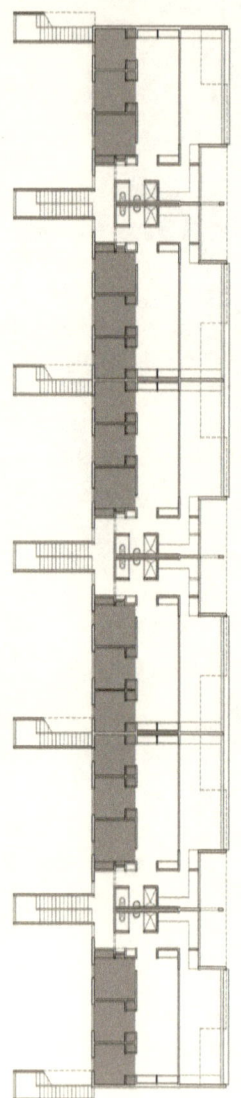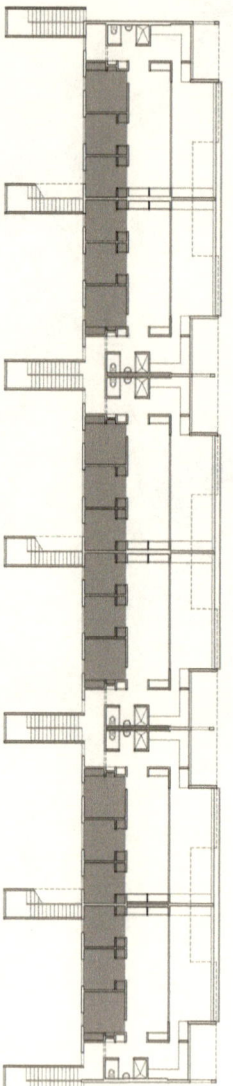

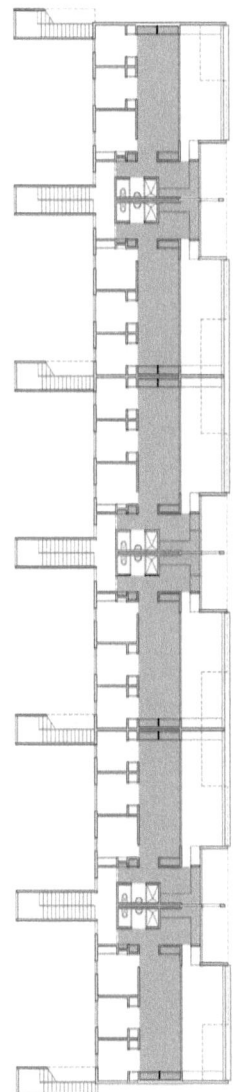
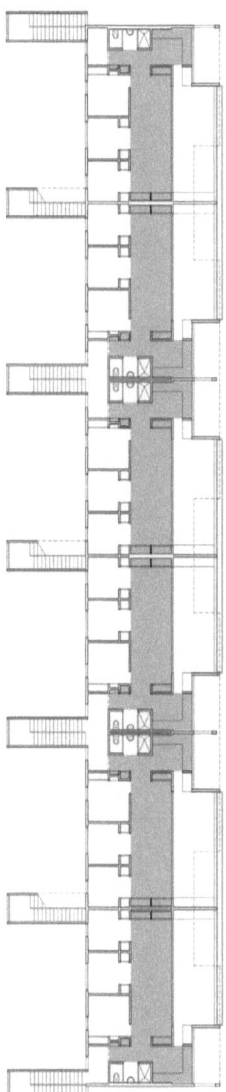

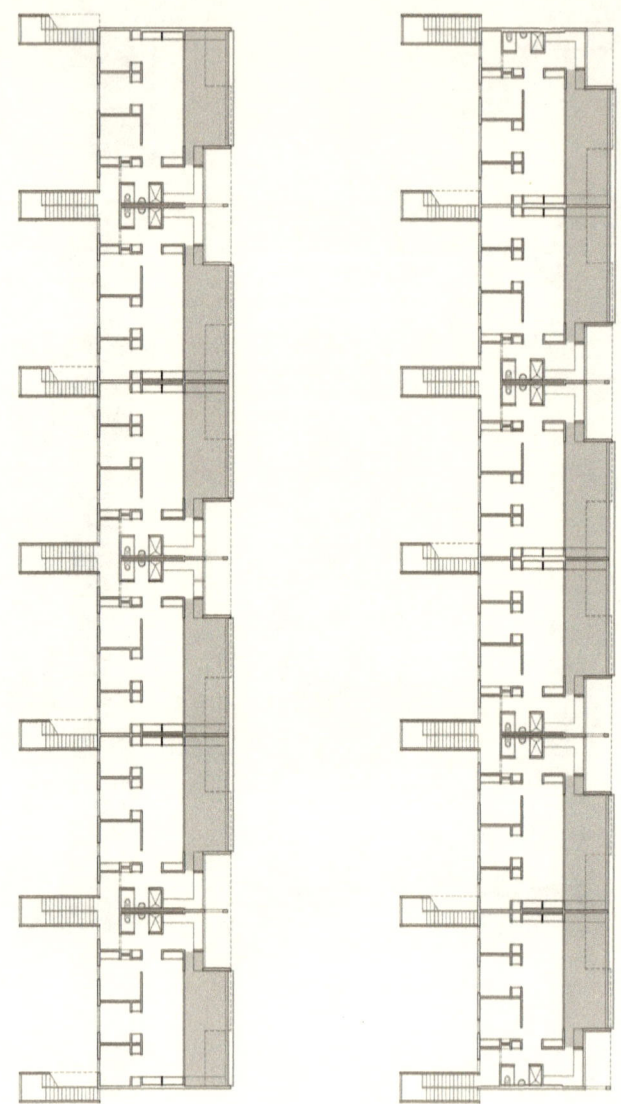

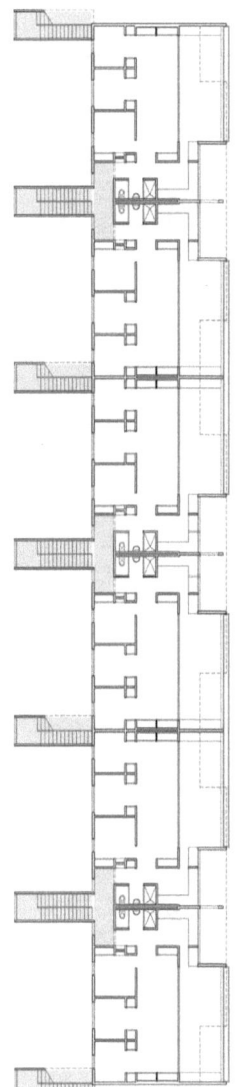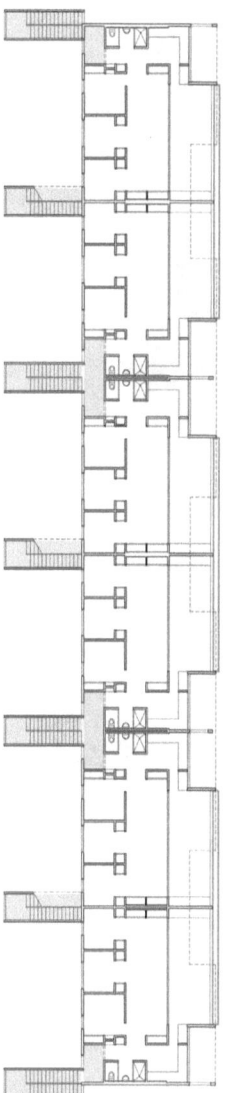

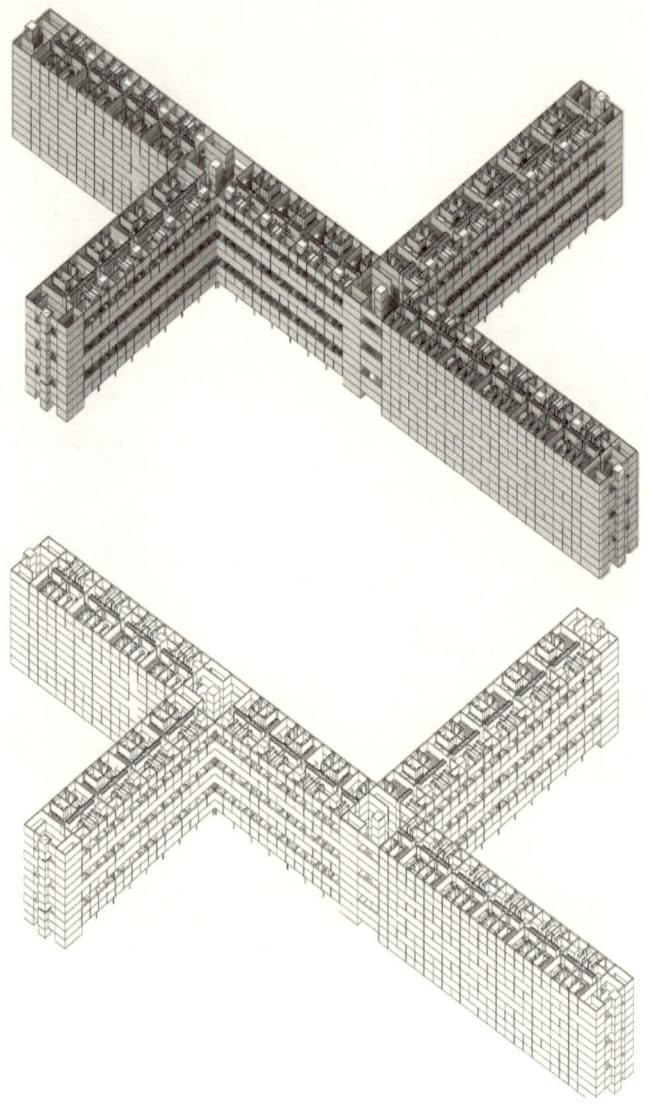

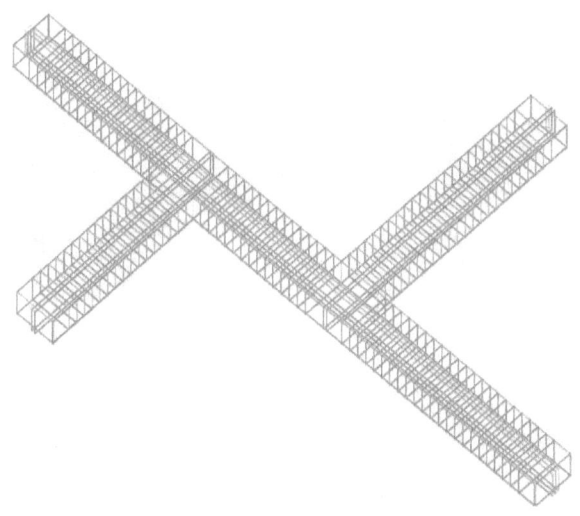

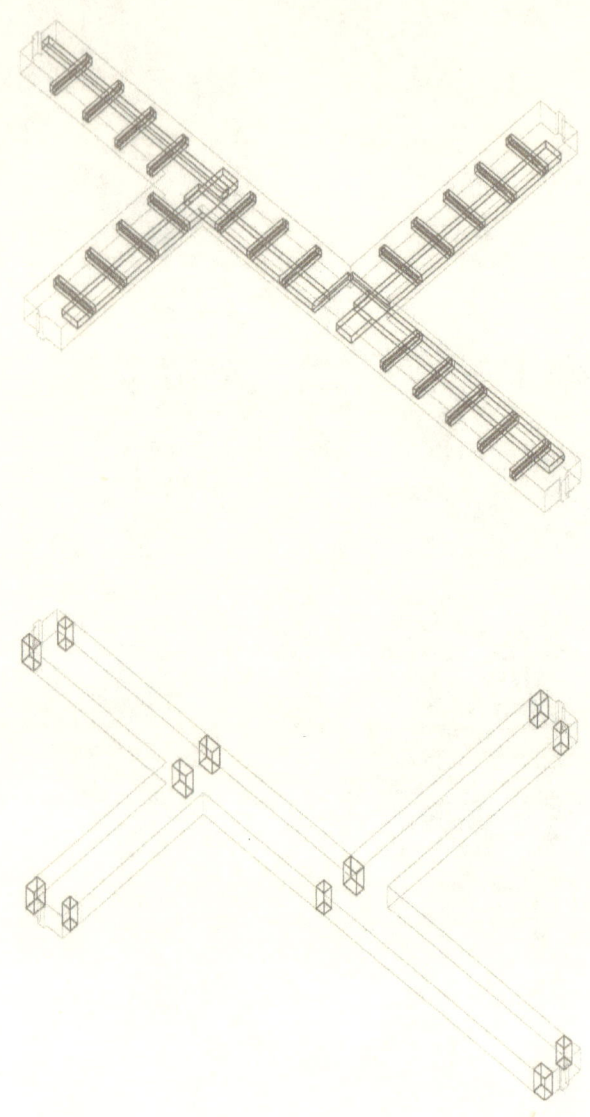

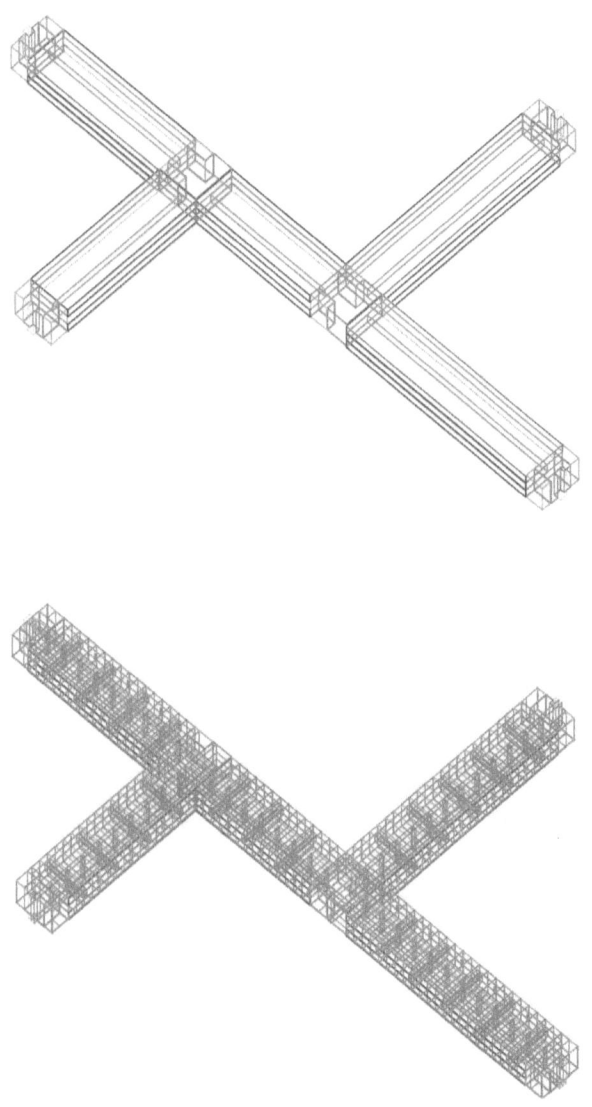

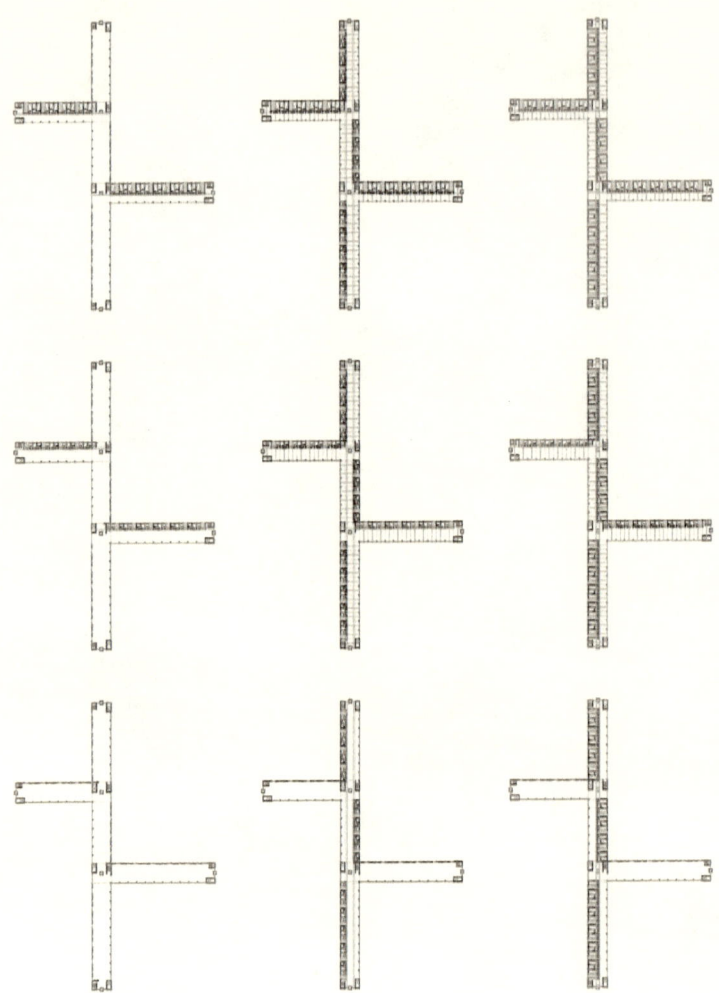

# SuperMall

Federico Menichetti

Su tamaño desmesurado sólo es comparable con las mezquitas, los grandes bazares de Estambul o las gigantes obras de baños romanos de principios del primer milenio, mientras que su diversidad programática referencia a pequeñas ciudades amuralladas. Ambas condiciones, vuelven a los *malls* edificios absolutamente autónomos de contextos, entornos, visuales, loteos, urbanizaciones, servicios o, incluso, de referencias disciplinares preconcebidas. Los *malls* son tipologías en sí mismas.

En su introducción como edificio inmerso en un contexto social, no tiene juicios negativos con respecto a la sociedad capitalista, de hecho, la potencia y celebra, no desde su negatividad sino desde su producción positiva. El *mall* no pretende instaurar una crítica social ni contraponer un comportamiento, es lo que es. La supuesta torpeza organizativa de los grandes complejos de *malls* contemporáneos producto de la masividad de su escala, la gran y diversa cantidad de programas y su despreocupada posición frente a nociones de tipología histórica, vuelven a estos edificios los objetos más representativos de la cultura global contemporánea. Resultan en objetos poco explorados en términos específicamente disciplinares, no sucede lo mismo en relación a estudios con respecto a los tintes sociales, económicos e incluso historicistas, de los cuales se puede encontrar amplia bibliografía. Existen algunas excepciones como el libro de Stefan Al, Mall City: Hong Kong's Dreamworlds of Consumption, y algunas aproximaciones a los estudios sobre la organización de los mismos.

La tesis no se centra en la posibilidad del *mall* de sobrevivir en el tiempo, sus implicancias económicas ni sus consecuencias socioculturales, su objetivo de estudio tiene que ver con la amplitud de sus configuraciones y complejidades yuxtapuestas. Estos edificios presentan, por sobre todas sus características, complejidad organizativa, funcional y estética. Dados estos tres problemas arquitectónicos, la tesis explora la conexión sistemática de distintas tipologías complejas, reuniendo de esta manera las inteligencias presentes en los casos de estudio en los que se enfoca.

Sus programas superpuestos presentan una potencialidad en una posible novedad organizativa, de esta manera los *malls* aparecen como una fuente de producción generativa por su empaste programático. Adoptan distintas tipologías y las organizan, ya sea con más o menos elegancia, para integrarse de manera coherente en una misma masa edificada. Por otro lado, estos edificios presentan una virtud funcional que expone una versión construida del Hyperbuilding de Rem Koolhaas. Cines, teatros, oficinas, residencias, servicios, patios de comidas, espacio público, comercios, son sólo algunos de los tantos programas que reúnen estos edificios y que, en este sentido, presentan un problema de coordinación, que depende de una infraestructura de servicios comunes y un estudio de densidades circulatorias sobre su utilización en el tiempo.

**Tipología Extraña**

Ante el surgimiento del HyperMall como tipología extraña, cargado de prejuicios negativos asociados a sus fines supuestamente antidisciplinares (o indisciplinados), usualmente vistos meramente como comerciales y banales; la tesis propone incorporarlos como modalidades de proyecto globales pero singulares, generando sistemas de estudio y provocando a la proyección de capacidades inéditas. Así, se busca contribuir con la construcción afirmativa de una nueva modalidad edilicia, hasta ahora, subestimada.

El trabajo busca el juego coordinado de organización, función y ornamento. Este mismo puede dar lugar a una problemática transversal a la disciplina que se evidencia fuertemente en este tipo de edificios complejos y masivos, por lo que el estudio de los *malls* es de suma importancia para la profundización de estos temas.

Se propone un abordaje sistemático de la diversidad de organizaciones presentes en los *malls*, que, en primera instancia, aparentan constituirse como compositivas, pero que, en un estudio y despliegue proyectual riguroso, pueden ampliar su inteligencia organizativa, y construir al *mall* como una tipología nueva y de gran versatilidad.

A su vez, un despliegue de las distintas "partes" que configuran la organización mediante una lógica disociada (distintos casos y recortes organizativos) pretende manifestar dentro de esta capacidad edilicia un agenciamiento cuyo resultado se manifiesta en una gran cantidad de aportes disciplinares y configurativos. El estudio de los casos se abordará de esta manera para construir nexos entre organizaciones y tipologías presentes en los *malls*, desarrollando de esta manera un nuevo hibrido tipológico, temporalmente consistente y múltiple.

En un segundo estadio de estudio, el testeo de las propiedades organizativas mediante procesos sistemáticos de coordinación formal, puede construir el andamiaje de la tesis mediante variaciones dimensionales, subdivisiones iterativas, y operaciones topológicas. Haciendo foco en sus capacidades y limitaciones funcionales.

La tesis aborda tres casos de estudio referidos a 3 grandes grupos programáticos: uno comercial (Parque Toreo, Sordo Madaleno Arquitectos), otro habitacional (Raffles City Hangzhou, UNStudio), y un tercero que engloba el área de entretenimiento (West Edmonton Mall). A partir de estos casos de estudio, se construyen 3 modelos organizativos, aislando la problemática particular que cada uno de ellos lleva embebida (comercial, habitacional, entretenimiento).

La lógica comercial construye variaciones de distintos aspectos específicos. Partiendo de una organización central, el modelo del Parque Toreo construye la distribución perimetral de los ámbitos comerciales. De la cual se despliegan distintas modificaciones de esa lógica central circulatoria, primero dimensionalmente, construyendo configuraciones y profundidades comerciales. En segunda instancia se disocian los puntos perimetrales y los internos para construir centralidades con relaciones variables entre centro y periferia (más concretamente entre la forma de la circulación central y el perímetro del *mall*). Y, en tercer lugar, se expande la relación entre las edificaciones habitacionales (torres) y el volumen comercial, para establecer lazos con la segunda organización (habitacional). Las cantidades, dimensiones y altura de los volúmenes habitacionales establecen distintas relaciones entre ambas organizaciones.

En la configuración habitacional el caso de Raffles City, se construye primero la relación con lo comercial y luego se expande su organización interna. Un eje constituye la circulación central del mall de la cual se extienden dos brazos secundarios que configuran las torres en sus extremos y expanden el área comercial hacia el programa habitacional. En una serie de variaciones organizativas se explora esta posible deformación achicando o agrandando el área comercial y las dimensiones de las torres. Luego, se despliegan deformaciones internas de la configuración habitacional, comenzando con su núcleo de circulación (variación en el grado de rotación y las dimensiones generales). Luego se extiende hacia el perímetro y sus posibles configuraciones y variaciones dimensionales, construyendo distintas interioridades y relaciones nucleo/perímetro.

La tercera organización, referida al uso del entretenimiento en los *malls*, estudia el caso del West Edmonton Mall, que nuclea una serie de establecimientos a saber: cines, parque de diversiones, pistas de patinaje, y parque acuático. El modelo construye la lógica del parque acuático, su relación con el perímetro y cubierta, y la distribución de las plataformas de los toboganes que se despliegan a lo largo de la superficie.

En síntesis, la investigación propone extraer las inteligencias organizativas de las modalidades programáticas de los *malls*, constituyendo modelos de comportamiento de los cuales obtener distintas posibilidades organizativas para la construcción de un proyecto que incluya todas estas inteligencias con el objeto de poner de manifiesto la capacidad operativa del conocimiento disciplinar que contienen, sugiriendo la posibilidad de incorporar al mall como material disciplinar al definirlo como un edificio múltiple, altamente versátil y con características de gigantismo únicas.

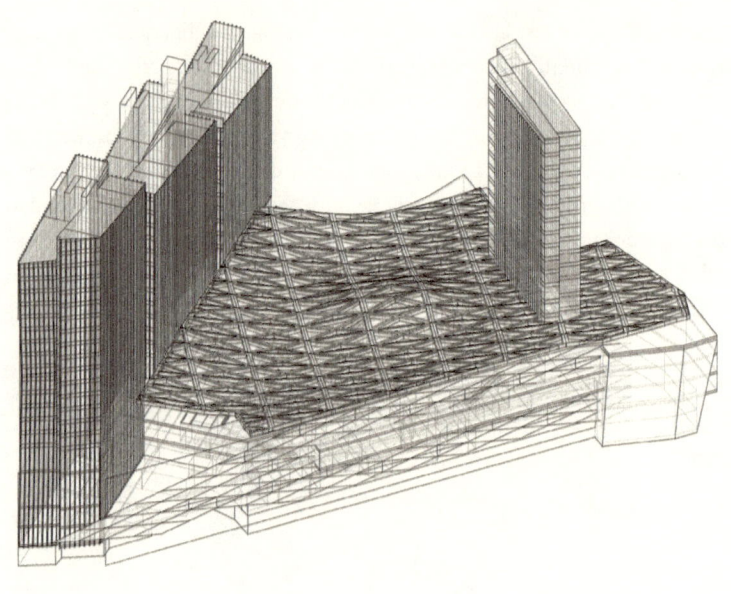
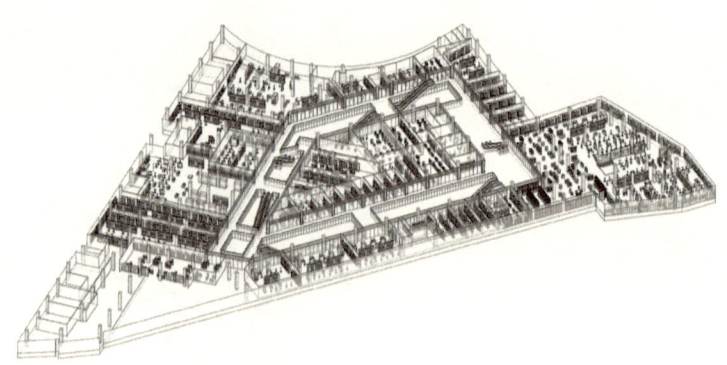

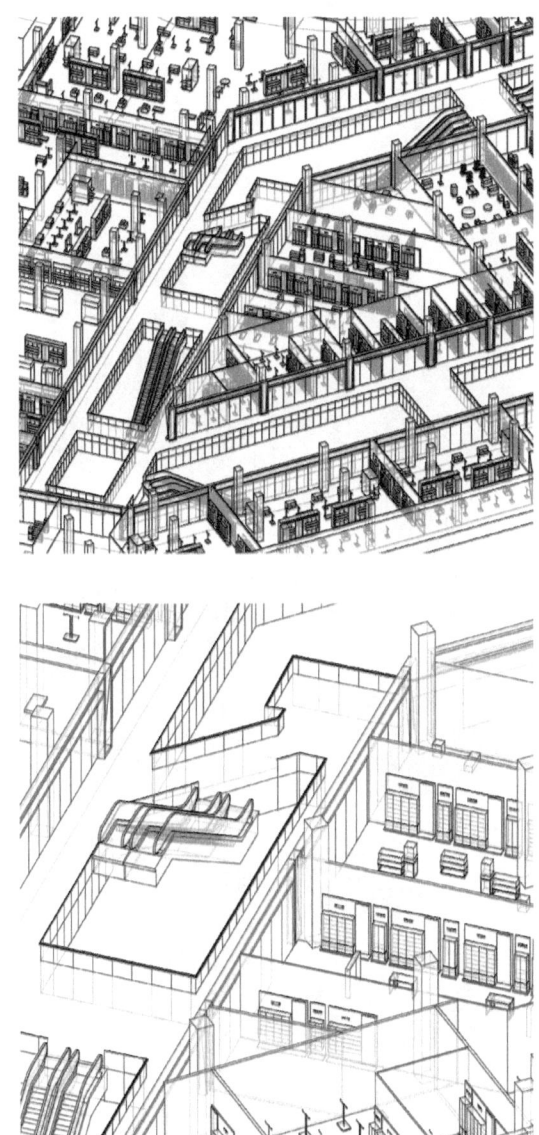

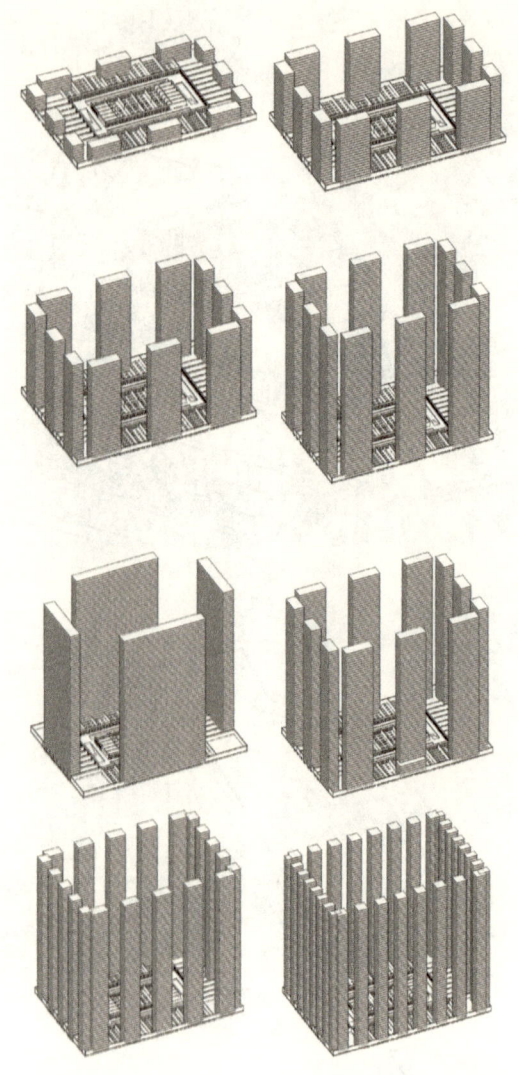

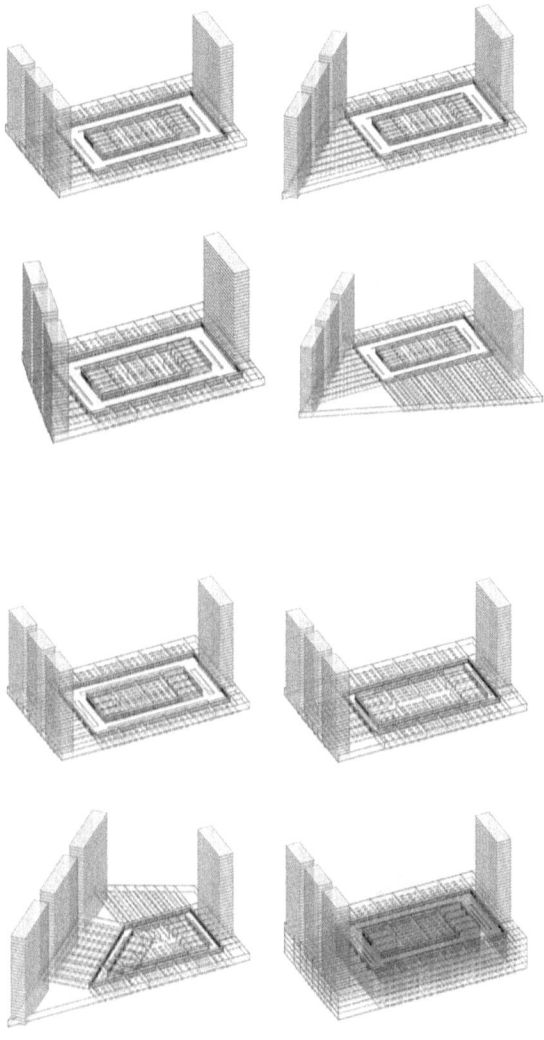

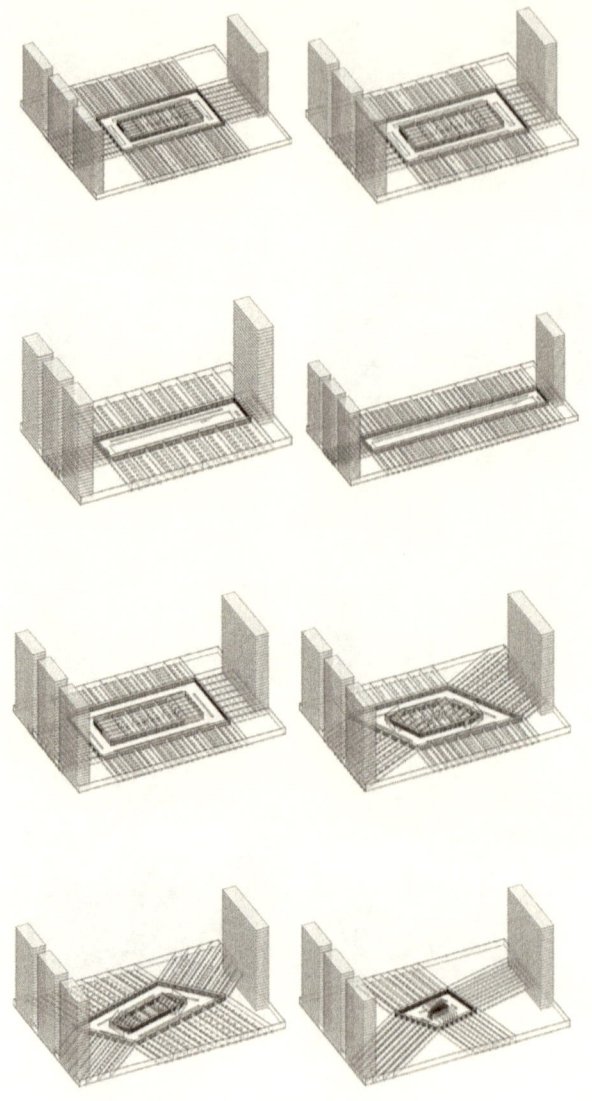

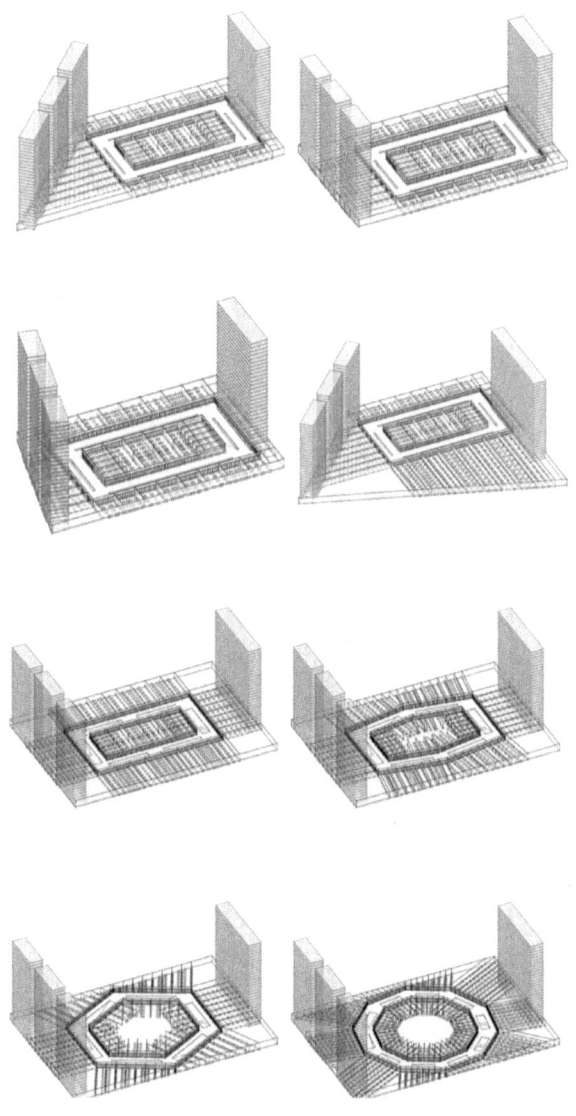

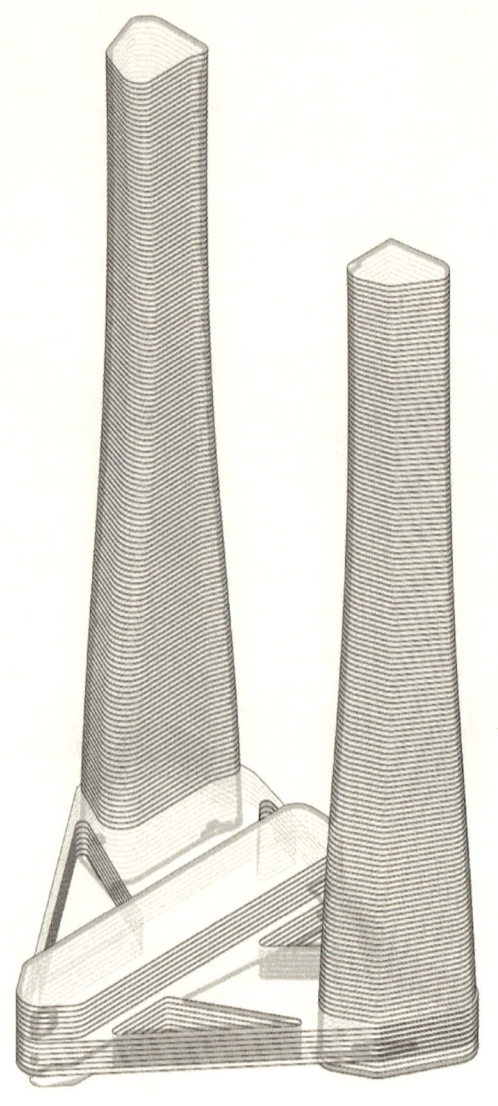

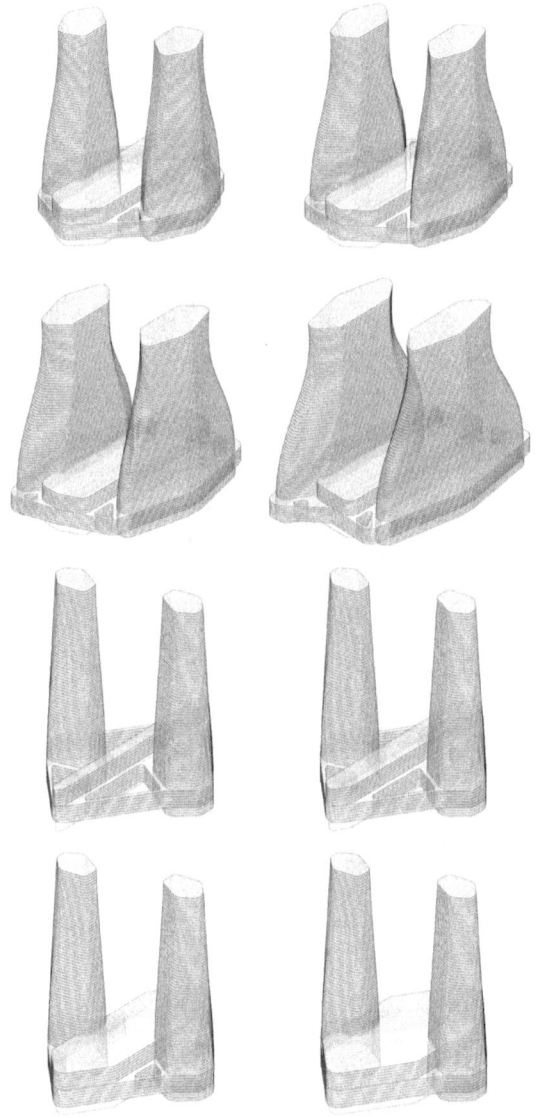

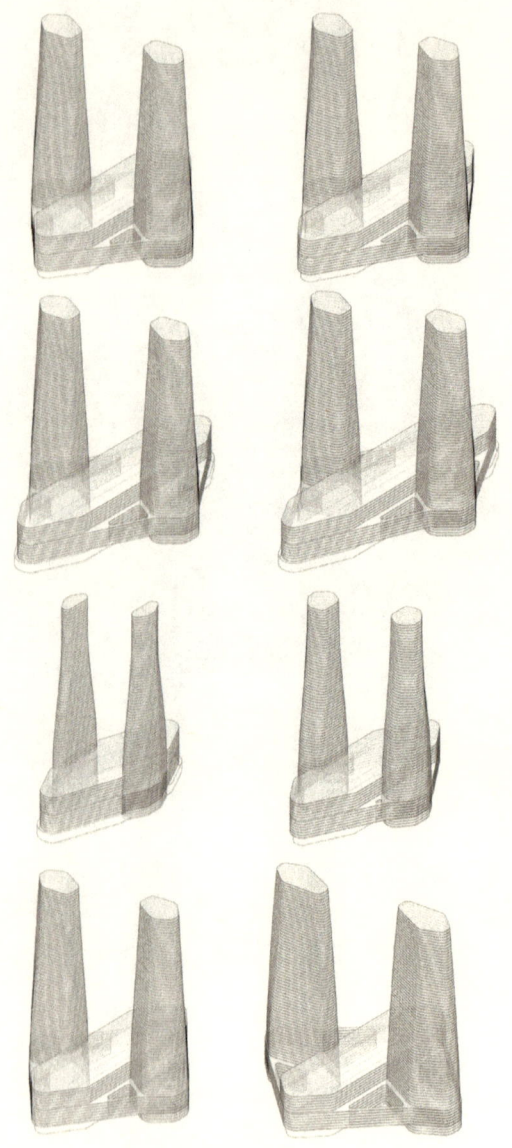

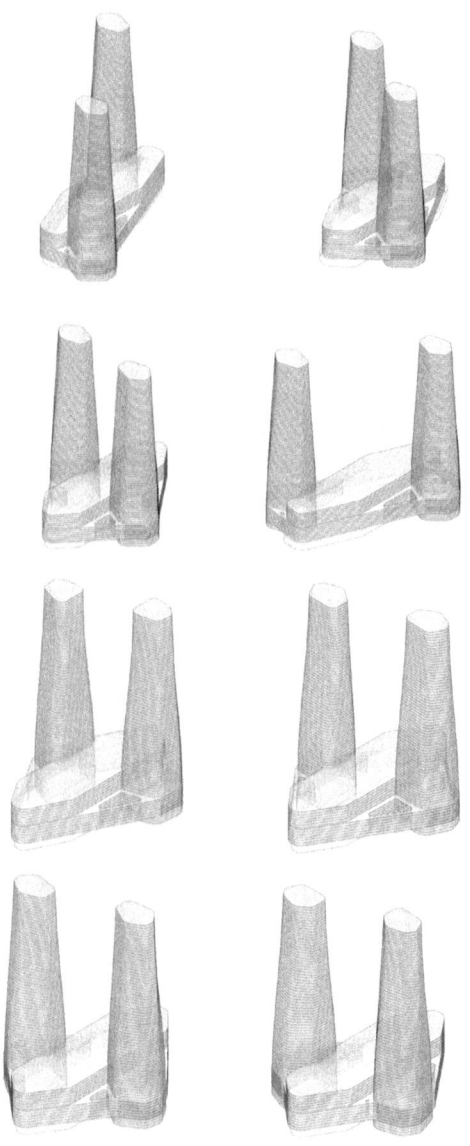

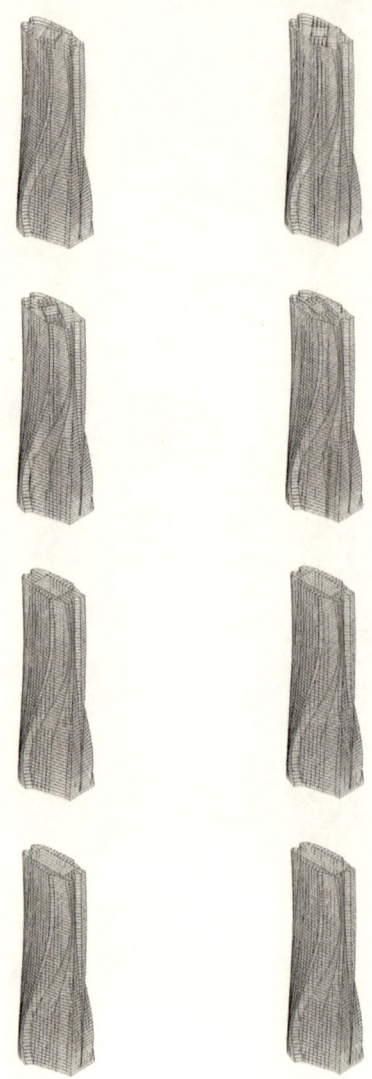

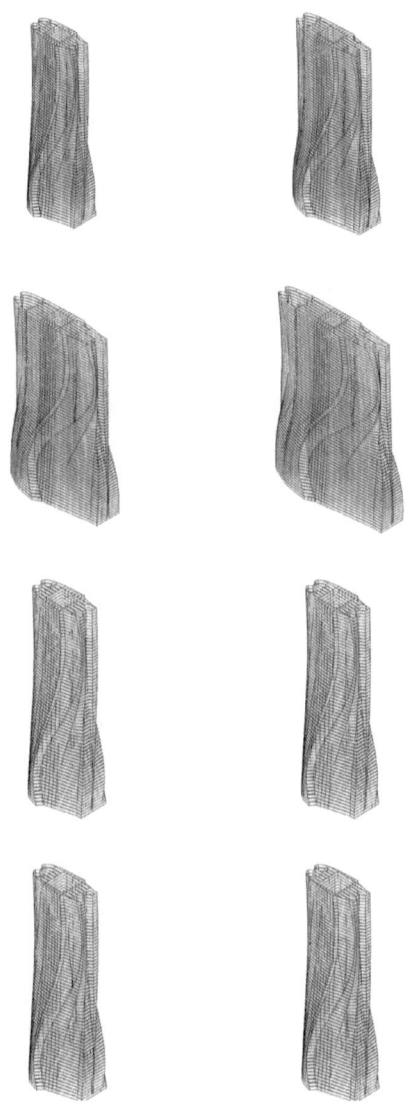

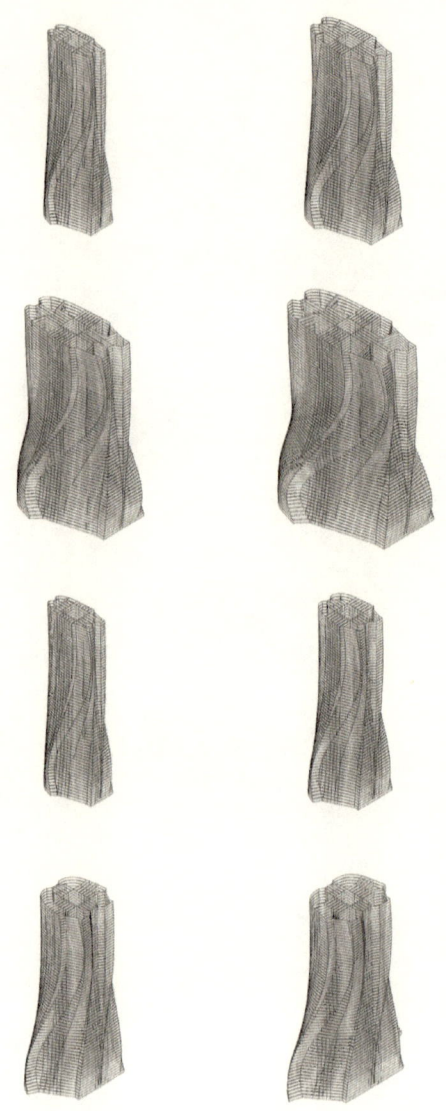

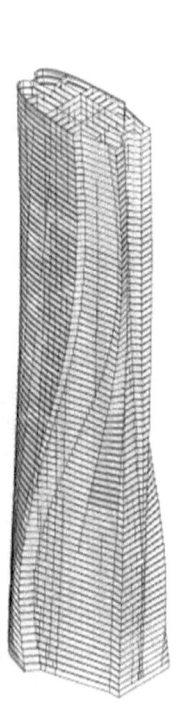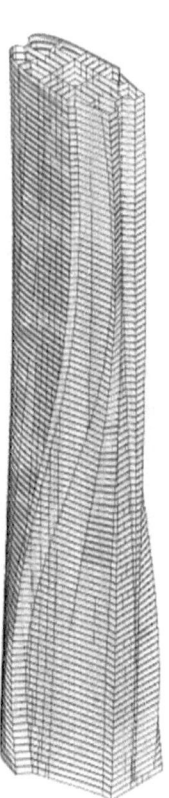

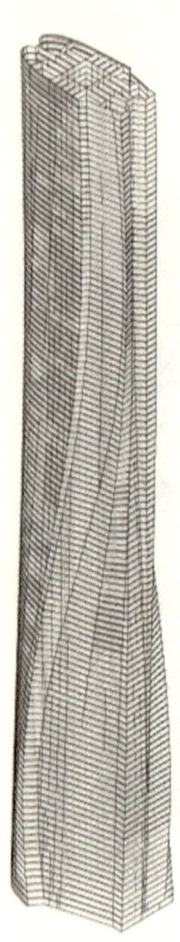

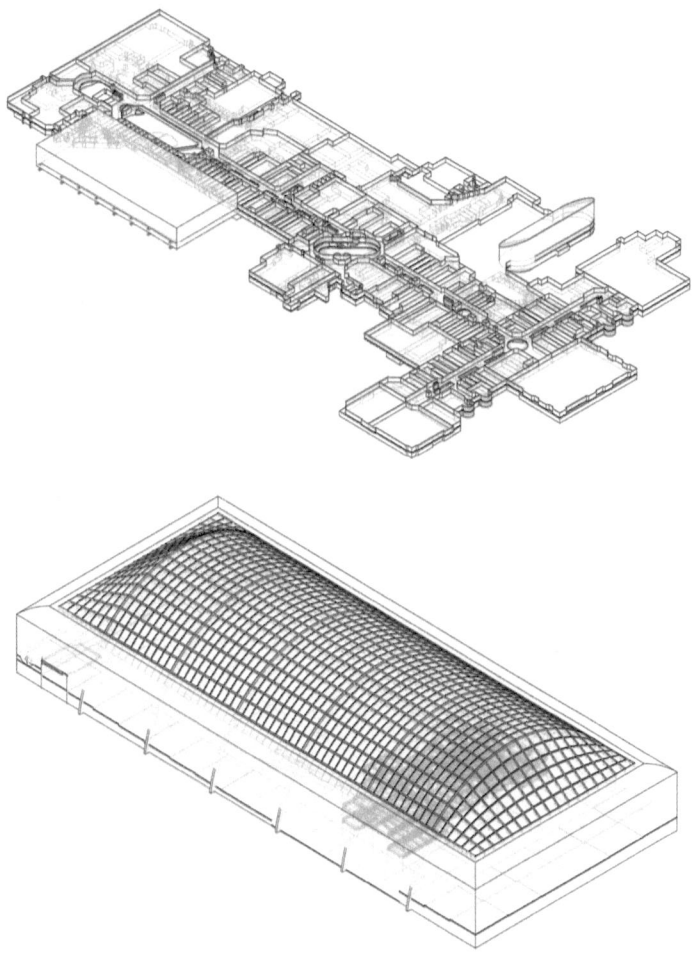

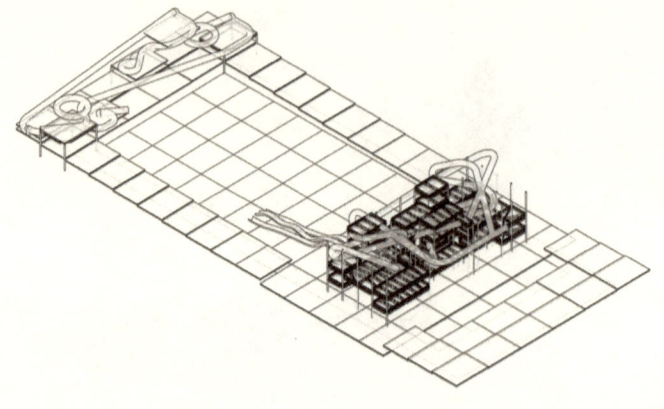

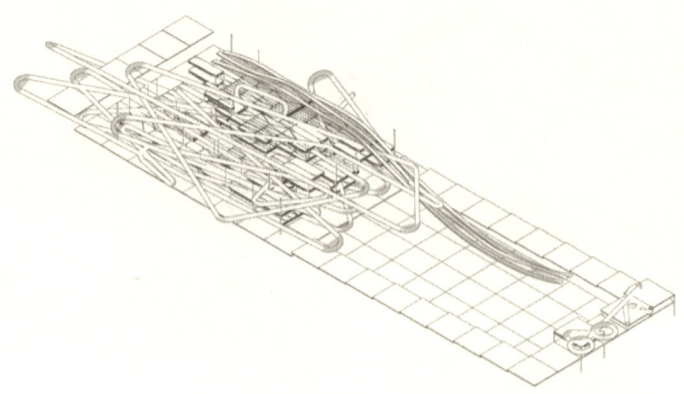

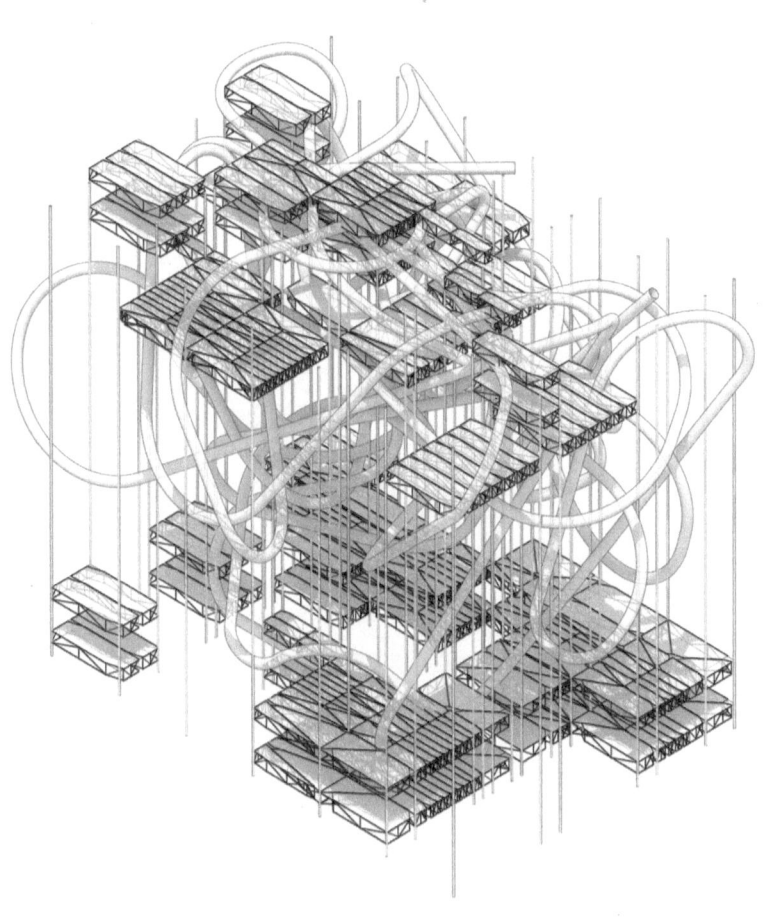

# Continente
# Contenedor
# Contenido

Maria Teresa Arteaga Botero

El proceso de desindustrialización registrado en las ciudades a partir de la segunda mitad del Siglo XIX, ha generado zonas degradadas, en donde la obsolescencia tanto física como funcional se manifiesta de manera explícita. Estos territorios se caracterizan por la existencia de antiguos edificios fabriles, que conservan la calidad estructural propia de la Arquitectura industrial de la época, al igual que la presencia de población con dificultad de acceso a la vivienda, que habitan asentamientos precarios o recurren a la ocupación de manera irregular de edificaciones en desuso.

Considerando que estas circunstancias ocurren en diversas metrópolis a nivel global, esta tesis se centra en su caso más cercano, la ciudad de Buenos Aires, donde se propone la reactivación del barrio de Parque Patricios, a través de la actualización proyectual de las edificaciones fabriles existentes, mediante un sistema modular de construcción en madera que se aferra a la estructura presente y crea ambientes habitables genéricos, que serán posteriormente definidos por sus habitantes y los modos de habitar que ellos mismos decidan establecer. De este modo, se propone la conversión de fábricas obsoletas en proyectos de vivienda colectiva, que contribuyan al mejoramiento progresivo del contexto inmediato, al configurar la reurbanización progresiva del territorio, por medio de lógicas proyectuales que contemplen a los habitantes vulnerables del sector.

Esta investigación cuestiona los mecanismos de producción de vivienda colectiva donde tradicionalmente se recurre a la búsqueda de terrenos "aptos" (algunos de estos sin instalaciones de servicios básicos y alejados de centros urbanos equipados) o a la demolición de preexistencias en buenas condiciones, y propone un proyecto alternativo, que opere con las estructuras que han quedado relegadas por cuestiones económicas derivadas de problemáticas regionales y globales. Un proyecto afín con la situación que atraviesa actualmente toda ciudad en donde la optimización de recursos es fundamental para un crecimiento sostenible y responsable con el entorno construido, considerando las repercusiones ambientales que la industria de la construcción y la demolición ocasionan, en relación a la huella de carbono inmersa en cada uno de sus procesos. Por todo esto, se vuelve de vital importancia contemplar las variables que involucran al contexto inmediato y volverlas un recurso proyectual.

Este trabajo presenta en tres partes análogas a la disposición del proyecto. El primero denominado Continente, se enfoca en la situación temporal y física que acontece en el territorio donde se implanta la propuesta y la agrupación de edificios fabriles (de ahora en adelante Contenedores) en estado de aparente abandono detectados en esta zona. La segunda parte, denominada Contenedor, comprende el estudio específico de casos de estudio con estas características, donde se extraen estrategias que luego serán aplicadas al Contenedor seleccionado del barrio Parque Patricios. Finalmente, una tercera parte, hace referencia al Contenido, que involucra específicamente al proyecto que esta tesis desarrolla. Así, se busca dar cuenta de la lógica operativa de la propuesta proyectual, en donde se genera Contenido para el Contenedor que se emplaza en un Continente.

**Sistema de Actualización Proyectual**

A partir de la hipótesis respecto de la cual los Contenedores en desuso son un recurso potencial a la espera de ser intervenidos, esta tesis postula un sistema de actualización proyectual como el procedimiento que recuperará el contenedor preexistente al otorgar un nuevo uso a través del contenido arquitectónico que será insertado. Este creará las condiciones necesarias para que la población del sector pueda habitarlo, estableciendo de este modo una lógica de mejoramiento integral que impactará en el continente de Parque Patricios.

El sistema de actualización proyectual se desarrolla mediante tres protocolos. En primer lugar, un protocolo de optimización del contenedor, luego, un protocolo de generación del contenido y, finalmente, un protocolo de actualización del contenedor.

### 1. Protocolo de Optimización del Contenedor

Tras el análisis de los atributos arquitectónicos del contenedor (envolvente, estructura, losas y singularidades) se prosigue a definir las intervenciones que deben realizarse en el edificio para recibir el contenido de actualización. En primera instancia se identifican los puntos de falencia y posteriormente se analizan las acciones tentativas para mejorar estos aspectos. Esta tesis toma los parámetros higienistas promulgados a finales del Siglo XIX e inicios del XX referidos a condiciones dignas de iluminación y ventilación natural como criterios de optimización de base, estando presentes en la reglamentación de la vivienda colectiva y considerando la importancia de ellos para preservar la salubridad en el habitar colectivo.

### 2. Protocolo de Generación del Contenido

Una vez optimizado el contenedor para la recepción del contenido, se despliegan matrices modulares, una respecto de la geometría original de la planta del contenedor en ángulos rectos, disposiciones paralelas y perpendiculares a su estructura; y otra de ángulos agudos y obtusos, en busca de conectar con las diagonales de la estructura existente. Así, es posible la construcción de una base geométrica respecto de la cual fijar los planos referenciales donde se ubicará el contenido. Estas matrices, al estar compuestas por planos paralelos y perpendiculares que se interceptan, explicitan que cada orientación potencia aspectos de iluminación o ventilación que no pueden ser resueltos por tabiques ciegos. Así, el contenido surge de la actualización material de los planos que producen ambas matrices y, en consecuencia, de las situaciones que las variaciones organizativas que las mismas generan.

### 3. Protocolo de Actualización del Contenedor

Este protocolo actualiza los planos potenciales establecidos por las retículas anteriores y genera tabiques o marcos inespecíficos con gradientes variables de intimidad anclados a un sistema de soportes que posibilita múltiples situaciones del habitar cotidiano. Asimismo, este protocolo tiene el objetivo de desarrollar con los soportes emergentes de los atributos del contenedor, organizaciones que desplieguen divisiones de ambientes, entrepisos, extensiones de la envolvente y escaleras independientes dentro de la misma lógica del sistema. Posteriormente, se analiza en los ambientes producidos emergencias organizativas por las variaciones en los marcos inespecíficos, ya que cada disposición potencia situaciones específicas del habitar.

Estructura

Esta tesis reitera el valor de proyectar con lo existente, no solo en los contenedores que la Arquitectura recupera, sino también desde el uso de la madera como material para las actualizaciones, dando cuenta de su potencial, y en especial por el contexto geográfico donde se desarrolla la investigación.

La madera es un recurso renovable, reutilizable, biodegradable y con baja huella de carbono, ya que requiere mucho menos energía en el proceso de transformación de materia prima a material de construcción. La gestión responsable de este tipo de construcción hace que las plantaciones de bosques antes de la tala ayuden a mitigar el cambio climático.

Variación Modular

Las variaciones se basan en la disposición de parantes del sistema wood frame o entramado de madera que no exceda los 40 centímetros a excepción del vano para puerta que para este proyecto sería el módulo inicial sin la base inferior para permitir el paso. Las siguientes tres disposiciones generan gradientes de menor a mayor intimidad los cuales producen situaciones específicas del habitar haciendo que los ambientes se diferencien entre sí, estos mismo pueden ser cerrados en una de sus caras según la necesidad de privacidad.

Soporte de Módulos Agrupados

El tabique compuesto se conforma de módulos de una medida fija de 1.10mts y un módulo central de ajuste que permite acoplar el sistema a las situaciones irregulares que se presentan en el contenedor. Hay situaciones cotidianas que requieren continuidad y proximidad para ser desarrolladas cómodamente y, normalmente, estos espacios necesitan instalaciones sanitarias y eléctricas.

Cuadrantes Habitables

El proyecto que emerge del edificio, produce cuadrantes consecutivos donde no hay jerarquías, funciones establecidas o circulaciones manifiestas en corredores. Las agrupaciones de estos cuadrantes conforman diversas posibilidades de habitarlos de acuerdo a la cantidad de integrantes de la unidad de convivencia.

Esta organización, enmarca los vínculos de las columnas, indicando los lugares donde puede habitarse, y a través de los marcos de madera como instrumento intuitivo y fácil de manipular, muestra al habitante las opciones que puede recrear en el mismo, siendo un elemento en principio genérico, pero que al relacionarse con el habitante se vuelve específico. Esta especificidad puede cambiar en el tiempo, así como los hábitos y las personas no son permanentes. El proyecto expone como los límites físicos del contenedor, lejos de aparecer como entidades limitantes del habitar, contribuyen a la sistematización del proyecto, ya que el contenido emerge de los atributos arquitectónicos que el contenedor posee en estado de latencia.

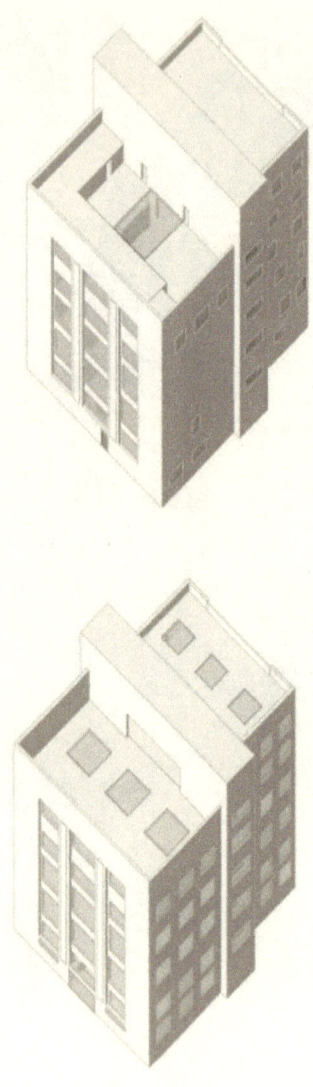

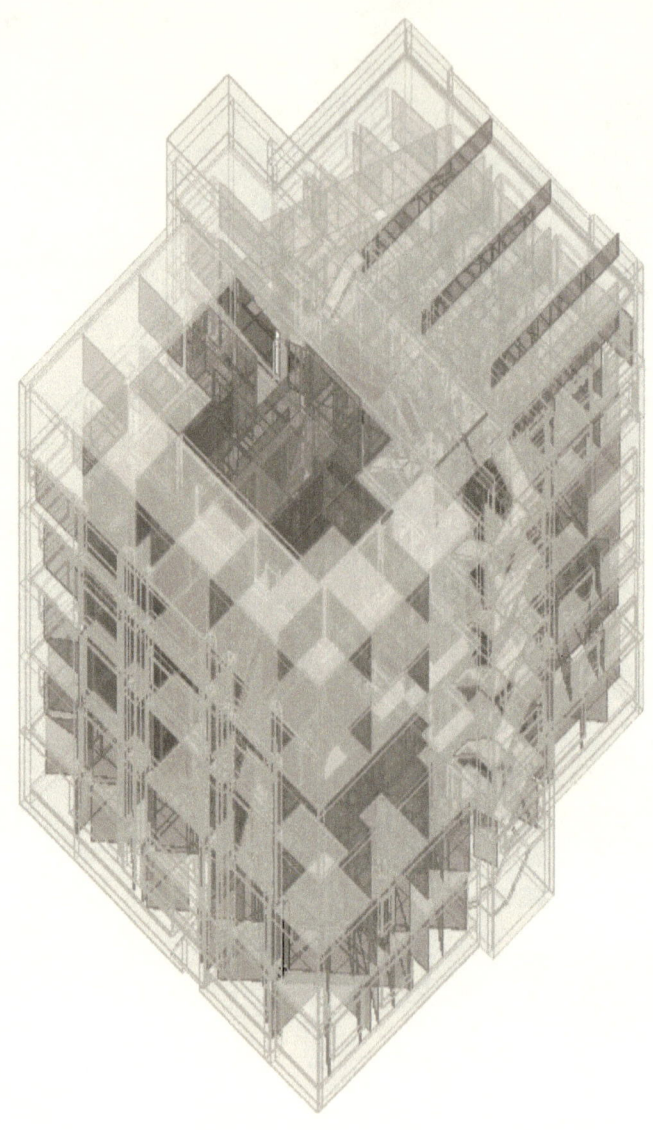

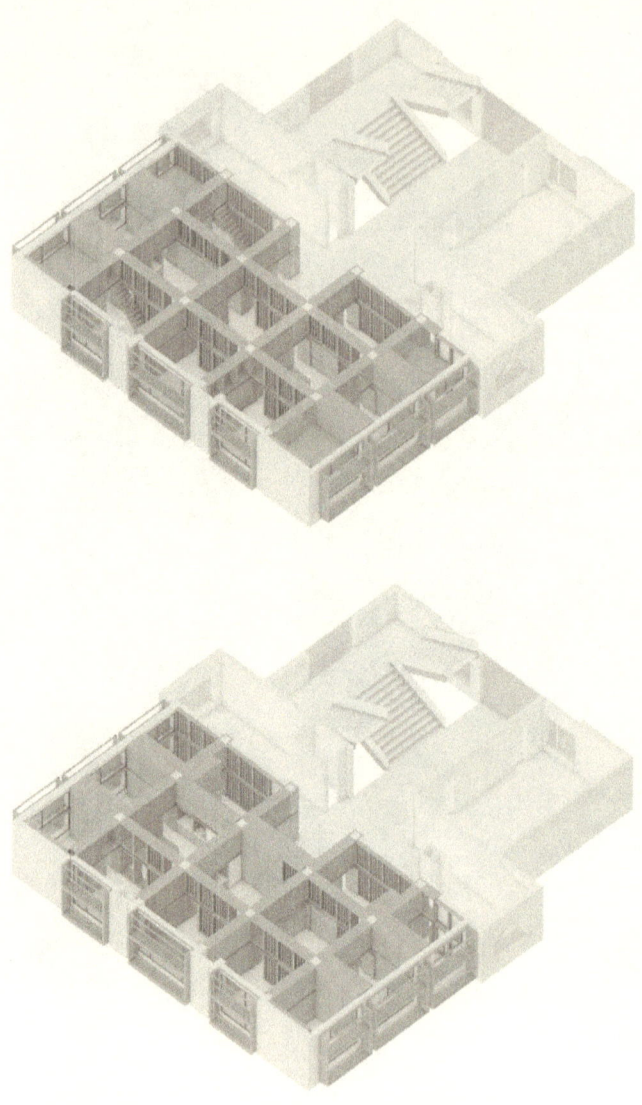

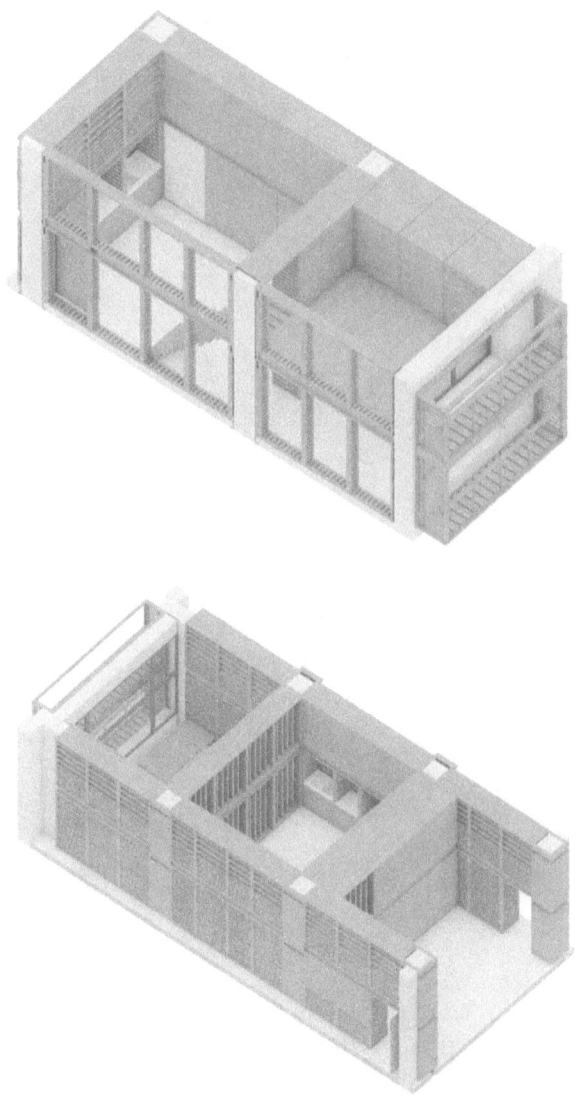

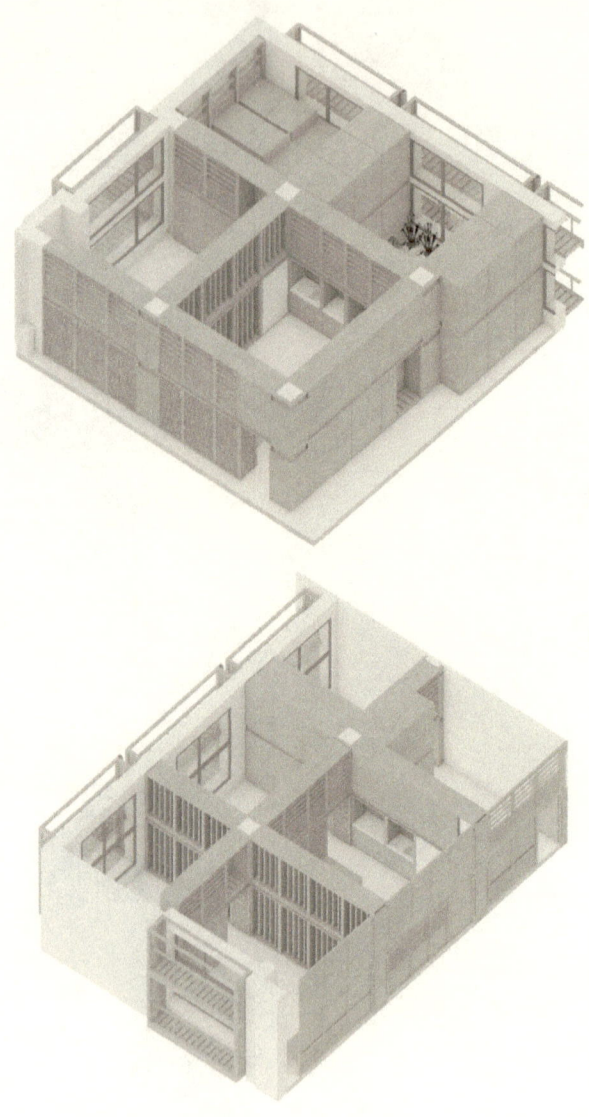

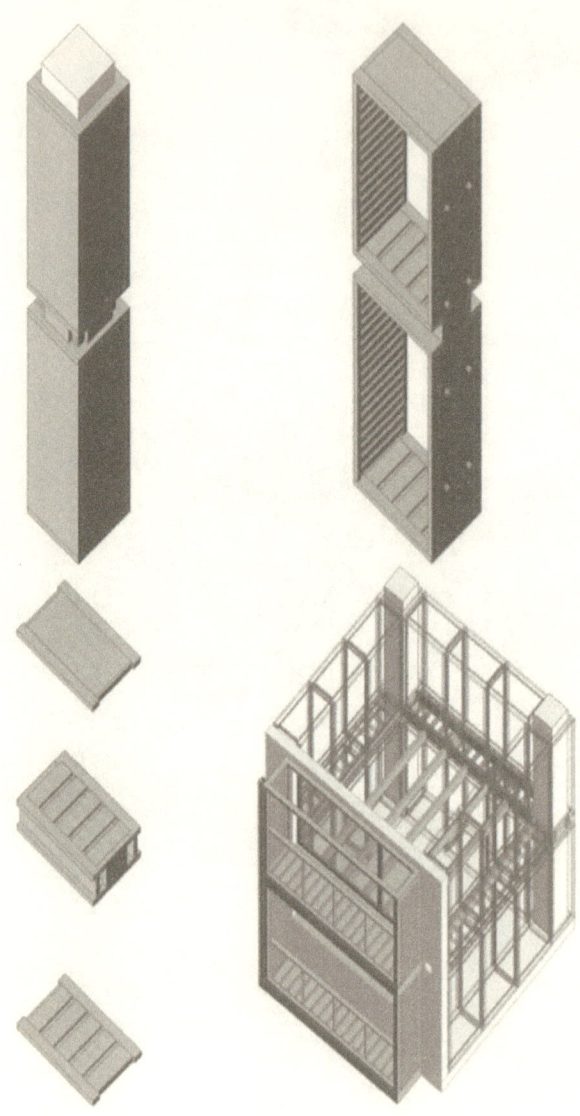

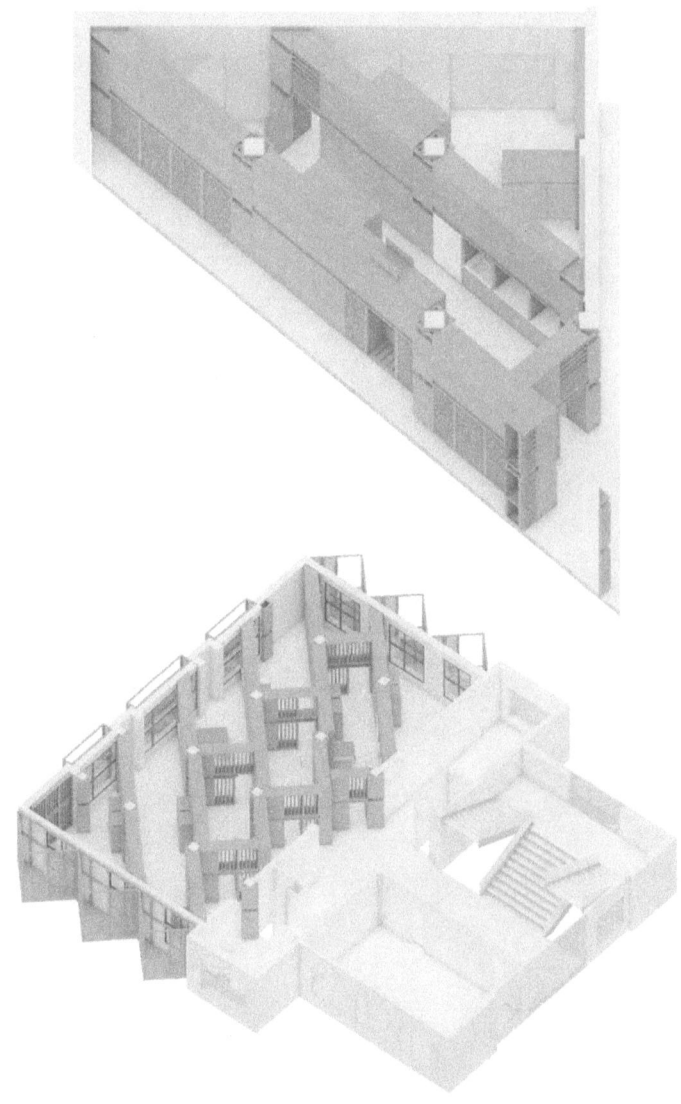

# Promenade Colectiva

Federico Berardi

Promenade Colectiva postula que la vivienda considerada colectiva tiene como fin primero reforzar el espíritu de vecindad entre habitantes de un conjunto recurriendo a los espacios comunes como ámbito de desarrollo de la vida social cotidiana.

Los denominados espacios comunes o ámbitos de copropiedad, los cuales pueden ser cerrados o abiertos, de dimensiones variables, con ubicaciones y destinos diversos cumplen un rol fundamental dentro del conjunto y pueden funcionar como verdaderos catalizadores sociales. Es decir, los espacios comunes son los que le dan el carácter de "colectiva" a la vivienda, lo que nos lleva a la primera conclusión: No todo conjunto de vivienda es colectivo.

No debe confundirse con la vivienda multifamiliar que, por definición asume que las familias son los principales destinatarios del edificio, definidas por unidades con un mínimo de dos dormitorios para alojar a los hijos y una habitación matrimonial. Tampoco se la debe emparentar con la denominada vivienda agrupada, conjuntos que constructivamente se resuelven con gran economía de estructura y servicios quedando en segundo plano cuestiones como los espacios de intercambio de los individuos. Mucho menos se debe pensar que se habla de la mal denominada "vivienda social" o de protección oficial, la cual se diferencia de cualquier otro tipo de vivienda por ser financiada por el estado. En ninguno de estos casos, la presencia de espacios comunes es condición para su existencia.

Los *amenities* suelen ser la respuesta contemporánea de los ámbitos de copropiedad que complementan a las unidades funcionales en un emprendimiento habitacional. Por lo general están desvinculados de las mismas, siendo un espacio accesorio al que se recurre eventualmente, por ejemplo, un SUM (Sala de Usos Múltiples). A su vez, estos *amenities*, no siempre pueden ser utilizados en simultaneidad con otros vecinos, por lo que son de común propiedad, pero privados en su uso efectivo. La segunda conclusión a la que arribamos entonces, es: No todo espacio común genera encuentro e interacción.

**El Problema de lo Común**

Entender a la vivienda colectiva en estos términos es el problema que la tesis se propone explorar, teniendo como base el significado original de vivienda colectiva, donde la Arquitectura es una disciplina socialmente comprometida y consciente de lo que se propone. Para ser específico en el uso del lenguaje, se sugiere nombrar a los conjuntos de vivienda como: viviendas con espacios de interacción y encuentro. Quitando de esta manera todo significado o referencia confusa instalada en la disciplina.

La tesis hace foco en los ámbitos en donde los habitantes de un edificio se reúnen, se cruzan, se encuentran, conversan, se conocen y comparten un momento, un lugar. Es decir, es el recorrido del habitante desde su domicilio privado hasta el encuentro con lo urbano, es todo el espacio semipúblico y semiprivado que media entre ambos planos y vice versa. A esta procesión donde existe la posibilidad de conocer vecinos del conjunto a medida que se circula la denominaremos Promenade Colectiva.

El desarrollo de la promenade colectiva supone tres condiciones proyectuales. En primer lugar, es fundamental reconocer el dispositivo de pensamiento que impide ubicar a los espacios comunes en el centro de atención del proyecto de viviendas colectivas. Por ejemplo, el sintagma "espacios servidos y servidores" de Louis Kahn, en donde la atención está puesta en diferenciar espacios principales de secundarios. La tesis sostiene la necesidad de dejar de proyectar o analizar principalmente desde lo servido y servidor, incorporando una tercera parte que es el encuentro, admitiendo esquemas de movimiento, lugares estáticos y dinámicos, zonas de concentración y dispersión de los habitantes.

En segundo lugar, es necesario conocer casos paradigmáticos de vivienda colectiva con exploraciones dentro de esta temática, redibujar las obras y generar material gráfico propio para convertirse en material proyectual. Esto posiciona al procedimiento desde un enfoque genealógico donde *"el proceso proyectual se motoriza a partir de hacer consciente el bagaje cultural previo (...) visibilizando estrategias proyectuales latentes, identificando conceptos o temas específicos"*[1].

Finalmente, el ordenamiento y reconocimiento de las diferentes áreas y actividades utilizando jerarquías de dominio para diferenciar y reconocer matices entre lo público y lo privado.

La hipótesis que propone la investigación parte de la afirmación de que los espacios comunes son el lugar por excelencia de encuentro e interacción entre habitantes de un conjunto de viviendas y que el mismo consta de todo lo que media entre la unidad habitativa y los límites del solar. Es por eso que esta tesis, no se ocupa de células, unidades o departamentos, sino que se enfoca en todo lo que hace al conjunto y no son viviendas: el espacio común.

La tesis propone el proyecto del intencionado recorrido de los habitantes de un conjunto de viviendas, con el fin de encontrarlos entre sí para que construyan lazos humanos y se genere una comunidad por medio de lo que esta tesis denomina promenade colectiva.

---

1    Sarquis J. (2014). Experiencias pedagógicas creativas, didáctica proyectual arquitectónica. Buenos Aires, Argentina. Editorial Diseño

## La Promenade Colectiva como Metodología

El estudio de casos como metodología de la tesis, tiene como finalidad aprender de arquitecturas que han desarrollado, aunque sea en parte, los principios de una promenade colectiva. El objetivo no solo es descubrir y construir un catálogo de resoluciones y artefactos que garanticen ciertas condiciones buscadas para una posterior composición, sino que también se trata de construir las inteligencias organizativas de los espacios comunes, con el objeto de abordar modelos proyectivos variables de interacción y encuentro para los habitantes de un conjunto de vivienda colectiva.

La metodología proyectiva de esta tesis se puede resumir en cuatro momentos consecutivos: (1) construcción de modelos de casos de estudio, (2) desarrollo del comportamiento organizativo de los modelos, (3) iteración material de los modelos de comportamiento, y (4) integración de estas iteraciones.

### 1. Construcción de Modelos

Los casos de estudio se organizan según tres categorías. Respecto de lo Público, corresponde a los ámbitos del conjunto de vivienda que pueden ser utilizados por residentes y no residentes con total libertad como por ejemplo la calle comercial de la unidad habitacional de Marsella o el pasaje arbolado del Edificio Marra I de La ciudad de la Plata. La segunda categoría, Semi, se utilizará para referirnos a los ámbitos que pueden ser utilizados por residentes e invitados por igual, sin exclusividad de ninguna unidad de vivienda, pero sin libre acceso. Su condición es limitada a los dominios del conjunto, como por ejemplo el pequeño espacio de estar ubicado en el descanso de las escaleras de acceso de las viviendas Documenta de Herman Hertzberger en donde las ocho unidades disponen del mismo a su voluntad, pero es necesario tener acceso al núcleo cerrado de escaleras, condición propia de los habitantes. Finalmente, una tercera categoría, lo Privado, se emplea para espacios comunes que son de exclusivo uso de residentes de una vivienda dentro del contexto del espacio común. A pesar de ser de libre acceso para residentes del conjunto, dada la manera en la que se han proyectado, hacen que esto ocurra. Un caso referencial, son los pequeños balcones de las circulaciones del Walden 7 donde los mismos están en estrecha relación con el corredor común pero corresponden al uso exclusivo de la vivienda con su puerta inmediata a ella.

Cabe destacar, que un conjunto de viviendas puede contar con espacios de las tres jerarquías a la vez. Estos espacios están diseñados para encontrar a los vecinos entre sí y pasar tiempo en comunidad en las distintas instancias de las jerarquías de dominio presentadas.

Las obras consideradas para su análisis, presentan temas e invenciones que son propias de la vida en comunidad, temática central de estudio. Las valoraciones de estos casos tendrán aspectos teórico-conceptuales y de diseño teniendo en cuenta las diferentes maneras de producirse los fenómenos de encuentro e interacción entre vecinos. Es por eso, que cada caso de estudio será desarrollado en modelos parciales según los ámbitos de interés de la tesis. Los dibujos analizarán secciones, partes, fracciones de una obra donde, de manera parcial, se presentarán los elementos más valiosos para esta investigación con el objetivo de valorar a las obras por los espacios comunes.

El recorte temporal de los casos de estudio, es posterior a las guerras, entendiendo que las mismas trajeron un déficit de viviendas y éstas fueron resueltas con urgencia dando resoluciones de carácter funcionalista y económica. Es en el CIAM IX, donde se ponen en crisis los postulados urbanos de la modernidad y se reflexiona sobre los resultados del funcionalismo sobre la ciudad tradicional, el barrio y la percepción humana. Con el mismo espíritu, esta tesis, busca aportar ideas a la temática de la vivienda colectiva.

## 2. Comportamiento Organizativo

El desarrollo de variaciones, propone el estudio del comportamiento geométrico del modelo, en donde los elementos sustraídos de los casos de estudio, en primer lugar, se simplifican para exponer las inteligencias internas que cada pieza contiene y, luego, se los varía con el objeto de poner a prueba estas inteligencias y extraer de ellas la posibilidad de aparición de organizaciones nuevas. Al construirse las reglas geométricas que genera cada espacio, se posibilita la elaboración de sutiles modificaciones graduales que intensifican o transforman los atributos del modelo. Es decir, es posible llevar al límite máximo de variación geométrica con el fin de poner a prueba la normativa interna que define al modelo.

## 3. Iteración Material

La investigación propone la definición de cuatro elementos arquitectónicos (palieres, escaleras, corredores y accesos) en su estado genérico para construir situaciones intermedias o más intensas que las de los casos de estudio. A partir de la reiteración del dibujo sobre el dibujo, como practica intensiva, se abre sentido y da lugar a la emergencia material de un proyecto inesperado. Posteriormente, la información se organiza en mosaicos de variación, que ordenan el material para su lectura y ponderación. Los mosaicos tienen la función de ordenar, evaluar y sobre todo dar lugar a la aparición de nuevas configuraciones. Estos hallazgos, pueden rondar entre lo posible y lo surreal, lo aplicable o lo humorístico, en definitiva, se presentan estados extremos que se abrirán camino hacia hipótesis parciales que orientan la experimentación, que argumentan la combinatoria siempre apuntando al problema de cómo generar encuentro e interacción entre los habitantes de un conjunto de viviendas.

## 4. Integración Colectiva

Promenade Colectiva reúne las complejidades de los espacios de interacción y encuentro entre los habitantes de una serie de obras de Arquitectura como punto de partida. Es en los momentos de documentación de la obra, variación e iteración en donde aparece el conocimiento disciplinar que es integrado en esta última etapa. Estos, se integran en una promenade colectiva que cosntruye espacios comunes heterogéneos y singulares desde el acceso al conjunto hasta el ingreso a las unidades de vivienda, con el objeto de desarrollar un modelo proyectual novedoso al modo en el que el proyecto arquitectónico aborda el problema de los ámbitos comunes en los conjuntos de vivienda colectiva contemporáneos.

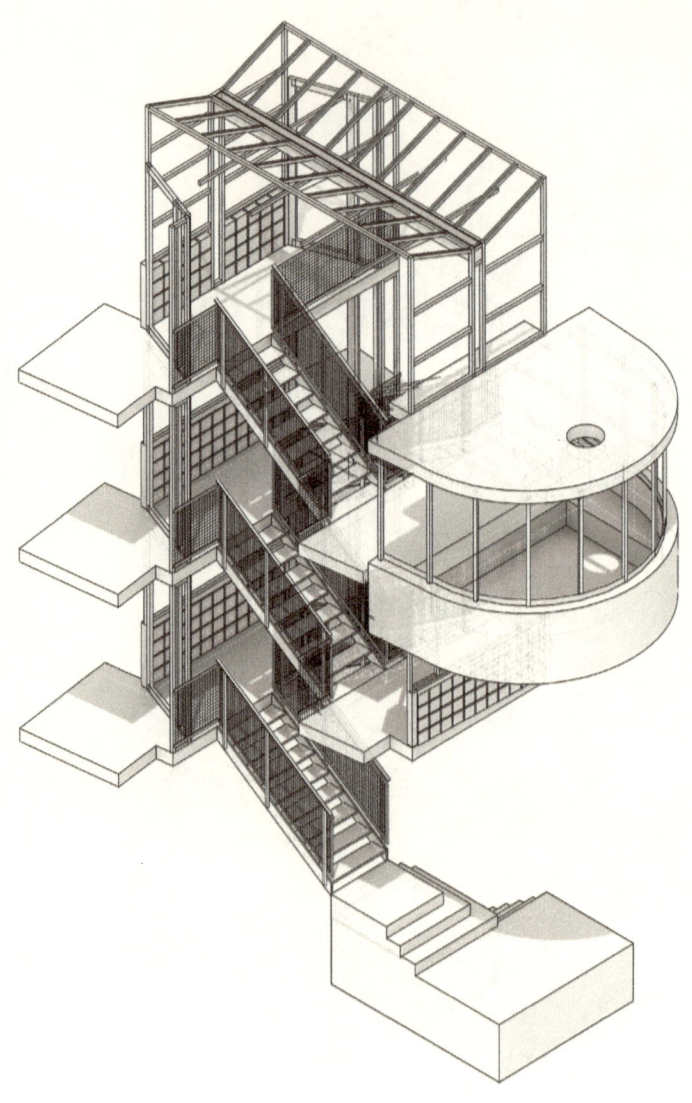

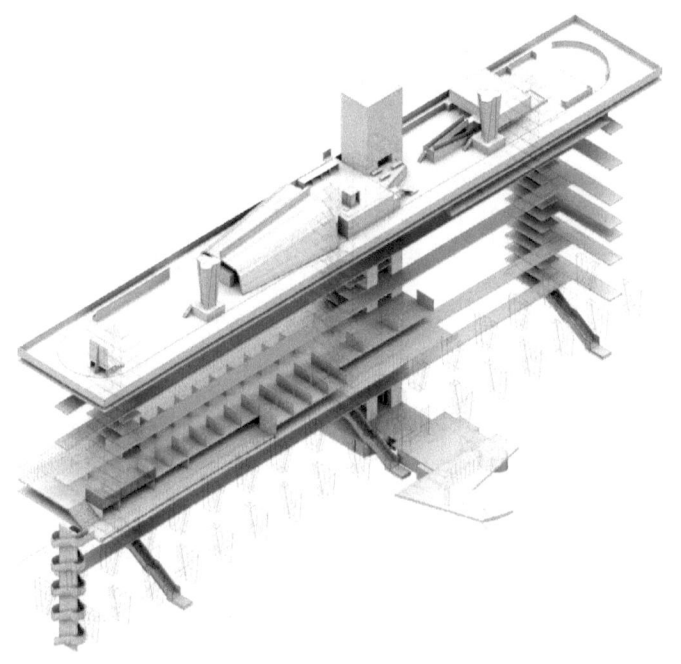

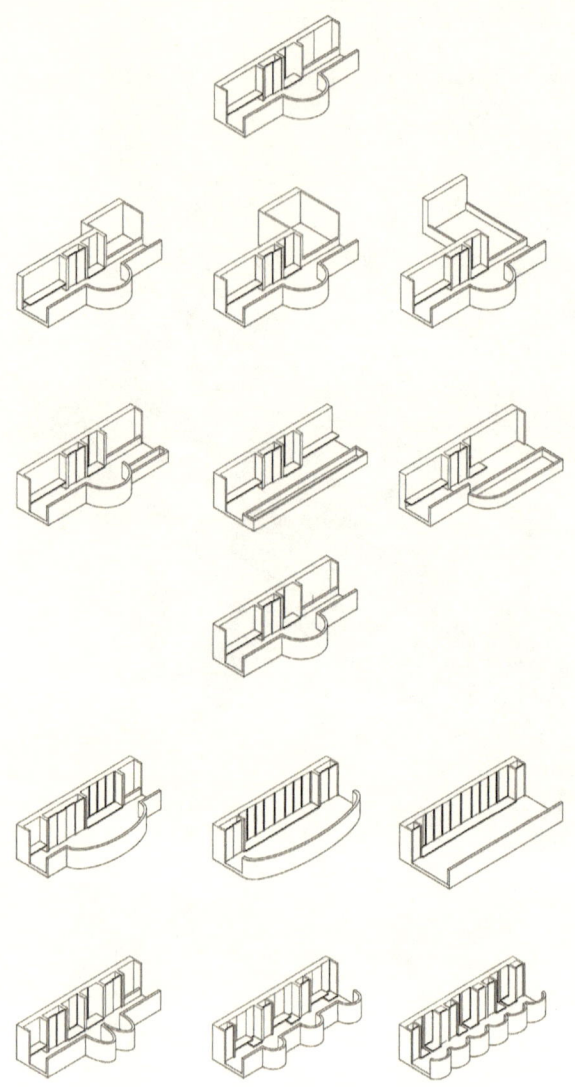

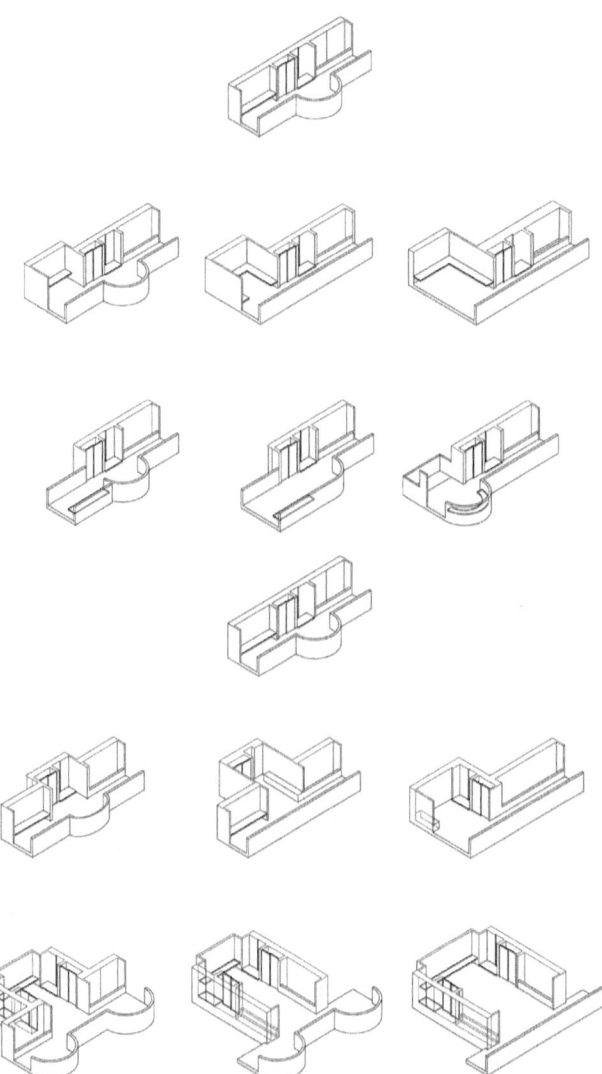

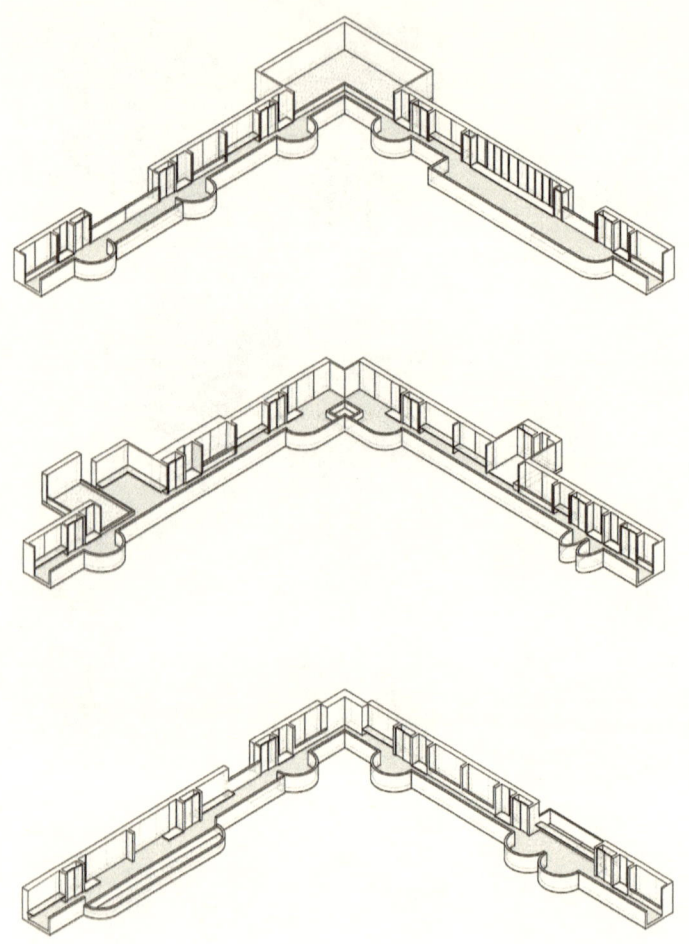

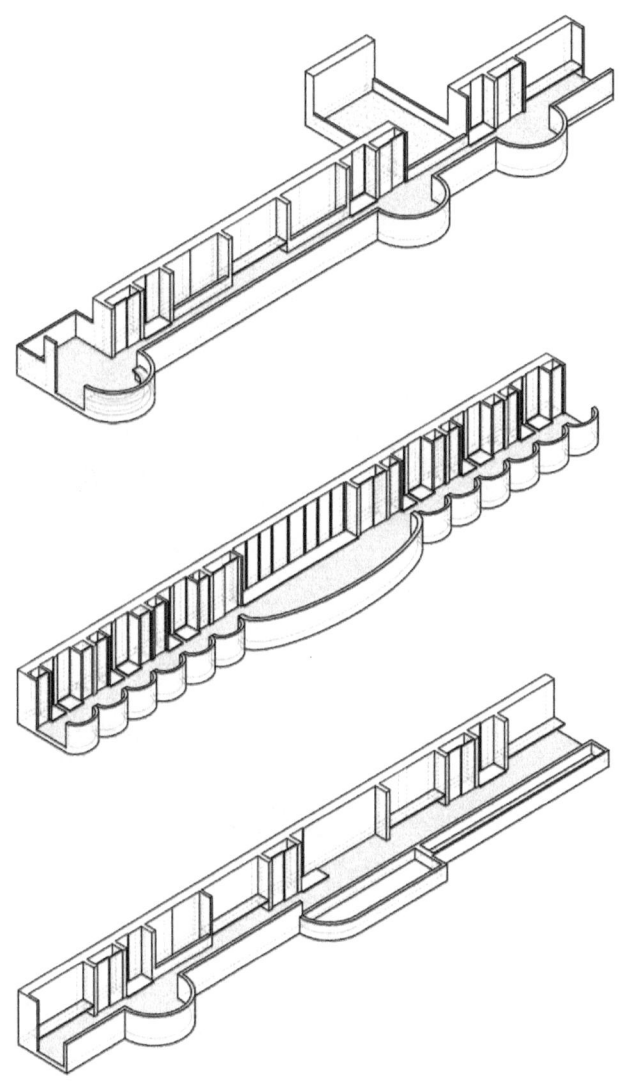

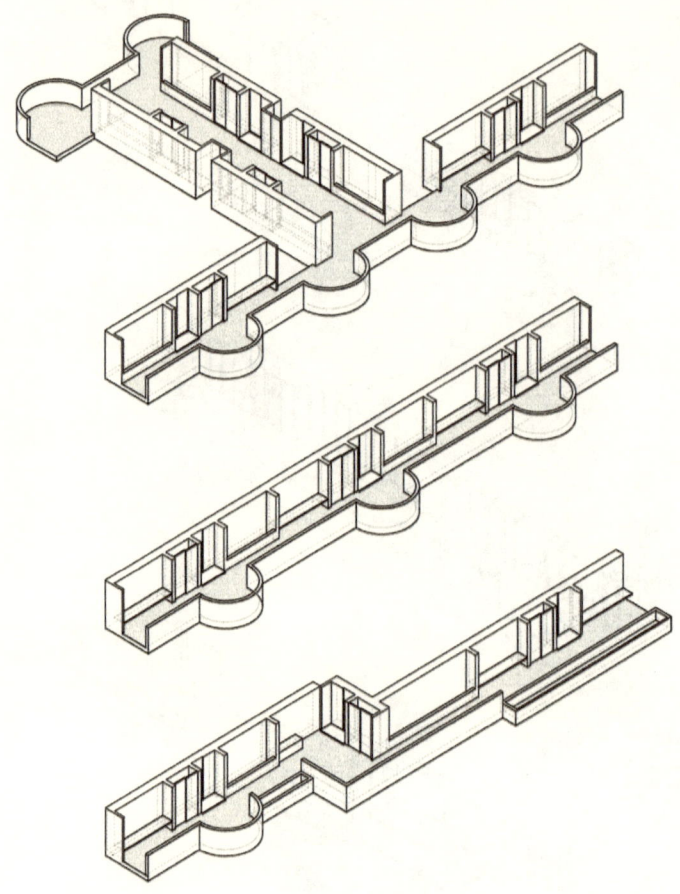

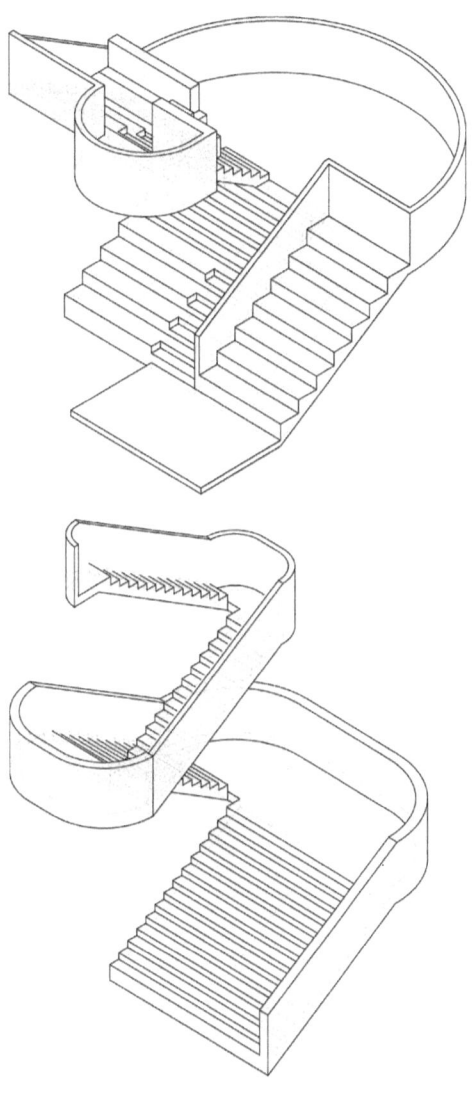

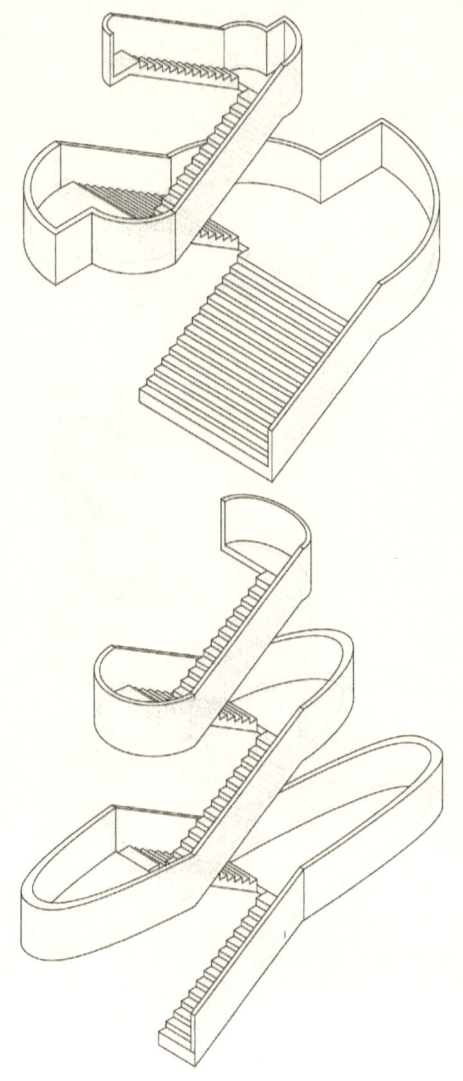

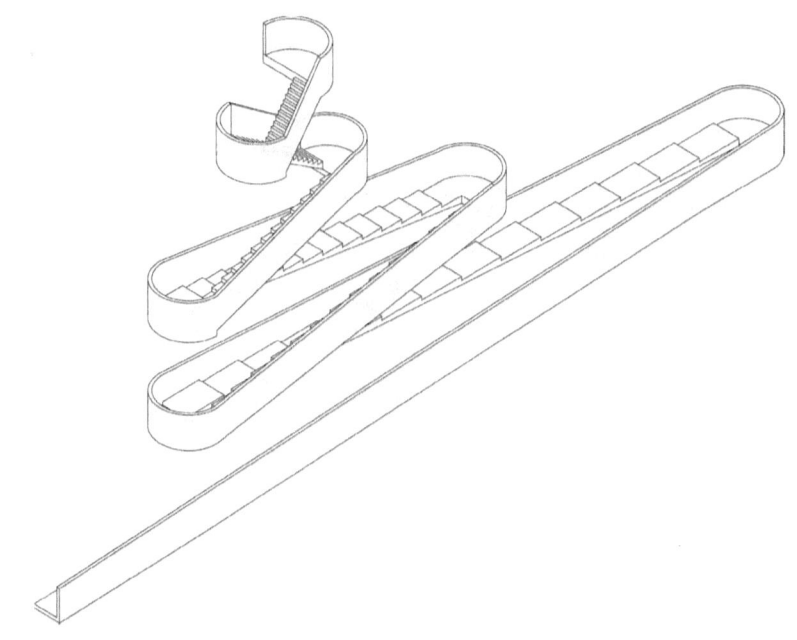

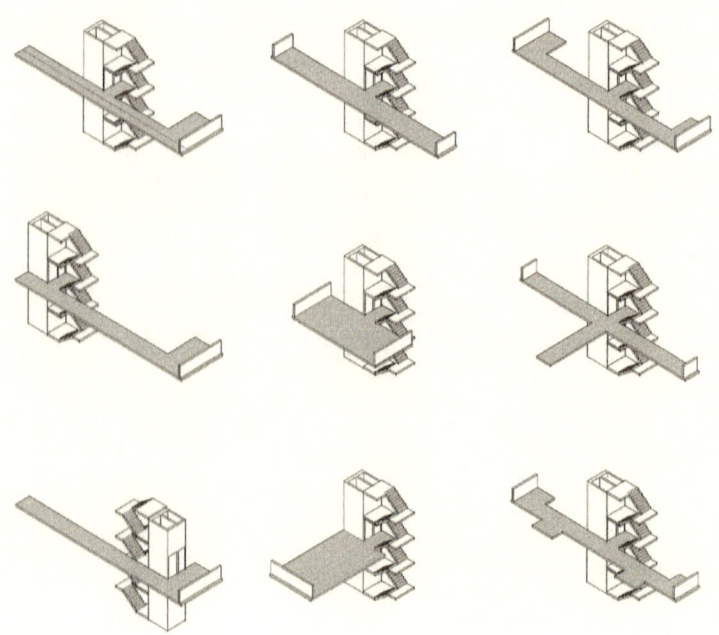

# Epílogo

María Laura Álvarez

La Maestría en Investigación Proyectual se ha caracterizado por ser un espacio de debate en donde se ha reflexionado sobre diversos temas de la agenda de la Arquitectura actual. En este sentido, estos textos forman parte de una serie de clases y conferencias abiertas al público general.

Desde sus inicios, primero como Programa de Actualización, y luego como Carrera de Especialización y Maestría, este espacio de formación de posgrado desplegó gran cantidad de temas enlazados a su columna vertebral que es la epistemología de la Investigación Proyectual, desarrollada por el director del Centro POIESIS y director de la Maestría Jorge Sarquis. En este sentido, esta tradición de convocar figuras del campo arquitectónico internacional tiene su comienzo en la década de 1980 con la organización de Congresos como el Anybody con la presencia de figuras como el mismo Peter Eisenman, uno de los autores de este libro.

La intención de buscar figuras externas al espectro regional resultó siempre enormemente enriquecedor para lograr interés en los alumnos y en los externos que se han acercado presencial o virtualmente a los diferentes ciclos de las charlas que se han dado a través de los años, generando un espacio de discusión único dado el fuerte hincapié en la teoría y su vínculo con el proyecto.

En este libro, los autores dialogan imaginariamente interpelando al lector, así como a los alumnos, que, a su vez, construyen una matriz de pensamiento propia, con el objeto de que sus intereses personales se conviertan en tema de investigación a desarrollarse a través del concepto de

Programa Complejo[1]. Esa paleta de temas sobre los cuales a cada uno le urge buscar un sentido.

Y es en este sentido que los talleres de Investigación Proyectual, representados en este libro con los proyectos compilados en el último capítulo, dan cuenta de la heterogeneidad de temas proyectuales que se abarcaron en la Maestría a lo largo del tiempo, y que estuvo y sigue estando en permanente evolución. Esta heterogeneidad, cuestionada muchas veces desde los análisis pedagógicos externos, siempre nos resultó sumamente enriquecedora. Los alumnos buscan su propio tema de investigación, sus Fines Internos[2], generando tesis de diversas escalas y recortes como se puede observar en la selección modélica de este libro.

La Maestría siempre resultó desde el campo teórico, una plataforma disparadora de temas. Distintas ventanas emergentes que retroalimentan los intereses de base que ya traen consigo los estudiantes al inscribirse en el posgrado.

Estas ventanas irrumpen en este libro, con la figura de Peter Eisenman, uno de los teóricos mas emblemáticos del último siglo, formando parte de este elenco de conferencistas reflexionando sobre las teorías de su último libro Lateness.

Y también con los invaluables aportes de Fernando Aliata, con su historia del proyecto desde el renacimiento a la actualidad, donde intenta desde la historia encontrar herramientas para explicar las diferentes estrategias proyectuales utilizadas a lo largo del tiempo, interpelando a los proyectistas actuales sobre similitudes y diferencias. Y es en donde la historia crítica aporta directamente a la reflexión sobre el proyectar propio.

---

1 La noción de Programas Complejos forma parte de la Epistemología de la Investigación Proyectual y se refiere al conjunto de elementos que fijan las condiciones que debe cumplir el proyecto en la mayor cantidad de aspectos posibles. Es una construcción del propio Investigador Proyectual.
2 En una Investigación Proyectual los Fines Internos son los que se plantean en relación a un problema absolutamente disciplinar.

Algo similar sucede con el escrito de Federico Garrido con su estudio de la aplicación de modelos de Inteligencia Artificial y *Machine Learning* en el proyecto arquitectónico, que aporta interesantes ideas entre el estudio de las formas del pasado y la generación de las formas del futuro. Un futuro que ya es presente.

Roberto Bogani y Santiago Miret, emparentados con sus textos acerca del proyectar bajo la forma de sistemas y diagramas indagan en la teoría y proponen la modificación de las formas proyectuales con el fin de generar variantes del pensamiento arquitectónico desde la representación.

Michael Young, Kutan Ayata (Young & Ayata), Jesse Reiser y Nanako Umemoto (RUR Architecture DPC), por su parte, figuras emergentes y vigentes del campo de la Arquitectura actual uniendo la teoría y la práctica profesional, condensando el perfil del egresado de la maestría. Arquitectos proyectistas y, a la vez, comprometidos con el campo teórico de las ideas.

Y Antoine Picon reflexionando acerca de la Arquitectura como práctica política, lo proyectual en este caso moldeando comportamientos o expresando a través de los ornamentos determinados mensajes y valores.

El elenco de autores y de temas es heterogéneo y diverso. Y dan cuenta muy bien de esta mixtura de temas que se mencionaba antes, pero con un denominador común y final. La reflexión y los aportes al pensamiento proyectual. Porque, en definitiva, la maestría en investigación proyectual es una maestría de proyecto. Y el proyecto crítico y reflexivo es el fin último. Queda el desafío de sostener este legado.

# Agradecimientos

En primer lugar, quiero agradecer a Jorge Sarquis, por construir el espacio de la Maestría en Investigación Proyectual del Centro POIESIS. Su desvergonzada potencia intelectual es lo que ha hecho posible la conjunción de todas las personas involucradas en la producción de este libro.

A María Laura Álvarez y Maximiliano Schianchi, quienes han sabido acompañar el proyecto de esta Serie Tesis de un modo inquebrantable, disponiendo de su tiempo (mucho tiempo) y dedicándolo a la revisión de textos, edición de imágenes, coordinación de actividades y organización de burocracias insondables.

A Melisa Brieva, por tener las ideas que hicieron posible los eventos y actividades expuestas en este libro.

A los autores, Fernando Aliata, Peter Eisenman, Antoine Picon, Jesse Reiser y Nanako Umemoto, Roberto Bogani, Michael Young y Kutan Ayata, y Federico Garrido, por su generosidad en compartir su conocimiento y experiencia en la elaboración de este libro.

A Guillermo Kliczkowski, por la confianza y el apoyo incondicional.

A Cecilia Ricci, por la paciencia y por diseñar este libro de un modo tan elegante y bello.

www.ingramcontent.com/pod-product-compliance
Lightning Source LLC
Chambersburg PA
CBHW020738020526
44115CB00030B/150